영재와 정신건강

–오진단과 이중진단–

J. T. Webb · E. R. Amend · N. E. Webb ·
J. Goerss · P. Beljan · F. R. Olenchak 공저

윤여홍 역

학지사

Misdiagnosis and Dual Diagnoses of Gifted Children and Adults
by J. T. Webb, E. R. Amend, N. E. Webb, J. Goerss, P. Beljan, and F. R. Olenchak

역자 서문

우리나라에서 영재 아동과 부모들을 만나기 시작한 후부터 지금까지 약 15~16년 동안 이들이 생활 속에서 겪는 일들을 많이 들어왔다. 영재에 대한 관심은 높아졌지만, 아직도 심리학 분야에서는 영재 분야가, 영재교육 분야에서는 심리 분야가 다소 소외되고 있는 것이 사실이다. 왜냐하면 우수한 능력을 지닌 아동들은 모든 면에서 완벽하고 우수할 것이라는 믿음을 기본적으로 깔고 교육을 해 나가기 때문이다.

우리나라에서는 영재를 공부 잘하는 수재로 생각하며, 학문적 우수성뿐만 아니라 성격적으로나 사회적으로도 우수하다고 생각하는 경향이 있다. 게다가 우리나라 영재교육 대상자 선발기준이 1920~1930년대 Terman의 연구 대상 선발기준과 다소 흡사하여, 선발된 학생들은 대부분 모범생으로 특별한 문제점을 드러내지 않고 있다. 이 때문인지 사회에서는 영재 아동이 정서나 행동상의 문제를 조금만 보여도 과잉학습 탓으로 돌리고 영재교육을 부정적인 시각으로 바라보기도 한다.

그러나 영재는 우수한 능력이나 창의적 사고로 인해 어려움을 겪을 가능성이 충분히 있으며, 실제로 영재 학생들은 일반 학교 현장이나 임상 장면에서 심리적 · 행동적 문제로 많은 어려움을 겪는다고 토로하고 있다. 이는 과잉학습 탓이 아니다. 오히려 영재의 특성과 더불어 교사나 부모의 영재에 대한 이해 부족과 영재에게 맞지 않는 부적절한 교육환경에 기인하는 경우가 더 많다.

역자는 이 책을 접하면서 같은 생각을 가진 전문가를 직접 만난 것 같은 기쁨을 누릴 수 있었으며, 현장에서 영재 아동 및 부모 상담에서 이 책의 내용을 적용하여 많은 도움을 주고 있다. 영재이기 때문에 문제가 있다거나 또는 영재라서 전혀 문제가 없다는 식의 이분화된 사고는 적절하지 않으며 아무런 도움도 되지 못한다. 영재 아동들도 건강하고 행복하게 살아갈 권리가 있다. 그러기 위해서는 정신건강상의 문제가 영재의 특성이나 영재가 속한 환경과 적합하게 조화를 이루었는지도 함께 고려해야 한다. 만일 문제가 있다면 그것을 정확히 진단 평가하고, 그에 맞는 적절한 교육과 심리적인 도움을 주는 일이 영재 관련 전문가들이 해야 할 일이다.

이 책은 영재 아동과 성인의 특성 이해에서부터 출발하여, 영재에게 오진단을 내릴 가능성이 있는 각 정신장애의 특성과 DSM-IV-TR의 진단 기준 및 영재와의 변별을 자세히 다루고 있다. 또한 영재 아동과 성인의 이해를 돕기 위해 추천도서와 관련 기관을 따로 제시하고, 논란의 여지가 있는 부분은 주석을 달아 추가로 설명하였다.

영재 아동의 우수한 능력은 그들의 가정과 학교 및 사회의 이해와 수용 여부에 의해 발달하며, 그 결과 그들의 미래와 성취가 결정된다. 영재 집단은 조금의 도움만으로도 상당히 큰 변화와 성과를 가져올 수 있는 사람들이다. 이 책이 영재 아동과 그들의 부모 및 임상 관련 많은 전문가들에게 영재에 대한 편견을 없애 줄 뿐만 아니라, 그들을 정확히 이해하고 지도할 수 있도록 많은 도움을 줄 것으로 생각한다. 그 결과, 단 한 명의 영재라도 오해나 부적절한 오진단 혹은 과진단으로 고통받지 않고 가정과 학교 그리고 사회에서 건강하고 행복하게 생활해 나가길 바란다.

끝으로, 이 책의 출판을 허락해 주신 학지사 김진환 사장님과 이 책이 나오기까지 정성을 다하여 도와주신 학지사 편집부 여러분께 깊은 감사를 드린다.

2009년 9월

윤여홍

추천사

2004년 여름, 오하이오 주의 데이톤에 있는 라이트 주립대학교(Wright State University) 전문심리대학의 설립 25주년 동창회에 참석하기 위해 비행기에 올랐다. 비행기에서 나는 나중에 대학 총장의 부인으로 밝혀진 동승객과 대화에 열중해 있었다. 나의 여행 목적을 알게 되자, 그녀는 라이트 주립대학교에 관해 알고 있는 점, 특히 전문심리대학이 영재와 그 가족을 위한 서비스에 헌신하는 SENG(Supporting Emotional Needs of Gifted)라는 프로그램을 실시하게 된 점을 말해 주었다. 그 프로그램은 '나라의 보물'로 알려져 있다. 그 대학의 설립 초대 학장인 내가 SENG 프로그램과 창시자인 제임스 웹(James T. Webb) 박사를 잘 알고 있다는 사실을 알지 못한 채, 그녀는 나에게 계속 이야기를 하였다. 물론 나는 그때 라이트 주립대학교의 학장으로서, 대학에 프로그램을 실시하는 것에 동의한 것이 분명히 잘한 판단이었다는 그녀의 칭찬을 기꺼이 듣고 있었다.

그녀의 이야기는 익숙한 내용이었고 수년 동안 들어 왔던 것과 유사하였다. 몇 년 전에 그녀의 아홉 살짜리 외조카는 낮은 수행과 주의력 부족을 보이면서 숙제를 해 오지 않는 습관, 친구들에 대한 인내심 부족, 그리고 전기 자동차에만 매료되어 있는 등의 문제로 학교의 정규학급에서 거의 쫓겨나기 직전에 있었다. 그 당시, 그는 교실에서 진행되는 것과는 상관없이 전기 자동차에 고집스럽게 집착해서 거의 강박증 경계 수준에까지 가 있었다. 선생님은 화가 났을 뿐만 아니라 좌절했고 한편으로는 의아해하였다. 왜냐하면 그 아이는 지능이 꽤 높았지만 자신을 변화시키려는 모든 노력을 거부하였기 때문이다. 그의 파괴적인 행동을 통제할 수 없어서, 선생님은 그를 다른 종류의 프로그램에 배치하려고 하였다. 그 소년의 이모인 나의 동승객은 여동생에게 오하이오 주 데이톤에 있는 주립대학교에서 진행하는 SENG 프로그램을 알아보도록 제안하였다.

부모는 아들을 데이톤에 데려가 평가를 받게 하고 조언을 구하였다. 그 아이는 지적인 영재로 평가되었고, 그의 욕구는 인디애나 주의 소도시 학교에서 추구할 수 있는 것과는 거리가 멀었던 것이다. 그들은 아이에게 맞는 적절한 지적 자극을 제공하기 위한 자원과 방법을 알게 되었으며, 교실에서 보여 주는 여러 가지 부적절한 행동을 다룰 수 있는 적절한 조언도 제공받았다. 뿐만 아니라 형제들과의 관계를 다룰 수 있는 방법에 관한 실질적인 조언도 받았다.

결과는 빠르고 분명하게 나타났다. 그 당시 인디애나 학교 시스템에서는 영재를 위한 프로그램이 없었음에도 불구하고, 부모는 SENG로부터 받은 도움으로 인해 아들의 지적 · 발달적 욕구에 맞게 더 나은 것을 제공해 줄 수 있었다. 그리고 그들의 노력에 따른 성공을 볼 수 있었다. 몇 달이 경과하면서, 소년은 문제 학생에서 동기를 지닌 열정적인 학생으로 변신해 있었다. 그뿐만이 아니었다. 변화는 너무 극적이었다. 비슷한 패턴의 행동을 보이는 아들들을 데려온 같은 학교의 다른 부모들도 거의 비슷한 극적인 결과를 얻었다.

이 만남을 통해, 오하이오 주 데이톤에 있는 초창기 주립대학교의 새로운 전문심리대학(Scool of Professional Psychology: SOPP)에서 SENG가 어떻게 자리 잡았는지, 그리고 어떻게 그 일들이 이 책에서 언급한 결과들을 얻게 되었는지에 대한 SENG의 초기 역사를 생생하게 회상하게 되었다. 이 이야기는 1980년 댈러스 에그버트(Dallas Egbert)라는 17세 영재 소년의 자살에서부터 시작되었다. 그의 부모는 그 당시 SOPP의 부학장인 제임스 웹 박사에게 라이트 주립대학교에서 영재 아동의 가족을 위한 프로그램을 개발할 것을 부탁하였다. 그들은 이런 아동의 정서적인 욕구에 특히 관심을 가졌는데, 왜냐하면 아들을 위한 도움을 발견하는 것이 어렵다는 것을 스스로 경험했기 때문이다. 데이톤에 있는 아동의학센터의 전직 심리서비스 소장인 웹 박사는 그러한 서비스의 필요성을 절감하고, SOPP에서 박사과정 학생들의 관심에 맞게 훈련할 수 있는 프로그램의 틀을 빠르게 잡아 나갔다. 나는 그의 제안에 동의하였으며, 우리는 계속 진행해 나갔다. 일반 학교 시스템 속에서는 욕구가 종종 무시되었던 그런 특별한 아동 집단(pool)과 함께 일할 수 있는 기회는 우리 대학에 크게 두 가지 점을 가져다주었다. 첫째는 SOPP가 아동심리학 실습생에게 제공하는 것에 우리만의 독특한 것을 첨가할 수 있었으며, 둘째는 실제적인 사회적 필요성을 충족시킬 수 있는 기회를 제공했다는 점이다.

새로운 SENG 프로그램은 빠르게 학생들과 기금, 그리고 대중의 관심을 끌었다. 지방의 비영리 단체와 다른 전통적인 자원들뿐만 아니라 댈러스에그버트 기금(Dallas Egbert Fund)으로부터 받는 재정 지원은 곧 학생 지원 면에서 대학의 가장 최고의 기금 프로그램 중 하나가 되었다. 1981년 필 도나휴 쇼(Phil Donahue Show)에 에그버트의 부모와 웹 박사의 출현은 미국 전역에 걸쳐 이만 명 이상의 시청자로부터 반응을 불러일으켰다. 이 프로그램이 실제적인 필요성을 다루고 있음이 분명하였다.

SENG 프로그램은 간단하면서도 직접적으로 필요성 그 자체를 다루고 있다. 첫째, 대학에서 심리학자가 공식적인 지능과 성격 평가를 시행하고, 영재 아동과 가족에게 개인적으로 자문해 준다. 둘째, 미국 전역에 걸친 요청에 의해 심리학자, 상담가, 교사 및 다른 전문가들이 개인적으로 혹은 워크숍을 통해서 제공할 수 있도록 자문 서비스가 개발되어 있다. 셋째, SENG는 부모 집단을 대상으로 한 일련의 유도 토의(guided discussion)를 개발하고 시행하였다. 영재 자녀를 둔 부모는 관심을 갖는 10개의 주요 주제를 가지고 매주 연속해서 토의에 참여한다. 이러한 경험을 통해 부모들은 생각을 공유하며 서로서로 배워 나간다. 그들은 문제를 더 잘 예견할 수 있게 되고, 해결책을 찾게 되며, 발생 가능한 어려움을 예방할 수 있게 되었다. 우리가 알게 된 점은 영재 아동을 양육하는 일이 대부분 부모가 준비하지 못하는 기술을 필요로 한다는 것이다.

공립대학교 학업 프로그램을 평가하기 위해 전형적으로 사용하는 측정 도구에 의해서도, SENG 평가는 성공적이었다. 그것은 실제적인 사회적 필요성을 충족시켰고, 중재에 대한 새로운 지식과 새로운 방법의 개발로 이끌었으며, 결과적으로 과학적 문헌에도 다수의 공헌을 하였다. 또한 더 나은 전문가 훈련이 되도록 공헌하였고, 외부의 기금을 끌어모았다. 그러나 불행히도 프로그램이 성장하면서 후원자들이 다른 쪽으로 옮겨갔다. 현대의 대학에서 전형적으로 나타나는 현상이지만, 새로운 교원과 행정가의 유입은 새로운 우선순위와 기회를 가져왔고 다른 방향으로 나아가게 되었다. 라이트 주립대학교에서의 SENG는 차츰 시들어 결국 사라졌다. 그러나 다행히도, SENG는 독립된 비영리단체(www.sengifted.org)로 다시 태어나게 되었다. SENG는 심리학자를 위한 교육 프로그램을 지속하면서 회의, 연구 장학금 그리고 발표자 장학금 등을 통해 좋은 일들을 계속

해 나가고 있다.

그러나 더 큰 문제, 더 슬픈 일은 영재와 재능아의 정서적인 욕구가 미국 교육의 사회적 의제 면에서 결코 높은 수위를 차지하고 있지 못하며, 상담이나 건강 전문가들이 우선권을 주지 않는다는 점이다. 영재 아동과 영재 성인에 초점을 두는 것은 다소 엘리트주의적이거나 비민주적인 것같이 보인다. 왜냐하면 사회는 가난한 자와 필요한 자에게 관심을 두는 것에 우위를 두고 있기 때문이다. 많은 사람들은 다른 필요성이 너무도 많은 때에 영재 아동에게 프로그램을 지원하기 위해 비용을 대고 지원해 주는 일을 '옥상가옥(즉, 필요없는 일을 이중으로 하는 것)' 으로 여길 것이다. 이것이 새로운 현상은 아니다.

1919년 레타 스테터 홀링워스(Leta Stetter Hollingworth)는 대학과정에서 강의를 처음 시작했을 때 컬럼비아 대학교 사범대학에서 영재교육 분야의 강의를 신설하였다. 7년 뒤에, 그녀의 선구자적인 업적으로 영재교육에서 첫 번째 교과서인 『영재 아동: 천성과 양육(Gifted Children: Their Nature and Nurture)』이 출판되었다. 이 책에서 홀링워스는 몇 개의 주제를 다루었으며, 거의 70년이 지난 후에 웹과 그의 동료들이 이 주제들을 좀 더 발전시켜 글을 썼다. 그 주제는 다음과 같다. 공립학교는 예외적인 학생들의 요구를 제공하는 데 실패하고 있다. 영재 아동들은 대부분 비슷하지 않다. 영재성 내에서의 비동시성은 타고나는 것이다. 환경은 영재의 미래의 성취를 결정한다. 그리고 우수한 지능을 지닌 아동은 사회 적응 면에서 특별한 문제를 지닐 수 있다.

우리처럼 영재 아동의 사회적 · 정서적 욕구에 주의와 에너지를 기울이도록 민주사회에 힘을 가하는 일은 건국 이래로 계속 해결하기 어려운 문제가 되어 왔다. 그런 학생들이 우리 사회의 '지적인 황금' 이라는 사실에도 불구하고, 앞으로도 계속 문제가 될 듯하다. 관심 있고 창의적이며 에너지가 넘치는 부모와 교사 그리고 다른 전문가들은 이런 아동들을 위해 강력히 변호함으로써 다른 방식으로 볼 수 있도록 사회의 경향성을 전환시킬 수도 있다. 하지만 심신을 지치게 하는 노력이 지속적으로 요구된다. 부풀어 오른 공을 손가락으로 누를 때처럼, 누르는 압력이 오랫동안 유지될 때만 공은 그 압력에 굴복할 것이다. 만일 손가락을 놓아 버리면, 공은 다시 전의 위치로 되돌아갈 것이다.

이 책의 저자들(Edward R. Amend 박사와 Paul Beljan 박사 두 사람, 이들은 라이트 주립대학교 SENG 프로그램에서 훈련을 받았다)이 제시한 것과 같은 집단의 지속적인 압력 없이는 이 특별한 집단이 지닌 욕구는 충족되지 못할 것이며, 인정받지도 못할 것이다. 그러면 많은 영재 아동과 영재 성인은 정신장애로 고통받고 있는 것으로 오진단을 받게 될 것이다. 이 책의 저자들과 Great Potential Press 출판사에게 감사드리고 싶다. 레타 홀링워스의 유산은 그들의 업적 속에 잘 간직될 것이며, 그들의 업적으로 인해 미국의 사회와 교육은 더욱 좋아질 것이다. 부모뿐만 아니라 건강관리 전문가도 이 책으로 많은 도움을 받게 될 것이며, 오진단을 받는 영재 아동과 영재 성인의 수는 줄어들 것이다.

Ronald E. Fox, Psy. D., Ph. D.
노스캐롤라이나 채플힐의
The Consulting Group of HRC 집행위원장
미국심리학회 전 회장

저자 서문

이 책은 현대의 비극을 묘사하고 있다. 가장 우수하면서도, 가장 창의적이고, 가장 독립적으로 사고하는 아이들과 성인들의 많은 수가 행동장애, 정서장애 또는 정신장애를 갖고 있는 것으로 잘못 진단받고 있다. 그리고 그들은 생존 방식을 바꾸어 학교나 가족, 이웃 내에서 좀 더 수용받는 사람이 되기 위해, 또는 자기 자신과 상황에 좀 더 만족하기 위해 약물 처방을 받거나 상담을 받는다. 이 아이들과 성인들이 잘못 진단받음으로써 생기는 비극은 이들의 자신감에 해가 되는 불필요한 낙인을 받게 되고, 그 결과 자신과 가족 그리고 사회에 불필요하면서도 해가 되는 치료를 받는다는 것이다.

똑같이 우수한 다른 아동과 성인들은 또 다른 불행을 경험한다. 그들은 지능 때문에 장애가 가려지거나 문제를 보상할 수 있게 되어서, 또는 사람들이 그들을 단순히 기발한 영재라고 잘못 생각해서 장애가 모호해진다.

또 다른 집단은 실제 장애로 고통받고 있는 지적 영재 아동과 영재 성인들이다. 이 경우는 치료를 담당하는 전문가나 그들 자신조차 장애가 그들이 지닌 우수성이나 창의성과 관련이 있다는 점을 인식하지 못한다.

우리들—모두 다 임상 건강관리 전문가들로서, 직접 진료를 하고 있는 6명의 저자—은 매우 우수한 많은 사람이 오진단과 이중진단으로 인해 불필요하게 고통받고 있다는 경고성 결론에 도달해 있다.

우리들 각각은 지난 20년 이상 동안 우리 임상센터에서 다른 임상가들—잘 훈련받고 존경받는 전문가들—에 의해 오진단을 받은 환자들을 보고 있다. 영재성의 특징들은 때로는 오해되고, 때로는 임상 장애를 모호하게 만들었다. 그리고 다른 상황에서도 진단은 정확했지만 영재성 요인이 치료 계획 속에 통합될 필요가 있었다.

2003년에 이런 문제에 관해 비공식적인 전문가 모임을 몇 차례 가진 후에, 다소 망설였지만 이 책을 쓰기로 결심하였다. 우리의 생각이 심리학이나 의학계에서 주류가 아님을 알기 때문에 망설였다. 또한 우리의 생각이 일부 사람들에게는 논쟁거리가 될 거라는 것도 알았다. 그러나 우리의 정보는 정확했으며, 아이들과 부모 그리고 전문가에게 도움이 될 거라는 점을 믿고 있다. 솔직히 말하면, 건강관리 전문가들 사이에서 우리의 생각이 좀 더 널리 수용되기를 희망한다.

독자로서 여러분은 우리가 지닌 자격을 알 필요가 있다. 이 책의 맨 뒷장으로 넘어가 '저자 소개' 에 관한 내용을 읽기를 바란다. 우리는 두 명의 임상심리학자와 두 명의 신경심리학자, 한 명의 상담심리학자 그리고 한 명의 소아과 의사로 구성되어 있다. 이 분야에서 우리가 다른 전문가들과 다른 점은, 각자 수년 동안 영재와 그 가족들을 다루어 왔을 뿐만 아니라 발달상 앞선 사람들에 대해 관심을 갖고 있다는 점이다. 우리는 우리가 축적해 놓은 정보들을 다른 사람들과 함께 공유하고 싶다. 이 책에 기술된 내용과 개념 그리고 사례 연구는 많은 부모와 건강관리 전문가에게 공감을 줄 것이다. 그 결과 아마도 많은 영재 아동과 영재 성인의 행동, 교육 그리고 건강관리 측면을 새롭게 바라보는 패러다임의 전환이 이루어질 것으로 생각한다.

이 책은 두 독자층을 위해 쓰였다. 첫 번째는 건강관리 및 상담 전문가들로, 소아과 의사, 가정의학 전문가, 정신과 의사, 심리학자, 임상사회복지사, 간호사, 간호실습사 그리고 상담가들이다. 그리고 건강관리 전문가들이 아닌 영재 아동의 부모와 우수한 성인을 위해서도 쓰였다. 많은 영재 아동의 부모들이 어떤 행동이 영재성에 기인하는지, 그리고 얼마나 많은 행동이 행동장애나 의학장애에 기인하는지를 이해하도록 도와주는 정보를 열심히 찾고 있다는 점을 우리는 경험을 통해 알고 있다. 또한 많은 성인이 자신이 다른 사람들과 다르고 세상과 조화를 이루지 못하는 이유와 자신을 이해할 수 있게 도움을 주는 정보를 찾고 있다는 것도 우리는 알고 있다.

이 책에 쓰인 모든 사례는 실제 사례다. 신원을 밝히지 않고 누구인지 알아보지 못하도록 한 점 외에는 아무것도 수정하지 않았다. 그리고 이 내용이 솔직한 경험의 한 단면을 보여 줄 것으로 믿는다. 이 책을 읽는 독자들은 www.hoagiesgifted.org나 http://disc.server.com/Indices/9457.html.과 같은 인터넷 웹사이트에서 영재 아동의 부모로부터 이와 유사한 이야기를 들을 수 있을 것이다.

마지막으로, 이 책의 인세는 비영리단체인 SENG의 계속되는 노력을 지원하기 위해 쓸 예정이다. 이 단체는 1981년에 17세의 고도영재 소년의 비극적인 자살로부터 시작되었다. 이후 오진단과 이중진단을 포함하여 영재 아동과 영재 성인의 사회 및 정서적 욕구에 관한 내용으로 전문가를 위한 평생교육 과정을 수행하도록 미국심리학회로부터 승인을 받은 기관이다.

차 례

□ 역자 서문 _ 3
□ 추천사 _ 7
□ 저자 서문 _ 13

도 입 21

'영재' 라는 용어는 무엇을 의미하는가 … 28
영재 아동 및 성인은 문제가 있는 위험 상태인가 … 29
많은 영재 아동이 왜 이렇게 많은 진단을 받고 있는가 … 34
건강관리 전문가의 역할 … 37

제1장 영재 아동과 영재 성인의 특성 41

행동 특성 … 45
영재 아동에 대해 자주 의뢰하는 문제 … 47
영재 성인에 대해 자주 의뢰하는 문제 … 49
강렬함, 민감성 및 과흥분성 … 53
과흥분성과 오진단 … 61
사고와 학습 방식 … 63
이상주의 … 70
또래관계 … 71
비동시성 발달 … 75
흥미 패턴 … 79
독특하거나 다양한, 혹은 고도로 초점화된 진보된 관심 … 82

창의성 … 83
가족의 이해 부족이나 잘못된 교육 배치에 따른 문제 … 84
영재 아동과 영재 성인의 진단 … 85

제2장 ADHD 91

ADD/ADHD인가, 영재인가 아니면 둘 다인가 … 93
ADD/ADHD를 진단하는 전통적인 시도 … 102
ADD/ADHD 행동과 영재 행동의 구분 … 111
요 약 … 122

제3장 분노 진단 127

영재 아동과 분노 … 127
분노 진단 … 134
적대적 반항장애 … 135
품행장애 … 139
간헐성 폭발장애 … 143
자기애적 인격장애 … 146
요 약 … 155

제4장 사고와 불안장애 159

강박장애 … 161
강박적 인격장애 … 164
아스퍼거 장애 … 169
분열 인격장애 … 184
분열형 인격장애 … 189
회피성 인격장애 … 193

제5장 기분장애 201

양극성 장애 … 203
순환장애 … 212
우울장애 … 213
기분부전장애 … 220
실존적 우울 … 223

제6장 학습장애 231

학습장애 진단하기 … 237
난독증과 언어 기반 학습장애 … 243
비언어성 학습장애 … 248
감각 운동통합 장애 … 250
청각처리 장애 … 252
인지적 재활 … 255
요 약 … 256

제7장 수면장애 261

수면부족과 수면과다 … 261
불면증 … 266
수면과다증 … 268
수면 방해 … 269
요 약 … 274

제8장 알레르기, 천식 및 반응성 저혈당증 279

알레르기와 천식 … 279
반응성 저혈당증 … 282

제9장 영재의 관계성 문제 289

관계 문제 진단하기 … 291

부모-자녀 관계 … 292

또래관계 … 306

성인의 관계성 … 311

진단과 치료 … 318

제10장 영재 행동과 병리 행동 변별하기 325

진단 과정 … 331

지적 존중을 강화한 의사소통 … 338

제11장 영재 아동과 영재 성인을 위한 건강관리 전문가와 상담가 선정하기 341

□ 미 주 _ 355

□ 참고자료 _ 365

□ 추천도서 _ 367

□ 참고문헌 _ 371

□ 찾아보기 _ 394

도 입

영재에게는 정상적인 행동임에도 불구하고 그러한 행동에 진단을 붙이는 것을 우리는 심각하면서도 만연된 문제라고 여긴다. 임상 경험에 따르면, 그러한 행동을 정신건강상의 문제로 분류하는 일이 매우 자주 일어나고 있다.

이러한 잘못된 진단은 근본적으로 건강관리 전문가들 사이에 만연하게 널리 퍼져 있는 영재의 사회·정서적 특성과 욕구에 관한 무지에서 비롯된다. 심리학과 정신의학 분야 내에서 임상가의 부정확성 역시 이러한 문제를 만들고 있다.

정신건강과 관련한 진단들은 단지 행동 특성의 존재 여부에 의해 빈번하게(그리고 불행하게도) 내려진다. 그러나 행동이나 그 행동의 근원이 개인의 배경이나 생활에서는 정상적인 것으로 여길 수 있는

지의 여부는 별로 고려하지 않는다. 진단 가능한 병의 지표로 분류될 정도의 증상인지를 결정하기 위해서는 행동에 의해 야기되는 손상(impairment) 수준을 고려해야 한다.

손상은 개인의 행동과 환경이 기대하는 것 간의 분리의 결과다. 그러나 진단의 기초로 사용하는 것은 특정한 행동의 존재 여부뿐이며, 상황이나 환경이 부적절한지에 대해서는 거의 고려하지 않는다. 어떤 상황에서는 맞는 행동이 또 다른 상황에서는 문제가 있는 행동으로 보일 수도 있다.

게다가 사람들은 모든 상황에서 비슷하게 잘 기능해야 한다는 무언의 전제를 하고 있다. 일상생활을 살펴보면, 많은 사람이 특이하면서도 괴짜 같지만 손상되지 않은 행동을 한다. 이 행동들은 다양한 장애의 증상이 되기도 하지만, 그렇다고 임상적 진단이 적절하다는 의미는 아니다. 행동적 또는 의학적 질병의 진단 기준이 되는 증상들은 정상적인 행동들이지만, 때로는 단순하게 극단적인 것으로 판단되기도 한다. 예를 들어, 자세한 것에 주의를 기울이는 것은 정도에 따라 대부분의 상황에서 적응적인 행동이지만, 극단적으로 보면 이런 행동은 강박신경증이라고 불린다. 예를 들어, 대부분의 의사는 강박신경증에 가까울 정도로 자세한 것에 주의를 기울인다. 그러나 이 점은 의사들이 자신의 의지를 계속 소모하지 않고서도 힘든 훈련 과정을 완수할 수 있게 해 준다.

지난 10년 동안 심리학과 정신의학 및 소아과학 분야에서 유능하고 매우 경험 있는 전문가들은 주의력결핍장애/주의력결핍 과잉행동장애(ADD/ADHD), 강박신경증, 아스퍼거 장애, 적대적 반항장애나 양극성 장애와 같은 진단으로 의뢰된 환자들을 많이 본다고 보고하였다. 전문가들이 검사를 한 결과, 이들 중 많은 사람은 진단이 심각하게 잘못 내려졌음을 발견하였다. 즉, 그들은 지적 또는 창의적인 영재들에게 생득적으로 나타나는 행동들을 보였지만 주변 사람들이 이를 충분히 이해하지 못하거나 수용하지 못하는 상황에 놓인 영재들인 것이다.

우리는 잘 갖추고 잘 훈련된 전문가에 의해 진단이 잘못 내려진다는 것을 경험을 통해 깨닫고 있다. 영재 아동과 영재 성인에게 진단을 잘못 내리는 일은 실제로 일어나고 있을 뿐만 아니라 또한 매우 만연한 현상이라고 확신한다.

어떻게 이러한 일이 가능할까? 그리고 어떻게 이러한 일이 일어날까? 의사, 심리학자, 간호사, 간호보조사 그리고 건강관리 전문가들이 영재 아동과 영재 성인의 지적, 정서적 그리고 행동적 특성에 관하여 배우지 않았나? 답은 '그렇다' 이다. 사실, 이러한 전문가들은 영재 아동과 영재 성인의 지적 특성과 다양성에 관한 훈련을 거의 받지 못했다. 심지어 영재에게서 전형적으로 나타나는 사회적, 정서적, 행동적 특성과 욕구에 관해서도 거의 배우지 못했다. 영재에 관한 정보 부족은 자주 발생하는 오진단의 주된 이유이며, 부수적으로는 이 책을 쓴 이유이기도 하다.

나는 3세 3개월이 된 아이의 엄마입니다. 나는 우리 아들이 영재라고 생각합니다. 소아과 의사나 심리학자가 제게 어느 정도는 도움이 되었습니다. 나는 다른 영재 아동이 우리 아들과 비슷한지 다른지 잘 모릅니다. 그래서 선생님께서 제게 정보를 주시길 바랍니다. 이 아이가 첫째 아이라서 다른 아이들과 비교할 별다른 근거가 없기 때문입니다.

이 아이는 영아 때부터 매우 영특했습니다만, 언어발달이 늦었습니다. 2세가 되어서야 겨우 말하기 시작했습니다. 자폐 가능성 때문에 소아과 의사는 3세 이전에 심리학자에게 의뢰하여 평가를 받아 보도록 했고, 그 결과 스탠퍼드-비네 지능검사에서 IQ 130 이상의 최우수 수준의 점수를 받았습니다. 특히 아이는 시각-공간 영역에서 매우 특별한 강점을 보였다고 합니다.

6개월이 지난 지금, 우리 아이는 언어표현 면에서 매우 앞서 있습니다. 그리고 말을 시작함과 거의 동시에 책을 읽기 시작했습니다. 아이는 2세 6개월부터 쭉 책을 즐겨 읽었습니다(단어를 소리내어 읽으면서 시각적으로 그 단어를 기억하고 있습니다). 또한 틈틈이 단어를 써 왔으며, 물어보면 긴 단어는 머릿속에서 철자를 쓸 수 있습니다. 또한 숫자를 인식하는 것과 같은 기본적인 수학은 이미 알고 있습니다.

아이는 과잉행동아는 아니지만 아침에 일어나는 순간부터 잠자리에 들 때까지 움직입니다. 하루 종일 새롭고 재미나는 것을 하고 싶어 합니다. 아이의 세 번째 생일에 미국 대륙이 그려진 퍼즐을 받았는데, 우리가 한 번 가르쳐 주자 50개 주를 금방 익혔습니다. 그리고 다음 날 아침 6시에 아직 한쪽 눈이 거의 감긴 채로 있는 저에게 주에 대해 퀴즈를 내 달라고 요구했습니다.

아이는 〈사운드 오브 뮤직〉 영화에 심취하여 거의 3주 동안 매일 그 영화를 보았습니다. 아이는 드라마에 재능이 있어서, 영화에서 나오는 노래를 완전히 외워서 정확한 음정으로 노래를 불렀습니다. 심지어 〈사운드 오브 뮤직〉 영화에 나오는 마리아를 찾고 싶다고 해서 운전을 하며 주위를 돌아다녀 주기도 했습니다. '마리아를 찾는' 일은 정말이지 나를 경악시켰습니다. 우리 아이는 정신분열증인가요? 아님 과잉행동장애인가요? 아님 강박증인가요?

3주가 지나자 〈사운드 오브 뮤직〉에 대한 열정이 끝났습니다. 아이는 어느 한 가지에 많은 흥미를 가지고 한동안 강하게 탐구하다가 다른 것으로 옮겨 갑니다. 지금은 행성에 몰두해 있습니다.

아이는 모양을 아주 잘 기억합니다. 샌드위치를 몇 입 먹다가 남은 조각을 보고는 "봐요! 아이다호잖아."라고 소리쳤습니다. 그것은 정말 아이다호 주처럼 생겼어요. 그러고 나서 아이는 몇 번 더 베어 먹고는 "오하이오!"라고 소리치더군요. 정말로 그것은 오하이오 주의 모양처럼 생겼어요. 며칠 후에 아이는 "팔(8)"이라는 말을 계속 중얼거리면서 책장을 손으로 가리켰어요. 아이는 스테레오 스피커를 가리키면서도 "팔(8)"이라고 했어요. 두 개로 분리된 스피커 모양이 꼭 8이란 숫자처럼 생겼거든요.

나는 우리 아이를 세상 속으로 내보내는 일이 큰일이라고 생각해요. 우리 아이는 혼자서 놀면서 힘들게 시간을 보내고 있습니다. 아이는 유아원에서 매우 잘 지냅니다. 다섯 살짜리 아이들이 있는 그곳을 좋아하는데, 왜냐하면 자기보다 나이가 더 많은 아이들을 좋아하기 때문입니다. 그리고 내가 주변에 있을 때는 별로 좌절감을 느끼지 않습니다. 아이는 자기가 원하는 것을 손에 넣지 못하면 울어 버립니다. 그리고 "안 돼."라는 말을 들으면 심하게 떼를 쓰기도 합니다. 그러나 이유를 듣게 되면서 나아졌고, 유아원에서는 더 이상 떼를 쓰거나 울부짖지 않습니다.

나는 우리 아들이 친절하고 행복한 아이가 되길 바랄 뿐이지 완벽한 아이가 되는 것은 원치 않습니다. 사회가 점점 더 복잡해질수록 (다른 아이들은 게임을 하면서 우리 아이를 때리기도 하고, 우리 아이가 원하는 방식으로 놀지 않습니다) 나는 우리 아이가 그들과 함께 사는 방식을 터득하길 원합니다. 다행히도 아이는 좋은 성격을 가졌고, 매우 재미있습니다.

나에게 가까이 다가와 이렇게 말하는 사람도 있습니다. "어릴 때에 영특해도 1학년이 되면 나머지 아이들이 다 따라잡아요." 세 살 때부터 책을 읽기 시작한 아이에게도 이 말이 맞습니까?

어떤 사람은 내 생각에 웃을 것입니다. 그러나 우리 아이는 특이합니다. 그렇죠? 나는 다른 가족이나 심지어 가까운 친구들에게조차 이런 말을 하지 못합니다. 나는 이미 사람들이 제 말을 믿지 않거나, 자랑을 늘어놓는다고 생각하거나(제 경우는 아이의 행동이 때로는 지옥의 문턱까지 가도록 나를 경악시켰기 때문에, 그리고 이런 행동들이 정상인지 알고 싶기 때문에 여러분과 함께 이런 이야기를 공유하는 것입니다), 또는 아이에게 많은 시간을 들여 정보를 반복적으로 주입시켰다고 생각한다는 것을 알고 있습니다. 마치 걸음마를 막 시작한 아동에게 글 읽기를 가르칠 수 있다는 것이 가능한 것처럼 말입니다. 나도 그런 생각이 들기도 하지만, 아이가 하는 방식대로 좋아하고 추구하며 소비하는 것을 가르친다는 것은 불가능합니다. 사실, 나는 설명할 수가 없습니다. 결국 우리 아이는 사람들 앞에서도 평상시 자신의 모습을 그대로 보일 것이라는 것을 나는 알고 있습니다.

우리 아이와 같은 아이들에 관한 정보를 제게 주실 수 있습니까?

필자들 중의 한 사람(J. T. Webb)은 영재 아동과 영재 성인에 관한 대학원 훈련과정을 설명하였다. 오늘날까지도 그 훈련은 심리학자들에게 (그리고 다른 건강관리 전문가들에게) 여전히 일반적으로 사용되고 있다.

나는 4년간 대학원 과정에서 미국심리학회가 인정한 박사급의 임상심리학자 훈련 프로그램을 이수했다. 4년이라는 박사과정 훈련 동안, 나는 영재와 재능 아동 주제에 관하여 1시간보다 짧은 시간의 강의를 이수했다. 그것도 영재 성인은 포함되지 않았다. 강의의 대부분은 터먼(Terman)과 그의 동료들이 1920년에 시작하여 계속하고 있는 1,000명 이상의 영재 아동에 관한 연구에 집중되었다. 그리고 강의는 종단연구에 사용된 방법을 강조했다.

그리고 마지막 5분 정도, 교수는 다음과 같이 말했다. "오, 그런데 이 아동들에 관하여 약간 보충 설명을 할 필요가 있군요. 터먼은 연구를 통해 지적으로 우수한 영재 아동 집단은 뛰어난 학업 성취자로서 사회성도 잘 숙달되어 있고, 신체적으로도 더 건강하며, 정서적으로도 더 안정되었다고 밝혔습니다. 그러니 여러분들은 임상에서 이 아이들에 관해서는 염려할 필요가 없습니다." 그리고 교수는 덧붙였다. "그런데 이 아이들에게 웩슬러 지능검사나 그와 비슷한 검사를 실시하여 그들이 IQ 130점에 도달하면, 검사를 중단할 수 있습니다. 왜냐하면 그 이상의 점수는 별 의미가 없으니까요." 그리고 나서 교수는 우리가 관심을 가질 필요가 있다고 생각한 다른 범주에 속한 특수아동에 관한 내용을 계속 이야기했다.

터먼(Terman)과 그의 동료들(Cox, 1926; Terman, 1925; Terman, Burks, & Jensen, 1935; Terman & Oden, 1947, 1959)은 앞서 언급한 교수가 보고한 내용들을 발견하였다. 그러나 이 교수는 터먼의 피험자의 약 20%가 유의미하게 미성취나 정서적인 문제를 보였다는 후속 연구물에서 밝힌 내용(예, Coleman, 1980)을 논의하지 않았다.

또한 터먼의 연구 결과에 영향을 주는 일부 중요한 결함 내용도 언급하지 않았다.

터먼은 고의는 아니었으나 피험자를 편향되게 선정하였는데, 그 결과 정상 범주와는 행동적으로 다르지 않은 아동들을 선정하게 되었다. 그의 연구 피험자로 선정된 이유는 다음과 같다. ① 반에서 제일 어린 아동, ② 집단검사에서 좋은 점수를 얻은 아동, ③ 교사의 추천을 받은 아동, ④ 그 후에 실시한 개인 지능검사(스탠퍼드-비네 지능검사)에서 매우 좋은 결과를 보인 아동이다. 요약하면, 그들은 지적 욕구가 있었고, 자신이 속한 교육환경에서 적절하게 그 욕구가 채워졌으며, 고립되지 않고 수용된 아동이었다. 따라서 터먼의 범주에 맞는 영재 아동은 지적, 학업적, 사회적 그리고 정서적으로 이미 적절한 수준에서 잘 기능하는 아동들로, 미성취하거나 심각한 사회 · 정서적 문제를 지닌 아동들은 배제되었던 것이다.

추가로, 터먼과 그의 동료들은 매년 1년에 두세 번씩 직접 또는 전화로 그 가족들을 만나서 교육 계획, 가족 관심, 또래 지도 등을 하면서 그들을 도왔다. 이러한 접촉, 상담 그리고 멘토링은 의심할 여지없이 이 아동들의 교육적인 기능뿐만 아니라 사회 · 정서적 기능까지도 향상시켰다. 만일 모든 영재 아동이 이런 서비스를 받는다면 오늘날 영재 아동은 별다른 걱정이나 어려움 없이 더 잘 이해받으면서 양육될 것이다. 그렇게 된다면 이 책의 필요성은 줄어들 것이다.

터먼이 연구를 시작했던 시절에는 지적으로 뛰어난 아동은 사회적, 신경학적 그리고 정신적 장애의 위험을 더 많이 갖고 있다는 신념이 만연해 있었다. 터먼은 이에 도전장을 내밀었다. 어떤 사람은 이러한 아동에 대해 "일찍 익은 과일이 더 빨리 썩는다."라고 비유하였다. 이는 만일 아동이 일찍 발달한다면, 훗날에 사회 · 정서적으로 비싼 대가를 치르게 되고 실패하게 될 것이라는 것이다. 터먼과 그의 동료들은 자신들의 결과가 이러한 믿음이 잘못되었음을 반증해 준 것에 매우 기뻐하였다. 하지만 불행하게도, 터먼의 연구는 일반적인 신념의 반대 방향으로 너무 멀리까지 영향을 준 것으로 보인다.

오늘날 대부분의 임상심리학자, 임상사회복지사, 정신과 의사, 소아과 의사 또는 건강관리 전문가들은 전문 훈련과정 중에 영재 아동이나 영재 성인의 특성과 특별한 욕구에 관하여 아무런 정보도 얻지 못한다.[1] 간혹 「영재와 재능 아동: 소아과 의사를 위한 쟁점들(Gifted and Talented Children: Issues for Pediatricians)」(Robinson & Olszewski-Kubilius, 1996)과 같은 주제로 논문이 쓰이기도 하였다. 하지만 대부분 이런 전문가들은 영재 아동이 별다른 개입 없이, 혹은 아주 약간의 개입만으로도 스스로 잘 지낼 것이며, 높은 지적 능력이나 창의력은 진단이나 치료를 위한 제언과는 관련이 없다는 신화에 매여 있는 것 같다.

'영재'라는 용어는 무엇을 의미하는가

건강 전문가들이 영재 개인에 대해 그다지 주목하지 않았음에도 불구하고, 교육 분야에서는 어느 정도 논문들이 쓰여 왔다. 많은 글들은 발달상 분명하게 앞서 있는 사람들이 있다는 인식을 갖고, 영재 개인을 어떻게 정의하고 어떻게 규정할 것인가에 대해 초점을 두고 쓰여졌다. 이 주제는 지금까지 논란이 되어 왔으며, 앞으로도 계속 이어질 것이다. 사람의 기질처럼, 영재성은 복잡한 행동의 집합

체로서 다양한 방식으로 표현될 수 있다. 또한 영재라고 여기기 위해서는 아동이나 성인에게 그러한 행동이 얼마나 많이 필요한지에 관한 의견에는 확실히 차이가 있다.

영재의 정의에 대한 광범위한 논의가 이 책의 초점은 아니지만, 다음 장에서는 영재 아동과 영재 성인의 공통적인 특성에 관하여 설명하고자 한다. 대신에, 우리는 이 책의 뒷부분에 독자가 참고할 수 있는 여러 도서들을 소개할 것이다. 현재, 우리는 영재 아동과 영재 성인이 발달상 앞서 있다고 이야기할 수 있으며, 국립영재아동학회(NAGC)와 대부분의 주 법률에서는 영재 아동을 일반 지능, 특수 학문 적성, 창의성, 시각 또는 운동 예술 그리고 지도력 중에서 한 가지 또는 그 이상의 영역에서 그 집단의 상위 3~5%에 속한 아동으로 규정짓고 있다.

각각의 영재들은 분명히 소수 집단으로, 지적장애 아동 및 성인의 비율 정도로 존재한다. 이와 유사하게, 영재성 범주는 소위 천재의 범위까지 이어지는 능력의 확대를 포함하는 것으로 널리 받아들여지는 추세다.

영재 아동 및 성인은 문제가 있는 위험 상태인가

터먼과 동시대 사람인 심리학자 레타 홀링워스(Leta Hollingworth)는 일찍이 1920년대와 1930년대에 영재 아동은 문제를 경험할 가능성이 높다는 개념을 들고 나왔다(Klein, 2002). 홀링워스는 IQ로 볼 때 약 120~145를 지능의 적정 범위라고 지적하였으며, 그 범위의 사람들은 별다른 위험 없이 일반적인 환경에 속해 있다고 말하였다.

그리고 우리 사회의 지도자는 대부분 이 범위에서 나온다고 덧붙여 설명하였다. 그녀는 자신의 혁신적인 저서 『IQ 180 이상의 아동들(Children above 180 IQ)』(Hollingworth, 1942)을 통해 그 범위 이상의 사람들이 이방인과 같은 느낌 때문에 심각한 위험에 놓여 있음을 보여 주었다. 이 개념은 어느 정도 지지를 받고 있다(예, Brody & Benbow, 1986; Shaywitz et al., 2001). 불행히도 홀링워스는 그녀의 생각이 충분히 주목받기 이전에 사망하였으며, 그녀의 연구는 거의 잊혀졌다(Klein, 2002).

1972년, 미국 교육부의 말랜드 보고서(Marland Report)는, "사실, 영재와 재능아는 혜택받지 못하는 아이들이며, 잘 기능할 수 있는 능력의 심리적인 피해와 영구적인 손상으로 고통받을 수 있다……." 라고 언급하고 있다. 그러나 불행히도, 영재 아동은 혹시 있더라도 매우 적은 특별한 욕구를 가졌다는 신화가 사회 전반에 걸쳐 잘 구축되어 왔기 때문에 의회에 제출된 이 보고서의 주의사항은 무시되었다.

오늘날, 영재 아동이 특별히 사회·정서적 어려움의 위험에 놓여 있는가에 관한 두 가지 사고 학파가 있다. 한 집단은 영재와 재능 아동은 문제를 일으키기 쉬운 아동들로서, 그들의 독특한 어려움을 미연에 방지하거나 극복하기 위한 특별한 개입이 필요하다는 입장이다(예, Altman, 1983; Delisle, 1986; Hayes & Sloat, 1989; Kaiser & Brendt, 1985; Kaplan, 1983; Silverman, 1991; Webb, Meckstroth, & Tolan, 1982). 다른 한 집단(예, Colangelo & Brower, 1987; Scholwinski & Reynolds, 1985)은 영재 아동은 일반적으로 스스로 잘 해내는 아동들로서, 특별한 개입을 필요로 하는 문제를 가진 영재 아동은 비교적 소수라고 보는 입장이다(Dirkes, 1983; Janos & Robinson,

1985; Shore, Cornell, Robinson, & Ward, 1991). 사실, NAGC(2002)는 최근 발간한 자료에서 다음과 같은 결론을 내렸다. 한 집단으로서 영재 아동은 다소 다른 아동들이 사회·정서적 어려움으로 고통받는 것 이상도 이하도 아니다. 그러나 NAGC의 저자들은 완벽주의와 비동시성 발달과 같은 위험 요인들을 언급하였으며, 더 많은 연구가 필요하다는 점을 강조하였다. 한편, 영재 성인에 관한 연구는 더욱 적고 지금껏 알려진 것들은 주로 임상관찰에 의한 것들이다.

이와 같은 서로 다른 두 가지 견해는 처음에 나타난 것처럼 모순된 것은 아니다. 영재가 비교적 스스로 잘하고 있다는 결론을 내린 저자들은 영재 학생을 위해 전형적으로 이미 특별하게 고안된 학업 프로그램에 속한 학생들을 대상으로 연구를 수행하였다. 피험자 선정 과정의 본실을 따져 보면, 그 아동들은 학교에서 잘 기능하고 있으며, 일반적으로 주요한 사회·정서적인 문제를 경험하고 있지 않음을 의미한다. 피험자 선정 과정은 연구 대상인 영재 아동 표집의 대표성에 제한을 두게 되는 것이며, 학업상 미성취인 영재 아동은 사회·정서적 문제 때문에 배제될 것이다(Webb, 1993; Whitmore, 1980).

대조적으로, 영재 아동의 사회·정서적 문제를 지속적으로 관찰해 온 저자들은 임상 장면에서 내담자가 사회·정서적 문제 때문에 임상적인 도움을 요청하는 개인 사례연구로부터 수집된 자료에 의존하고 있다(Silverman, 1991; Webb et al., 1982). 그러한 임상연구에서의 피험자 자기 선정은 사회·정서적 문제의 발생을 과대평가할 수 있다.

두 가지의 견해는 나름대로 타당성이 있는 것으로 보인다. 영재 판별 장소인 학교 환경에서 충분히 잘 기능할 수 있는 영재 아동은 자신의 많은 욕구를 충족시킬 수 있는 특별한 교육적 서비스를 받을 수 있다. 이와 비슷하게, 그들이 학교에서 잘 기능할 수 있다면 그들은 다른 곳에서의 생활도 잘할 것이다. 그리하여 학교 프로그램이 특히 그들의 학업적이고 사회적인 욕구를 충족시킨다면, 그들은 발달상 사회 · 정서적인 문제의 주요한 위험에 처하지 않게 된다.

다른 한편으로, 영재로 판별되지는 않았으나 높은 잠재력을 지닌 아동은 공교육이 이루어지는 처음 몇 년 동안 사회 · 정서적 어려움 때문에 특별한 학교 프로그램을 받지 못하게 된다. 그리고 이 시기 동안 이러한 아동을 찾아내고 도움을 제공하는 시도는 거의 이루어지지 않는다(Ballering & Koch, 1984; Webb, 1993). 따라서 3학년이 될 때까지 많은 아동은 미성취하며, 그에 따라 영재를 위해 고안된 어떤 특별한 학교 프로그램에도 속하지 못하게 된다. 영재 아동을 위한 특별한 교육적 조치를 받을 수 있는 자격을 갖춘 일부 아동은 법이나 규칙에 위반됨에도 불구하고 사회적 · 정서적 · 행동적 문제 때문에 배제된다. 예를 들어, 강박장애나 적대적 반항장애로 진단받은 학생은 그들의 높은 지적 잠재력이나 창의적 잠재력을 증진시킬 수 있는 서비스를 받기 어려울 것이다. 때로 학생들의 이러한 문제는 영재로 판별받는 것을 방해한다. 또는 영재로 판별받을 수는 있으나, 그들의 행동문제가 방해를 하게 되어 적절한 교육적 적응을 하지 못하게 된다.

2학년 학생인 브라이언은 학교에서 보인 행동문제 때문에 지역사회의 정신건강센터로 의뢰되었다. 학교 관계자는 브라이언이 주의력결핍 과잉행동장애(ADHD)가 있어서 약물 복용이 필요하다고 여겼다. 실시된 평가 결과, 비록 브라이언이 ADHD와 관련한 일부 증상을 보이기는 했지만, 그 나이의 또래 집단에서 상위 99% 이상의 지적 및 학업 기술을 지니고 있으며, 또한 놀랄 만한 영재성 패턴을 보여 주고 있었다.

임상심리학자는 브라이언의 점수를 학교로 통보했으며, 학교가 그의 영재성을 다룰 수 있는 차별화된 교육 서비스를 제공해 줄 것을 강력히 추천했다. 추천 내용에는 그러한 학업 적응이 그의 욕구를 더 잘 충족시켜 줄 뿐만 아니라, 경미한 행동수정 전략을 함께 사용한다면 그의 행동문제는 곧 감소될 것이라고 언급했다.

심리학자로부터 이러한 자료를 받았음에도 불구하고, 학교는 그를 영재 아동 프로그램에 배치하는 것을 고려하지 않았으며, 대신에 정서/행동장애 아동을 위한 도움반에 강제로 밀어 넣었다. 당연히 이러한 절차는 생산적이지 않았고, 브라이언의 행동문제는 전혀 개선되지 않았다. 결국 그의 부모는 재정적으로 힘이 들었지만 브라이언을 사립학교로 전학시켰다.

영재임에도 불구하고 학교에서 영재로 판별받지 못한 아동 집단에 대해서는 거의 경험적인 연구를 하지 못하고 있다. 원칙상 수용된 실험 설계에 적합한 방식으로 그러한 피험자를 배치하는 것이 어렵기 때문이다. 또한 일부 연구자들은 오직 과성취 아동만 영재로 생각하지만, 이와 달리 또 다른 연구자들은 영재 아동의 교육적 욕구가 충족되는 정도가 그들의 사회·정서적 적응에 영향을 준다고 제안하고 있다(NAGC, 2002; Neihart, 1999). 영재로 판별받지 못한 아동 또는 적절하게 도움을 받지 못한 아동은 학교에서, 그리고 어쩌면 인생에서 더 많은 어려움을 경험하기 쉽다.

연구가 별로 없을 때에는 전문가들은 임상 장면에서의 경험과 관찰 기술에 의존해야만 한다. 사실, 대부분의 연구가 처음에는 임상 관찰로부터 진화되어 왔다. 앞서 언급했듯이, 우리의 임상 견해로 볼 때, 어떤 영재 아동은 실제로 진단 장애의 위험에 좀 더 놓여 있다. 사실, 영재성의 어느 모습은 아스퍼거 장애나 실존적 우울증과 같은 장애의 주요 부분을 구성하고 있을지도 모른다. 그러나 우리의 판단은 여전히 많은 오진단이 있음을 시사한다. 또한 영재 아동을 받아들이고, 그들의 행동을 이해하며, 그들을 위한 적절한 교육환경을 제공함으로써 얼마나 많은 문제행동이 예방되거나 개선될 수 있는지를 알아내야 하는 문제도 남아 있다.

우리는 이 책을 통해 영재 아동의 예를 제공하고 있다. 대부분 그들의 교육적이고 정서적인 욕구가 언급되어 있으며, 그들이 생활 속에서 잘 지내고 있음을 보여 주고 있다. 그러나 우리는 또한 오진단을 받아 부적절하게 취급받고 별로 성공적이지 못한 결과를 가진 반대의 예도 제시하고 있다.

많은 영재 아동이 왜 이렇게 많은 진단을 받고 있는가

여기에는 크게 두 가지 이유가 있다. 첫째, 전문가들 사이에 지식이 부족해서 영재성의 공통적인 특징을 한 개 또는 그 이상의 장애로 잘못 받아들이고 있기 때문이다. 학교 상담가, 교사, 소아과 의사, 심리학자 그리고 정신과 의사와 같은 전문가들은 영재성에서 비롯된 행동과 진단 장애에 따른 행동을 변별하는 훈련을 별로 받지 못했다(Hartnett, Nelson, & Rinn, 2004; Silverman, 1998).

건강관리 분야뿐만 아니라 교육과 심리학 분야에서도 영재와 재능 아동 및 성인 분야를 거의 무시하고 있다. 그들은 실제로 평균 이상의 지능이나 창의성을 가진 아동들이다. 상대적으로 지체된 아동과 성인에 관해서는 광범위한 조사와 연구가 오랫동안 이어지고 있다. 임상 훈련과 실습에서는 능력 면에서 평균에서 표준편차 2 이상으로 기능하는 사람들보다 평균에서 표준편차 2 이하로 기능하는 사람들을 더 많이 강조하고 있다. 심리학 분야에서도 영재 아동과 영재 성인에 관한 연구는 특별한 노력도 없고 주목받지도 못하고 있으며, 연구 또한 산발적으로 이루어져 왔다(Hayden, 1984; Horowitz & O' Brien, 1985). NAGC의 출판물(2002)은 여러 분야에서 좀 더 많은 연구가 이루어질 필요성을 언급하고 있다.

둘째, 영재 아동과 영재 성인 집단에서 좀 더 자주 발생하는 장애에는, 예를 들어 실존적 우울증이나 신경성 식욕부진증과 같은 장애가 있는데, 이러한 장애 진단은 꽤 정확하다(Neihart, 1999; Piirto, 2004; Webb, 1999, 2001). 그러나 얼마나 많은 장애가 기질과 환경 간의 상호작용 결과에 따른 것인가? 환경에 의해 유발된 문제를 단순히 '원인을 알 수 없는 병리' 로 보아서는 안 된다. 환경을 변화시키는 것은 많은 조건을 효과적으로 다룰 수 있다. 가정이든 학교든, 또는 직장이든 개인의 환경에 따라 개인의 정신 기능을 이해하려는 계획을 좀 더 반영시킨다면, 건강관리 전문가들은 더욱 적절한 치료를 제공해 줄 수 있다는 것이 필자의 의견이다.

우리는 여러 가지 진단의 정확성을 높이는 데 잠재적으로 영향을 주는 다른 점에도 높은 관심을 두어야 한다. 영재 아동의 어떤 특성들은 건강관리 전문가와 교육 전문가로 하여금 장애의 밑바닥에 깔린 것들을 간과하게 할 수 있다. 즉, 영재성의 특성이 상황을 모호하게 만들고 적절한 진단과 개입을 제대로 하지 못하게 할 수 있다. 예를 들어, 어린 아동의 명석함은 수년 동안 학습장애를 눈에 띄지 않게 만들 수 있다. 아동은 학교에서 배우는 것들을 추측하면서 단순히 보거나 듣는 것만으로도 수업 내용을 지적으로 흡수할 수 있기 때문이다. 아이들이 자신들에게는 아무런 문제가 없고 부모나 치료사에게 문제가 있다고 믿도록 부모나 치료사를 '속이기' 위해 언어적 기술을 사용해 온 방법에 관해 많은 부모가 설명해 왔다. 영재 아동들은 자신의 약점을 잘 기술하지 못한다. 또한 관심 분야를 축소시키거나 긍정적으로 빙빙 돌려 이야기하기도 한다. 그래서 진짜 문제가 무엇인지를 확인해 내지 못하도록 치료사를 방해한다.

어떤 영재 아동은 다중 장애나 일치하지 않은 진단 기록을 갖고 있어서, 문제가 꽤 심각하다거나 그 아동이 진단 범주에 딱 맞아 떨어지지 않는다는 것을 시사한다. 만일 공통적으로 나타나는 영재 행동에만 국한하여 진단을 내린다면, 그 아동은 여러 진단명이 기록된 긴 진단 목록을 갖게 될 것이다. 그럼에도 불구하고 각 진단은 행동 전체를 다 기술하지 못하고 다만 일부 측면에만 해당될 것이다. 예를 들어, 적대적 반항장애, 강박장애, ADD/ADHD, 양극성장애 그리고 아스퍼거 장애를 동시에 다 가진 영재 아동을 본 경우도 있다. 이러한 다중 진단은 아동의 전체 모습을 애매하게 만들고, 낙인을 찍게 하며, 아동에게 '나는 뭔가 잘못됐어.' 라는 의심만 들게 한다. 영재 아동은 이미 본질적으로 비범하기 때문에, 또한 극적으로 어떤 행동 특성을 나타내기 때문에(이 점은 뒤에서 논의할 것이다), 그들은 다중 진단을 받을 위험에 더 처하게 된다. 그리고 더욱 심각한 어려움을 가진 것으로 잘못 지각될 수 있다.

건강관리 전문가의 역할

어린 영재 아동의 부모는 가정이나 학교에서 보이는 행동문제를 염려할 때 소아과 의사와 다른 건강관리 전문가를 찾아간다. 일찍 책 읽기나 조숙한 발달단계와 같은 영재 행동은 학교에 입학하기 전에 이미 오랫동안 분명하게 드러나는 행동이다. 건강관리 전문가는 우수한 아동과 그 가족에게 조기 선별 과정을 통해 판별과 지도를 제공하여 도움을 줄 수 있다. 그들은 교육 결정이나 학습 또는 행동 문제, 그리고 부모의 양육 방식과 관련해서도 도움을 줄 수 있다. 그러나 더 중요한 것은 좀 더 이해를 잘하는 지지적인 가족으로 인도하여 영재 아동이 훗날 경험할 수 있는 문제를 피하거나 줄일 수 있도록 하는 것이다(Hyden, 1985; Robinson & Olszewski-Kubilius, 1996; Whitmore, 1980).

영재 유아의 경우에는 특히 잠재적 영재로 판별받지 못하면 수면 문제, 훈육 문제, 형제와 또래 문제, 자기와 타인에 대한 인내심 부족, 강한 의지, 과잉행동, 학교 준비와 조기입학에 관한 의문, 가족 붕괴 등의 문제들이 생길 수 있다. 학령기 영재 아동의 경우 좀 더 자주 언급되는 행동문제로는 미성취, 완고함, 과잉반응, 또래관계에서의 어려움, 형제간의 강한 경쟁관계, 부정적인 자기개념, 완벽주의 그리고 우울 등이 있다(Webb et al., 1982).

안타깝게도 의대와 소아과 전문의 실습에서는 정상 이하의 지적 장애에 관한 신경학적인 측면, 때로는 정신의학적인 측면만을 언급한다. 영재 아동이 경험하는 문제들은 교과과정에 거의 들어 있지 않다. 건강관리 전문가들조차 영재 아동의 특성을 거의 알지 못한다. 예를 들어, 개인차는 있지만 평균적으로 영재 유아는 규준에 비해 약 30% 정도 앞선 발달을 보인다는 특성조차도 알지 못한다(Brink, 1982). 심리학 석사학위 프로그램에서도 비슷하게 이런 부분들이 결여되어 있으며, 약간의 예외는 있지만 교사 교육 프로그램에도 이러한 중요한 정보가 빠져 있다.

우리는 이 책이 전문가와 부모에게 정확한 진단을 내리고 이어서 치료를 잘 할 수 있도록 지침을 제공할 것을 희망한다. 뿐만 아니라 우리가 종종 보아 왔던 불필요한 고통과 불편을 막을 수 있는 적절한 지도를 전문가에게 제공할 수 있기를 희망한다. 우리는 이 책으로 영재와 재능 아동, 그리고 창의적인 아동과 성인의 오진단과 이중진단의 중요한 영역에서 좀 더 많은 연구가 이루어지길 희망한다.

제 · 1 · 장

영재 아동과 영재 성인의 특성

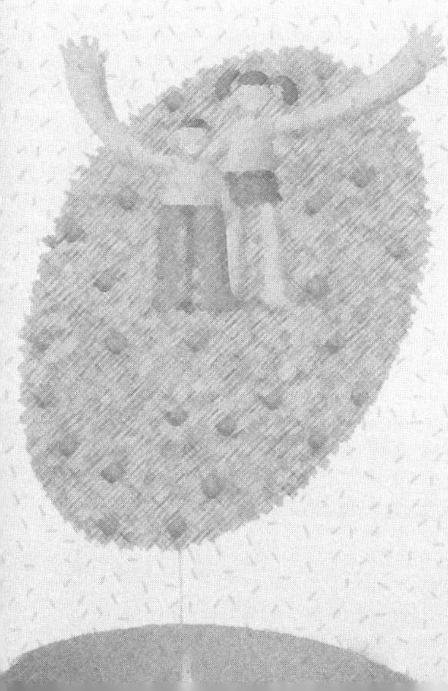

제1장

영재 아동과 영재 성인의 특성

어떤 행동이 장애에 기인하는 행동인지 아니면 우리가 흔히 영재성이라고 하는 조건의 일부분인지를 확인하려면, 우선 영재 아동과 영재 성인에 관련된 행동에 대해 알아야 한다. 그렇지 않으면 우리는 어떤 특정한 행동으로 인해 개인의 정서적 또는 정신적 기능이 얼마만큼 손상되는지 측정할 수 없다.

국립영재아동학회(NAGC)에 따르면, '영재성' 이란 다음의 하나 또는 그 이상의 영역에서 '비범한 수준의 수행을 보이거나 또는 보일 수 있는 잠재력을 가진' 다양한 사람을 기술하기 위해 사용된 넓은 범위의 용어다.

• 일반 지능

- 특수 학문 적성
- 창의성
- 지도력
- 시각 또는 운동 예술

이런 정의는 재능이나 특별한 기술의 표현, 단순한 학문적 능력의 개념을 넘어서는 넓은 범위의 능력들을 포함한다. 어떤 사람은 이러한 영역 중 한 가지 혹은 그 이상의 능력에서 상당한 재능을 발휘할 수 있다. 모든 영역에서 똑같은 영재성을 가진 사람은 한 사람도 없다. 그러나 때때로 둘이나 셋, 심지어는 네 가지의 아주 특별한 능력이나 잠재력이 나타난다. 이러한 현상은 성인에게도 똑같이 적용될 수 있지만, 대부분은 아동과 그들의 교육 경험에 적용된다.

영재 아동은 얼마나 많이 있는 것인가? 재능과 잠재성이 얼마나 특이하고 특출해야 영재라고 볼 수 있는가? 똑똑한 아동이 다 영재는 아니며, 영재 아동이 다 천재는 아니다.

대부분의 전문가와 주 법률(Karnes & Johnson, 1986)은 능력 면에서 아동이 해당 인구의 상위 3~5% 이내에 있어야 영재라고 볼 수 있다는 데 일치를 보였다. 지적장애에 대해서도 이와 동일한 비율을 적용한다. 또한 거의 대부분의 영재 아동은 앞서 언급한 다섯 가지 영역 중 하나 이상에서 영재의 범위에 있겠지만, 적어도 하나의 영역에서는 상위 3~5%에 속해야 한다는 것에 동의한다.

그러나 지적장애에 비해서 영재 아동과 영재 성인 간에는 능력의 범위와 형태 모두에서 매우 큰 차이를 보인다(Robinson & Olszewski-Kubilius, 1996). 비록 100명 중에서 3~5명이 각 영역에서 영재일 수 있지만, 1,000명당 1~2명은 영재 중에서도 고도 영재(profoundly gifted) 범주에 속하는 능력을 가진다. IQ 개념으로 보면, 보통 IQ 130~155를 영재라고 한다면, IQ 155 이상은 고도 영재(Albert, 1971)로 불릴 수 있다.[1)]

영재와 고도 영재 간의 차이는 꽤 크다(Shaywitz et al., 2001). 지적으로 고도 영재 아동, 특히 IQ 165 이상의 아동은 매우 달라서 이들을 신동이라고도 부른다. 지적 부분 이외의 다른 부분—창의성, 유머감각 또는 지도력—의 행동에서도 그 차이는 매우 크다.

따라서 영재성은 하나의 실체가 아니라 여러 차원을 가진 연속체로 봐야 한다. 분명한 것은 이 장의 후반부에서 언급할 특정한 특성 목록은 일반적으로 고도 영재에게 정도 면에서 더 크게, 더 강하게, 더 전반적으로 나타나며, 더 일찍 조짐이 나타난다는 것이다(Grost, 1970). 고도 영재 아동의 지적 자극 또는 창의적인 표현은 배고픔이나 갈증에 대한 생리적 욕구만큼 강하게 나타나는 정서적 욕구임에 틀림없다.

고도 영재의 개념은 수세기 동안 있어 왔지만(Albert, 1971), 현재 대부분의 지능 점수 규준은 전형적으로 평균 이상 4 표준편차까지만(즉, IQ 160) 측정하도록 되어 있다. 따라서 그 규준 이상의 능력의 범위와 종류에 관한 더 자세한 정보는 배제되어 있다. 간단히 말하면, 검사는 높은 상한선을 충분하게 갖고 있지 못하다.

IQ 160 이상의 점수를 가진 사람은 무시해도 좋을 만큼 매우 드물다는 믿음이 보편적임에도 불구하고, 지난 수십 년간의 임상 자료는 이러한 점에 의문을 제기하고 있다(Webb & Kleine, 1993). 정상 분포곡선에 따르면, 3만 2천 명에서 1명만이 IQ 160 또는 그 이상을 얻을 수 있으며, 259만 명 중에 1명만이 IQ 180이나 그 이상을 얻을 수 있다. 반면에 고도 영재 전문 심리학자(예, Ruf, 2005; Webb

& Kleine, 1993)의 현장 보고서에 따르면, IQ 160 이상의 점수를 얻는 사람이 기대치보다 적어도 2배 이상이며, IQ 180 이상은 3배 이상 많이 나오고 있다.

이렇게 규준값을 초과하는 사람이 많이 나오는 이유는 아직 불분명하다. 가능성은 동류교배(assortative mating)[2)]부터 규준 표본에 대한 부적절한 검사, 또는 지능의 연속선상 맨 끝 부분이 정상분포곡선에서 나타내는 완만한 곡선을 따르지 않을지도 모른다는 가설에 이르기까지 다양하다. 밑바탕에 깔린 이유가 무엇이든지 간에, 실제로 IQ 160 이상에서는 정상 IQ 곡선이 눈에 띄게 '급증' 하는 것으로 보이며, 많은 전문가(Webb & Kleine, 1993)가 주장한 것과는 달리 그 수는 상당히 많은 것이 분명하다. 사실 잘 알려져 있지는 않지만, 이 점은 그다지 놀랄 만한 일은 아니다. 웩슬러(Wechsler, 1935)나 크론바흐(Cronbach, 1970), 도드릴(Dodrill, 1997)과 같은 학자들은 지능이 종(Bell) 모양의 '정상분포곡선' 으로 되어 있다는 우리의 가정이 잘못되었음을 시사해 왔다.

심리학자와 정신건강 전문가들은 주로 웩슬러 지능검사나 스탠퍼드-비네 검사와 같은 지능검사를 훈련받기 때문에, 우리는 IQ 개념으로 영재를 논하는 것이 수월할 수 있었다. 또한 IQ에 대한 일반인들의 인식이 높아진 점도 한 몫을 했다. 그러나 IQ가 지적장애와 동의어로 사용되지 않는 것처럼 영재성과도 동일한 것으로 봐서는 안 된다. 예를 들어, 창의성 점수는 IQ 120 이상에서는 지능과 매우 낮은 상관을 보인다(Amabile, 1983; Piirto, 2004). 비슷하게, 지능검사는 특히 지도력이나 음악 또는 신체적 재능과 같은 분야에서의 '재능' 은 제대로 측정하지 못한다. 전체 IQ 점수는 하위 능력들이 합산된 값을 나타내며, 전체 IQ 점수 하나와 많은 능력 간의 관련성은 매우 적은 편이다(Winner, 1996). 전체 IQ 점수는 여러 능력의 평균을 나타내며, 수행에서 나타난 최고점과 최하점을 인위적으로 수평으로 만든 것이다. 따라서 하나의 IQ 검사에서 나타난 '수치'에만 집착하는 것은 검사 결과가 포함하는 중요한 정보들을 놓치게 되며, IQ 검사가 측정하지 못하는 미술이나 시각 분야의 재능을 간과하게 될 수 있음에 주의해야 한다.

영재성은 꼭 일반적인 'g' (즉, general) 요소일 필요는 없고, 모든 분야에서 다 영재인 것은 아니며, 그럴 필요도 없다는 인식이 심리학과 교육학 전반에서 증가하고 있다. 개인이 하나, 둘 또는 몇 개의 영역에서 독특한 잠재성이나 재능을 가질 수 있으며, 그것으로서 충분히 영재라는 자격을 갖는다. 과거에 이것은 '영재'와는 구별하여 '재능' 이라는 개념으로 취급되었지만, 최근에는 영재와 재능이라는 두 개의 용어를 거의 동의어로 취급하고 있다. 사실 학문적 영재 아동의 경우에는 지니고 있는 여러 능력이 불균형적이라는 증거가 많이 있다. 전반적인 영재성, 그것은 한 개인이 모든 영역에서 거의 동일한 정도의 능력을 갖고 있다는 것인데, 이것은 거의 드물다고 본다(Winner, 1996).

행동 특성

학문적 영재 아동에게 매우 자주 일어나는 행동 특성이 있다. 대부분의 영재 아동은 이런 특성을 거의 모든 시간에 드러낸다고 말할 수 있다. 영재 아동의 이러한 행동 특성은 대부분 성인기까지 이어진다. 비록 몇 가지는 학문적이고 지적인 행동을 강조하고 있지만,

여기서 초점을 두는 것은 주로 사회 · 정서적 행동이다.

영재 아동의 특성을 설명하는 책들은 대부분 지적이고 학문적인 면에 초점을 두고 있다. 비교적 소수의 책과 논문(예, Baum & Olenchak, 2002; Lovecky, 2004; NAGC, 2002; Silverman, 1993, 2002; Webb, 1993; Webb, Meckstroth, & Tolan, 1982; Winner, 1996)만이 사회적 · 정서적 · 행동적 특성을 서술하고 있는데, 그 특성은 주로 오진단과 이중진단이라는 주제와 관계 있는 행동이다. 다음의 행동 목록은 그런 자료로부터 수집된 것으로, 앞서 언급한 일반적인 정의의 기초가 되고 있다.

- 나이에 비해 특이하게 풍부한 어휘력과 복잡한 문장 구사력
- 언어의 미묘함에 대한 심층적인 이해력
- 긴 주의집중력과 인내심
- 강렬함과 민감성
- 광범위한 관심 분야
- 고도로 발달된 호기심과 끊임없는 의문 제기
- 실험과 새로운 시도에 대한 관심
- 아이디어와 사물에 대해 색다르고 불명확한, 그리고 창의적인 방식으로 접근(확산적 사고)
- 적은 연습으로도 빠르게 기초 능력을 학습함
- 유아 때 읽기와 쓰기를 스스로 숙달함
- 많은 지식을 습득할 수 있고, 기억력이 유별남
- 상상의 친구가 있음
- 특출난 유머감각
- 복잡한 게임을 새로 만들어 사람과 사물을 조직하기를 좋아함

나중에 논의할 부분이지만, 영재들은 여기서 언급한 부분들 때문에 건강관리 전문가에게 의뢰되며, 따라서 행동장애로 잘못 해석되기도 한다. 영재 아동이나 영재 성인이 단순히 지능이나 창의적 잠재력을 측정하기 위해 건강관리 전문가에게 의뢰되는 경우는 거의 없는 반면, 행동문제 때문에 의뢰되는 경우는 많다. 좀 더 자주 나타나는 불평사항은 다음과 같다.

영재 아동에 대해 자주 의뢰하는 문제

- 활동 수준이 높고 충동조절력이 낮다. 이 아동은 ADD/ADHD 인가?
- 자기 나이에 비해 너무 심각하다. 도덕적이거나 윤리적인 또는 철학적인 의문으로 걱정을 한다. 이 아동은 우울증인가?
- 물건을 분해하면서 늘 그 속에 빠져 산다. 왜 물건들을 가만 놔두지 않는 것인가?
- 매우 우수하지만, 상식적이지 못하다. 어떻게 이 아동에게 단순하게 판단하도록 가르칠 수 있을까?
- 완벽주의적이다. 자신과 다른 사람에게 너무 많은 것을 기대한다.
- 잠을 별로 자지 않는데, 매우 생생한 꿈을 꾼다. 때때로 악몽을 꾸거나 야경증을 보인다.
- 야뇨가 있고 몽유병이 있다.
- 너무 까다롭고 예민하여 셔츠에 달린 상표를 잘라 내야 한다.

학교에서는 형광등 불빛 때문에 방해를 받는다고 불평한다.

- 너무 감정적인 것 같다. 목표를 달성하지 못했을 때는 심하게 좌절하고 짜증을 심하게 낸다. 아동의 이러한 망가진 상태를 피하기 위해 집에서는 늘 살얼음판을 걷는다.
- 과제를 완수해 내지 못하거나 궤도에서 벗어나는 듯하다. 방과 책상은 어지럽혀져 있고 지저분하다. 다 끝낸 것으로 보이는 과제조차도 제출하는 것을 잊어버린다.
- 자기도취적인 것 같고, 지나치게 자신에게 열중하는 것 같다. 모든 일이 아동 중심으로 돌아가는 것 같다.
- 자기 또래와 관계 맺는 것을 어려워한다. 대장 노릇을 하고 싶어 하며, 또래 아동들이 좋아하는 것에는 별로 관심을 두지 않는다. 대신에 거의 혼자서 지내거나 자기보다 나이 많은 아동이나 성인과 지낸다.
- 계속 질문을 하고 다른 사람 사이에 끼어들며, 자신의 지식을 과시한다.
- 너무 예민하고 공평한 것에 강박적으로 집착한다. 저녁 뉴스에서 무서운 것을 보면 눈물을 흘린다. 그 나이 또래 아동에게 이것이 정상인가?
- 교사는 아동이 매우 우수하지만 숙제를 해 오지 않는다고 말한다. 시험은 잘 보지만 이렇게 되면 낙제할지도 모른다.
- 끊임없이 우리와 논쟁하고 매번 우리에게 도전한다. 이 아동은 항상 우리를 압도할 방도를 찾는다. 우리는 어떻게 해야 할지 모르겠다.
- 사회적 기술이 매우 부족하다. 그리고 과학 소설을 제외하고는 다른 것을 읽는 것에 별 흥미를 갖지 못한다. 과학 동아리에 있

는 두 명의 나이 많은 남학생을 제외하면 이 아동에게는 거의 친구가 없기 때문에 그것이 걱정된다. 사람들은 이 아동이 아스퍼거 장애인 것 같다고 한다.

- 화를 잘 내고 참을성이 부족하다. 반사회적인 것 같다.
- 어느 분야에서는 매우 앞서 있지만, 다른 분야에서는 아니다. 특히 글씨를 잘 쓰지 못한다. 이 아동은 학습장애인가?
- 만성적으로 백일몽에 빠져 있고, 우리가 제공하는 것마다 모두 잃어버린다. 이 아동은 어떤 정신적 문제를 갖고 있는 것은 아닌가?
- 어떤 때는 우울하고 어떤 때는 폭발한다. 마치 이중 성격을 가진 것 같다. 어느 순간에는 열정이 넘치다가, 다음 순간에는 소리를 지르며 화를 낸다. 사람들은 이 아동이 양극성 장애인 것 같다고 말한다.
- 학교 교사는 이 아동이 ADD/ADHD라고 믿는다.
- 잡지에서 읽은 내용으로 볼 때, 이 아동은 아스퍼거 장애나 양극성 장애를 가지고 있는 게 확실하다.

영재 성인에 대해 자주 의뢰하는 문제

- 나는 이윤을 내기보다는 공평한 것에 치중하기 때문에 여러 번 직장에서 실직당했다.
- 나의 아내는 내가 너무 예민하고 심각하다고 말한다.
- 나는 다른 사람과 다르다고 느끼며, 사람들과 교제하는 것을 즐기지 못한다.

- 직장에서 너무 참을성이 없고 조급해서 다른 사람들이 나와 함께 일하려고 하지 않는다는 평가를 받는다.
- 나는 다른 사람의 생각에 도전해야만 한다는 의무감에 사로잡혀 있다. 말할 필요도 없이 사람들은 내가 이렇게 행동하는 것을 좋아하지 않으며, 이런 나의 행동들이 사회성 문제를 야기한다.
- 나는 오랫동안 교제하며 데이트할 사람을 발견할 수 없을 것 같다. 나와 같은 관심을 가진 사람이 없다. 다른 사람과 나는 분명 다른 것 같다.
- 남편은 내가 너무 많은 것에 지나치게 몰두해서 가족을 방치해 둔다고 말한다. 내가 조울증 장애를 가지고 있는지 의심이 된다.
- 아내는 내가 집이나 직장에서 보이는 강렬함 때문에 미칠 지경이라고 말한다.

여기서 언급한 행동들은 그들의 입장에서는 실제로 문제가 될 수 있지만, 그 사람이 살고 일하는 환경과 그 개인을 조사하지 않고는 어떠한 문제도 이해될 수 없고 다룰 수도 없다. 불행히도, 건강관리 전문가는 때때로 영재와 재능 아동의 공통적인 특성이나 개별적인 특성 혹은 행동 발생 맥락을 고려하지 않고, 편협하고 제한된 방식에서 이런 문제를 다룬다.

따라서 어느 범위의 행동까지를 높은 지적 수준이나 창의성의 결과물과 수반되는 행동으로 볼 것인지 그 범위를 심사숙고할 필요가 있다. 그렇지 않으면 이러한 행동들은 부정확하게 어느 진단 장애의 한 부분으로 설명될 수도 있다. 사실 앞에서 언급했듯이, 우리는 영재 아동과 영재 성인이 ADD/ADHD, 아스퍼거 장애, 적대적 반항장애, 품행장애, 강박신경증, 야경증 장애, 자기애적 인격장애 그리고 심지어는 양극성 장애라는 오진단을 받았다고 불평하는 것을 자주 보아 왔다. 그리고 부부갈등이나 다른 성인과의 관계 문제 같은 정확한 진단의 경우에도 그 문제의 중심에 놓인 지적 · 창의적 요소를 철저히 간과하고 있음을 보아 왔다.

영재 아동은 정서장애나 행동장애로부터 자유로울 수는 없다. 그들에게도 ADD/ADHD나 아스퍼거 장애 등이 있을 수 있다. 우리는 심리적 또는 의학적 장애를 설명하려는 것은 아니다. 그러나 뭔가 아무것도 없을 때에는 영재 아동과 영재 성인의 특성 그 자체가 병리적임을 의미할 수 있다고 믿는다. 우리의 목표는 단지 이들에게 진단명을 붙이고 결과적으로 그 행동을 없애기 위한 치료를 받게 하기보다는, 부모, 건강관리 전문가, 교육자 그리고 그 외의 사람들에게 영재에게는 정상적인 행동이라고 볼 수 있는 문제행동들을 '재구성' 하여 좀 더 구체적으로 형상화시켜 적절한 지침을 제공하려는 것이다. 이것은 문제를 보다 명료하게 바라보게 함으로써 효과적으로 목표를 세우고 유용하게 개입할 수 있도록 하기 위한 것으로서, 간단하지만 중요한 시각 변화를 가져오는 일이다.

영재 아동이나 영재 성인의 행동 특성을 이해하거나 잘 알지 못하면, 부모와 아동뿐만 아니라 건강관리 전문가조차도 그들을 이해하기 위한 자신만의 논리를 세울 것이다. 행동장애 진단을 붙이지 않더라도, 부모와 교육자, 건강관리 전문가들은 여전히 영재 아동과 영재 성인의 행동 유형을 훈육의 문제, 미성숙, 사회화 문제, 또는 까다로운 기질을 가지고 태어난 것으로 단순하게 명명화하려는 경향이 매우 강하게 자리 잡고 있다.

선생님의 연구 집회 강연을 잘 들었습니다. 감사합니다. 저희는 7세인 아들이 ADHD 진단을 받는 매우 힘든 과정을 겪었습니다. 이 평가 기간 동안, 저희는 아동발달 및 행동 전문 소아과 전문의에게 주의집중과 관련된 문제와 예상되는 영재성 간의 연관성에 대해 물어보았습니다. 우리 아들은 정식 IQ 검사를 받지는 않았지만, 3세 때부터 책을 읽었고 매우 우수하다는 것을 나타내는 여러 징표들이 있었습니다. 그 소아과 의사는 '대부분의 영재 아동은 똑똑해서 지루함을 잘 참아 낼 수 있으며, 산만해지거나 집중력을 잃지 않기 때문에' 집중력 문제와는 연관성이 없다고 답하더군요. 이 말씀을 생각해 보면서, 나는 7세가 아닌 저에게조차 이 말이 사실이 아니라는 것을 깨닫게 되었습니다.

우리 아들에게 진단된 ADHD의 '유형'은 '주제가 재미없거나 지루할 때 주의를 기울이는 것'을 어려워한다는 것입니다. 또한 우리 아이는 선생님이 강연한 감각 문제(온도, 강한 냄새, 불편한 의복에 대한 민감성)와 청각 문제(특히 주변 잡음에 의한 산만함)들도 가지고 있습니다.

남편과 나는 ADHD 평가로 매우 당황했습니다. 마치 우리 아들의 뇌 속에서 일어나는 것을 구체적으로 다루지도 않은 채 그의 행동을 일반적으로 분류하는 것처럼 보였기 때문입니다. 우리는 선생님의 강연에서 얻은 새로운 정보를 가지고 단순한 명명이 아닌 그 이상의 추가적인 해답을 찾으려고 합니다.

진단을 내린다는 것은 임상가와 환자에게 최상의 치료와 예상되는 경과를 제시하도록 일반화시키는 일이다. 정확히 말하면, 진단은 개인뿐 아니라 환경에 대한 지식도 포함해야 한다. 왜냐하면 개인과 환경 간의 부적합성이 문제 행동을 유발할 수 있기 때문이다. 예를 들어, 수면 결핍은 낮은 집중력을 야기하고, 그것은 궁극적으로 환각을 일으킬 수 있다. 그러나 그러한 정황을 무시한다면 그 사람이 비정상이라거나 정신분열증을 가졌다는 데 반박할 사람은 아무도 없을 것이다. 마찬가지로 우울증에 대한 진단은 그것이 나타난 배경을 파악하지 않고는 아무런 의미가 없다. 최근에 일어난 배우자의 사망, 자발적 우울증 병력, 새로운 약물치료, 동료의 만성적인 거부, 자녀가 글을 읽을 수 있는 유일한 학생으로 유치원에 다니기 시작한 점 등은 정확한 진단을 내리고 적절한 치료를 시작하는 데 모두 중요한 요인이 된다.

영재 아동과 영재 성인을 가장 자주 오진하게 하는 몇몇 특정한 성격, 행동 유형, 환경에 대한 자세한 설명은 다음과 같다.

강렬함, 민감성 및 과흥분성

영재 아동과 영재 성인의 보편적인 특성은 강렬함이다. 한 어머니는 "내 아이의 삶의 모토는 할 만한 가치가 있는 것은 무엇이든 과하게 할 만한 가치가 있다는 것이다."라고 말한다. 이런 아동들은 '지나친 성격' 이라고까지 할 정도로 모든 것에 강렬함을 보이는 경향이 있다. 강렬함, 집중, 끈기의 양상은 생애 초기부터 나타나는 뛰어난 지능의 징표로 오랫동안 인식되어 왔다(Kolata, 1987; Tucker & Hafenstein, 1997; Webb, 1993; Webb et al., 1982).

지난 십 년간, 영재 아동과 영재 성인 관련 분야에 기여해 온 폴란드의 정신과 의사 다브로프스키(Kasimierz Dabrowski) 덕분에 영재의 강렬함과 민감성에 대해 더 잘 이해할 수 있게 되었다(예, Kitano, 1990; Lind, 2001; Piechowski & Colangelo, 1984; Tucker & Hafenstein, 1997). 그의 이론과 연구의 한 부분에는 대단히 높은 정신 능력을 가진 사람들에게 자주 나타나는 강렬함과 민감성을 나타내는 개념인 '과흥분성(overexcitability)' 이 언급되어 있다.[3)]

다브로프스키는 수세기 동안 존재해 왔던 지식, 즉 아동은 세상에 태어나면서부터 자기 주변 세계에 의해 자극을 받는다는 사실에 기초하여 자신의 논리를 세웠다. 아동은 태어날 때 어떤 종류의 자극을 찾으려는 본능적인 경향을 갖고 있다. 몇 주 만에 이들은 빛을 바라보고, 얼굴이나 움직이는 것에 주의를 빼앗긴다. 좀 더 지나면 만지고 맛을 느끼고 냄새 맡도록 내재적으로 동기화된다. 아동은 자기 주변의 것들로부터 자극을 받아 흥분한다.

최근에, 영재교육 분야의 선구자들은 높은 지능을 가진 아동이나 성인은 자극에 대해 더 고조화된 반응을 일으키는 강렬함을 지니고 태어날 가능성이 높다고 관찰해 왔다. 이것이 과흥분성을 의미하는 것이다(Bouchet & Falk, 2001; Lind, 2001; Tucker & Hafenstein, 1997). 우수한 사람들의 강렬함과 열정은 일반 사람들이 기대하는 것 이상으로 과도하게 느끼고 경험하고 반응하도록 만든다. 예를 들어, 우수한 아동들은 숫자를 알게 되었을 때 열정적으로 이렇게 말할 것이다. "오, 와! 9다. 정말 매력적인 숫자야. 2는 너무 평범한데 9는 그렇지 않아!"

바르트(Barthes, 1975)를 알았을 때 나는 전율을 느꼈다. 바르트는 사람들의 생각에 친밀하게 접촉하는 것이 얼마나 매혹적이고 감동적인지를 묘사한 『책과의 연애 생활(Erotic life of books)』의 저자다. 한 사람의 견해를 명석한 마음만큼 강렬하면서도 갑작스럽게 전환시킬 수 있는 사건은 거의 없다. 그러나 작가나 예술가는 직접 또는 대리인을 통해서 사람의 정신 속으로 들어가 결정적으로 그 사람을 변화시켜 놓을 수 있다. 친밀한 행위에 대한 총체적인 정의는, 그것을 한 번도 경험해 보지 못한 관찰자들을 혼란스럽게 할 수 있다. 친구들과의 낭만적인 추억을 회상하는 것, 때때로 그 마술은 분명치 않다. 우리는 사람들과의 낭만적인 추억을 받아들이는 것을 배워 왔지만, 정상적인 사람의 행동으로서 독창적인 생각과 사랑에 빠지는 것은 배우지 못했다.

다브로프스키는 과흥분성이 다섯 개의 영역 중 어떤 하나 혹은 그 이상에서 나타날 수 있다고 언급하였다. 때때로 과흥분성은 하나의 영역에서만 나타날 수도 있다. 그러나 어떤 이론가들은 하나의 영역에서 과흥분성을 가진 아동이나 성인은 다른 네 영역 중에서도 역시 과흥분성을 갖고 있다는 것을 관찰하였다. 린드(Lind, 2001)와 피에코프스키(Piechowski, 1991)가 기술한 잠재적인 과흥분성의 다섯 영역은 다음과 같다.

지적 과흥분성

지적 과흥분성(intellectual overexcitability)의 특징은 호기심, 예리한 질문, 집중력, 문제 해결, 논리적 사고 등이다. 이러한 특징을 가진 사람들은 지식 습득, 이해와 진실 추구, 문제 해결을 위한 노력을 추구하는 매우 적극적인 마음을 가지고 있다. 이들은 젊어서 책을 탐독하고, 또한 성인이 되어서도 여전히 책읽기에 열심이다.

아동들은 강한 호기심을 갖고 성인들이 피곤해할 정도로 많은 질문을 한다. 그들은 내향적이며, 초점화와 집중력 및 문제해결력을 요구하는 정신적인 퍼즐을 즐긴다. 또한 오랫동안 앉아서 생각하는 것에 만족해한다. 지적 과흥분성을 가진 사람들은 종종 도덕적인 염려나 공평함에 관한 문제에 초점을 둔다. 그들은 독립적인 사고자이며, 하나의 아이디어에도 다른 사람들이 자기와 함께 흥분하지 않으면 이를 잘 참지 못하는 민감한 관찰자들이다.

사렌다는 어떤 특정한 주제에 관해서 상당히 많은 양의 정보를 갖고 있는 훌륭한 학생이다. 어느 날 교실에서 선생님이 몇몇 유명한 사람들의 이름을 칠판에 적었다. 그리고 물었다. "이 사람들 중 누구에 대해서든지 말해 볼 사람?" 사렌다는 다른 아이들이 어느 정도 정확하지만 간단하게 언급한 내용을 듣고 있다가, 한 예술가의 삶에 대해 덜 알려진 자세한 내용을 보충 설명해야 할 것 같은 생각이 들었다. 진실이지만 알려져 있지 않은 사실을 이야기하자, 선생님은 그것이 맞는 말인지 확신할 수 없기 때문에 한번 확인해 봐야 할 것 같다고 말했다. 그러자 사렌다 뒤에 앉은 학생이 말했다. "선생님이 사렌다를 믿으셔야 해요. 사렌다의 말은 항상 맞거든요."

상상력의 과흥분성

학령전기 동안 영재 아동의 약 3/4 정도는 상상의 놀이친구를 하나 이상 갖고 있다. 어떤 아동은 상상의 애완동물을 갖기도 하고, 어떤 아동은 가상의 우주 공간에 있는 상상의 행성에서 살고 있기도 한다(Webb et al., 1982, 2000). 그들은 훌륭한 드라마가 지닌 복잡하면서도 상상력이 풍부한 구성에 빠져 있다. 한 어머니는 "우리 집에서는 식탁에서 소금을 건네는 단순한 일도 종종 3막의 연극이 되기도 하지요."라고 말한다. 풍부한 상상력, 환상 놀이, 물활론적 사고, 백일몽, 극적인 지각 그리고 은유법의 사용은 우수하고 창의적인 아동들에게 매우 매력적인 것들이다. 어린 아동들은 사실과 상상을 섞기도 한다. 몸은 교실에 있어도 마음은 상상력을 지닌 창의성 세계 속으로 떠돌아다니면서, 머릿속에서 또렷하게 그림을 그리곤 한다.

상상력의 과흥분성(imaginational overexcitability)을 지닌 성인들은 즉흥적인 코미디언 로빈 윌리엄스(Robin Williams)와 같은 사람들처럼 다른 사람들과의 상호작용에서 가끔 극적인 모습을 보인다.

성인들도 백일몽을 꿈꾼다. 비록 '정신 나간 사람' 처럼 보이기는 하지만, 이리저리 돌아다니는 마음은 꽤 창의적이고 발산적이며, 공상 내용도 꽤 구체적이고 화려하다. 만화가인 마이크 피터스(Mike Peters, *Mother Goose and Grimm*의 작가)는 공부는 안 하고 계속 교사들의 캐리커처만 그렸다. 이 때문에 교사들은 그가 낙제할 것으로 여겼다. 하지만 이 재능으로 그는 나중에 신문시사만화 분야의 퓰리처상을 수상하였다. 학창 시절의 한 교사는 학교 앨범에 이렇게 적어 놓았었다. "빨리 어른이 되는 게 좋겠습니다, 피터스 씨! 지금은 항상 만화만 그릴 수 없다는 것을 너도 알지!" (Peters, 2003).

정서적 과흥분성

이 영역은 극단적이고 복잡한 감정과 강렬한 느낌으로 이루어지며, 부모들이 자녀에게서 가장 먼저 알아차리는 영역이다(Lind, 2001). 정서적 과흥분성(emotional overexcitability)을 지닌 사람들은 주변 환경에 대해 높은 관심과 고양된 반응을 보인다. 사람이나 장소, 물건과도 강한 정서적 애착을 형성하며, 종종 과민반응을 보인다는 비난을 받기도 한다. 감정의 강도는 동정심, 감정이입(공감) 그리고 민감성에서 강렬하게 나타난다. 한 어머니는 이러한 점이 어떻게 나타나는지를 다음과 같이 설명하였다. 그녀가 급하게 운전하고 있을 때 딸이 "정지, 천천히 가요!"라고 소리쳤다. 그녀가 왜 그러냐고 묻자, 딸은 "우리가 자동차 앞 유리창에 붙어 있는 벌레들을 죽이고 있어요. 난 이미 내 또래의 아이들에겐 지나칠 정도로 너무 많은 죽음을 봐 왔단 말이에요!"라고 대답했다. 이런 아동들은 길에서 노숙자를 보면 울음을 터뜨릴 것이다. 또한 (세 살 이상이 되어서도) 게임에서 지거나, 따돌림을 당한 기분이 들거나, 최고가 되어야 한다고 느끼거나, 마음대로 하지 못할 때 분노의 표시로서 강한 짜증을 자주 보인다. 기대하지 않았던 행운에 대한 고양된 감정뿐만 아니라 곤경에 빠진 사람들에 대한 매우 깊은 슬픔과 같은 강한 감정은 성인들이 보기에 극단적으로 보일 뿐만 아니라 난감한 일이 아닐 수 없다.

정서적 과흥분성을 보이는 성인들은 이상주의자로 다른 사람을 돕거나 자연을 지키려고 애쓰기 때문에 사회적인 소송에 관여하는 경향이 있다. 자신의 이상주의와 민감성이 다른 사람들에게 공감을 얻지 못한다는 것을 알게 되면 매우 냉소적으로 되거나 화를 낸다.

6세의 앤소니는 다른 사람에 대한 민감성과 정서적인 유대감 때문에 평판이 좋지 않았다. 아직 나이가 어림에도 불구하고 그는 열대 우림의 감소, 테러 전쟁 및 세계의 기아와 같은 문제들을 염려했다. 그는 한 지역뿐만 아니라 전 세계에서 이러한 문제들이 사람들의 삶에 미치는 영향을 생각하곤 했다. 그리고 종종 밤늦도록 깊은 생각에 잠기곤 했다. 그는 자신이 도울 수 있는 일이 무엇이 있을까를 고심하곤 했다.

그는 뉴스에서 보도되는 좋지 않은 사건에 너무 쉽게 흥분하기 때문에, 부모는 그에게 TV 프로그램을 계속 보도록 해야 할지 조심스러웠다. 어느 날 밤, 그의 부모는 저녁 뉴스에서 "우리 사회의 노숙자에 대해서 알아보세요. 오늘밤 11시 실제 이야기가 펼쳐집니다."라고 예고하는 것을 듣고 당황했다. 앤소니가 말했다. "엄마, 저 그때까지 깨어 있진 않을게요. 하지만 우리가 노숙자 문제에 관해서 뭔가 할 수 있는 일이 있지 않을까요? 우리 집은 제니스 누나가 대학에 갔기 때문에 남는 방도 있고, 아빠는 서재를 사용하지도 않으니까……."

앤소니는 6세의 나이에도 불구하고 다른 사람들의 고통을 매우 민감하게 받아들이기 때문에 그들을 위해 뭔가 하고자 하는 동기가 생겼다. 그의 부모는 노숙자를 집에 들이지는 않았지만, 앤소니를 위해 다른 방법들을 마련했다. 그의 가족은 자원봉사를 시작했고, 필요한 음식과 옷을 기증하기 시작했다. 부모의 도움으로 그는 어느 정도 감정 조절을 할 수 있게 되었다.

정신운동적 과흥분성

정신운동적 과흥분성(psychomotor overexcitability)을 지닌 사람들은 신경근육계의 고조화된 흥분성과 '적극적으로 활동하기 위한 증가된 능력'을 가지고 있는 것 같다(Piechowski, 1991: 287). 그들은 움직임 자체를 좋아한다. 그리고 빠른 말 속도, 강렬한 열정, 격렬한 신체활동 그리고 활동 욕구에서 자주 에너지의 과잉을 드러낸다(Piechowski, 1979, 1991). 이런 사람들이 정서적으로 긴장하면, 강박적으로 말하거나, 충동적으로 행동하거나, 신경질적인 습관을 보이거나, 강한 동기를 보이거나('일중독'에 빠지는 경향), 강박적으로 정리정돈을 하거나, 매우 경쟁적이 되거나, 심지어 부적절한 행동을 하고 화를 분출하기도 한다(Lind, 2001). 그들은 끝없이 열정적으로 신체활동과 언어활동을 하면서 큰 즐거움을 얻지만, 다른 사람들은 그들이 뭔가에 압도되어 있다고 여긴다. 정신운동적 과흥분성을 가진 아동들은 집과 학교에서 결코 조용히 있지 못하고 끊임없이 이야기한다. 어른과 또래 친구들은 이 아이들에게 자주 조용히 자리에 앉아 있으라고 말하고 싶어 한다.

정신운동적 과흥분성을 지닌 아동은 ADD/ADHD로 오진받을 가능성이 아주 높다. 과흥분성을 지닌 아동이나 성인은 정신적으로는 과제에 집중하고 있는지는 몰라도, 몸은 과잉행동과 비슷한 방식으로 흥분하고 안절부절못하며 몸을 뒤틀고 움직이고 싶어 한다. 교실에서의 그런 안절부절못하는 행동에 대한 교사들의 반응은 누구나 쉽게 상상할 수 있다. 성인들이 이러한 모습을 보이면, 사람들은 함께 일하기에 피곤한 사람이라고 생각할지도 모른다. 많은 사람이 격렬한 운동이나 낙서, 뜨개질 등 일반적으로 사회가 용납하는 활동을 통해 정신운동적 과흥분성을 관리하는 법을 배우거나, 열중하여 몰두할 때 발이나 다리를 가볍게 흔들기도 한다.

감각적 과흥분성

감각적 과흥분성(sensual overexcitability)을 지닌 아동은 일상생활에서 느끼는 시각, 후각, 미각, 촉각, 청각 감각이 다른 사람들보다 훨씬 더 발달되어 있다. 이러한 아동들은 셔츠의 등에 붙은 상표를 싫어한다. 꿰맨 자국은 완벽하게 반듯해야 하고, 올이 풀리거나 꿰맨 자국이 있는 양말은 신을 수 없다. 형광등의 깜빡임과 소음은 그들을 굉장히 괴롭히고 두통을 일으키기도 한다. 향수와 같은 냄새는 그들을 압도하며, 심지어 어린 아기 때도 특정한 음식의 맛이나 씹히는 느낌에 강하게 반응한다. 그들은 교실에서 소음이 계속되면 곧 지쳐버린다. 성인들은 작업장이나 회의에서 나는 소음이 자신들을 심각하게 괴롭힌다는 사실을 깨닫기도 하고, 향수나 면도 후에 바르는 로션이 싫다고 느끼기도 한다.

이러한 특별한 과흥분성을 지닌 영재 아동과 영재 성인은 과잉자극 환경을 피하거나 최소화하려 한다. 그러나 다른 한편으로는, 독특한 민감성을 통해 음악, 언어, 예술 그리고 요리에서 큰 즐거움을 얻기도 한다. 그들은 매우 강렬하게 즐거운 경험에 집중하여 그들 주위에 있는 세상이 한동안 멈춰 있는 것처럼 여긴다.

과흥분성과 오진단

우리의 경험에 따르면, 이러한 과흥분성은 고도 영재 아동에게 매우 뚜렷하게 나타나는 경향이 있다. 일부 과흥분성 행동들이 어떤 특정 증후군의 한 부분으로 쉽게 잘못 해석될 수 있다는 점은 이미 분명하게 드러나고 있다. 예를 들어, 지적이고 정신운동적인 과흥분성은 ADD/ADHD로 오진되기 쉽다(Hartnett, Nelson, & Rinn, 2004). 새로운 정보에 대한 흥분과 왕성한 호기심은 때때로 수업 중에 불쑥 대답하거나 관련이 없어 보이는 질문을 하게 만든다. 왜냐하면 그는 새로운 정보를 다른 상황에 적용할 수 있는 방식을 생각하고 있기 때문이다. 공부를 하면서 발을 가볍게 흔들거리거나, 반복적으로 쿵쿵 소리를 내거나, 연필을 가볍게 두드리기는 하지만, 과제에서 벗어나지는 않는다. 그러나 이러한 행동이 자기 학습을 방해하진 않지만 다른 사람들을 방해할 수 있기 때문에 결국 전문가에게 의뢰되고 오진단을 받는다. 가르치는 내용을 이미 다 알고 있어서 지루함을 느끼는 경우에는 사실상 과제에서 벗어나 딴짓을 하게 되고, 그것은 더욱더 ADD/ADHD로 오진단을 받도록 한다.

어떤 성인들은 이와 유사한 행동들을 보이는데, 그들은 손이나 입을 바쁘게 움직일 때 과제에 더욱 잘 집중할 수 있다는 사실을 발견했기 때문이다. 우리는 회의 중에 껌을 씹거나 낙서를 하거나 뜨개질을 하는 성인들을 본 적이 있다. 어떤 교사는 필요할 때 집을 수 있도록 칠판 정리함에 탱탱볼을 넣어 두고, 수업 중에 다른 사람을 방해하지 않으면서 자기 손을 바쁘게 움직일 수 있도록 학생들에게 교실에서 소도구를 사용하는 것을 허락하는 경우도 있다. 발 흔들기와 몸을 부산스럽게 움직이는 것은 생리적인 수준에서 긴장감을 완화시키는 한 가지 방법일 수 있다. 그것은 적응을 위한 선택이기도 하다(Soussignan & Koch, 1985). 주의를 기울인다는 것은 항상 부동 상태를 의미하는 것은 아니다. 그리고 강요된 부동 상태는 어떤 아동, 특히 과흥분성의 아동들에게는 오히려 주의집중을 방해할 수 있다.

아동들의 강렬함은 완고한 행동에서도 자주 나타나는데, 그것은 때때로 적대적 반항장애로 오진하게 만든다. 영재 아동과 영재 성인은 긴 주의집중 시간, 더 나은 집중력과 동기에서 강한 의지를 드러낸다. 그리고 꽤 고집스럽게 오랫동안 집중하여 지적인 노력을 기울일 수 있다. 하지만 그들은 자기 관심 영역에만 주의를 기울일 뿐 일반적으로 사람들이 관심을 가져야 한다고 생각하는 것에는 별로 주의를 기울이지 않는다. 그들은 열정을 끝없이 보이지만 보통과는 다른 분야에서만 그렇다. 또한 다른 사람들에게 자기의 강한 의견을 강요하려고 애쓴다.

사람들이 과흥분성을 지닌 사람들의 주의를 다른 방향으로 바꾸려고 시도하거나 다른 관점을 언급하거나 한 가지 활동에만 참여하도록 요구할 때는 화를 내면서 힘겨루기를 한다. 어떤 부모는 "영재인 우리 아이는 아마 엘리베이터와도 싸울 걸요!"라고 화를 내기도 하였다. 영재 아동과 영재 성인에게서 나타나는 강렬함은 행동과 사고 그리고 감정 모두에 스며들어 있는 것처럼 보인다. 그 결과, 여러 분야에서의 사회 · 정서적인 기능에 대해 시사점을 제공하고 있다.

사고와 학습 방식

영재 아동의 강렬함과 민감성은 학습방식과도 유의미하게 상호작용한다. 수년 동안, 교육자를 비롯한 많은 사람이 '좌뇌'와 '우뇌' 형 사고방식에 관하여 배워 왔다. 그러나 그 이유는 뚜렷한 신경학적인 지지 기반이 있기 때문이 아니라 단지 사고와 학습 방식에서의 개인차를 이해하기 위한 강력한 은유법이 되기 때문이었다(Ornstein, 1997). 최근에는 이러한 방식이 청각-순차적 그리고 시각-공간적 학습방식으로 개념이 재정리되었다(Lovecky, 2004; Silverman, 2002). 이 두 방식에 대한 요약은 〈표 1-1〉에 제시되어 있다.

이 표는 결과적으로 영재 아동과 영재 성인이 오신난을 받는 중요한 문제들을 살펴보는 방법을 간결하게 제공하고 있다. 이 표에서 제시된 두 가지 사고 형태는 때론 '좌뇌'와 '우뇌'의 기능으로 보기도 하지만, 이것은 일부분에만 맞다. 어떤 기능들은 뇌의 좌반구 또는 우반구와 더 연관이 있지만, 각 좌우 반구 안에서 다양한 기능을 한다(Goldberg, 2001).

사람들이 모든 과제를 좌우 반구와 연관지어서 우뇌는 '시각-공간적'이고 '비선형적'인 사고를, 좌뇌는 '청각-순차적'이고 '선형적'인 사고를 하는 것으로 보면 문제가 발생한다. 이것은 단지 지리적으로 가까이 있기 때문에 이렇게 이분화시키고 있을 뿐이다(비유하면, 이것은 단지 코와 가까이 있기 때문에 눈이 냄새를 맡을 수 있다고 제안하는 것과 같다). 좌반구는 문제 해결 면에서 우세하며, 시각-공간 과제와 음악적 과제에서는 우반구가 우세하다. 그러나 현실적으로 우리는 대부분의 과제를 수행할 때 두 개의 반구를 모두 사용한

〈표 1-1〉 사고와 학습 방식

청각-순차적	시각-공간적
• 주로 낱말을 이용하여 사고하며, 발음기호를 쉽게 배움	• 주로 이미지를 이용하여 사고하며, 과제가 시연되는 것을 보는 것을 선호함
• 말로 하는 설명을 듣는 것을 선호함	• 눈으로 설명을 보는 것을 선호함
• 순차적으로 정보와 과제를 다룸	• 총체적으로 정보를 다루며, 세부 사항을 보기 이전에 전체적인 관점에서 보는 것을 선호함
• 사실과 세부 사항을 배우는 것을 선호하며, 구체적인 지시 사항을 선호함	• 추상적으로 사고하는 과제를 선호하며, 일반적인 목표와 방향을 선호함
• 한 번에 한 가지 과제를 순서에 따라 정해진 절차대로 다룸	• 한 번에 여러 가지 과제를 다루는 것이나 다중 작업에서 오는 혼돈을 즐김
• 구조를 좋아하고, 정리정돈이 잘 되어 있으며, 적절한 작업 매체와 환경을 선호함	• 개방적이고 유동적인 상황을 선호하고, 스스로 일의 구조를 만들거나 즉흥적으로 해 나가거나 일정한 패턴을 찾음
• 분석적으로 사고하며, 함축적인 의미를 논리적으로 연역 추론함	• 종합하는 활동을 선호하며, 직관적으로 아이디어를 만들어 냄
• 기존의 문제를 해결하는 것을 선호함	• 새롭거나 스스로 만든 문제를 해결하는 것을 선호함
• 정답이 하나 있는 구체적인 과제를 선호함	• 개념을 선호하며, 계산보다 추론을 더 잘함
• 모든 상황을 진지한 태도로 접근함	• 문제에 즐겁게 접근함

출처: Silverman, L. K. (2002). *Upside-down brilliance: The visual-spatial learner.* Denver, CO: Deleon Publishing에서 인용

다. 예를 들어, 도시공학가가 다리를 디자인할 때 비교적 선형적 형태(좌뇌 방식)에서 시각-공간적 문제(우뇌 방식)를 해결하는 경향이 있다. 시인은 다소 자유롭게 연상하는 방식(우뇌 방식)으로 언어를 사용한다(좌뇌 방식). 두 과제 모두 좌반구와 우반구의 상호작용을 활용하는 것이다.

분명한 것은 사람마다 학습하는 데 어떤 특정한 접근을 더 선호한

다는 것이다. 어떤 사람은 그래프나 글의 형태로 시각 정보가 제시될 때 가장 잘 학습하고 기억한다. 어떤 사람은 프로젝트를 실제로 수행해 보거나 귀로 정보를 들을 때 가장 잘 학습한다. 각 개인에게 선호하는 사고방식은 그 개인에게 정보가 가장 잘 전달되는 수단을 나타낸다. 교사는 구조화된 순차적인 형태로 자료를 제시할 수도 있고, 또는 좀 더 연상적이거나 직관적이거나 시각적 형태로 자료를 제시할 수 있다. 그림과 파이 도표는 모두 다 시각적인 제시물이다. 교실에서 선호하는 사고와 학습 방식을 모두 고려하여 가르치고 싶다면, 교사는 시각-공간적 방법과 청각-순차적 방법을 모두 사용해야 한다.

사고와 학습 방식 개념은 단순한 개념으로서, 어떤 사람은 양쪽 방식 모두의 특성을 다 가지고 있다고 보고되기도 하지만, 대부분의 사람에게는 자기가 선호하는 방식이 있다. 어떤 사람은 한 가지 방식에 극단적인 선호 경향성을 보이는 경우도 있다. 영재에게 이러한 극단성은 결과적으로 정신병리로 잘못 귀인될 수 있는 행동이 된다.

소위 청각-순차적 사고방식은 매우 언어적이고 구체적이고 순차적이며 선형적이다. 이러한 방식으로 사고하고 학습하는 사람은 모든 것을 알맞은 곳에 그리고 한 곳에 간결한 형태로 정돈하여 한 번에 하나의 과제나 개념을 수행한다. 이들은 적절한 작업 재료와 적절한 환경을 선호하며, 잘 정리된 형태에서 사실과 세부적인 것들을 매우 진지하게 숙달해 나간다. 또한 완벽주의를 좋아한다. 반면에 사회적인 상호작용과 같은 종합하거나 직관력을 필요로 하는 과제는 매우 어려워한다. 극단적으로 보면, 이들은 아스퍼거 장애나 그와 유사한 사람처럼 보이거나 실제로 그렇다. 이런 사람들은 시끄럽고 복잡한 환경에서는 분명한 기대를 가름하기 어렵기 때문에 견디기 힘들어한다.

질서 정연한 사람과는 좀 다른 사람을 시각-공간적 학습자라고 명명한다(예, Silverman, 2002). 이러한 사고와 학습 방식을 가진 사람들은 매우 개방적으로 사고하고 활동하며, 사실과 세부적인 상황에는 다소 관심이 적다. 이들은 전체적인 개관과 좀 더 큰 그림을 원한다. 또한 즉흥적인 것을 즐긴다. 이들은 전통적이지 않은 방식으로 행할 때 어떤 일이 발생할지에 대해 궁금해하고 보고 싶어 하는 확산적인 사고자들이다. 반면에 구체적으로 구조화된 상황을 싫어한다. 시각-공간적 방식의 사고자들은 개방적이고 유동적이며 구조화되지 않은 경험을 선호한다. 이들은 반복 연습과 암기 과제를 거부한다. *The Far Side*를 쓴 유명한 만화가 게리 라슨(Gary Larson)이 바로 이러한 방식이다. 이들은 규칙이 많고 그것을 어겼을 때 결과가 주어지는 딱딱하고 구조화된 환경을 좋아하지 않는다.

시각-공간적 사고방식을 선호하는 영재는 청각-순차적 사고방식을 가진 또래 아이들과는 다른 종류의 논리를 사용한다. 청각-순차적 사고방식을 가진 또래들은 전형적으로 고전적인 연역 논리를 사용하고, 원리를 받아들이며, 그 원리로부터 논리적으로 함축적인 의미를 추론해 낸다. 시각-공간적 사고자는 귀납적 사고를 사용한다. 흩어져 있는 여러 경험을 한 데 모아서 거기서 모든 것에 우선하는 전체적인 원리를 귀납적인 논리로 창출해 낸다. 그들은 사물을 바라보는 새로운 방식을 창조함으로써 '인간 위업의 한계를 넓히는' 경향을 보인다. 그들에게는 귀납적 사고가 좀 더 수월하다. 청각-순차적 사고자는 사고가 선형적이고 순차적이어서 한 번에 하나의 과제를 처리하지만, 시각-공간적 사고자는 다중처리자로서 한 번에 여러 가지 과제에 참여하여 어느 시점까지는 모든 것이 아직은 미완성 단계에 놓여 있기도 한다. 시각-공간적 사고자는 개방적인 것이나 덜 구조화된 것, 그리고 주변을 놀라게 할 정도의 복잡함도 편안하게 견디는 놀라운 능력을 지니고 있다. 그들은 참여한 과제를 완성해 내야 한다는 특별한 압박감도 별로 느끼지 않는다. 그들은 문제와 해결책을 그림으로 형상화할 수 있으며, 문제해결 활동에 육체적으로 참여할 때 제일 잘 학습할 수 있다.

'시각-공간적' 비선형적 사고/학습 방식과 연관된 문제

오늘날의 사회는 기술력, 체제, 제도 그리고 상호의존성을 좀 더 강조하는 특성 때문에, 일반적으로 좌뇌를 사용하는 청각-순차적 사고방식을 가진 사람을 더 선호한다. 그 결과, 시각-공간적 사고방식이 영재 아동이나 영재 성인의 다른 특성들과 결합하면, 소위 문제행동 패턴을 보일 위험이 생긴다. 우선, 세부 사항에 신경 쓰지 않고 흥미 없는 과제를 완수하는 데 무관심한 아동은 게으른 학생이나 미성취자로 판정될 가능성이 높다. 학교 같은 학습환경에서 이 아동이 가진 높은 학업적 잠재력은 별로 눈에 띄지 않을 수 있다. 창의적이고 혁신적인 방식의 성인은 정리를 잘 못하거나 세부 사항에 신경을 쓰지 않기 때문에 실직하거나 일이나 대인관계에서 문제를 겪을 수 있다.

영재 아동의 강렬함이 창의적이긴 하지만 정교하지 않은 학습방식과 결합되는 경우에는 '산만한 아동'으로 보는 성인들과 힘겨루기를 하게 된다. 힘겨루기가 심할 경우에는 적대적 반항장애로 진단되기도 한다. 강렬하고 민감한 시각-공간적 방식의 영재 아동이 청각-순차적 성향의 교사나 부모를 만나면, 이들과의 상호작용은 마치 물과 기름의 상태와 같게 된다.

그런 확산적 사고를 하는 영재 아동은 자신을 시험 대상으로 사용하여 스스로 문제를 만들고 답을 내려고 시도할 때 매력을 느끼면서도 화를 낼 수 있다. "이 시험에서 B를 맞기 위해 필요한 최소한의 공부 양을 내가 정확히 계산해 낼 수 있을까?" "정말로 그 사람에게 별 관심이 없는데 우리는 왜 '잘 지냈니?' 라고 물어보아야 하지요?" "가장 중요한 점이 내용의 질이라고 한다면, 내가 숙제를 풍선 표면에 써서 제출하면 어떻게 될까요?" 이러한 사람들은 학교나 직장의 신성한 구조에는 별로 관심이 없다. 대신 한계나 순열, 그리고 예외가 포함된 사회적 '사실' 의 정확한 변수를 파악하고 그 한계를 검증하기 위한 의무감에 휩싸인다.

확산적 사고를 하는 영재 성인도 이와 비슷하다. 과학자나 예술가들은 가끔 자신이 풀고자 하는 문제를 알아내거나 새로 만들려고 한다. 예술가는 하나의 그림에 두 개의 서로 다른 관점을 통합하여 표현하려고 시도하거나 아크릴과 같은 새로운 재료를 사용하여 꾸미는 시도를 한다. 또한 연구자는 문제의 해답을 찾기 위하여 스스로 질문을 던진다. "교실에서 심리학적 전이의 역할은 무엇일까?" 문제를 찾아내는 것과 문제를 해결하는 것은 모두 다 창조적인 일이다.

시각-공간적 사고방식의 성인들은 직장에 잘 적응하지 못하는 경험을 할 수 있다. 그들은 회사의 규칙에 의문을 갖거나 회사의 전통을 비웃기도 하며, 동료들에게 오해를 사거나 배척당하기도 한다.

시각-공간적 사고자는 발명하기를 좋아하는데, 이는 우리가 가치를 두는 속성이기도 하다. 그러나 그들은 전통과 상반되는 행동을 보임으로써 우리를 불편하게 만들기도 하고, 신분 자체를 흔들어 놓기도 한다. 직장 동료들은 그들을 혼란스럽고 정신없는 사람으로 보기도 한다. 규율을 잘 지키는 교사나 상사는 적어도 일을 미완성인

채로 놔두는 경향성을 수용할 수 없다고 여긴다.

'청각-순차적' 선형적 사고/학습 방식과 연관된 문제

청각-순차적 사고방식을 가진 영재 아동과 영재 성인도 정신장애로 잘못 해석되거나 오진받을 수 있는 특별한 행동 유형을 가질 수 있다. 예를 들어, 청각-순차적 사고방식의 영재 아동은 일반적으로 매사를 심각하게 여긴다. 이들은 5, 6학년 학생들이 별로 중요해 보이지도 않는 일을 왜 생각하고 있는지 그 이유를 이해하지 못한다. 또한 강렬함 때문에 극단적으로 심각하게 생각하기도 한다. 청각-순차적 사고방식의 아동과 성인은 너무 심각하게 규칙에 얽매여 지내므로 생활에서 어떤 즐거움이나 자발성을 경험하지 못하기도 한다. 이들은 사기 자신의 생활방식에 만족하면서 살지만, 사람들은 이들을 지나치게 엄격하다거나 과하게 걱정을 많이 한다거나 우울한 사람으로 보기도 한다.

이런 영재 아동과 영재 성인은 완벽주의자들이다. 완벽주의는 좋은 점이고 우수함을 추구하도록 이끌어 준다. 하지만 영재 아동의 약 20% 정도는 완벽주의 때문에 장애를 가질 수 있으며, '역기능적 완벽주의자'로 설명될 수도 있다(Parker & Mills, 1996). 건강관리 전문가는 이런 특성을 고려하여 완벽주의가 강박신경증의 한 지표인지를 고려해야 한다.

영재 아동과 영재 성인들 중 일부는 다른 사람들을 관대하게 대하지 못하고 심각하게 평가하는 경향을 보인다. 지적 능력이 뛰어난 사람들은 다른 사람의 관점에서 사물을 바라보는 것을 매우 힘들어하며, 다른 사람들을 못 견뎌한다. 그들은 자신과 주변 사람들에게 높은 기준을 적용한다. 즉, '보통' 사람들을 위한 기준을 발달시키지 못한다. 자신에게 쉽기 때문에, 다른 사람들에게도 간단하고 쉬울 것이라고 가정한다. 어렵거나 헷갈리는 과제가 주어졌을 때 영재 아동이나 영재 성인은 사람들이 고의적으로 속이거나 고집스럽게 해결하지 않으려 하거나 열심히 노력하지 않는다고 빠르게 그리고 잘못 속단하기도 한다. 이러한 영재 아동의—심지어 영재 성인의—사회적 둔감 행동은 다른 사람에게 상처를 주기 위한 것이 아니라 지각 부적합성에 기인한 것이다.

이상주의

영재 아동과 젊은 영재 성인의 인생 초기에 나타나는 이상주의는 좋은 것처럼 보인다. 그러나 이상주의가 영재의 특성인 강렬함과 결합되면, 그것은 고통을 야기할 수 있다.

빈틈없는 사람은 사물이 어때야 하는지를 분명하게 마음속으로 그려 볼 수 있을 뿐만 아니라 기준에 미달되는 것도 분명하게 마음속으로 그려 볼 수 있다. 대인관계나 공기 오염, 또는 도시의 무분별한 팽창 현상 등을 꼭 보지 않더라도, 비일관성은 이들에게 매우 고통스러운 일이다. 그들은 위선과 삶에서의 불합리한 것들, 그리고 우리 사회에서 일어나는 비논리적인 것들을 많이 본다. 거리에는 음식이 정말로 요긴하게 필요한 배고픈 사람과 노숙자가 많이 있음에도 불구하고 음식점에서 먹을 수 있는 좋은 먹거리들을 마구 버리는 것을 보면 고통스러워한다.

영재 아동은 교사나 가족 또는 사회가 그들이 생각하는 이상에 미치지 못함을 발견하면 매우 실망한다. 영재 성인도 사회에서 위선과 불공평한 것을 보면 낙담한다. 그 결과, 영재 아동과 영재 성인은 때때로 냉소적으로 대하거나 화를 내거나 우울해하며, 실망을 행동으로 표출하여 학교에 가지 않거나 회사 컴퓨터를 마비시키는 행동을 보이기도 한다. 그러나 이러한 행동은 반사회적 품행장애로 보일 수 있다.

부모나 교사, 고용주 또는 직장 동료들은 영재 아동이나 영재 성인의 강렬함과 이상주의를 오해하여, 이들을 지나치게 예민한 사람, 심각한 사람, 비관주의자 또는 우울한 사람으로 본다. 때로 이들은 위축되어 사회의 가장자리에서 움츠려 살거나 좁고 비밀스러운 자기만의 세계 속에서 살기도 한다. 이들에게 그러한 세계는 스스로 통제할 수 있는 곳이며, 덜 위협적으로 느끼고 좀 더 만족하면서 살 수 있는 곳이다.

또래관계

또래관계 문제는 영재 아동의 부모와 지도교사들이 가장 공통적으로 관심을 갖는 문제이며, 어느 정도는 이해할 수 있는 문제다. 부모는 아동에게 대인관계가 학창시절과 훗날 직장생활을 위해 매우 중요한 요인임을 알고 있다. 또래관계는 유치원 시절부터 시작하며, 유치원에서의 또래 집단의 수용은 학교에 대한 긍정적인 태도와 상관이 있다(Ladd, 1997). 한 연구에서는 "초등학교가 끝날 무렵에 또래로부터의 거절은 청소년기의 정서적 불안정에 영향을 준다." (Scholte, 1999)라는 점을 발견하였다. 여러 연구를 검토해 본 결과, 친구가 없는 아동은 학교를 중퇴할 고위험 아이들이라는 것을 알 수 있다(Bullock, 1992).

영재 아동들이 친구를 찾는 일은 매우 어렵다. 학령전 유아기에, 영재 아동은 병행 놀이 단계를 거쳐 상호작용 놀이 단계로 매우 빠르게 발전하며, 다른 아동들을 자기가 만든 복잡한 게임 속으로 끌어들여 조직화시키려고 한다. 영재 아동이 만든 새로운 게임은 많은 규칙과 예외를 가지고 있는데, 또래 아동들은 그것을 이해하기 매우 어려워한다. 결국, 이들은 좌절을 겪으면서 눈물을 흘리고 마음에 상처를 받게 된다.

연령이 약간 높은 영재 아동들은 다른 면에서 또래와 사이가 멀어지는 경험을 하게 된다. 특히 고도 영재인 경우에는 더욱 그러하다. 그들은 또래 아동들과 관심 분야가 다르다는 것을 발견한다. 체스 게임을 잘하는 1학년 학생은 다른 1학년 학생들이 체스 판의 말을 어떻게 움직여야 하는지, 심지어 체스의 말 이름조차 모른다는 것을 알고는 매우 좌절한다. 여러 장으로 구성된 두꺼운 책을 읽는 2학년 영재 학생은 자기 또래들이 여전히 단어의 발음을 배우고 있는 것에 당황한다. 자기와 공통점이 별로 없고 학습 속도가 느린 동급생들을 견뎌 내는 것은 영재 아동들에게 매우 어려운 일이다.

이와 같은 상황에서 영재 아동들이 보이는 전형적인 반응은 관심을 공유하는 주인공이 있고 즐거움을 느낄 수 있는 책에 몰두하는 것이다. 『나의 가장 친한 친구는 책이다(Some of My Best Friends Are Books)』(Halsted, 2002)라는 책은 부모와 교사를 위한 책으로, 이러한 현상을 잘 설명하고 있으며 또한 영재 학생들에게 읽을 책들을 제시하고 있다. 책에 열심히 몰두하는 아동들은 공통적으로 쉬는 시간에 밖에 나가 노는 친구들을 멀리하고 책을 읽으려고 실내에 남아 있는 것을 더 선호하여, 부모와 교사들을 당황하게 만든다. 이런 아동에게는 책 속의 등장인물들이 또래 친구가 된다.

또한 영재 아동들은 자기보다 나이 많은 친구를 찾으려고 하거나 심지어 성인을 친구로 만들려고 한다. 이러한 아동은 그런 사람들과는 대화를 즐기고 동지애를 느낀다. 그러나 성인들은 이를 못 하게 막고, '흥미' 중심의 친구보다는 자기 나이 또래와 함께 지내야 한다고 한다. '또래와의 우정' 이라는 이름하에 우수한 아동은 매우 외로운 위치에 놓이게 된다.

우리는 실제로 누가 영재 아동의 친구가 될 수 있는지를 고려하는 것이 중요하다고 생각한다. 나이가 같다고 친구가 되는 것은 아니다. 우리는 영재 아동과 공통된 관심사를 갖고 있거나 특정 활동에서는 영재아만큼 비슷한 수준의 기술을 가진 사람이 영재의 친구가 될 수 있다고 본다. 나이가 같은 아동이라도 기술과 흥미 수준은 꽤 다양하다는 것을 인식하고 있지만, 학교에서는 여전히 같은 나이의 아동들을 한 집단으로 엄격하게 묶고 있다. 결국 실제로는 학업적으로나 사회적으로 서로가 다 맞지 않아 유용성을 잃어버린 상태가 된다. 영재 아동들이 대부분 일반 교실에서 동급생들이 자기 수준에 이르기를 기다리느라 약 1/4에서 1/2 정도의 시간을 소비하고 있다는 연구 결과가 이러한 내용을 지지해 준다(Webb et al., 1982).

영재 아동의 또래관계는 심리학자인 레타 홀링워스가 1920년대 초반에 이미 문제로 언급했다. 홀링워스는 영재 아동과 영재 성인에게 주요한 도전 중의 하나가 바로 "바보들에게 관대하게 대하는 것을 배우는 것(learning to suffer fools gladly)" (Klein, 2002)이라고 주장하였다. 이 말은 다소 거친 표현인데, 홀링워스는 어느 면에서는 빈정대는 말로 했을지도 모른다. 그러나 다른 사람이 자기 수준으로 따라올 때까지 기다려야 하는 상황은 많은 영재에게 실제로 일어나는 문제들이다. 어린 영재 아동이 경험하는 거절과 이방인의 느낌은 사회성 및 정서 발달에 영향을 주며, 이것이 어려움으로 이어져 정신장애로 진단받는다는 것을 많은 연구에서 보여 주고 있다(Cillessen, 1992; Hymel, 1990; Parke, 1997; Strop, 2001).

부모와 교사들은 영재 아동들이 또래와 사이좋게 잘 지내는 법을 배워서 그들과 잘 어울리기를 종용한다. 그러나 모순적이지만, 훗날 그 영재 자녀들이 중학생이 되어 친구들과 사이좋게 지내는 것에만 관심을 두고 자기의 지적 능력을 발달시키는 것에는 더 이상 관심을 갖지 않으면, 또래의 압력에 대해 불만을 갖게 된다. 청소년 영재 여학생은 선수학습 프로그램에서 낙오되기도 하며, 우수하고 재능 있는 영재 남학생은 지적이고 창의적이며 예술적인 재능을 계발하기보다는 강하고 거칠고 냉정하며 자주적인 '남자다움 코드(boy code)' 에 관심을 두며 집착하기도 한다(Kerr, 1977; Kerr & Cohn, 2001).

이와 같은 어려움은 단지 조숙한 아동들만의 문제는 아니다. 영재 성인도 역시 동료와의 관계에서 이런 문제에 직면해 있다(Jacobsen, 1999; Streznewski, 1999). 영재 성인들은 이렇게 말한다. "이런 파티에 있느니 차라리 집에서 책을 읽는 게 나아." "왜 사람들은 늘 내게 민감하고 강렬하게 몰두하는 것을 그만둬야 한다고 말하지?" "나는 이상한 나라에 와 있는 이방인 같아." 영재 성인들은 조화를 이루며 함께 살아갈 배우자나 의미 있는 사람을 찾는 것조차 힘들 수 있다. 제9장에서 설명하겠지만, 커와 콘(Kerr & Cohn, 2001)은 영재 성인 남녀의 흥미 있는 결혼 유형을 발견하였다.[4)]

비동시성 발달

영재 아동과 많은 영재 성인은 또래들과의 보조를 맞추지 못할 뿐만 아니라 자기 내부에서도 동시성에서 벗어난 자신을 발견한다. '비동시성 발달' 이라는 개념은 영재성의 현상을 설명하는 말이며, 일부 전문가들은 영재성의 특성을 규정짓는 것이라는 결론을 내리기도 하였다(Silverman, 1997).

구체적인 용어로 설명하면, 비동시성 발달은 영재 아동, 특히 고도의 영재 아동이 갖고 있는 여러 능력에서 실제로 다양성을 갖고 있음을 의미한다(Rivero, 2002; Rogers, 2002; Silverman, 1993; Strip & Hirsch, 2000; Winner, 1996). 예를 들어, 영재 아동들의 지적 기술은 꽤 앞서 있는 반면, 운동성과 사회적 기술은 뒤처져 있을 수 있다. 또는 퍼즐이나 기계에는 매우 뛰어난 능력을 보이는 반면, 언어 능력이나 수리력에서는 평균 수준에 있을 수 있다. 또는 그들의 판단력이 지적 능력에 비해 뒤처져 있을 수 있다.

많은 아동은 점점 성장하면서 뒤떨어진 능력들을 따라잡을 수 있음을 알게 된다. 그러나 어떤 사람은 성인임에도 능력들이 서로 동시에 발달하지 않는다. 그들의 능력은 분야에 따라 범위가 매우 넓고 명확하게 같은 수준에 있지 않다.

7세인 조시는 놀랄 만한 문제해결력과 열정적인 글 읽기 실력을 가진 굉장한 사색가였다. 또한 그는 7세 아동들이 대부분 그렇듯이 재미있게 노는 것을 좋아했다.

어느 날 오후 그는 작은 서점의 책꽂이에서 겉표지에 테디 베어가 있는 책을 뽑아 들었다. '아휴, 귀여운 곰돌이! 이거 진짜 재미있겠는데, 뭔가 내가 좋아할 만한 것이 있을 거야.' 라고 그는 생각했다. 그리고 책에 푹 빠져 읽기 시작했다. 알고 보니 그 책은 한 소년과 테디 베어가 나오는 유괴에 관한 장편의 가상 소설이었다. 조시는 처음부터 끝까지 책을 다 읽었다. 실제로 책을 읽고 그 내용을 이해하는 아동들은 표지에 그려진 테디 베어에 빠지지는 않는다. 비록 부모는 그가 읽은 내용 일부분에서 실망을 하긴 했지만, 조시는 테디 베어에 빠진 것이다.

여러 가지 점에서, 조시는 정서적으로 조그만 7세의 소년이지만 지적으로는 거의 십대 청소년과 같다.

앞선 발달을 보이는 아동들 간에 서로 다른 다양한 분야가 존재한다는 점을 고려한다면, 이 예에서 나온 내적 비동시성은 좀 더 극적인 사건이 된다. 영재 아동 집단은 또래 집단보다 좀 더 다양한 것으로 보인다(Gagné, 1991). 즉, 그들의 개인적 성향과 행동이 상당히 다르다는 것을 의미한다. 고도의 영재 아동일수록 자기 자신 안에서 느끼는 비동시성은 훨씬 크다(Webb & Kleine, 1993).

영재 아동의 경우에는, 우리가 흔히 그럴 것이라고 믿는 것처럼 여러 기술 분야 전역에 걸쳐서 자연스럽게 발달하지 않는다. 예를 들어, 7세의 고도 영재가 책읽기 수준은 8세 수준이지만 수리력은 6세 수준이고, 소근육 기술은 자기 연령과 같은 7세 수준인 경우는 그리 독특한 경우가 아니다. 이와 유사하게, IQ 검사에서는 소검사 점수들이 평균 수준부터 환산 점수표 이상을 넘는 점수에 이르기까지 유의미하게 다른 경우들이 매우 흔하게 존재한다(Webb & Kleine, 1993).[5] 제6장에서 언급하겠지만, 비록 가장 낮은 수준의 점수가 평균의 범위에 있다고 하더라도 이러한 격차는 학습장애를 나타낼 수도 있다. 어린 영재 아동의 경우, 이러한 변화가 때로는 발달상의 일시적인 급성장과 침체 또는 다른 비정상을 반영하기도 하지만, 그 외의 다른 영재 아동의 경우에는 비교적 지속적인 특성을 나타낸다. 한 분야에서의 우수성이 다른 분야에서의 평균 또는 심지어 평균 이하의 수행 수준과 나란히 함께 갈 수 있는 것이다.

영재 아동은 자신의 내적 비동시성을 예민하게 인식하기도 한다. 그들은 좌절을 자주 경험한다. 왜냐하면 매우 잘할 수 있음에도 불구하고 다른 것들은 그만큼 잘 다루지 못하기 때문이다. 그들은 완성품 상태를 머릿속으로 그려 볼 수 있지만, 아직 미발달한 운동 기술 때문에 조립을 잘 할 수가 없다. 또한 쉽게 풀리는 과제는 사소한 것으로, 그리고 도전적인 것은 가치 있는 것으로 여기는 섬이 그들 본질의 한 부분인 것 같다. 그들은 쉬운 과제보다는 어려운 과제에 좀 더 가치를 둔다. 여기에 그들의 강렬함과 완벽주의 및 양자택일식의 사고가 더해지면, 매우 우수한 아동일지라도 결국 '나는 아무것도 제대로 할 수 없어.' 라고 느낀다. 그리고 절망은 우울로 이어진다.

지력에 뒤진 판단력

판단력(어떤 전문가는 '실행 기능' 이라고 부른다)의 발달은 영재 아동의 지적 발달에 비해 뒤떨어져 있다. 이는 비동시성 발달의 특정한 영역으로서 특별히 언급할 만하다. 이러한 특별한 비동시성은 영재 아동과 다른 사람들, 특히 '어떻게 그렇게 똑똑한 아이가 상식이 부족할 수 있어?' 라고 의문을 갖는 성인들에게 긴장감을 불러일으킨다.

우리가 좋은 판단이라고 일컫는 대부분의 행동은 사회적 행동에 관한 복잡하면서도 글로는 쓰여 있지 않은 규칙에 근원을 두고 있음을 기억하는 것이 중요하다. 예를 들어, 우수한 7세 아동은 엘리베이터에 함께 탄 성인에게 몸무게가 얼마인지를 질문할 수 있다. 이 아동의 견해에서 볼 때, 이 질문은 매우 중요하다. 왜냐하면 엘리베이터 안에 붙어 있는 '최대 허용 무게'라는 문구를 방금 읽었기 때문이다. 그러나 성인들은 그 아동의 질문을 거의 대부분 부적절하거나 무례한(예, 판단력이 없는) 것으로 볼 것이다.

비록 8세 영재 아동은 어느 면에서는 16세처럼 기능할지 모르지만, 판단력은 자기 나이 평균 수준에 있거나 아니면 다소 지연되어 있다. 성인들의 실수는 바로 우수한 아동의 사회 · 정서적 행동이 지적 수준과 대등할 것이라고 기대하는 데 있다. 결국 그는 나이가 더 많은 사람으로 전환된다. 그 결과, 그들은 또래 아동들보다 영재 아동에게 더 나은 판단력을 기대하는 것이다. 그러나 판단력과 사회적 기민성 및 재치는 아동들이 논리와 이유를 가지고 배울 수 있는 것이 아니다. 대신에 다양한 경험과 대인관계 상황에 노출되면서 시간을 두고 획득해야 하는 것이다.

일반적으로, 아동이 우수할수록 판단력과 지력 간의 간격은 더 크다. 그러나 매년 세월이 흘러가면서 그 격차는 좁혀진다. 대부분의 영재 아동이 20세 중반이 되면, 그들의 판단력은 지력을 따라잡게 된다. 물론 모든 경우가 다 그런 것은 아니다. 우리는 지적으로 우수함에도 불구하고 여전히 빈약한 판단력을 지니고 있는 매우 우수한 사람들을 보아 왔다.

판단력—또는 실행 기능—은 생물학적으로 부여되어 마치 사춘기처럼 고정된 시간표에 맞추어진 것 같다. 계획과 판단, 충동억제 및 주의력을 관장하는 뇌의 영역들은 가장 나중에 성숙하며, 16~20세에 발달의 마지막 단계를 완성한다. 그러나 학업 측정 영역인 언어, 수리력, 시공간 기술, 음악적 재능 및 소근육 기술을 관장하는 뇌 부위는 더 일찍 발달한다. 전문가들이 놓치는 점은 바로 이것이다. 뇌의 전두엽은 '실행 기능' 및 판단력과 연관된 부위로, 지각과 사고, 행위와 연관된 뇌의 부위보다 더 천천히 발달한다. 지적인 조숙성과 성숙은 행동으로나 신경학적으로나 동시적이지 않은 것이다.

비동시성과 관련된 또 다른 요인이 있다. 그것은 영재 아동과 영재 성인의 강렬함이 그들의 지적인 호기심을 불러일으켜서 판단력을 넘어서도록 만드는 원인이 된다는 것이다. 즉, 아동은 사람들에게 몸무게를 물어보는 것이 실례라는 것을 지식으로는 알고 있지만, 그 보다는 엘리베이터의 안전성에 진정으로 더 강한 관심을 둔 것이다. 공정성을 염려하는 영재 성인은 사업회의 도중에 기업의 윤리에 관하여 공개적으로 물어볼지도 모른다. 적절치 않은 판단이라 할지라도, 그가 진정 알고자 원하는 것이기 때문에 질문을 하게 되는 것이다.

흥미 패턴

대부분의 영재 아동과 영재 성인은 다양한 범위의 흥미를 갖고 있다. 때때로 그들의 흥미는 너무 다양해서 분산되고 단편적인 것처럼 보인다. 특히 그들은 시각-공간적 학습방식을 갖고 있는 것처럼 보인다. 그들은 도중에 새로운 흥미가 일어나기 때문에 과제를 끝까지 완성해 내질 못한다. 다른 사람들은 어떻게 그들이 현재의 관심 분야에 그렇게 열정적이다가 곧 새로운 활동을 위해 그것을 놔두는지 이해하기 어려울 것이다.

영재 아동과 영재 성인은 흥미 분야가 꽤 넓고 다양해서 여러 분야에서 높은 잠재력을 지니고 있는 다재다능함의 문제와 싸운다. 어린 영재 아동이 커서 음악가와 물리학자와 소방수, 그리고 천문학자 모두가 되고 싶다고 말하는 것을 듣는 것은 그다지 드문 일은 아니다. 훗날 성인이 되어서야, 그는 원하는 모든 활동을 지치지 않고 하루에 다 하는 것이 어렵다는 것을 알게 된다. 고도의 영재 대학생은 보통 학생들보다 훨씬 더 많이 주 전공을 바꾼다(Simpson & Kaufmann, 1981). 그리고 영재 성인도 가족들이 낙담할 정도로 직업을 자주 바꾸는 것 같다(Jacobsen, 1999; Streznewski, 1999).

심리학자가 5세인 엘레나의 지적 능력을 평가하는 동안, 아버지는 딸의 관심 분야에 관하여 언급했다. "하나 더, 그 애는 일을 거의 끝내지 못합니다. 그 애는 무엇이든지 끝마치기 전에 다른 것으로 옮겨갑니다. 예를 들어, 엘레나는 체스를 배우고 싶다고 말했지만, 곧 그만두었습니다."

아버지는 엘레나가 언니와 아버지가 체스를 두는 것을 바라보길 좋아했고, 그러다가 그녀의 관심이 더 높아져 단지 바라보기만 하는 관중 수준을 넘어섰을 때의 흥분감을 계속 설명했다. 엘레나가 요청해서 그는 체스판을 가지고 나와 서로 다른 말들이 어떻게 움직이는지를 설명했다. 설명이 끝날 무렵, 그는 딸에게 체스를 두고 싶은지를 물어보았고, 그녀는 아니라고 했다. 아마도 그녀가 하루 동안은 충분히 체스에 관심을 두고 있을 것으로 그는 생각했다. 며칠이 지나고, 그는 딸에게 체스를 두고 싶은지를 계속 물어보았다. 그녀는 계속 아니라고 했다. 그는 끝까지 하지 못하는 그녀의 무능력의 예로 이 일을 인용했다. 엘레나와 이야기를 해 보니, 그녀는 정말로 체스를 두고 싶지 않고 다만 이해하고 싶었을 뿐이라고 했다. 그녀는 자기가 원하는 정도까지만 한 것이었으며, 다른 사람이 기대하는 정도까지 다 한 것이 아니었다. 뚜렷하게 나타나는 그녀의 흥미의 빠른 이동은 다른 사람들을 염려하게 만들었지만 정작 자기 자신에게는 아무런 문제가 되지 않았다.

고도의 지적 능력을 지닌 사람들 중 일부는 많은 분야에 흥미를 갖고 있지만, 반대로 어떤 사람들은 협소한 분야에 초점을 두는 경향을 갖고 태어난 것 같다. 그래서 자신이 추구하는 것을 확장시키는 노력을 하지 않을 수 있다. 그들은 수학이든, 해양생물학이든, 웹사이트의 발달이든 어느 한 분야에 외골수로 깊이 파고드는 것으로 자신의 강렬함을 확실하게 드러낸다. 따라서 이런 사람들, 특히 이런 아동들에게 새로운 것을 선택하여 탐구하도록 도와주는 일은 어려울 수 있으므로 교사와 부모의 인내와 기술이 필요하다.

영재 아동들은 다른 아동들에 비해 훨씬 더 양성적인데(Kerr, 1997; Kerr & Cohn, 2001), 이 조건이 때로는 득이 되기도 하고, 때로는 문제가 되기도 한다. 영재 소녀들의 흥미는 보통 소녀들보다 훨씬 더 넓다. 그들은 걸스카우트, 공예 프로젝트, 춤 등을 즐기기도 하지만 암벽 타기, 낚시, 장거리 달리기와 같은 좀 더 남성적인 분야에도 흥미를 갖고 좋아한다. 영재 소년들의 흥미도 이와 비슷하게 양성적인데, 더욱 넓은 범위에서 나타난다(Hébert, 2002). 영재 소년들은 전통적인 미식축구를 좋아하지만, 춤과 원예도 즐긴다. 이런 아동들이 자신의 잠재성을 여러 분야에서 발달시키는 것을 보는 것은 기쁜 일이지만, 양성성은 그들뿐만 아니라 다른 사람들에게도 어느 정도 성역할의 주체성에서 문제를 만들기도 한다. 넓은 범위의 양성적인 흥미를 지닌 성인은 또한 다재다능함에서 비롯된 문제를 경험할 수도 있다. 열정이 자주 변하면서 어느 한 분야의 직업에 오랫동안 종사하는 것이 어려워진다. 다른 사람들은 그들을 가볍고 경솔하다고 판단하기도 한다.

독특하거나 다양한, 혹은 고도로 초점화된 진보된 관심

우수한 아동과 성인이 또래에 비해 진보된 관심을 갖는 것은 전형적인 일이다. 관심이 독특하거나(예, 암호 해독) 고도로 초점화되는(예, 게티즈버그 전투) 정도에 따라 친구, 가족, 교사, 고용주 등은 그들을 이상하거나 특이한 사람으로 볼 수 있다. 예를 들어, 마이크로소프트 사의 창업주 빌 게이츠(Bill Gates)는 어린 나이에 컴퓨터에 열정적인 관심을 갖고 있었으며, 다른 사람들은 거의 관심을 두지 않았던 나이인 13세 때 벌써 첫 번째 컴퓨터 프로그램을 만들었다. 하버드 대학교를 다니던 시절, 그는 거의 수업을 듣지 않았으며(그는 거의 지루함을 느꼈다) 될 수 있는 대로 많은 시간을 컴퓨터실에 있거나 포커 게임을 하면서 보냈다. 결국 그는 학교를 그만두었으며, 지금의 '백만장자가 된 컴퓨터 마니아' 라고 불리게 되었다(Goertzel, Goertzel, Goertzel, & Hansen, 2003).[6]

꽤 많은 소수파 영재 아동은 자신의 흥미 분야를 거의 강박적으로 강렬함과 초점력을 발휘하여 발달시킨다(Winner, 1996). 영재들은 종종 아주 어린 나이부터 흥미를 보이기 시작하며, 아동이 되면 거미나 화산과 같은 주제에 빠지거나 아이작 아시모프(Issac Asimov, 『아이 로봇(I, Robot)』의 저자–역자 주)의 책에 빠지는 것과 같이 꽤 구체적으로 발전한다. 이러한 독특한 초점화 때문에 부모와 교사들은 염려를 많이 한다. 왜냐하면 그들은 아동들이 보다 넓은 관심 분야를 발달시켜야 한다고 생각하기 때문이다.

창의성

우리는 사람들이 창의적이고 훌륭한 문제해결자가 되길 원함에도 불구하고, 특히 창의적인 아동들이 비전통적으로 현 상태에 도전한다는 점을 가끔 잊어버린다.

지적 발달이 빠른 아동의 창의성의 근원은 다른 아동들과 다르게 세상을 보는 능력에 있다. 때때로 영재 아동의 독특한 견해는 일을 하는 방식을 다르게 창조해 내거나 상상적인 긍정적 결과를 창조해 낸다. 하지만 어떤 경우에 사람들은 창의성을 반항이라고 여기기도 한다. 왜냐하면 그들은 남들과 좀 다르게 일하거나 다른 사람들이 흔히 가는 길을 선택하지 않기 때문이다. 애플컴퓨터 사의 공동 창업자 중 한 사람인 스티브 워즈니악(Steve Wozniak)은 학교 사물함에 자신이 새로 만든 전자 메트로놈을 넣어 놓는 바람에 학교에서 정학을 당한 일을 회상하였다. 그는 그것을 집으로 가져가 부모에게 자랑스럽게 보여 주고 싶었다. 그러나 '똑딱똑딱 소리' 가 나는 것을 꺼 놓는 것을 잊어버렸고, 그 소리 때문에 학교는 폭탄 제거반을 불렀던 것이다.

비전통적인 사람들은 그에 대한 대가를 치러야 한다. 왜냐하면 창의적인 행동이 다른 사람들을 불편하게 만들기 때문이다. 비전통적인 아동들은 이상한 아이라든가, 문제아 또는 반항아와 같은 별명을 들을 위험을 안고 있다. 그들은 자신의 방침이 더 낫다는 것을 '알고 있기' 때문에 다른 사람의 지시를 잘 따르지 않는다. 그들은 사람들에게 알려지지 않은 길로 여행하기도 한다. 영재 아동들은 자기만의 방법으로 일을 행하는 것을 자랑스럽게 여기는 창의적인 문제해결자인 것이다.

가족의 이해 부족이나 잘못된 교육 배치에 따른 문제

보통 사람들보다 영재 아동이나 영재 성인이 장애 진단을 받을 위험에 더 많이 놓이게 하는 앞서 언급한 특성들은 본래 가지고 태어난 것은 아니다. 영재 아동과 영재 성인을 하나의 집단으로 볼 때, 사실 적어도 영재의 지적 · 사회적 · 정서적 욕구가 합리적인 수준까지 충족된다면, 많은 인원수를 지닌 일반 집단에 비해 어느 정도 위험의 정도는 낮을 것이다(NAGC, 2002). 그러나 만일 가족의 이해가 없거나 교육 배치가 잘못되면, 오진단을 포함하여 여러 장애 진단을 받을 가능성은 유의미하게 높아진다(Rogers, 2002; Webb et al., 1982; Winner, 1996). 적합성의 부족은 그들 주변에 있는 성인뿐만 아니라 아동들에게 상당한 스트레스를 유발할 수 있다.

유사한 양식이 영재 성인에게도 존재한다. 그들은 지능, 창의성, 민감성 그리고 비동시적 발달 때문에 직장이나 가족과 잘 맞지 않게 되고, 그 결과 심각한 스트레스를 받는다. 그러나 성인은 불편한 상황을 벗어날 수 있는 자유가 좀 더 있기 때문에, 아동들보다는 훨씬 쉽게 스트레스를 감소시킬 수 있다.

영재 아동과 영재 성인의 진단

일부 행동 양식들은 여러 진단 범주를 유형화하는 사회·정서적인 형태를 닮고 있음을 이미 앞에서 언급해 왔다. 다음 장에서는 영재들이 보여 주는 행동과 진단 장애로 고통받는 사람들의 행동을 구체적으로 비교할 것이다. 이러한 비교를 통해, 영재 아동과 영재 성인에게 흔하게 발생하지만 행동장애를 반영하는 것은 아닌 행동 양식과 진단 조건을 변별할 수 있는 수단이 제공되기를 바란다.

영재성과 특별한 진단 범주 간에 부분적으로 중복되는 것으로 보이는 상황도 다룰 것이다. 이러한 이중진단—다른 구체적인 진단 조건과 영재성—은 이중 특수인들에게 교육과 치료를 위한 제언을 제공할 것이다.

개인과 환경의 부적합성이 어떤 특정한 장애(특히 자살이나 살인 경향을 가진 우울, 적대적 반항장애, 부모와 또래관계 문제)를 일으킬 수 있다는 점과, 진단은 아동이 아니라 부모나 교사를 방해하는 증상(즉, 행동들)에 기초하여 이루어진다는 점을 강조하고 싶다. 또는 참을 수 없는 상황에 직면할 때 그에 대응하는 행동은 정상적인 것이지만, 잘못 알고 있는 전문가들은 개인이 처한 상황이나 환경을 수정하기보다는 그 사람 자체를 변화시키는 데 초점을 두는 잘못을 저지르기도 한다.

다음 장에서 다루는 여러 공식적인 진단 범주는 정신건강 관리 전문가가 아닌 사람들에게는 다소 생소할 수 있다. 이 책에 사용되는 진단 용어들은 미국정신의학회에서 편찬한 『정신장애의 진단과 통계편람 제4판 본문 개정판(DSM-IV-TR)』(2000)에서 직접 발췌하였다. 이 책은 대부분의 도서관에서 찾아볼 수 있다. 이 편람은 의사, 심리학자, 임상사회복지사 및 상담가들에게 공인된 책이다. 진단 범주는 정신건강 분야 내에서 거의 최신의 것으로, 각 진단은 치료를 보장하는 인간의 의학적 또는 심리적 조건을 비교적 분명하게 기술하고 있어서 매우 유용한 체계를 이루고 있다. 이 책에서는 영재 아동과 영재 성인에게 가장 관련 있는 진단들을 모아서 다루고 있다.

진단은 그것으로 끝이 아니라 그것을 시작으로 무엇인가를 향해 나갈 수 있는 지도를 제공한다. 진단명을 붙이는 것이 끝이라면 진단 과정을 잘못 사용하는 것이다. 증상과 어려움 등이 함께 무리를 이루어 발생하는 것을 좀 더 잘 이해하면, 전문가들이나 부모 및 교사들은 문제의 본질과 범위를 더 잘 이해할 수 있게 되고, 그것을 위해 생산적인 일을 해 나갈 수 있게 된다.

알다시피, 범주 및 확실한 진단을 내리기 위한 기준은 불명확하다. 임상가에게 임상적 판단을 내리기 위한 여지는 많이 있다.[7] 사실상 DSM-IV-TR은 설명적이다. 따라서 행동의 근원이나 행동에 영향을 주는 환경적인 요인들을 고려해야 하는 것이 전문 임상가들에게 남겨진 일이다. 안타깝게도 한번 일련의 행동들이 파악되면 진단이 내려지고, 환자(주로 아동) 편에서 어떤 손상이나 고통이 있는지는 거의 무시된다. 영재 아동이나 영재 성인에게는 정상적인 행동들인데도 불구하고, 너무나 자주 질병으로 여기고 약물을 통해 문제를 감소시키려고 시도한다. 약물은 행동이나 감정에 긍정적으로 영향을 주기도 하지만, 진단을 확증하는 잘못된 결론에 이르게도 한다.

우리는 DSM-IV-TR에 있는 어떤 진단적 범주도 앞서 다루어 왔던 영재와 재능아의 특성을 고려하지 않고 있음을 지적하지 않을 수 없다. 대조적으로 많은 진단 기준 목록은 지적 기능의 영향을 예외

기준으로 고려하지만, 행동이 지적장애나 지적 범위에서의 낮은 기능의 영향을 반영하는 것으로 본다면, 이 진단만을 내려서는 안 된다. 지적 스펙트럼의 한쪽 끝에서는 정신적 용량이 진단적 연관성에 영향을 끼친다는 인식을 하는 것으로 보이지만, DSM-IV-TR의 창시자들은 높은 지적 수준에서 차이가 존재한다는 점을 인정하지 않았다. 우리는 높은 지능이 진단 과정에서 한 역할을 담당한다고(또는 적어도 담당해야 한다고)확신한다. DSM-IV-TR의 다음 개정판에는 영재 아동과 영재 성인에 관한 정보를 추가하는 것이 도움이 될 것이다.

아마도 DSM-IV-TR의 미래 판에는 빠진 점들이 수정 · 보완될 것이다. 더불어 우리는 이 책이 부모와 전문가의 이해를 도모하여 영재아와 재능아 및 영재 성인의 정상적인 인간행동 양식을 불필요하고 부적절하게 병리적인 것으로 만드는 것을 감소시키길 바란다.

제 · 2 · 장

ADHD

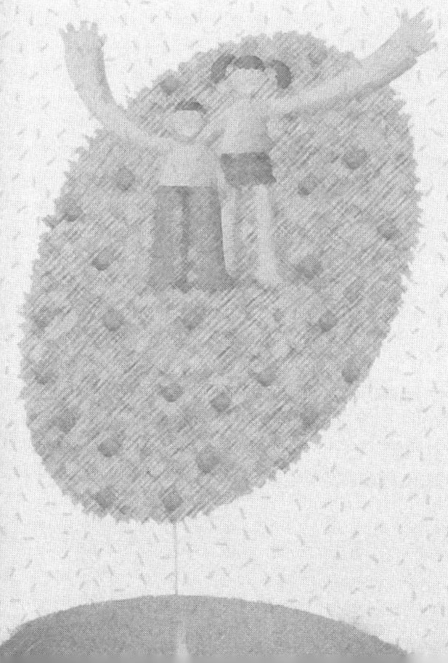

제2장

ADHD

현대 사회에서 주의력결핍 장애/주의력결핍 과잉행동장애(ADD/ADHD)는 많은 사람에게 어느 정도 익숙해져 있으며, 아동들이 정신건강 전문가에게 의뢰되는 가장 주요한 이유 중의 하나가 되고 있다(Brown, 2000). 대중매체의 보고에 따르면, 이 진단을 받는 아동의 숫자가 놀랄 만하게 증가하고 있다. 연구 논문들은 실제로 ADD/ADHD의 유병률이 낮다고 보고하고 있지만, 지난 10년간 ADD/ADHD는 주요한 진단이 되어 왔다. 그리고 영재 아동이 빠르게 대중에게 알려지면서 그 뒤를 따라잡고 있다. ADD/ADHD의 치료로 자주 사용되어 온 각성제 약물 처방도 지난 20년 동안 유의미하게 증가하였다(Ghodse, 1999; Olfson, Marcus, Weissman, & Jensen, 2002).

영재 아동은 실제로 ADD/ADHD로 고통받는 아동들과 유사한 행동을 많이 보인다(Hartnett, Nelson, & Rinn, 2004). 두 집단 모두 사회성 문제와 학업 문제를 지닐 수 있다(Guenther, 1995; Leroux & Levitt-Perlman, 2000). 사실, DSM-IV-TR(정신장애의 진단과 통계편람 제4판)에서는 "교실에서의 부주의함은 높은 지능을 가진 아동들이 학문적으로 자극이 부족한 환경에 놓여 있을 때도 일어난다."라고 하면서 이러한 가능성을 인식하고 있다(APA, 2000: 91).

이 책의 저자를 포함한 몇몇 저자들은 영재가 특히 ADD/ ADHD로 고통받는 것으로 잘못 진단받고 있다는 의견을 내고 있다(Baum & Olenchak, 2002; Baum, Olenchak, & Owen, 1998; Cramond, 1995; Freed & Parsons, 1997; Lawler, 2000; Lind, 1993; Silverna, 1998; Tucker & Hafenstein, 1997; Webb, 2001; Webb & Latimer, 1993). 카우프만, 칼프플라이슈 및 카스텔라노스(Kaufmann, Kalbfleisch, & Castellanos, 2000)가 지적했듯이, 의학과 교육학 또는 심리학 문헌에서는 아직 이와 같은 점을 입증할 만한 경험적인 자료가 없다.

과잉행동이 있는 ADHD나 과잉행동이 없는 ADD의 증후군은 전형적으로 함께 일어나는 다양한 일련의 증상을 갖고 있으며, 그 핵심 증상은 부주의성, 충동성 그리고 과잉행동성이다(APA, 2000). 어떤 연구자들(예, Lahey, Miller, Gordon, & Riley, 1999)은 ADD/ADHD의 출현율을 남녀 합하여 학령기 아동의 약 2%로 추정하고 있다. DSM-IV-TR에서는 ADD/ADHD의 출현율을 학령기 아동의 약 3~7%로 보며, 남자에게서 ADD/ADHD 진단 유병률이 더 높은 것으로 보고 있다.

ADD/ADHD인가, 영재인가 아니면 둘 다인가

아동이 주의력 문제를 갖고 있거나 과잉행동을 보일 때 우리는 주로 ADD/ADHD를 의심한다. 진짜 ADD/ADHD로 고통받는 아동은 특별한 신경학적 손상과 경미한 발달지연과 관련된 주의력 결핍을 갖고 있다.

그러나 ADD/ADHD의 진단은, 예를 들어 우울, 불안, 학습장애, 개인 문제 집착, 비현실적 기대, 상황의 어려움, 능력과 기대의 불일치에 따른 권태, 청각 정보처리 결핍, 뇌진탕이나 경미한 외상적 뇌손상, 나쁜 건강 상태, 약물중독, 수면장애에 따른 피곤, 잘못된 식습관이나 섭식장애에 의한 에너지 부족, 현재 복용 중인 약물에 따른 인지의 느림과 같은 여러 가능한 장애나 문제를 배제한 후에야 가장 최후에 내리는 것으로 여기고 있다. 임상가들은 앞서 언급한 많은 다른 가능성을 배제시킬 시간을 가져야 하기 때문에 ADD는 내리기 어려운 진단이 된다. ADD의 진단은 가정의가 부모와 학교 관계자들이 작성한 질문지를 들여다보며 10분 정도의 진료만으로 내려져서는 안 된다.

일부 영재 아동들은 정말로 ADD/ADHD를 갖고 있다. 즉, 영재성과 ADD/ADHD 둘 다 갖고 있다(Moon, Zentall, Grskovic, Hall, & Stormont-Spurgin 2001). 두 개의 진단명을 인식하는 것이 중요하다. 왜냐하면 어떤 전문가들은 이 두 개가 결코 공존할 수 없다는 의견을 고수하기 때문이다. 우리는 이 견해에 동의하지 않는다. 영재 아동도 ADD/ADHD로 고통받을 수 있고, 또한 실제로 고통받고 있다. 사실 뛰어난 지적 능력은 ADD/ADHD의 증상을 애매모호하게 만들 수 있으며, 진단을 정확하게 내리는 일을 지연시킬 수 있다(Moon, 2002). 특히 우수한 아동은 저학년 단계에서 수업 시간에 주의를 조금만 기울임에도 불구하고 높은 지적 수준 때문에 자기 또래와 비교해 볼 때 시험을 잘 보거나 과제를 잘 수행할 수 있다.

우리의 경험에 따르면, ADD/ADHD의 진단을 받은 영재 아동의 반 이상이 ADD/ADHD 진단을 위해 DSM-IV-TR에서 요구하는 주의력이나 과잉행동에 기인한 유의미한 손상을 갖고 있지 않다는 것을 보여 준다. 비록 그들은 어떤 장소에서는 문제행동을 보이지만, 이러한 행동은 영재성 및 밀접한 관련성에 의해 더 잘 설명될 수 있다. 간단히 말하면, 그들은 ADD/ADHD로 잘못 진단받은 것이며, 이들이 경험하는 진짜 문제를 다루기 위해 필요한 개입은 ADD/ADHD의 치료와는 아주 다르다.

여기 한 예가 있다. 라파엘의 담임선생님은 라파엘이 자기 능력만큼 발휘하지 못한다고 말했다. 그는 과제를 끝내지 못하고, 문제를 보지도 않고 답을 적는다. 그의 필기와 맞춤법은 엉망이다. 그는 교실에서도 가만히 앉아 있질 못한다. 다른 사람에게 말을 걸고 다른 사람의 말을 가로막곤 하여 종종 수업을 방해한다. 그는 교사의 질문에 큰 소리로 답을 외치곤 하지만(맞는 답이다) 딴 생각에 취해 있고 산만해 보인다. 라파엘은 ADD/ADHD인가 아니면, 영재인가?

그는 둘 중 하나일 수 있거나 그런 행동을 할 만한 다른 이유가 있을 수도 있다. 요즈음의 임상기관에서 의사는 부모의 행동 보고서를 통해 진단뿐만 아니라 약물 처방을 시도한다. 처음 쓰는 약물로 기대하는 결과를 얻지 못하더라도 추가 조사는 하지 않는다. 대신에 새로운 다른 약물을 시도하거나 용량을 높이는 시도를 한다. 이때 약물이 문제행동에 분명한 변화를 일으키면, 주의력의 문제를 다루기 위해 사용된 각성 약물이 ADD/ADHD를 갖고 있는지의 여부와는 상관없이 누구에게나 주의의 폭을 개선시킨다는 것을 보여 주는 연구가 있음에도 불구하고, 진단이 맞다는 식의 논리를 내세운다.

임상에서는 아동의 높은 능력 수준 및 연관된 행동을 거의 문제행동의 요인으로 고려하지 못하고 있다. 한 예로, 담당 심리학자가 "아이가 영재임을 이해합니다만, 지금은 그것을 생각하지 말고……." 라고 말했다고 한 부모가 보고하기도 했다. 그러나 이것은 마치 바지를 구매할 때 키나 몸무게를 무시하는 것과 같다. 영재성은 아동의 전체 신경계의 타고난 부분이며, 특히 이 책이 초점을 두는 진단과 치료에서 매 순간 고려해야 하는 점이다

여기 ADD/ADHD의 보편적인 증상을 나타내는 세 명의 사례가 있다. 어떤 아동이 영재성만을 보여 주고, 어떤 아동이 ADD/ADHD를 보여 주며, 또 어떤 아동이 둘 다를 보여 주고 있는지 생각해 보자.

홀어머니에게 입양된 아리안나는 항상 '기르기 힘든 아이'였지만 매우 영리했다. 한 친구가 그녀의 IQ 검사를 권했다. 그녀는 웩슬러 아동용 지능검사(WISC-III)에서 전체 지능 130, 언어성 지능 141, 동작성 지능 123을 받았다.

아리안나의 어머니와 도우미 아주머니는 그녀가 잘 정돈된 가정환경, 분명한 기대, 일관성 있는 훈련에도 불구하고 정해진 사소한 일을 거의 기억하지 못하고 일정한 감독 없이는 어떤 사소한 일도 끝내지 못한고 보고했다. 세심하게 지시하고 규칙적으로 상기시켰으며 부정적인 결과를 체험했음에도 불구하고, 그녀는 화장실을 갔다 온 후 손 씻는 것조차 '잊었다.' 사실 그녀는 친구가 없는 것을 포함해 자기 행동을 스스로도 의아해했다. 그녀의 세 명의 형제자매들은 그녀를 '귀찮은 존재'로 여겼다.

심리학자는 그녀가 오디오테이프를 들으면서 특정 단어를 들을 때마다 손을

들게 했다. 그녀는 처음에는 들은 단어를 알아차렸지만, 이후에는 확실하게 도움을 주었음에도 불구하고 남은 시간 동안에 들은 단어들을 빠뜨렸다. 그녀는 과체중 때문에 건강검진과 갑상선 검사를 받았으며, 정상으로 밝혀졌다. 그녀는 리탈린(Ritalin)을 투약받았고, 2회 이상 약의 용량을 증가 조절한 끝에, 어머니와 교사의 말에 따르면 '다른 아이'가 되었다. 학교에서 친구를 사귀기 시작했고, 집에서도 협조를 잘했고, 자신의 순서를 기다릴 수 있었고, 성적이 향상되었으며, 몸무게도 줄었다. 약 효과가 없어지자 그녀의 행동은 눈에 띄게 나빠졌다고 사람들은 말한다.

앤드류는 의사 부부의 6세 된 아들이다. 앤드류의 '미운 두 살'의 강한 떼쓰기가 5세가 되도록 계속되자, 부모는 심리학자에게 검사를 의뢰했다. 부모는 그가 좌절에 대한 반응으로 강하게 떼를 쓰고, 크면서 그를 물리적으로 다루는 일이 더 어려워졌다고 보고했다. 그의 어머니는 "이 상태가 지속되면, 저는 아이의 난폭한 폭발을 통제할 수 없을 것 같아요."라고 지쳐서 말했다.

앤드류는 가만히 있질 못하고, 잠들기 전까지도 생각을 멈출 수가 없다고 설명했다. 또한 부모는 잠들었지만, 아이는 종종 깨어 있기도 했다. 그는 일찍 일어나거나 온종일 신체적으로 격렬히 움직이곤 했다. 교회나 음식점에서 주변을 돌아다니지 못할 때는 안절부절못하고 몸부림치며 발버둥 쳤다.

검사를 받는 동안, 심리학자는 앤드류가 자기 나이 또래에 비해 뛰어난 언어력과 정확한 발음 능력이 있음을 주시했다. 앤드류의 부모는 "그는 자기 귀를 닫아 놓은 채 말한다."라고 지적했다. 학교 교사는 그가 반 친구들에게 말을 걸고 방해하거나, 또는 책에 빠져 있어 누군가가 다가가 그를 건드리기 전까지는 전혀 알아차리지 못한다고 했다. 그는 때때로 자리에 가만히 앉아서 아이들이 좋아하는 쉬는 시간에 밖으로 나가는 것도 잊은 채 책을 읽기도 했다. WISC-III를 실시한 결과, 그의 IQ는 140 정도로 추정되었다. 심리학자는 ADD/ADHD를 진단했고 소아과 의사는 리탈린을 투약했다. 몇 주 후에, 앤드류의 상태는 틱과 떨림 증상과 고조된 흥분 상태로 발전했다. 리탈린 투약을 중단하자 이 증상들은 개선되었지만, 틱은 계속됐다.

셜리는 9세의 여자아이로, 교사가 ADD/ADHD로 의심된다고 판단하여 평가에 의뢰된 경우다. 교사는 그녀가 자주 백일몽에 빠져 있으며, 거의 하루 종일 과제에 몰두하지 못한다고 했다. 그녀는 수업을 방해하지도 않았고 일반적으로 시험도 잘 보지만, 과제를 거의 끝내지 못했다. 친구도 거의 없고 대부분의 쉬는 시간에 책을 읽거나, 허공을 응시하면서 지냈다. 그녀의 평가에 지능 검사는 포함되지 않았다. 그러나 교사가 한 코너스 척도 평가 결과를 보고, 소아과 의사는 그녀에게 리탈린을 투약했다.

몇 주 후, 셜리의 어머니는 그녀가 과제를 끝마치기 시작했다고 보고했다. 교사는 그녀의 교실 참여도도 증가했음을 알았다. 학교에서는 성실하게 약을 투여했지만, 어머니는 종종 약을 챙겨 주지 못하고 잊어버렸다. 셜리는 좋아졌다 나빠졌다를 반복했다. 이러한 비일관적인 모습을 보이는 것은 리탈린을 불규칙적으로 복용한 것에 기인했다.

카우프만, 칼프플라이슈 및 카스텔라노스(Kaufmann, Kalbfleisch, & Castellanos, 2000)가 지적했듯이, ADD/ADHD를 놓치는 진단 오류는 영재를 ADD/ADHD로 잘못 진단을 내리는 것만큼 심각할 수 있다. 영재이면서 ADD/ADHD를 동반하는 경우, 어린 시절에 ADD/ADHD의 특성을 간과하더라도 초등학교에서는 높은 지적 능력을 보상 기술로 사용하여 어려움 없이 잘할 수 있다. 하지만 중·고등학교에 진학하고 교과과정에서 요구되는 정도가 복잡해지면서 그것만으로는 불충분하다는 것을 깨닫게 된다. 이들은 실질적으로 좌절을 겪을 수 있다.

아동의 행동으로 학업이나 사회성 또는 자아개념에 손상을 입으면 치료 가능한 조건을 배제하기 위해 아동을 임상적으로 조사하는 것이 중요하다는 카우프만, 칼프플라이슈 및 카스텔라노스(Koufmann, Kdbfleisch, & Castellanos, 2000)의 충고에 우리는 동의한다. 그러나 아동이 우수한 지적 능력을 가지고 있다면, 영재 아동을 훈련하고 경험해 본 사람이 그 아동을 평가해야 한다(Silverman, 1988). 왜냐하면 ADD/ADHD 아동의 행동이 전형적으로 창의성이나 영재성(Cramond, 1995) 또는 과흥분성(Piechowski, 1997; Silverman, 1993)으로 여길 만한 특성과 유사하기 때문이다. 게다가 영재성, 창의성 또는 과흥분성에 대한 권고사항은 ADD/ADHD를 가진 아동에게 주는 권고사항과 달라야 하기 때문에 주의해야 한다. 또한 위험성이 없는 약물은 없다. 특히 진단과 치료가 별로 특별하지 않을 때 진단을 가려낼 다른 방도가 있다면, 단순히 시도해 보는 차원에서 약물을 처방해서는 안 된다.

규칙과 규정을 지키기 어렵다는 것을 흔히 ADD/ADHD의 표시 중 하나로 보지만(Barkley, 1990), 영재 아동도 그와 유사한 행동을 보인다. 그러나 이것은 다른 이유에서 비롯되는 것이다. 매우 우수한 아동은 저학년 때라도 규칙이나 습관, 관습에 대해 적극적으로 질문한다. 그 강렬함에 의해 권위적 인물과 힘겨루기를 하게 되고, 그런 행동은 부모나 교사 및 또래 아동을 불편하게 만든다.

손 상

아동의 손상(impairment) 수준은 진단과 치료를 결정하는 데 매우 중요하다. 그러나 손상 수준은 학교나 가정에서 아동의 상황과 밀접한 관련이 있는 주관적인 평가에 기초한다. 교실에서 과제에 붙어 있지 못하는 것으로 지각되는 것이 영재 아동에게는 권태를 나타내는 것일 수 있다. 앞서 언급했듯이, DSM-IV-TR이 진단 과정에서 영재성의 영향을 인식해야 진단이 제대로 될 수 있다.[1)]

영재 아동은 일반적으로 과제에 흥미가 있거나 동기가 부여되면 수행을 잘 한다. 흥미의 결여 또는 동기의 부족은 부모나 교사의 행동 체크리스트와 같은 주관적인 평가뿐만 아니라 객관적인 주의력 검사에서도 부정확한 결과를 발생하게 한다. 주의력 손상처럼 보이는 행동은 오히려 권태와 무관심을 나타낸다. 따라서 동기 측정은 평가의 매우 중요한 부분이 된다.

영재 아동은 정규 수업시간의 1/4에서 1/2을 다른 학생이 따라오기를 기다리는 데 소비한다. 특히 영재가 이질적인 집단에 속해 있을 때는 더욱 그러하다(Gallagher & Harradine, 1997; Webb & Latimer, 1993). 영재 아동의 학업 성취는 자신의 실제 학년보다 종종 2~4개 학년 위의 수준에 있다(Rogers, 2002). 그들은 제시된 개념을 빠르게 파악하여 자기 일을 빨리 끝낼 수 있고, 따라서 수업이 지나치게 반복되고 매우 느린 속도로 진행된다는 것을 알게 된다(Reis et al., 1993; Winner, 1997). 도전적이지도 않고 자극적이지도 않은 학급 상황에서 영재 아동이 보이는 창의적인 반응은 주로 딴 생각을 하거나 또래를 괴롭히거나 자기를 자극시키는 시도 등 주로 과제에서 벗어난 행동들이다. 영재가 여분의 시간을 이런 식으로 사용하면, 학교는 이 학생에게 ADD/ADHD의 가능성을 두고 평가를 의뢰하게 된다.

활동 수준

부모는 영재 아동과 ADD/ADHD 아동 모두를 묘사하는 데 '과잉행동' 이라는 단어를 사용한다. 영재 아동의 부모는 이 용어를 목표를 향한, 그러나 ADD/ADHD 아동의 경우처럼 산만하지는 않지만 잘못된 방향으로 흘러가는 과도한 높은 에너지 수준을 묘사하는 것으로 막연하게 사용한다. ADD/ADHD 아동은 대부분의 상황에서 전반적으로 높은 활동 수준을 나타낸다(Barkley, 1990).

그러나 많은 영재 아동도 매우 활동적이다. 영재 아동의 1/4은 잠을 적게 잔다. 어떤 아동은 4~5시간 정도의 수면만을 필요로 하며, 깨어 있는 동안 활동 수준이 꽤 높다(Clark, 1992; Webb et al., 1982). ADD/ADHD 아동과는 대조적으로, 우수한 아동의 활동은 초점이 있고, 방향성이 있으며, 오래 지속된다. 영재 아동의 몰입은 많은 시간을 소모할 수 있게 하며, 무엇을 하든지 초점 중심에는 많은 에너지가 집중된다. 그러나 또 다시 언급하자면, 영재의 초점은 교사나 부모들이 추구하는 초점과는 다를 수 있다.

진단 기준

우수한 아동들도 부산함이나 부주의함, 충동성, 높은 활동 수준 또는 딴생각 때문에 심리학자나 소아과 의사에게 의뢰된다. 왜냐하면 DSM-IV-TR에서 이런 행동들을 ADD/ADHD와 관련 있는 행동이라고 언급하기 때문이다. DSM-IV-TR은 ADD/ADHD 진단을 받은 아동에게 발견되는 18개 목록을 열거하고 있다. 그중 9개는 부주의의 문제를, 나머지 9개는 과잉행동과 충동성의 문제를 기술하고 있다.

또한 다음과 같은 네 가지의 제한점이 있다. ① 각 범위의 9개 중 최소 6개의 특성이 있어야 한다. ② 7세 이전에 증상이 있어야 한다. ③ 최소한 2개 이상의 상황에서 적어도 6개월간 지속되어야 한다. ④ 부적응적이고 발달 수준에 맞지 않는 정도로 부정적인 영향을 주어야 한다(APA, 2000: 92). 발달 수준은 나이에 적합한 것을 말하며, 비동시성 발달은 영재 아동의 표식 중 하나다.

또한 DSM-IV-TR은 ADD/ADHD의 네 가지 하위유형을 분류하고 있다. ① 주의력결핍 우세형(Predominantly Inattentive Type), ② 과잉행동/충동성 우세형(Predominantly Hyperactive/Impulsive Type), ③ 복합형(Combined Type), ④ 기타 미분류형—주의력결핍이나 과잉행동/충동성의 뚜렷한 증상은 있으나 진단 조건에 정확히 맞지 않는 형 등이다. 〈표 2-1〉은 DSM-IV-TR의 ADD/ADHD 진단 기준을 열거하고 있다.

〈표 2-1〉 AD/HD 진단 기준

A. (1) 또는 (2) 가운데 한 가지

(1) 부주의에 관한 다음 증상 가운데 6개(또는 그 이상) 증상이 6개월간 부적응적이고 발달 수준에 맞지 않는 정도로 지속된다.

〈부주의성〉

① 세부적인 것에 세밀한 주의를 하지 못하고, 학습, 일 혹은 그 밖의 활동에서 부주의한 실수를 자주 한다.
② 과제나 놀이 활동에서 지속적으로 주의를 집중시키지 못한다.
③ 다른 사람이 앞에서 말할 때 귀 기울여 듣지 않는 것처럼 보인다.
④ 학교 활동이나 집안 일, 숙제 등 해야 할 일에서 지시를 따르지 못하고 끝마치지 못한다(반항행동이나 지시를 이해하지 못함으로 인한 것은 아님).
⑤ 과제나 활동을 체계적으로 조직하는 능력이 부족하다.
⑥ 지속적인 정신적 노력을 필요로 하는 과제(학교 수업이나 숙제)를 싫어하고 잘 참여하지 않는다.
⑦ 과제나 활동에 필요한 것들을 자주 잃어버린다(예, 장난감, 숙제, 연필, 책, 학용품 등).
⑧ 자기와 관련 없는 외부 자극에 쉽게 주의가 분산된다.
⑨ 매일 하는 일상적인 활동을 자주 잊어버린다.

(2) 과잉행동-충동성에 관한 다음 증상 가운데 6개(또는 그 이상) 증상이 6개월간 부적응적이고 발달 수준에 맞지 않는 정도로 지속된다.

〈과잉행동성〉

① 손발을 계속 움직이거나 몸을 꿈틀거린다.

② 교실 혹은 의자가 있는 장소에서 가만히 앉아 있지 못하고 일어나 돌아다닌다.
③ 부적절한 상황에서 과도하게 뛰어다니거나 기어오른다(청소년이나 성인에게는 주관적 안절부절못함으로 제한될 수 있음).
④ 놀거나 여가활동을 할 때 쉽게 흥분하고 조용히 있지 못한다.
⑤ 마치 '자동차가 돌진하는 것' 처럼 행동하거나 '계속 움직인다'.
⑥ 말을 너무 많이 한다.

〈충동성〉
⑦ 질문이 끝나기도 전에 대답을 불쑥 해 버린다.
⑧ 차례를 기다리지 못한다.
⑨ 자주 다른 사람을 방해하거나 참견한다(예, 다른 사람의 대화나 게임에 불쑥 끼어듦).

B. 장애를 일으키는 과잉행동–충동성 또는 부주의 증상이 7세 이전에 있다.
C. 증상으로 인한 장애가 두 가지 또는 그 이상의 장면에서 존재한다[예, 학교(또는 직장)와 가정에서].
D. 사회적, 학업적, 직업적 기능에 임상적으로 심각한 장애가 초래된다.
E. 증상이 광범위성 발달장애, 정신분열증 또는 기타 정신증적 장애의 경과 중에만 발생하지 않으며, 다른 정신장애(예, 기분장애, 불안장애, 해리성 장애 또는 인격장애)에 의해 잘 설명되지 않는다.

출처: DSM-IV-TR, Copyright 2000. APA, p. 92.

ADD/ADHD를 진단하는 전통적인 시도

ADD/ADHD와 영재성의 차이는 구분하기 쉽지 않다. 또한 여러 상황에서 오랫동안 관찰해야 한다. TV를 보거나 비디오게임을 하는 동안의 집중은 고려해서는 안 된다. 왜냐하면 ADD/ADHD가 있는 아동이나 그렇지 않은 아동 모두 TV나 비디오게임에는 집중하기 때문이다. 〈표 2-2〉에 나타난 것처럼 영재성과 ADD/ADHD는 모두

〈표 2-2〉 ADD/ADHD 행동과 영재 행동의 유사점

ADD/ADHD 관련 행동(Barkley, 1990)	영재성 관련 행동(Webb, 1993)
• 거의 모든 상황에서 주의집중을 지속하기 어렵다.	• 특정한 상황에서 낮은 주의집중, 지루해함, 백일몽을 보인다.
• 즉각적인 결과가 주어지지 않는 과제에서는 지속적인 주의집중이 저하된다.	• 무관한 과제에는 참을성이나 지속적인 집중력이 저하된다.
• 만족에 대한 충동성이 있으며, 지연을 하지 못한다.	• 지적 발달에 비해 판단력이 뒤떨어진다.
• 사회적 상황에서 행동을 조절하거나 억제하는 명령(지시)을 따르기 어렵다.	• 강렬함은 권위자와 힘겨루기 싸움으로 이어진다.
• 일반 아동보다 더 활발하고 부잡스럽다.	• 활동 수준이 높고, 잠을 덜 잔다.
• 규칙이나 규정을 준수하기 어렵다.	• 규칙, 관습, 전통 등에 의문을 제기한다.

유사한 행동을 보인다. 이러한 행동들은 특정한 상황에서 우수하고 재능 있고 창의적인 영재 아동들에게서도 거의 발견된다. 부모나 교사 또는 건강관리 전문가는 이 두 집단의 차이를 어떻게 확실하게 규명할 수 있을까?

평정척도

ADD/ADHD 행동과 문제가 될 만한 행동 패턴을 알아내기 위한 초기 검사도구로 가장 흔하게 사용되는 것은 코너스 부모와 교사 평정척도-개정판(Conner's Parent and Teacher Rating Scales-Revised, 1997)이나 아동행동 평가척도(Child Behavior Checklist, Achenbach, 2001)와 같은 교사나 부모용 간편 척도들이다. 그러나 이러한 척도들은 DSM-IV-TR에서 ADD/ADHD를 기술하기 위해 사용된 행동을 재언급한 것들이어서 ADD/ADHD와 영재 행동을 구분하는 데 그다지 유용하지 않을 수 있다. 부모나 교사는 점수값이 주어진 '항

상, 자주, 때때로, 거의, 전혀' 라는 범주를 사용하여 척도에 있는 행동의 등급을 매긴다. 점수는 주의력, 활동 수준, 우울, 불안, 충동성에 관한 여러 하위척도로 합산된다. 건강관리 전문가는 아동의 규준 샘플의 견해와 부모나 교사의 견해를 비교하면서 다른 사람이 그 아동을 어떻게 보는지를 정량화하기 위해 점수를 사용한다.

척도에서는 행동의 원인을 전혀 고려하지 않는다. 전문가는 집중을 방해하며 계속 끼어드는 사고를 유발하는 우울이나 불안과 같은 다른 잠재적인 원인들을 주의 깊게 찾아야 한다. 그러나 우리의 매우 적은 경험에서 보더라도, 일부 아동들만이 철저한 신체검사(알레르기 반응 검사, 경미한 외상성 뇌손상, 갑상선 기능 저하, 다른 가능한 건강상의 문제점들을 포함한 검사)와 광범위한 심리평가를 받았을 뿐이다. 심리평가는 문제행동의 근원을 파악하여 인정하거나 제외시키기 위해 지능검사, 학업성취 검사, 정서상태 검사 등으로 이루어져 있다.

그러나 영재 아동에게 보편적으로 일어날 수 있는 시나리오를 간과하고 있다. 즉, 영재가 부적절하고 불충분한 자극을 받는 교육 상황에 놓여 있을지도 모르며, 영재의 특성을 잘 인식하지 못하거나 강렬함과 열망과 같은 행동을 ADD/ADHD의 충동적인 특성으로 잘못 이해하는 교사를 만날 수도 있다.

루이사는 아주 어릴 때부터 컴퓨터에 확실히 타고난 재능이 있었다. 2학년 1학기 동안 컴퓨터 담당 교사는 그녀의 재능을 알아보고 현재 진행 중인 교육과정은 그녀에게 아무것도 제공해 줄 수 없다고 생각했다. 그래서 결국 루이사는 다른 학생들을 모니터해 주고 도와주게 되었다. 종종 돌아다니면서 다른 학생들을 도와주었다. 루이사는 학급의 자랑거리였고, 교사는 그녀의 도움을 충분히 받았으며, 그녀는 점점 발전해 갔다.

2학기 때 루이사의 새 컴퓨터 담당 교사는 조용히 앉아 있지 못하고 참견하는 루이사의 '무능력'에 좌절했다. 교사는 루이사가 충동적으로 다른 친구들을 도와주고, 자신의 일에는 거의 집중하지 않는다고 생각했다. 교사는 그녀가 확실히 ADD/ADHD를 가지고 있다고 생각하고 부모에게 말했다. 그러나 평가에서 ADD/ADHD의 임상적 증거는 전혀 나타나지 않았다.

대다수의 평정척도뿐만 아니라 DSM-IV-TR에서도 '주의집중을 지속시키는 데 어려움'을 ADD/ADHD의 주요한 특징으로 꼽고 있다. 그러나 영재 아동이 수년 동안 알고 있는 내용을 다시 검토하는 데 중요한 수업시간을 다 소비해 버린다면, 아동의 머릿속으로는 수업시간에 진행되는 것보다 더 재미있는 것이 들어갈 것이고, 아동의 주의집중은 옆길로 새게 될 것이다.

ADD/ADHD의 또 다른 특징은 '앞에서 다른 사람이 말할 때 귀 기울여 듣지 않는 것처럼 보인다.'라는 것이다. 상상적 과흥분성을 가진 영재 아동은 자기 생각에 잘 매료되거나 책에 빠져서 다른 사람이 말하는 것을 잘 듣지 못한다. 이것이 문제일 수는 있으나 소위 ADD/ADHD의 '과초점화'는 아닌 것이다.

아동은 수학문제가 너무 쉬워 머릿속에서 재빨리 파악해서 풀어 버리는데, '어떻게 답이 나왔는지를 보여 달라.'는 요청을 받는다는 것을 알면, '지시를 잘 따르지 못한다.' 또는 '학교 수업이나 숙제와 같은 과제를 싫어하고 잘 참여하지 않는다.'라는 점들이 병리적인 것이 아님을 더 잘 이해할 수 있을 것이다. 아동의 견해를 빌면, 단계별로 써 내려가는 것은 단지 쓸모없는 '바쁜 일'에 불과한 것이다. 이런 사례에서 보면, 행동의 정황을 파악하는 일은 행동의 근원을 명확하게 알게 해 준다.

감각 영역에서의 유의미한 과흥분성을 가진 아동에게 '외부 자극에 쉽게 주의가 흩어진다.' 라는 것은 ADD/ADHD가 아닌 다른 그 무엇이 될 수 있다. 우리는 향수 같은 냄새에 지나치게 예민한 영재 아동, 셔츠의 상표를 떼어 내지 않으면 집중하기 어려워하는 아동, 교실 천장의 형광등 깜박임이나 소리를 날카롭게 인식하는 영재 아동들을 많이 보아 왔다. 이런 상황들은 약물 처방이 도움이 되질 않는다.

'과제와 활동을 조직화하는 데 어려움이 있다.' '물건을 잘 잃어버리고 잊어버린다.' 라는 것 역시 보편적으로 수용하는 사회적인 틀에 단순하게 맞추지 않는 '시-공간' 적인 아동들의 특징이다. 한 어머니가 아홉 살인 아들이 야구 글러브를 잃어버린 이야기를 들려주었다. 그것은 경기 도중에 발생한 일이었다. 아동은 외야에 서 있다가 갑자기 공중에 매달려 있는 큰 풍선을 보았다. 갑자기 풍선 색깔이 눈에 들어오자, 아동은 풍선 속에서 세상을 바라보면 전망이 어떻게 될까를 생각했다. 그리고 기구를 항해할 때 관계가 있는 물리학의 원리에 대해 생각하기 시작했다. 그리고 그는 자기 손에서 야구 글러브가 떨어진 것도 모른 채 깊은 생각에 잠기게 되었다. 그는 코치가 다른 소년을 보내서 자기를 끌고 나올 때까지 수비가 끝나고 팀이 공격을 할 차례가 되었는지도 모르고 있었다. 그가 선수들이 기다리는 더그아웃으로 들어가자 코치는 왜 야구 글러브가 없는지를 물어보았고, 자신이 야구 글러브를 어디에 두고 왔는지를 전혀 기억할 수 없다는 점에 매우 당황하였다.

일부 전문가들은 이런 행동이 바로 ADD/ADHD를 나타내는 것이라고 말하기도 한다. 그러나 왜 그렇게 행동했는지에 대한 설명으로는 가장 단순하면서도 가장 덜 부정적인 것을 찾는 것이 중요하다고 생각한다. 앞서도 언급했듯이, 손상 수준을 있는 그대로 가장 근접하게 측정하는 것이 중요하다. 그런 행동들이 무더기로 나타난다는 것 자체가 진단을 내려야 한다는 것을 의미하지는 않는다. 그 행동들이 아동의 사회적 · 교육적 면에서 또는 다른 면에서 심각한 손상을 만들지 않는 한, 그 행동이 있다는 것만을 근거로 단순하게 진단을 내려서는 안 된다. 특히 문제행동의 횟수를 수량화하거나, 환경에서 성인이 기대—특별한 아동에게는 부적절할 수 있는—하는 것에 근거를 두고 손상을 판단한다면 손상 수준은 간과되기 쉽다.[2)]

주의력결핍은 많은 장애처럼 정상 행동의 연속선상에 놓여 있다. ADD/ADHD는 정상적인 심리 특성의 한 극단에 놓여 있다(Barkley, 1997). 따라서 증상들이 병리적인 손상 범위에 속한다는 것을 나타내 주는 분명한 표식은 없다. 그것은 위스콘신 주와 나른 주의 경계선을 긋는 것과는 다르다. ADD/ADHD 진단은 아동의 인식과 정황을 포함해서 신중하고 완벽한 평가에 의해 이루어져야 한다.

사람들에게 다른 사람을 만족시키거나 맞추도록 행동하길 기대하거나 강요하는 것은 적절하지 않다. 의학에서 치료는 효율성에 의해 판단될 뿐만 아니라 부작용에 의해서도 판단된다. 밀가루 알레르기가 있는 아동에게 알레르기를 예방하기 위해 스테로이드를 처방해서는 안 된다. 영재 행동이 정상 범주에서 벗어나 문제로 지각된다고 할지라도, 아동을 변화시키는 것이 아니라 환경을 변화시키는 것이 가장 효과적이면서도 악성이 아닌 양성 개입이 된다.

과잉행동과 충동성

비슷한 상황은 과잉행동과 충동성의 경우에도 존재한다. 이것은 ADD/ADHD 진단의 두 번째 주요 요소다. '안절부절못하고 움직이고' '몸부림치고' '자주 돌아다니고' '말을 너무 많이 하고' '질문이 끝나기도 전에 불쑥 대답을 하고' '자신의 순서를 잘 지키지 못하고' '흔히 다른 사람들을 방해하거나 다른 사람의 일에 끼어드는' 행동들이 여기에 속한다. 영재 아동의 우수한 언어 능력이 강렬함 및 호기심과 함께 결합되면 이런 행동을 야기한다. 그러나 안절부절못하는 행동과 빠르고 반복적인 움직임은 단순히 정신운동적 과흥분성을 반영하는지도 모른다. 방해하는 행동은 열정이 앞서 판단력을 무시한 채 저지르는 지적 과흥분성을 반영하는지도 모른다.

이러한 행동들이 ADD/ADHD와 같은 행동장애의 지표가 되는가? 꼭 그렇지는 않다. 실제로 한 연구에서 1학년 학생들이 수동적인 학습과제를 수행하는 동안 다리를 흔들어서 그들의 심장박동수와 긴장수준을 낮출 수 있었음을 보고하였다(Soussignan & Koch, 1985). 또한 껌을 씹는 행동도 집중력을 향상시키는 것으로 나타났다.

검사: 지능, 학업성취 및 신경심리 검사

개인으로 시행하는 지능, 학업성취 및 신경심리 검사는 우수한 아동이 ADD/ADHD인지 혹은 ADD/ADHD를 갖고 있지 않은 영재 아동인지를 결정하는 데 큰 도움을 줄 수 있다. 개인 평가에서 전문가는 아동이 검사에 최선을 다하도록 최대한의 라포를 형성해야 한다. 이 점은 측정 과정에서 핵심이 된다. 개인 검사가 실시되는 동안, 영재 아동은 검사가 제공하는 도전에 상당히 몰두하지만, 반면에 ADD/ADHD 아동은 이러한 도전에 좌절하며 라포를 잃어버린다.

지능, 학업성취 및 신경심리 검사의 해석은 상당히 특별한 전문 훈련을 요구한다. 단순히 전체 IQ나 학업성취 검사 점수를 조사하거나, 웩슬러 지능검사 3판(WISC-III)의 산만성 지표나 웩슬러 지능검사 4판(WISC-IV)에 있는 작동기억 등의 명칭이 붙은 특별한 척도를 보는 것만으로는 충분하지 못하다. 매우 정교하고 자세한 접근이 필요한데, 건강관리 전문가가 관심을 두는 구체적인 평가 정보와 지침을 이 책의 뒷부분 주석에 적어 놓았다.[3]

성격검사

상담자와 심리학자는 성격검사를 실시하여 ADD/ADHD처럼 보일 수 있는 행동의 원인이 될 수 있는 정서적 문제의 가능성을 조사할 수 있다. DSM-IV-TR에서 정서적인 문제를 고려해야 하는 대안적 조건으로 불안과 우울을 언급하긴 했지만, 사실 불안과 우울은 ADD/ADHD와 닮은 행동의 원인으로는 거의 조사되지 않는다. 그러나 성격검사를 시행한다면, 심리학자는 영재 아동의 과흥분성(즉, 민감성과 강렬함)이 반응을 정서로 물들게 하는 원인이 됨을 인식해야 한다. 예를 들어, 영재 아동은 로르샤하(Rorschach)나 이야기 검사(story-telling test)와 같은 투사검사에서, 반응의 구조와 조직은 매우 뛰어나지만 좀 더 상상력이 풍부하거나 '비현실적인 반응'[4]을 보이는 경향이 있다(Webb & Kleine, 1993). 영재에 대한 지식이 없고 방심한 심리학자라면 이러한 반응을 병리적인 것으로 잘못 해석할 수도 있다.

영재가 어떤 특정한 방식으로 반응하는 것이 가능한 이유를 탐색하고 초기반응 그 이상을 살피는 것이 또한 중요하다. 아동이 성격검사에서 '스스로 해를 끼치는 것을 생각한다.' 와 같은 문항에 표시하였다면 그 문맥을 좀 더 탐색해야 한다. 어느 한 사례에서는 영재 아동에게 자살 동기가 있다고 생각하고 적절한 예방책을 취하였다. 그러나 좀 더 자세히 질문하자 그녀는 "선생님은 좌절한 적이 있거나 자신의 머리를 벽에다 찧는 것을 생각해 본 적이 있나요? 나는 있어요. 그것은 내가 지금 생각하고 있는 거예요. 왜냐하면 방금 나는 무지 좌절했거든요."라고 설명하였다.

어떤 평가자든지 부모나 조부모, 교사와 같이 아동을 정규적으로 보살피는 중요한 사람들로부터 정보를 얻기 위한 시간을 갖는 것은 매우 중요하다. 이들과의 대화는 아동의 현재 행동에 대한 풍부한 이해를 제공할 뿐만 아니라 좀 더 철저한 발달력과 병력을 제공해 준다.

과초점화

ADD/ADHD를 가진 사람이 어떤 특정 상황에서 집중력과 주의력이 있다면, 일부 전문가들은 그가 '과초점화(hyperfocus)' 라고 불리는 상태를 보이는 것이라고 믿는다(Hallowell & Ratey, 1994). 과초점화는 ADD/ADHD를 지닌 몇몇 사람들에게 있는 이례적인 것인데, 특정한 분야에서 평소와는 다르게 고도의 집중력을 보이는 것을 말한다. 과초점화가 ADD/ADHD의 한 양상이라는 점을 지지하는 경험적 자료가 없다는 것을 언급하는 것은 중요하다. 칙센트미하이(Csikzentmihalyi, 1990)는 ADD/ADHD가 없는 영재 아동이 골똘히 몰두하는 생산적인 집중 상태를 '몰입(flow)' 이라고 기술하였다.

ADD/ADHD 아동들은 액션 영화, 스포츠 경기, 컴퓨터게임과 같은 빠르게 바뀌는 일을 할 때 과초점화를 더 잘 경험한다. ADD/ADHD 아동에게서 '보속성(perseveration)' 이라고 불리는 특징이 있다는 경험적 증거가 있다. 보속성이란 하나의 과제로부터 다른 과제로 이동하는 데 어려움이 있는 것을 의미한다(Barkley, 1997). 이러한 아동들은 하나의 사고 구조에서 다른 사고 구조로 또는 하나의 과제에서 다른 과제로 이동하는 데 어려움을 보인다. 학교 장면은 전형적으로 그러한 주의집중 이동을 자주 요구한다. 아동이 집중해야 하는 과제는 내재적으로 보상이 없거나 어느 정도의 노력이 있어야 하는 과제들이다. ADD/ADHD는 주의집중을 지속시키지 못하는 특징보다는 오히려 여러 과제에 주의를 기울이는 것을 적절하게 조절하는 것을 어려워하는 것이 특징이며, 특히 개인적으로 보상이 주어지지 않거나 노력을 요구하는 과제에서 그러한 모습이 더 나타난다.

가장 중요한 점으로 이 아동들은 성공하지 않아도 전략을 포기하는 것을 어려워한다는 것이다. 그들은 지금 작용하지 않고 있고, 과거에도 작용하지 않았고, 앞으로도 작용하지 않을 그 무엇을 하는 것을 집요하게 지속할 것이다. ADD/ADHD가 있는 사람에게 새롭게 표현되는 '과초점화' 는 보속성의 덜 의학적인 표현으로 보인다. 따라서 어느 한정된 상황에서 집중하는 능력이 뚜렷하게 있어도 ADD/ADHD의 진단을 배제하지는 않는다.

ADD/ADHD 행동과 영재 행동의 구분

나는 내 딸의 ADHD의 가능성을 부인했다. 아이가 충동적으로 행동하고 발끈 화를 낼 때마다 나는 아이의 극도의 조숙함과 우수함의 부작용으로 넘겨 버렸다. 나는 아인슈타인의 어머니도 그를 일으켜 세우기 위해 분명히 지친 나날들을 보냈을 것이고, 다빈치의 부모도 그의 기분 변화 때문에 아마도 힘든 시간을 보냈을 거라고 내 자신에게 말하곤 했다. 내 딸의 자아존중감이 떨어지기 시작했을 때, 나는 그녀에게 도움을 주어야겠다고 심사숙고하기 시작했다. 딸의 부정적인 중얼거림과 분노는 자신을 통제할 수 없는 데서 비롯되었음을 깨달았는데, 그것은 시간이 지날수록 점점 더 심해졌다. 딸이 여러 면에서 다르다는 것을 알았기 때문에, 자신이 고도 영재라는 사실이 아이를 더욱 힘들게 만들었다고 나는 생각했다.

약물치료를 하기로 결정했을 때, 나는 약물치료가 가진 부정적인 효과를 진정 걱정했다. 나는 아이가 이미 느꼈던 것보다 더 이상한 사람이라고 느끼지 않기를 원했다. 나는 딸에게 약이 효과적이라는 것을 알고는 매우 행복했고, 또한 놀랐다. 생각이 너무 빨라 언어의 형태로 표현할 수 없었던 이전에 비해, 딸 아이는 자신을 보다 잘 통제할 수 있었으며, 우리와 앉아서 대화도 나눌 수 있게 되었다. 무엇보다도 딸의 자신감이 극적으로 되살아났다.

행동의 상황적 특수성

영재 아동과 ADD/ADHD를 정확하고 분명하게 변별하고 진단을 내리기 위한 필수적인 접근은 전문가가 영재 아동의 특성과 상황을 함께 고려하는 것이다. 두 집단 모두 학교 장면에서 어려움이 있거나 문제가 있다. 영재 아동은 문제가 오직 특별한 상황에서만 한정되기 쉽다면, ADD/ADHD 아동의 경우에는 모든 상황에서 문제가 나타나는 경향이 있다. 물론 ADD/ADHD의 정의에 따르면, 진단을 내리기 위해서는 적어도 2개의 상황에서 문제가 나타나야 하며 손상이 유발되어야 한다.

영재 아동에게는 나타나지 않는 ADD/ADHD의 특징은 ADD/ADHD 아동의 과제 수행 방법이 꽤 다양하다는 것이다. 거의 모든 상황에서 과제를 얼마나 빨리 수행하는가, 얼마나 효율적으로 완성하는가의 수행의 질(즉, 성적, 잡일)은 너무 일관성이 없다(Barkley, 1990). 영재 아동은 일반적으로 일관성 있게 노력을 기울이고, 교사를 좋아하며, 지적으로 도전을 받으면 높은 성적을 받는다. 또한 자기가 제시한 높은 기준에 부합하는 산출물을 내기 위하여 거의 강박적으로(강렬하게) 매달린다. 따라서 학교에서 ADD/ADHD 같은 문제를 보이는 영재 아동은 집에서는 그런 행동을 보이지 않으며, 박물관이나 도서관 또는 동물원을 견학하더라도 그런 행동은 보이지 않는다. 왜냐하면 그들은 박물관의 전시물이나 집에서 하는 프로젝트 수행에 진심으로 관심을 갖기 때문이다. 그러므로 문제가 일어나는 정황을 조사하는 것이 중요하다. 특히, 우수한 어린 아동이 다른 비슷한 재능아와 함께 있을 때 그러한 문제행동들이 감소하는지를 살펴보아야 한다.

아동의 행동을 평가할 때 고려해야 할 여러 가지 환경 요인들은 다음과 같다. 첫째, ADD/ADHD 아동은 새로운 상황에서는 ADD/ADHD적인 행동을 보이지 않는다. 다만 새롭고 신기함이 없어질 때 이러한 행동들이 다시 나타난다. 그렇기 때문에 임상 장면에서 전문가들은 방문 스케줄을 간격을 두고 적어도 두 번 잡도록 권하고 있다. 아동은 첫 번째 방문에서는 좋은 행동을 보일지도 모르지만, 두 번째나 세 번째 약속에서는 충동적이고 부주의한 행동을 보이기 쉽다. 대부분의 ADHD 아동은 약속된 만남에 앞서서 또한 심지어 약속된 만남 도중에도 부모의 경고와 간청, 간곡한 권고에도 불구하고 사무실에서 파괴적인 행동을 보일 것이다.[5)] 그러나 그러한 짧은 행동 관찰로 포괄적인 ADD/ADHD 평가를 대신해서는 안 된다는 것을 알아 두는 것이 중요하다.

둘째, 행동을 측정할 때 환경에서 구조화가 이루어진 양을 고려해야 한다. 예를 들어, ADD/ADHD 아동은 해리슨 선생님의 수업에서는 성공적으로 수행을 잘하겠지만, 오르테가 선생님의 수업에서는 잘하지 못할 것이다. 왜냐하면 해리슨 선생님의 수업이 구조화가 더 잘되어 있기 때문이다. ADD/ADHD 아동은 한계와 구조를 필요로 하며, 일반적으로 구체적이고 순차적이며 간결하면서 좀 더 작은 부분으로 구분된 과제에서 가장 잘 수행한다. 사실 ADD/ADHD 아동을 위한 전략 중 하나가 자신의 행동을 조절할 수 있도록 돕기 위해 하루에 정해진 일과 구조화의 양을 증가시키는 것이다. 영재 아동은 구조화된 상황에서는 무엇을 하길 기대하는지 알게 되고, 그러면 더 잘할 수 있게 된다. 그러나 그러한 상황도 꼭 충분히 자극적이어야 한다. 숨 막히는 구조에서는 오히려 저항할 것이다.

셋째, 전형적인 영재 행동과 진짜 ADHD를 구분하도록 도와주는 환경 요인은 과제에 집중하는 시간이 아니라 과제에서 벗어난 시간을 보는 것이다. ADHD 아동은 한 번 방해를 받아 과제를 중단하였다면 다시 그 과제로 돌아가는 것이 매우 느리며, 일반 아동보다 과제로 돌아가는 것을 훨씬 덜 좋아한다(Barkley, 1997). 그러나 대조적으로 영재 아동은 비교적 주저함 없이 즉시 그 과제로 다시 돌아갈 수 있다.

넷째, ADHD 행동과 영재 행동 간의 차이를 더 잘 변별하도록 도와주는 요인은 부모의 관찰이다. 부모에게 자녀가 주의의 흩어짐과 충동적인 행동 없이 조용히 혼자 활동에 오랫동안 몰두할 수 있는지를 물어보는 것이 유용하다. ADD/ADHD가 없는 영재 아동의 부모는 즉시 대답할 것이다. 예를 들어, "오, 그래요! 우리 아이는 독서에 열심이에요. 책을 읽을 때는 마치 돌처럼 전혀 움직이질 않아요. 그대로 놔둔다면 아마 몇 시간이고 책을 읽을 것입니다. 사실 우리 아이는 자기 주위에 있는 것들을 전혀 의식하지 못해요." 이러한 아동은 ADD/ADHD가 아닐 것이다. 마찬가지로 모형 배나 레고를 조렵하거나 다른 복잡한 연구 과제를 수행하는 데 45분 또는 그 이상으로 오래 집중하고 있다면, 이 아동은 ADD/ADHD가 아닐 것이다.

때때로 부모는 아동이 TV나 비디오, 컴퓨터게임과 같은 전자 매체에 강하게 집중할 수 있다고 말한다. 그러나 그런 활동은 별다른 노력을 필요로 하지 않으며, 매우 빠르게 끊임없이 변하면서 계속 강화를 주기 때문에 어떤 아동이라도, 심지어 ADD/ADHD 아동이라도 주의를 붙잡아 둘 수 있게 만든다(Borcherding et al., 1988; Douglas & Parry, 1994; Wigal et al., 1998). 그러므로 컴퓨터게임에 집중하는 아동들에게는 ADD/ADHD의 가능성을 배제하지 않는다.

영재 아동에게 ADD/ADHD를 진단할 때는 이러한 네 가지 환경적 요인을 평가하는 것이 특히 중요하다. 간단히 말하면, ADD/ADHD를 가지지 않은 영재 아동은 장시간 집중하는 것이 별로 어렵지 않으며, 특히 흥미 있는 것에 몰두할 때는 더욱 그러하다. 그러나 ADD/ADHD 아동은 TV나 컴퓨터게임, 또는 본질적으로 보상이 주어지는 활동이나 빠르게 움직이는 자극을 제외하고는 장시간 어떤 것에 집중력을 유지하기가 더욱 어렵다. 왜냐하면 충동에 따라 다른 행동을 하는 것을 멈추거나 '억제할 수' 없기 때문이다.

ADD/ADHD를 가진 영재 아동

몇몇의 영재 아동은 실제로 ADD/ADHD를 가지고 있으며, ADD/ADHD로 고통받는 다른 아동들과 비슷하게 몇몇 상황에서 주의력 문제와 충동성 문제가 발생한다. 이들은 영재성을 위한 교육적 조치뿐만 아니라 ADD/ADHD를 위한 치료도 필요한 아이들이다. 그리고 영재 아동에게서 ADD/ADHD의 가능성을 너무 빨리 배제시키지 않아야 한다.

ADD/ADHD를 가진 영재 아동들은 합리적인 구조가 있고 내재적인 동기가 높을 때는 일정 시간 안에 놀라운 산출 능력을 나타낸다. 하지만 그렇지 않은 때는 가장 단순한 일반적인 과제조차도 해낼 수 없는 무능함을 보이기 때문에 진단과 치료적 딜레마에 빠진다. "너는 지난번에는 엄마에게 그렇게 크게 책을 잘 읽어 주더니, 이번에는 너 혼자 읽는 책도 다 끝내지 못하니?" 이것은 일반적으로 ADD/ADHD 아동이 보여 주는 비일관성이고, 이러한 특징은 ADD/ADHD를 가진 영재 아동에게서도 나타난다.

ADHD와 영재라는 이중 특수 진단은 분명히 모순되는 상황(Catch-22)이다. 이 아동들은 어느 진단 범주에도 맞지 않는다. 우리는 14세 아들과 주로 그의 장점(영재성)보다는 약점(ADD/ADHD 증상)에 초점을 맞추며 지내 왔던 경험이 있다. 그러나 이것은 우리 아들의 욕구와는 대조되는 일이다. 왜냐하면 적절하게 도전을 받은 상황에서는 그의 ADD/ADHD 증상이 좋아진다는 것을 알았기 때문이다. 그러나 종종 그는 ADD/ADHD 증상 때문에 적절하게 도전을 제공받지 못했다.

우리 아들의 뛰어난 수학 능력은 초등학교 4학년 때 사립학교에서 공립학교로 전학했을 때 뚜렷하게 드러났다. 그의 추상적 사고 능력은 꽤 앞서 있었으며, 그는 이미 대수를 배우기 시작했다. 그러나 그는 수학 과목에서 속진의 기회를 거절당했다. 왜냐하면 정해진 시간 동안 수학 시험을 다 끝낼 수 없었기 때문이다.

도전적이지 못한 환경에서 공부하게 되었을 때 그는 과제를 완성하려고 애쓰긴 했지만 '동기가 없음'이라는 평가를 받곤 했다.

약물치료

사람들이 ADD/ADHD의 가능성을 제기하면, 부모는 때로 의사를 찾아간다. 매우 바쁜 의사는 "어디 보자, 잘 모르겠네. 몇 주 동안 리탈린을 시험적으로 한번 써 봅시다. 만일 반응이 있다면 아이가 ADD/ADHD인지 아닌지 알 수 있을 것입니다."라고 말한다. 그러나 이러한 접근은 크게 도움이 되지 못한다. 왜냐하면 리탈린이나 덱세드린(Dexedrine)과 같은 각성제는 거의 모든 아동의 운동 활동과 반응 시간을 감소시키고 인지검사 수행을 향상시키기 때문이다(Rapoport et al., 1978).[6]

평균적으로 의사들은 환자 한 사람당 몇 분 정도만 보기 때문에, ADD/ADHD의 진단, 특히 영재 아동에게 ADD/ADHD가 있는지를 찾아보기 위한 시간은 거의 없으며 도구도 없다. 그들은 주로 부모와 교사들로부터 얻은 행동보고 자료에 매우 의존한다. 리탈린과 같은 각성제를 약간만 복용한다 해도, 대부분의 아동들은 과제에 더 잘 집중하고 더 잘 몰두할 것이다. 실제로 영재 아동들에게도 그러한 약물치료는 잘 견뎌 내지 못하는 부적절한 교실 상황을 잘 견디도록 해 주는 것으로 보인다. 그러나 약물치료는 학습환경을 개선함으로써 아동을 돕는 것이 아니라 문제를 유지시키기 위해 사용하는 방법이다. 때로는 아동에게 교과과정을 속진시키는 것만으로도 더 나은 주의집중과 관심을 야기하는 결과를 낸다(Rogers, 2002).

유치원 때 아들의 담당 교사는 ADHD 평가를 위해 아들을 소아과 의사에게 데려가 보는 것이 어떻겠냐고 나에게 제안했다. 1학년 때 교사와 나는 신청서에 내용을 기입했고, 소아과 의사는 효과가 있는지를 보기 위해 리탈린 투약을 제안했다. 2학년 가을에 아이의 리탈린 투약을 늘렸고, 이것은 효과가 있었다. 교사는 아이의 집중력이 좋아졌고 순서가 아닌 경우에는 말하지 않았으며 자기 자리에서 몸부림치지도 않는다고 말했다. 그러나 아이의 정서는 무미건조해졌고, 창의성도 눈에 띄게 쇠퇴했다. 4학년 때 아이를 영재 학교로 옮겼고, 그 해 첫 3개월 동안만 리탈린(또는 콘센타)을 복용했다. 아이는 약이 결코 도움이 된다고 느끼지 않았으며, 약을 먹고 싶어 하지도 않았다. 약물을 중단한 후 영재 학교에서는 그의 행동에 대해 약간 염려를 했지만, 대부분의 사람들은 적절하게 도전을 받으면서 그의 행동과 집중력은 약물 없이도 나아졌다고 동의했다.

영재 학교에 있는 심리학자는 ADHD 진단이 정확했는지 아닌지에 대해 물었다. 영재만을 다루는 또 다른 심리학자도 아이는 ADHD가 아니라, 대신 '끊임없는 지성'을 가진 것이라고 말했다. 우리와 함께한 그 심리학자는 '끊임없는 지성'이라는 표현은 사실 나의 아들에게 적용되는 것 같다고 말했다. 그 이후 아이는 ADHD로 취급받지도 않았으며, ADHD라는 꼬리표도 더 이상 붙어 다니지 않았다. 약 3년 후에, 아이는 여전히 어느 약도 복용하지 않고 잘 지내고 있으며, 우리는 그 선택에 모두 만족하고 있다. 엄마로서, 내 아들의 삶에서 영재성이 아니라 ADHD에 초점을 맞춘 시간에 대해 다소 죄책감을 느낀다.

일부 전문가들은 성인들이 집중력을 향상시키기 위해 커피를 마시는 것을 보아 왔다. 리탈린과 카페인은 거의 같은 작용을 하기 때문에 어떤 부모는 약물 처방에 앞서 자녀에게 약간의 커피를 주기도 한다. 카페인은 리탈린처럼 ADD/ADHD 진단의 승인을 필요로 하지는 않는다. 비록 카페인과 리탈린의 효과가 거의 같은 시간 지속된다 하더라도, 카페인은 훨씬 덜 정확한 각성제다. 카페인은 하나의 주요한 신경전달물질 체계를 목표로 삼기보다는 불특정하게 뇌의 활동 수준을 올려 준다. 카페인과 리탈린은 서로 대체될 수 있는 약이 아니다. 만약 진단이 정확하여 약물치료를 받아야 한다면, 어떤 약이라도 의사에 의해 철저히 검토되고 관리되어야 한다.

미국소아과학회(American Academy of Pediatriciah)의 지침에서는 ADD/ADHD의 치료를 위한 또 다른 선택으로 웰부트린(Wellbutrin)이란 약을 들고 있다. 이 약은 집중력 및 주의집중 지속을 도와주는 비전형적인 항우울제다. 이 약물의 사용이 최근에 가능해졌으며, 성인과 아동 모두에게 사용할 수 있는 것으로 연구되고 있다.

최근 엘리릴리(Eli Lilly) 사에서 ADD/ADHD 치료를 위한 새로운 비각성제 약물로 스트라테라(Strattera)를 출시하였다. 현재까지 ADD/ADHD가 아닌 영재 아동이 이 약물에 대해 어떤 반응을 보이는지에 관한 공식적인 보고는 없다. 그러나 연령이 높은 아동과 청소년에게는 잘 듣는다는 일화도 있지만, 영재 아동을 포함한 모든 사람들에 대한 전반적인 결과는 어느 정도 다양하게 나타날 것이다. 또한 시간이 흐르면 새로운 약물들이 ADD/ADHD 치료제로 미국식품의약국(FDA)에서 확실하게 승인을 받을 것이다.

유사점과 차이점

영재 아동과 ADD/ADHD 아동 두 집단 모두 학교 장면에서 문제를 가지고 있다. 차이점은 ADD/ADHD 아동은 환경과 관계없이 어떤 환경에서도 문제행동을 보인다는 것이다. 두 집단 모두 과제를 완성하거나 제출하는 데 문제가 있을 수 있다. 그러나 ADD/ADHD 아동은 과제를 끝내야 할 것을 잊어버리거나, 지시에 주의를 기울이지 않거나, 또는 부정확하게 완성하거나 미완성인 채로 자리에서 떠나버리거나 잃어버린다. 반면, 영재 아동은 의식적으로 지시대로 과제를 완성하려고 하지 않기로 선택하거나, 단순히 이것을 제출하지 않기로 결정한다. 즉, 영재 아동의 경우에는 선택이 포함된다. 영재 아동은 50개의 수학 문제 중에서 앞의 25개 문제는 건너뛰기로 선택한다면, ADD/ADHD 아동은 종이를 가져오지 않았거나 긴 숙제를 완성할 수 없다. 왜냐하면 ADD/ADHD 아동에게 이것은 즉각적인 결과가 없기 때문이다. 한편, 두 집단 모두 낮은 인내심을 보인다. 그러나 ADD/ADHD 아동에게서 낮은 인내심이 보다 일관되게 나타난다. 특히, 분명하고 즉각적인 결과가 없을 때 더욱 그러하다.

영재 아동은 보통 규칙과 전통에 의문을 제기한다. 특히, 규칙이 이치에 잘 맞지 않을 때 의문을 제기한다. ADD/ADHD 아동은 규칙을 잘 인식하지 못하거나 장애에서 보이는 타고난 충동적인 성향 때문에 규칙과 사회적 관습을 지킬 수가 없다. 다시 강조하면, 영재 아동의 행동은 의식적인 선택에 의한 것이다.

두 집단 모두 또래관계에서 어려움이 있다. 부주의하고 과잉행동/충동성을 가진 ADD/ADHD 아동은 좀 더 공격적이거나(Barkley, 1997) 또래와 조화를 이루지 못하며, 이러한 점들은 사회적인 상호관계에 확실히 부정적인 영향을 준다. 반면에 영재 아동은 다른 아동들에게 강의하듯이 가르치려고 하거나 틀린 점을 고쳐 주거나 자주 말하는 경향 때문에 공격적이라고 지각될 수 있다. 그러나 영재 아동의 관심과 대화의 수준은 또래 아이들과 잘 맞지 않으며, 이에 따라 그들은 또래로부터 자주 거부당한다.

양립할 수 없거나 모순된 특성들

높은 지능의 아동들은 ADD/ADHD의 진단과는 양립할 수 없거나 모순된 행동 특성 목록을 가지고 있으며, 이것은 ADD/ADHD 진단의 정확성에 심각한 의문을 제기하고 있다.

- 정규 교육의 시작과 함께 문제가 처음 생긴다.

• 흥미 있는 과제에는 집중하고, 흥미 없는 과제는 고의적으로 그만두는 선택적인 능력을 보인다.
• 즉각적으로 주어지는 명백한 보상이 없더라도 흥미 있는 과제에서는 도전을 계속하는 강한 집중력을 보인다.
• 과제에 흥미를 느낄 때는 주변 환경을 의식하지 못한다.
• 과제에 흥미가 없을 때는 환경에 의해 쉽게 주의가 흩어지지만, 다른 사람을 방해하지 않으려고 노력한다.
• 들을 때는 반응을 미루지만, 사려 깊은 대답을 한다.
• 고의적으로 과제를 끝마치지 않는다(특히 기계적으로 암기하는 과제).
• 불쑥 말하는 답들이 대체로 맞다.
• 대화를 중단시키는 것은 다른 사람의 실수를 바로잡기 위한 것이다.
• 흥미가 있는 하나의 활동에서 동등한 흥미 수준을 가진 다른 활동으로 쉽게 전환할 수 있다.
• 만약 동기화되었다면 주의력 검사를 통과할 수 있고, 즉시 주의를 이동시킬 수 있다.
• 주의가 흩어진 후나 과제를 포기하고 난 후에는 과제로 빨리 돌아온다.

이러한 요소들과 덧붙여, 샤론 린드(Sharon Lind, 2002)는 「영재 아동을 ADD/ADHD 평가에 의뢰하기에 앞서」라는 훌륭한 글에서 심사숙고해야 하는 15개 항목의 평가 목록을 만들었다. 이 항목들은 SENG 웹사이트(www.sengifted.org)에서 찾아볼 수 있다. 린드가 언급했듯이, ADD/ADHD 평가 의뢰는 먼저 교육환경과 교육과정을 맞추어 보려는 시도를 하지 않고 일반적으로 너무 일찍 이루어진다. 좋은 평가는 그러한 적응의 일부분이 될 수도 있고, 필요한 방향에서 교육제도를 움직이는 추진력이 될 수도 있다. 만약 평가에서 교실환경, 교육계획 그리고 부모 양육을 위한 특별하고도 건설적인 평가 내용을 제공하지 못하면, 그것은 불완전한 평가로 생각해야 한다. 평가는 철저해야 좋은 것이며, 추천 사항은 실용적이고 유용해야 한다.

요 약

ADD/ADHD는 정신건강 전문가에게 아동을 의뢰하는 가장 흔한 이유 중의 하나다. 임상 경험에 기초해 볼 때, 우리의 견해는 ADD/ADHD 진단을 받은 영재아의 절반은 DSM-IV-TR에서 요구하는 중요한 손상을 가지고 있지 않다는 것이다. 반면에 ADD/ADHD를 가진 일부 영재 아동들은 지적 수준이 행동을 보상하여 수년간 ADD/ADHD가 간과될 수도 있다. 우리의 이런 임상적 관찰 내용이 타당해지려면 신중하면서도 믿을 만한 연구가 필요하다.

ADD/ADHD를 진단하는 많은 전통적 시도는 ADD/ADHD와 비슷한 영재 행동을 충분히 고려하고 있지 않다. 전문가들은 부모나 교육자들이 보고하는 행동 평가척도만을 단순하게 보는 경향이 매우 크다. 개인 지능검사, 성취도 검사 그리고 신경심리 검사를 통해 더 나은 평가를 제공할 수 있어야 한다. 평가 전문가는 ADD/ADHD를 가진 영재 아동과 ADD/ADHD를 가지지 않은 영재 아동을 구별하기 위해 다음과 같은 질문들을 고려해야 한다.

- ADD/ADHD 행동이 대부분의 상황에서 또는 사실상 모든 환경에서 나타나는가?
- 거의 모든 상황에서 아동이 수행하는 과제의 질에서 큰 불일치가 있는가?
- 새로운 상황에 익숙해지면 아동의 행동이 유의미하게 변화하는가?
- 구조화된 상황이 주어지면 아동의 행동이 개선되는가?
- 제지를 받으면 아동은 얼마나 빨리 과제로 다시 돌아올 수 있는가, 혹은 과제로 이동할 수 있는가?
- 아동이 긴 시간 동안 조용히 혼자의 활동에 몰두할 수 있는가?

ADD/ADHD의 진단은 아동의 지능과 상황을 고려한 사려 깊고 완전한 평가에 의하여 이루어져야 한다.

제 · 3 · 장

분노 진단

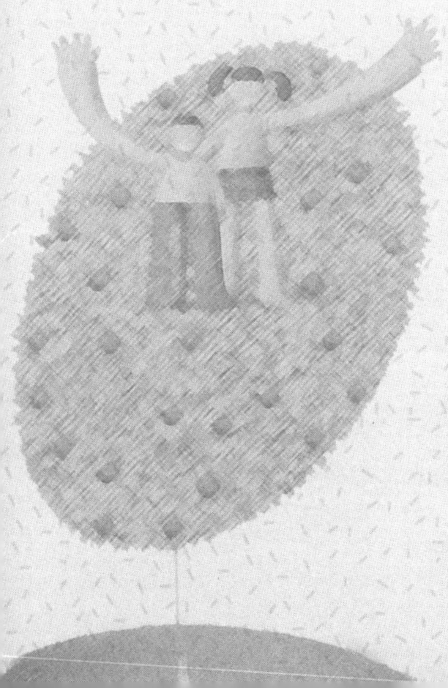

제3장

분노 진단

영재 아동과 분노

대부분의 영재 아동, 특히 고도 영재는 어린 나이 때부터 자신에 대한 강한 감각을 갖고 있으며, 여러 가지 면에서 어른처럼 취급받기를 기대한다. 이런 점이 영재의 강한 의지와 결합하면 문제를 일으킬 수 있으며, 성인이 추구하는 목표와 지향성과는 반대 입장에 놓이게 된다(Maxwell, 1998). 흔히 그들은 '자기 입장을 고수'하며, 부모와 교사 그리고 그 밖의 사람들과 논쟁한다. 그들은 심지어 감정이 상해서 적대적이 되기도 한다. 이미 여러 번 언급했듯이, 영재 아동의 강렬함은 그들이 존재하는 도처에서 나타난다. 화가 나면, 그들은 강하게 화를 낸다. 자신이 옳다고 주장하거나 믿을 때, 그들은 깊게 믿고 강력하게 논쟁한다. 영재 유아의 부모는 가끔 자녀가 다른 아동들보다 훨씬 도를 넘어서 과도하게 강한 떼를 부린다고 기술한다. 영재 자녀의 부모들은 우수하고 강한 의지를 지닌 자녀 때문에 놀라고 걱정하며 혼란을 겪고 겁을 낸다. 교사는 그들이 옳고 그름에 대한 판단력이 있고 단호하며 믿음에 대해서도 굴복하지 않지만, 자신의 감정이 상처받는 것에는 매우 민감한 아동들임을 발견하게 된다.

많은 영재 아동의 분노를 이해하도록 도와주는 금언이 있다. "분노가 있는 곳, 그 밑에는 상처가 있다." 영재 아동의 민감성이 강렬함과 결합되면 상처, 좌절 그리고 분노의 강한 감정으로 이어진다. 분노는 주로 표현되지 못한 고통을 표현할 때 나타난다. 특히 남자 아이들이 고통보다는 분노를 밖으로 드러내고 표현하는 것을 더 수용하기 때문에, 고통을 드러내면 계집애 같다는 말을 듣거나 친구들에게 거절당하거나 잠재적으로 조롱의 대상이 될 수 있다.

대부분의 영재 아동은 집 근처의 공립학교에 다니면서 많은 시간을 보낸다. 그러나 대부분의 공립학교는 같은 나이의 학생이 모인 집단으로, 가격효율성 모델에 입각하여 학생들을 사회에 적합하게 교육시키고 변화시키는 데 초점을 두고 있다. 또한 학교는 다소 지적인 것과는 반대의 환경으로 동일성과 동조성에 초점을 두고 있다(Cross, 2001; Kerr & Cohn, 2001). 그에 따라 동조성과 평범함 그리고 적합성을 성취, 우수함, 창의성보다 더 가치 있는 것으로 여기는 불행한 결과를 낳게 되었다(Webb, 2000). 따라서 실제로 성취를 잘 할 수 있는 아동이 오히려 위협을 받고 있으며, 이러한 종류의 학교는 영재 아동이 탐구하고 배우고 싶어 하는 매우 현실적인 욕구를 짓누르고 있다.[1)]

앞서 언급했듯이, 좀 더 독립적이고 창의적이며 확산적인 사고를 하는 영재 아동은 부모나 교사와의 힘겨루기에 말려든다. 왜냐하면 그들은 비전통적인 아동들로서, 과제를 개선하거나 다르게 하는 것을 즐기기 때문이다. 그들은 사물의 세부적인 사항과 구조를 별로 중요하지 않은 것으로 본다. 교육자와 부모가 이러한 견해를 공유하지 않는 것은 그다지 놀랄 만한 일은 아니다. 대신에 이들은 아동에게 구조화된 순차적인 방법으로 사고하고 행동하도록 요구한다. 이것은 마치 옛날 교육자들이 왼손잡이 아동에게 오른손으로 글씨를 쓰게 하는 것과 비슷하다. 그 결과 갈등은 지속된다.

자말은 매우 어렸을 때부터 늘 강인한 의지를 가진 매우 뛰어난 아동이었다. 자말이 9세 때 여동생이 태어나자 그는 더욱더 강한 마음의 소유자가 되었다. 부모가 그에게 장난감을 집거나 집 주위에 있는 간단하면서도 자질구레한 일들을 하도록 권했을 때, 그는 마치 못 들은 체하거나 그 일을 하더라도 천천히 되는 대로 하곤 했다. 때로는 하지 않겠다고 거절하기도 했으며, 점점 더 반항적이 되어 가고 있었다.

가족심리학자는 부모가 원하는 과제를 자말이 수행했을 때 달력에 스티커를 붙이는 토큰 강화 방법을 사용하도록 부모에게 제안했다. 만일 과제를 수행하지 않으면, 부모는 아이의 침대에서 물건 하나를 치우기로 했다. 부모는 몇 주 동안 자말이 딱 두 개의 스티커만을 모았으며(그것도 그는 바로 잃어버렸다), 그의 방에 있던 장난감, 책, 비디오게임이 모두 다 치워졌음을 알게 되었다.

심리학자는 자말이 적대적 반항장애로 고통받고 있다고 결론을 내렸다. 하지만 부모가 지속만 한다면 그 방법은 효과가 있을 것이라고 확신했다. 그는 부모에게 계속하여 자말의 방에서 의자와 협탁, 침대 그리고 베개를 제거할 것을 권했다. 결국 침대가 거실에 놓이게 되었다. 자말은 자신의 소유물을 되찾기 위해서 스티커를 모아야 했다.

부모가 자말에게 새로운 규칙을 알려 주었을 때, 그는 원칙에 의거하여 자신은 '파시스트 양육 방식에 순종하도록 조정당하거나 강요당하지' 않을 것이라고 반항적으로 말을 되받아쳤다.

부모는 다른 심리학자를 찾았고, 그는 좀 더 효과적이면서 부모와 자말의 관계에 잠재적으로 해를 끼치지 않는 양육 접근 방법과 전략을 실행하도록 도움을 주었다.

부모와 교사는, 아동으로 하여금 적대적인 행동이 얼마나 비싼 대가를 치러야 하는지를 깨닫도록 도와주고 성인에게 좀 더 수용적인 행동을 하도록 설득하기 위해, 적절한 행동에 대한 스티커나 그 밖의 보상을 주거나 벌을 주는 토큰 강화 방법을 동원해서 아이의 적대적인 행동을 극복하려고 시도한다. 토큰 강화는 매우 우수한 아동에게는 좋은 방법이 아니다. 왜냐하면 어른들이 자신을 교묘하게 다루는 방법임을 알기 때문이다. 오히려 이런 종류의 동기 부여는 우수한 아동으로 하여금 순진한 척하면서 빠져나갈 구멍을 찾게 만든다. 영재 아동은 의지가 강한 아동이기 때문에 그렇게 행동할 타당한 이유를 찾지 못하면, 다른 사람에게 동조하기보다는 힘겨루기로 버틸 것이다. 부모는 토큰 강화가 오히려 문제를 더 일으킨다고 불평한다.

물론 토큰 강화가 전혀 효과가 없다는 이야기는 아니다. 효과가 있다. 그러나 아동, 특히 민감하고 강렬한 아동과의 관계는 유지되어야 한다.

학교 편재화와 부모의 힘겨루기만이 아동에게 상처를 주는 원천은 아니다. 몇몇 연구에 따르면, 영재 아동, 특히 남자 영재 아동은 다르다는 이유 때문에 자주 괴롭힘을 당한다. 예를 들어, 피터슨(Perterson, 2004)은 전국에 걸쳐 실시한 연구에서 8학년 영재 학생의 절반 정도가 괴롭힘을 당한 경험이 있으며, 11%는 반복적인 괴롭힘에 시달렸다고 밝히고 있다. 매체에서는 영재 아동과 영재 성인을 자주 괴짜나 변종처럼 표현하고 있다. 이것은 영재 아동과 영재 성인을 과소평가하는 매우 비열한 짓이다. 사실 우리 사회는 예술에서의 수월성이나 학문 추구보다는 반지성주의에 가치를 두는 것 같다(Allen, 2001; Schroeder-Davis, 1998, 1999). 민감하고 강렬한 젊은이들이 깊은 상처를 입고, 그 결과 분노를 일으키는 것이 이상한 일인가?

영재 아동과 영재 성인 모두가 화를 내지는 않지만, 많은 영재가 화를 낸다. 그들은 자신이 전혀 이해할 수 없거나 가치 없는 상황에 놓여 있음을 발견하곤 한다. 그런데 그 상황은 그들 스스로 다른 사람들이 구축해 놓은 것에 동조하도록 변화하라는 압력을 가하는 상황이며, 그들이 누구인지를 나타내는 특성을 반복적으로 비판하는 상황이다(Clark, 1997; 2001). 영재 아동에게 '정상적인' 삶과 '정상적인' 가정교육을 제공하려는 시도는 기린을 소처럼 행동하게 만들려고 노력하는 것과 같다. 여기에 관여된 사람은 매우 고통스러운 경험을 하게 된다. 영재 아동에게 장기적인 순응을 요구하는 것은 방대한 정신력과 정서적 에너지를 소비하게 만들어 결국 만족스럽지 못한 결과로 끝난다. 커와 콘(Kerr & Cohn, 2001)은 이것을 '일탈 피로(deviance fatigue)'라고 일컫는다. 이들은 사람들이 자신을 다르다거나 정상이 아닌 사람으로 보는 것에 지치고, 그 결과 생기는 상처는 우울로 이어지고, 밖으로는 분노로 표현된다.

또한 많은 문화권에서는 '키 큰 양귀비 증후군(tall poppy syndrome)'이라고 불리는 현상이 있다. 이것은 지적으로 우수한 사람들을 '깎아내리는' 집단 몰아침을 말한다(Geake, 2000, 2004a).

다르다고 지각하는 것을 비난하려는 욕구는 모르는 것에 대한 불안으로부터 온다. 심지어 영재 공동체 안에서도 학생을 위한 특별한 교육 설비를 요청하면, 너무 당당하게 구는 엘리트주의자라고 염려한다. 이와 반대로, 영재 운동선수의 상황은 꽤 다르다. 그들은 전국에서 선발되고, 재능이 덜한 또래와는 구별하여 특별한 장비 일체를 제공받는다. 또한 국가에서 인정하는 사람에게 재능 관련 기술을 개인지도 받고, 다른 지역의 우수한 운동선수들과 대중 앞에서 경쟁하게 된다. 그들은 또한 잘못된 행동이 있어도 관대한 처우를 받을 뿐만 아니라 많은 학업적인 규칙에서도 예외를 적용받는다.

그러나 지적 영재 아동들은 철자 경시대회(spelling bee) 같은 특별한 재능을 강조하는 시합에 나가 경쟁하면, 이중적인 메시지를 받는다. 비록 능력은 칭찬받지만 동시에 독특한 변종 쇼를 보는 것처럼 조롱과 웃음거리에 노출된다. 우수한 아동은 위선에 예민해지며, 대부분의 학문기관이 학업적으로 우수한 영재 아동을 무시하는 반면에 체육 영재는 소중히 여긴다는 점을 관찰하고 눈치채게 된다. 그리고 이러한 곤경은 때로는 고통과 깊은 경멸을 일으킨다(Begin & Gagne, 1994; Kerr & Cohn, 2001).

다행히, 분노의 세기가 강함에도 불구하고 화가 난 영재 아동과 영재 성인 모두가 다 폭력적으로 되지는 않는다(Cross, 2001). 비공식적인 연구들은 있지만, 오늘날 언론은 이러한 문제들을 별로 다루지 않는다. 올렌착과 허버트(Olenchak & Hébert)는 가해자의 몇 %가 영재 아동으로 판별받았는지 또는 지금 돌이켜 보아 영재였을 것으로 판별해 볼 수 있는지를 알아보기 위해 1999년 콜로라도 주의 비극적인 콜럼바인 고등학교의 총기사건을 포함하여 그 이후 미국에서 발생한 50개 이상의 주요 학교폭력 사건을 조사하였다. 그들의 추정에 따르면, 이들 아동의 약 85%가 영재로 판별되었거나 그들의 특성,

검사 점수, 학점 등을 볼 때 지금 시점에서 영재로 판별될 수 있는 아이들이었다. 저자들이 측정상 오류를 범했을 가능성도 있다. 그러나 반 정도가 잘못되었다고 치더라도 폭력 아동의 약 40% 이상이 영재였을 것이다.

커와 콘은 수상받은 그들의 저서 『똑똑한 소년들: 재능, 남성 그리고 의미의 추구(Smart Boys: Talent, Manhood, and the Search for Meaning)』(2001)에서 지적 또는 예술적 추구를 거부하고 대신에 체육활동을 지향하는 '남자다움 코드' 에 대한 영재 소년들의 중압감을 묘사하였다. 그들은 '반사회적 성격이상자 영재, 되살릴 수 있는 반항아, 그 차이점을 어떻게 말할 것인지' 라는 제목의 장에서 분노를 묘사하면서 다음과 같이 결론지었다. "진짜 반사회적 성격이상자인 영재 소년이 존재하긴 하지만, 자기중심적, 남을 교묘하게 조종하기, 반항, 공격 그리고 자기 파괴적인 행동 등의 반사회적 성격이상자 같은 행동을 학습한 영재 소년이 더 많다. 그런데 이런 행동들은 배우지 않을 수도 있었던 행동들이다"(p. 204). "권태, 진정한 정보의 부족, 비웃음 그리고 영재 소년의 진정한 자기 수용의 결여는 반사회적 성격이상자와 같은 행동을 하도록 이끈다"(p. 224). 이러한 사람들을 '유사 반사회적 성격이상자' 라고 부르기도 한다. 즉, 이들은 그런 행동을 나타내긴 하지만 반사회적 성격이상의 핵심 구조를 갖고 있지 않다. 정도를 벗어난 행동을 이러한 방식으로 이해하면, 영재에게 접근하여 그들을 구하는 수단과 희망을 제시해 줄 수 있게 된다.

분노 진단

이 장에서 우리는 분노를 주요소로 하는 진단 몇 가지를 함께 묶어 보았다. 여기에는 적대적 반항장애, 품행장애, 간헐적 폭발장애 그리고 달리 세분화되지 않은 파괴적 행동장애, 자기애적 인격장애 등이 있다. 우리가 잘 아는 영재 아동과 영재 성인에게 이런 진단들이 부정확하게 적용되어 왔다고 우리는 판단한다. 우리는 각 장애가 동반하는 행동 특성과 증상을 간결하게 논의할 것이며, 뒤이어 그러한 오진단을 일으키는 영재 아동과 영재 성인의 행동과의 유사성과 차이점을 언급할 것이다.

12세의 제이슨은 주의력결핍장애(ADD)의 진단 가능성을 평가하기 위해 심리학자에게 의뢰되었다. 부모는 아들이 특히 수학에 뛰어나다는 생각을 했다고 언급했다. 그러나 제이슨은 지난 마지막 4분기 동안 숙제를 하지 않았으며, 수업시간에는 부주의하고 많은 시간 화가 나 있는 것 같다는 교사의 말을 듣고 그의 부모는 좌절했다.

제이슨의 부모의 보고에 따르면, 아들에게 부과된 수학 숙제는 5라는 커다란 숫자를 색칠하는 것이었다. 이것은 제이슨보다 낮은 학년인 4학년 학생에게조차도 수준 낮은 숙제였다. 검사 결과, 제이슨의 IQ는 적어도 145였으며, 심리학자는 학교가 아이에게 선수학습을 고려해 줄 것을 제안했다. 학교는 만족하지 못했으며, 그에게 영재 프로그램이 적격인지를 알아보기 위해 심리학자에게 스탠퍼드-비네 검사 제4판의 전체 양적 부분을 검사하도록 의뢰했다. 제이슨은 3개의 양적 소검사에서 세 문제만 틀렸다. 그의 수학 IQ는 적어도 167이 될 것으로 추정했다. 그러한 제이슨에게 숫자 5를 색칠하는 것이 권태로운 일이라는 것이 놀랄 만한 일인가?

숙제를 하지 않은 이유를 물었을 때, 제이슨은 나쁜 아이가 되길 원치 않았으나 단지 수준이 낮은 숙제는 할 수가 없었다고 눈물을 흘리면서 이야기했다. 그는 학교에서 매일 점점 더 화가 났고, 스스로 화가 나는 자신을 발견했다.

적대적 반항장애

영재 아동에게 ADD/ADHD의 오진단 다음으로 가장 흔하게 나오는 오진단이 적대적 반항장애(ODD)인 것 같다. 아동이 거의 매일 여러 상황에서 분노와 심한 힘겨루기를 나타내면, 이 진단이 내려진다. 오늘날 많은 아동들은 화를 잘 내고, 특히 청소년들은 더욱 화를 잘 낸다. 그러나 확실하게 적대적이거나 반항적인 아동이라고 해서 모두 다 영재는 아니다. 또한 적대적이고 반항적인 아동이라고 모두 다 이 진단 기준에 부합하는 것은 아니다. 오히려 영재 아동들과는 힘겨루기 싸움에 말려들어 가기 쉬우며, 그러한 힘겨루기 싸움을 적절하게 다루어 주지 못하면 진짜로 적대적 반항장애가 될 수 있다고 경험 있는 많은 부모와 교사는 언급하고 있다. 장애가 되는 행동을 유발하는 사람이 부모나 기관임에도 불구하고, 적대적이고 반항적이라는 명명을 받는 것은 기관이나 부모가 아니라 오히려 아이들이다.

DSM-IV-TR에서 설명하는 적대적 반항장애의 진단 기준은 〈표 3-1〉과 같다.

〈표 3-1〉 적대적 반항장애(ODD)의 진단 기준

A. 다음 중 적어도 4개 이상의 부정적, 적대적 그리고 반항적 행동이 적어도 6개월 이상 지속되는 경우다.

(1) 자주 심하게 화를 낸다.
(2) 자주 성인들과 논쟁한다.
(3) 자주 성인들의 요구나 규칙에 대하여 적극적으로 도전하거나 거절한다.
(4) 자주 고의적으로 다른 사람들을 괴롭힌다.
(5) 자주 자신의 실수나 잘못된 행동을 다른 사람의 탓으로 돌린다.
(6) 자주 다른 사람에 의해 기분이 상하거나 쉽게 짜증을 낸다.
(7) 자주 분개하거나 원망한다.
(8) 자주 악의를 품거나 원한을 품는다.

B. 이러한 행동상의 문제로 사회, 학습 또는 직업 기능에서 심각한 장애가 초래된다.
C. 이러한 행동들이 정신병적 상태나 기분장애에 동반된 것이어서는 안 된다.
D. 진단 기준이 품행장애의 진단 기준에 부합되지 않으며, 18세가 지난 경우에는 진단 기준이 반사회적 인격장애의 진단기준에 부합되지 않는다.

출처: DSM-IV-TR, Copyright 2000. APA, p. 102.

DSM-IV-TR에 따르면, 적대적 반항장애는 8세 이하의 어린 아동에게서 흔히 보이는 장애로 청소년기 이후에는 거의 시작되지 않는다. 적대적인 증상들은 처음에는 가정에서 나타나기 시작하고, 전형적으로 시간이 지나면서 점점 더 증가한다.

영재 아동의 적대적 행동

영재 아동은 이상적인 것에 깊게 빠지는 경향이 있다. 그들은 이상과의 일치에 실패한 다른 사람과 자신에게 격분한다. 또한 일반적으로 다른 사람을 비난하는 일은 느리고 자신을 비난하는 일은 빠르다. 모든 아동은 자기중심적인 경향이 있어서 자신을 원인이나 비난의 원천으로 바라보는 경향이 있다. 그러나 우수한 아동은 스스로를 더 많이 비난한다. 그들의 격분은 가끔 확신이 부족해서라기보다는 확신에 의해 촉발된다. 가끔 적대적인 행동이 주목받지만, 그들의 논쟁은 도덕적, 윤리적 또는 사회적 쟁점의 중심에 있는 경향이 있다. 그들은 사고에서 흑백논리를 사용하기도 하고 무례하고 건방진 모습을 보이기도 하지만, 완고함 뒤에 있는 추진력은 그들이 선망하는 그 무엇에 신실하려고 시도하는 것이다.

적대적인 아동은 말론 브란도(Marlon Brando) 학파의 반항을 추종하는 경향이 있다. 그들은 요청을 받거나 자신을 불편하게 만들거나 책임을 지도록 요구하면 이에 반항한다. 만일 사회적으로 우아하게 다가가는 것이 더 효과가 있음을 알게 되면, 적대적이거나 논쟁적인 영재 아동은 재빨리 이런 행동을 수정한다. 이러한 현실은 영재 아동을 다루기 위한 접근점을 제공해 준다. 즉, 부모나 교사는 가능한 한 아동의 적대적인 행동에 얽히지 말고 옆으로 비켜 가는 시도를 해야 한다. 한번 얽히게 되면 실제 논점을 잃어버리게 된다. 그리고 아동은 힘겨루기나 2차적인 행동을 보이면서 산만해진다.

또한 영재 아동은 신체적으로 다른 사람들을 해치기 위하여 잔인한 힘을 사용하는 것보다도 다른 사람을 경시하거나 조롱하기 위해 지능을 사용하는 것이 더 이상 받아들여질 수 없다는 공감에 호소를 하면 잘 반응한다. 대부분 영재 아동의 분노와 적대적인 행동 밑바탕에 깔린 느낌은 '아무도 나를 이해해 주지 않는다'는 것이며 그것이 바로 분노의 뿌리가 된다.

영재 아동은 사회적인 상황 및 외부 세계의 불평등을 인식하려는 성향이 많다. 그러나 아직 아동이기 때문에 만나는 상황을 효과적으로 대처하기 위한 통찰이나 경험은 별로 없다. 영재 아동의 분노에 얽히지 않으려고 노력하면, 좀 더 상처를 주는 원인을 피할 수 있다.

그리고 좋은 이미지를 유지하면서, 그들에게 통찰과 자기 인식을 통합해 나가는 '자유재량권' 을 제공할 수 있게 된다.

양립할 수 없거나 모순된 특성들

높은 지능의 아동들은 적대적 반항장애의 진단과는 양립할 수 없거나 모순된 행동 특성 목록을 가지고 있다. 이것은 적대적 반항장애 진단의 정확성에 심각한 의문을 제기한다.

- 반항이 하나의 상황에 국한되어 있다(예, 학교나 어느 특정 교사).
- 대다수의 성인에게는 반항하지 않는다.
- 성인들과 효율적으로 토론한다. 토론을 허락하면 박식한 태도로 주제를 논쟁한다.
- 사람을 비의도적으로 무시하거나 괴롭힌다. 그리고 그렇게 하고 있음을 인식하지 못한다.
- 다른 사람의 감정을 염려하고 동정심을 보인다.
- 환경 자극에 방해를 받는다(소리, 빛 등).
- 종종 괴롭힘과 놀림의 대상이 되어 왔다.
- 지나치게 민감하거나 지나치게 이상주의적인 점 때문에 종종 비판을 받는다.

레비는 10세의 소년이다. 그는 또래들로부터 놀림을 받거나 좌절하거나 활동에 몰두하고 있을 때 방해를 받으면, 사소한 일로도 학교에서 언어적 분노 폭발을 보인다. 분노 폭발 반응 때문에 그는 학교나 운동장에서 집으로 돌려 보내지기도 했으며, '타임 아웃' 을 받기도 했다. 집에서는 그에게 '막대기로 나무를 때리도록' 했고, 그것은 그를 진정시키는 데 도움이 되는 것 같았다.

레비의 부모는 비교적 일관성 있는 양육을 해 왔지만, 아이를 직면하지 않고 좌절을 벗어나거나 갈등을 피하기 위해 때때로 아이를 때리기도 했음을 인정했다. 부모는 레비가 예의 바른 아이이며 학교 상황이 아닌 곳에서는 어른들과 잘 지낸다고 했다. 그리고 그가 1학년 때 지우개와 머리핀 등을 훔쳤던 사건을 떠올리기도 했다.

레비는 야구 배트를 들고 급우를 쫓아간 사건으로 결국 퇴학을 당하고 소아과에 의뢰되었다. 그는 그 사건에 대해 길고 분명하게 설명을 했으며, 몇 가지 자신이 겪은 사건도 포함하여 이야기했다. 그리고 "점심 도시락을 가지러 갔을 때 엄마가 문을 잠그고 나가는 바람에 학교에 지각을 했다."라는 설명에서 그의 표현은 절정에 달했다. 그는 동물을 못살게 굴거나 죽이는 일은 없었다. 사실 그는 개나 고양을 매우 좋아했으며, 집 잃은 동물들을 돌봐 주기 위해 집으로 데려오곤 했다. 그는 결코 방화를 한 적도 없었다. 그의 신체검사와 EEG 검사에서 주목할 만한 소견은 없었으며, 약물검사에서도 음성반응을 보였다.

레비는 그 지역에서 개업한 심리학자에게 의뢰되었다. 이 음울한 소년은 레고를 보자 갑자기 자신을 드러내기 시작했다. 레고를 만들면서 자기 행동을 후회하는 표현을 했다. 그러나 그는 스스로를 통제할 수가 없다고 말했다. 그는 친구도 없었고 계속 놀림과 '실제로 짓궂은 장난'을 받아 왔으며, 이를 무시하려고 해도 할 수 없었다고 했다. 그는 자신이 계속 모욕을 받고 부당한 취급을 받아 왔으며, 학교생활을 하는 동안 자신을 지켜 나가야 한다고 느꼈다. 스탠퍼드-비네 검사에서 그의 IQ는 160이었으며, 시공간 능력에서 매우 뛰어난 점수를 보여 주었다. 행동이 일어났던 전후 맥락을 탐색하지 않았다면, 레비는 적대적 반항장애나 품행장애로 쉽게 오진단을 받았을 것이다.

품행장애

DSM-IV-TR에는 두 가지 종류의 품행장애가 있다. 하나는 소아기 발병형으로, 10세 이전의 어린 아동에게서 처음 나타난다. 이들은 또래관계를 방해하고 다른 아동을 신체적으로 공격하며, 이전에 적대적 반항장애로 진단받은 남자아이들에게서 주로 나타난다.

다른 하나는 청소년기 발병형으로, 10세 이후에 시작한다. 이들은 덜 공격적이고, 일반적으로 또래관계가 괜찮으며, 예후도 좋은 편이다.

품행장애는 분노가 증가하고 분노 조절이 감소하면서 이전의 적대적 반항장애로부터 이행되어 나타나기도 한다. 적대적 반항장애는 정상 행동의 연장 범주로 보기보다는 경미한 형태의 품행장애로 이해하는 것이 가장 최선일 수 있다(Christophersen & Mortweet, 2001). 품행장애의 결과로 나타나는 분노는 참을 수 없는 좌절과 이해의 부족이 수년 동안 쌓여 있다가 서서히 뿜어져 나오는 강화된 감정이다. 품행장애를 가진 사람은 전형적으로 이타적인 관심이나 다른 사람에게 하는 행동의 결과에 대한 공감 능력이 거의 없으며, 처벌을 피하려는 경우를 제외하고는 죄의식이나 후회하는 일도 부족하다.

어린 아동의 경우, 품행장애는 적대적 반항장애의 문제들을 함께 갖고 있으며, 여기에 다른 아동과 동물을 향한 잔인성이 추가로 포함된다. 약한 대상들은 이러한 아동이 학대하기 좋은 목표가 된다. 그 과정이 지속되면, 품행장애 아동은 다른 사람의 권리를 심하게 침범하게 된다(도벽, 조종, 다른 사람에 대한 공격, 재산 파괴, 젊은 성인이 데이트 상대를 성적으로 착취하는 행동 등). 이러한 아동들은 차를 훔치거나 강도 행위와 같은 '성인' 범죄에도 가끔은 참여하게 되는데, 이러한 행동은 아동의 약 3% 정도에서 보고되고 있다(Vitiello & Jensen, 1995).

무단결석과 같은 행동은 매우 흔한 행동으로 그들에게는 별로 심각한 것이 아니다. 대부분의 아동은 적어도 한 번쯤은 수업을 빼먹는다(Vitiello & Jensen, 1995). 이것은 정상적인 나쁜 행동과 적대적 반항장애나 품행장애의 행동을 구분할 수 있는 행동 방식일 뿐이다. 파괴적인 행동이 없다면 품행장애의 진단 기준에 부합하지 않는다.

많은 품행장애 아동은 대인관계에서의 불신 가능성과 반사회적인 폭발 행동을 증가시키는 양육 방법인, 거칠고 비일관적인 처벌을 받은 경험을 갖고 있다. DSM-IV-TR에 설명된 두 종류의 품행장애(소아기 발병형과 청소년기 발병형)는 심각성의 정도에 따라 경도(예, 거짓말, 무단결석, 허락 없이 외출), 중도(예, 공공시설 파괴), 또는 최중도(예, 신체적 잔인성, 깨뜨리고 침입하기, 강제적인 성행위)로 분류할 수 있다. 특히 젊은 영재들의 분노와 연결된 품행장애의 두 가지 예로는 학교나 회사 컴퓨터를 무단 해킹하거나 웹사이트에 바이러스를 유포시키는 것이 있다.

DSM-IV-TR에서 설명하는 품행장애의 특징과 진단 기준은 〈표 3-2〉와 같다.

〈표 3-2〉 품행장애의 진단 기준

A. 다른 사람의 기본권 침해 또는 연령에 적합한 사회규범이나 규칙 위반과 같은 행동 양상이 반복적이고 지속적으로 다음 중 3개(또는 그 이상) 항목에서 지난 12개월 동안 나타나고, 적어도 한 가지 항목은 지난 6개월 동안 나타난다.

〈사람과 동물에 대해 공격〉

(1) 자주 다른 사람을 괴롭히거나 위협하거나 협박한다.
(2) 신체적인 싸움을 자주 건다.
(3) 다른 사람에게 심각한 신체적 피해를 입힐 수 있는 무기를 사용해 왔다(예, 방망이, 벽돌, 깨진 병, 칼, 총).
(4) 사람들을 신체적으로 잔혹하게 대해 왔다.
(5) 동물들을 신체적으로 잔혹하게 대해 왔다.
(6) 피해자와의 대면 상태에서 물건을 훔쳐 왔다(예, 노상 강도, 지갑 날치기,

강탈, 무장 강도).
(7) 다른 사람에게 성행위를 강요해 왔다.

〈재산 파괴〉
(8) 심각한 손상을 입히려는 의도로 고의적으로 불을 질러 왔다.
(9) 다른 사람의 재산을 고의적으로 파괴해 왔다(방화 제외).

〈사기 또는 도둑질〉
(10) 다른 사람의 가옥, 건물 또는 자동차를 파괴해 왔다.
(11) 흔히 물건이나 호감을 얻거나 의무를 피할 목적으로 거짓말을 한다(즉, 다른 사람을 '속인다').
(12) 피해자와 대면하지 않은 상황에서 귀중품을 훔쳐 왔다(예, 가게 좀도둑질, 그러나 파괴와 침입은 없음, 문서 위조).

〈심각한 규칙 위반〉
(13) 만 13세 이전부터 부모의 금지에도 불구하고 밤늦게까지 집에 들어오지 않는 일이 잦다.
(14) 친부모 또는 양부모와 같이 사는 동안 밤에 적어도 2회 가출을 하곤 하였다(또는 오랫동안 돌아오지 않은 일이 1회 있음).
(15) 만 13세 이전부터 자주 무단으로 결석한다.

B. 행동장애가 사회, 학업 또는 직업 기능에 임상적으로 심각한 손상을 초래한다.
C. 만 18세 이상인 경우, 반사회적 인격장애의 기준에 부합되지 않는다.

출처: DSM-IV-TR, copyright 2000. APA, pp. 98-99.

양립할 수 없거나 모순된 특성들

높은 지능의 아동들은 품행장애의 진단과는 양립할 수 없거나 모순된 행동 특성 목록을 가지고 있으며, 이것은 품행장애 진단의 정확성에 심각한 의문을 제기하고 있다.

- 위협하지는 않고, 또래와 성인에게 언어로 겁을 주는 것
- 다른 사람의 물건이 아니라 자기 소유의 물건(특히 자기가 만든 것)을 고의로 망가뜨리는 것

• 다른 사람에게는 별로 가치 없는 것을 훔치는 것
• 능동적 또는 수동적으로 이유가 있어서 학교를 회피하는 것
• 불편한 상황을 피하기 위해 조종하는 것
• 학교 '모둠' 프로젝트를 수행하는 과정에서 더 나은 결과를 얻기 위해 다른 사람을 조종하는 것
• 같은 나이 또래에게는 인기가 별로 없음
• 동물을 사랑함
• 화나게 했을 때만 싸움을 함
• 괴롭히고 놀림을 당하는 대상이 자주 됨
• 다른 사람에 대한 공감 능력을 보여 주며, 자기 때문에 다른 사람이 고통받게 되면 후회함

영재 아동은 '유사 반사회적 성격이상자'의 개념에서 언급한 것과 마찬가지로, '유사 품행장애'를 나타낼 수 있다. 즉, 장애 행동을 드러낼 수는 있지만 진짜 품행장애를 가진 사람이 보이는 특징적인 성질은 갖고 있지 않는 경우다. 품행장애와 유사 품행장애를 구분 지을 수 있는 1차적인 차이는 부적절한 행동이 자기 자신을 보호하는 방패로서 취해지는 것인가에 있다. 유사 품행장애는 올바른 상황하에서는 정서적으로 훨씬 더 이해하기 쉽다.

간헐성 폭발장애

DSM-IV-TR에 따르면, 간헐성 폭발장애(Intermittent Explosive Disorder)는 드물게 나타나며, 처음 발병은 청소년기 후기부터 40세

사이에 나타난다고 한다. 그럼에도 불구하고, 영재 아동에게 적용되어 온 사례가 바로 이 진단이다.

DSM-IV-TR에서 설명하는 간헐성 폭발장애의 특징과 진단 기준은 〈표 3-3〉과 같다.

〈표 3-3〉 간헐성 폭발장애의 진단 기준

A. 공격 충동을 자제하지 못하여 심각한 공격적 행위나 재산 파괴를 초래한 몇 가지 불연속적인 일화

B. 일화 동안 나타나는 공격성의 정도가 전반적으로 촉진적인 심리사회적 스트레스 요인에 비해 심하게 나타난다.

C. 공격적 일화가 다른 정신장애나 약물중독, 또는 의학적 상태에 의해 잘 설명되지 않는다.

출처: DSM-IV-TR, copyright 2000. APA, p. 667.

양립할 수 없거나 모순된 특성들

다음은 높은 지능을 지닌 아동에게서 나타나는 간헐성 폭발장애 진단과 양립할 수 없거나 모순된 행동들이며, 간헐성 폭발장애 진단의 정확성에서 볼 때 적어도 심각한 의문을 제기해야만 한다.

- 14세 이하임
- 긍정적인 느낌을 포함하여 모든 종류의 강한 정서를 보인 기록이 있음
- 일화가 일어날 때 같은 장면에서 소외, 성냄 또는 좌절이 진행되어 온 경력이 있음
- 분노 일화를 일으키지 않는 상황을 포함하여 상황을 초월하는 이상적인 정의감을 강하게 지님
- 분노는 다른 사람이나 이상주의의 방어로 나옴

- 이해할 만한 폭력적인 분노 폭발을 일으키는 사건 경력이 있음
- 격노할 만한 일화를 기억함
- 적절한 기회를 주면 분노의 근원을 논리적으로 설명함(예, 일화가 일어나는 동안이나 일어난 직후보다는 다른 시간이나 다른 장소에서)

14세 이전의 아동들은 어느 정도 충동적이고 어리석은 선택을 하는 것이 정상이다. 이런 점 때문에, 예를 들어 운전하는 것이나 군대에 지원하는 것과 같이 어리석은 결정이 돌이킬 수 없는 결과를 낳게 되는 행동으로부터 그들을 보호하는 이유가 된다.

어린 아동이 진짜로 충동조절 장애를 갖고 있다면, 이것이 단독으로 일어나는 일은 거의 없다. 보통 진짜 충동조절 장애라면, 이는 심각한 발달의 지체, 모체 내의 약물이나 중독, 외상적 두뇌 손상 또는 다른 신경학적 이상성과 관련이 있어야 한다. 충동조절 장애 진단은 소아신경학자의 평가를 포함하여 철저한 평가 절차를 통해 매우 조심스럽게 내려야 한다.

달리 세분화되지 않는 파괴적 행동장애

화내는 행동이 어느 진단 범주에도 맞지 않을 때, 보통 '모든 것을 포괄하는' 진단으로, 달리 세분화되지 않는(Not Otherwise Specified) 파괴적 행동장애 진단을 내린다. 이 진단은 일반적으로 화와 파괴적인 행동이 있지만 그것이 심하지 않고, 만일 있다고 하더라도 이해할 만한 경우에 전문가가 내린다. DSM-IV-TR에 따르면, 이 진단 범주는 품행장애나 적대적 반항장애의 특징을 갖고 있지만, 그러한 행동들이 이 두 가지 장애의 진단 기준에 완전히 부합하지 않은 경

우에 사용된다. 핵심적으로 말하면, 문제가 있지만 진단 임상가가 정확하게 무엇인지를 확신할 수 없다는 것이다. 행동이 특정한 진단 범주에 명확하게 들어맞지 않지만 개인에게는 분명하게 문제가 된다는 판단을 내리는 것이다.

양립할 수 없거나 모순된 특성들

이 진단을 내리는 데 양립할 수 없거나 모순된 행동들은 분노 진단에서와 같다. 앞서 언급했듯이, 진짜 파괴적인 행동장애는 주로 신경학적인 손상과 관련이 있다.

자기애적 인격장애

나르시시즘은 양성과 악성의 두 가지 형태를 취한다(Kernberg, 1993). 양성 나르시시즘은 정상 발달 특성이라는 것을 파악하는 것이 중요하다. 사람이 성장하고 성숙해 가면서, 유아기의 나르시시즘은 공감하기를 거쳐서 궁극적으로는 무아지경(selflessness)으로 발달해 간다. 그렇기 때문에 이 진단을 모든 어린 아동에게 적용해서는 안 된다. 이러한 발달과업에서의 진보율과 양은 다양하다. 영재의 비동시성 발달은 어떤 면에서는 이러한 진보를 가속화시킨다. 그러나 또 다른 면에서는 공감과 무아지경의 발달 속도는 늦는 듯하다.

앞서 언급한 분노 진단과 자기애적 인격장애를 하나의 집단으로 분류하는 것이 이상할 수 있다. 그러나 자기애적 인격장애를 가진 사람은 만성적으로 화를 내는 사람들을 거부하고 방자한 태도를 보이며, 도전을 받으면 상당히 화를 낸다. 영재 아동에게 자기애적 인격장애의 진단이 내려지는 경우는 거의 드물지만, 영재 성인에게는 종종 나타난다.

그러나 오만한 영재 아동을 전혀 만나본 적이 없다는 뜻은 아니다. 우리는 그러한 영재 아동을 많이 만났다. 그러나 나르시시즘은 심각한 정신장애이며, 오만함보다 훨씬 더 사회성을 손상시킨다. 우리의 견해로 볼 때, 그러한 진단은 부정확하다. 왜냐하면 자아도취적이고 자기 몰두가 강한 특성들이 얼마 안되는 손상은 일으키기는 하지만, 사실 이것은 압도되는 환경에 대처하기 위해 또는 기술이나 능력을 발달시키려는 시도의 본질적인 부분이 되기도 한다. 게다가 자신이 우수하다는 영재 개개인의 저변에 깔린 믿음은 지적인 영역에서 사실 어느 정도 근거를 갖고 있다. 예를 들어, 어려운 과제를 완수해 낼 수 있다는 믿음과 같은 생각을 '건강한 나르시시즘' 이라고 한다.

DSM-IV-TR은 다음과 같이 언급하고 있다. "뛰어난 성공을 거둔 많은 사람은 자기애적이라고 여길 만한 성격 특성을 보인다. 이러한 특성들이 융통적이지 않고 부적응적이며 지속적일 경우, 그리고 심각하게 기능의 손상이나 주관적인 고통을 유발할 경우에만 자기애적 인격장애를 구성한다" (p. 717).

DSM-IV-TR에서 설명하는 자기애적 인격장애의 진단 기준은 〈표 3-4〉와 같다.

자기 자신에 대한 과장된 시각을 다른 사람들이 함께 갖고 있지 않음에도 불구하고, 자기애적 인격장애를 가진 사람은 〈표 3-4〉에 있는 특성들을 나타낸다. 그들은 자신의 성공과 칭찬 그리고 뒤따라올 이득에 관해 많은 시간을 반추하며 보낸다. 그리고 다른 유명하고 성공한 사람들과 비교하여 자신의 순위를 마음속으로 정한다. 이

〈표 3-4〉 자기애적 인격장애의 주요 진단 기준

지나친 과장성(공상 또는 행동에서), 칭찬에 대한 욕구 그리고 공감 능력의 결여와 같은 광범위한 양상이 초기 성인기에 시작되어 다양한 상황에서 다음 중 5개(또는 그 이상) 항목으로 나타난다.

(1) 자신의 중요성에 대해 지나치게 과장된 감이 있다(예, 자신의 성취나 재능을 과장함, 뒷받침될 만한 성취가 없는 상태에서 자신의 뛰어남을 인정받고자 함).
(2) 끝없는 성공, 권력, 탁월성, 아름다움 또는 이상적인 사랑에 대해 공상에 빠진다.
(3) 자신은 '특별'하고 독특해서 다른 특별한 사람들이나 상류층 사람들(또는 기관)만이 자신을 이해할 수 있다고 믿고, 그런 사람들(또는 기관)과만 어울려야 한다고 믿는다.
(4) 과도한 찬사를 요구한다.
(5) 특권의식, 즉 특별대우를 받을 것에 대한 불합리한 기대감이나 그럴 만한 이유가 없는 데도 특별대우나 복종을 바라는 불합리한 기대감을 가진다.
(6) 대인관계가 착취적, 즉 자신의 목적을 달성하기 위해 타인을 이용한다.
(7) 공감 능력이 결여되어 있어서 타인의 감정이나 요구를 인정하거나 확인하려 하지 않는다.
(8) 자주 타인을 질투하거나 타인이 자신을 질투한다고 믿는다.
(9) 거만하고 방자한 행동이나 태도를 보인다.

출처: DSM-IV-TR, copyright 2000. APA, p. 717.

러한 사람들은 자신이 매우 우수하고 특별하며 독특하다고 진짜로 믿게 되며, 비슷하게 특별하거나 높은 위치에 있는 사람들과 자신의 중요성을 반영하는 그런 사람들만이 자신을 이해할 수 있다고 기대한다. 이들은 자신이 가진 과장된 자기상을 지지하지 않는 사람들을 거의 공감하거나 배려하지 않는다.

이들은 과한 칭찬을 요구하는 것뿐만 아니라 자존감이 쉽게 손상되기 때문에 비판이나 성공 결여에 의해 쉽게 상처받고 창피해하며, 침체되고 공허하며 허탈한 느낌을 갖게 된다. 이러한 실패감(자기애의 손상)은 분노로 표현되는데, 분노는 심하게 낮아진 자존감과 자아 강도를 보호하기 위해 사용한다. 그들의 과오는 가족, 또래 및 학교 기관 같은 외부로 투사된다.

악성 나르시시즘은 부서지기 쉬운 성격 특성 때문에 분노 폭발이 자주 나타나며, 미미한 도발에도 폭력 행사를 서슴지 않는다. 자기애적 인격장애는 주로 어린 아동기에 시작해서 시간이 흐를수록 발달하며, 어떠한 종류의 전문적인 중재가 시도되어도 변화에 저항적이라는 특성을 지니고 있다.

영재의 나르시시즘

이미 언급했듯이, 나르시시즘은 많은 건강한 영재의 생활에 근본 요소가 된다. 아이디어나 발명, 지도력 등이 세상에 영향을 끼친다면, 사람은 자기 자신 안에 건강한 나르시시즘이 있음을 믿어야 한다. 세상에서 남다른 차이를 낼 수 있는 능력을 발달시키기 위해서는 실질적으로 많은 양의 시간과 노력이 필요하며, 우리는 그러한 능력을 발달시키는 데 초점을 두어야 한다. 만일 광대한 비전을 가지고 주요 프로젝트를 수행하고자 한다면, 강한 믿음을 갖고 다른 의무나 심지어 다른 사람들까지 무시하면서 그 일에만 초점을 두는 것이 필요하다. 루빈스키와 벤보우(Lubinski & Benbow, 2001)는 사람이 한 분야에서 주요한 영향력을 끼칠 수 있는 특정한 능력을 발달시키려면 '훈련의 한계를 더 앞으로 나아가게' (p. 144) 하여 주당 70시간씩 10년간 일하는 것이 필요한 전제조건이라고 언급하였다.

책을 집필하거나 연구비 제안서를 작성하거나 건축이나 조경을 디자인하거나 예술품을 창조하거나 외과술을 시행하는 사람들은 과제를 준비하고 수행하는 데 헌신적으로 사용하는 시간의 양을 알고 있다. 초점화된 주의집중은 적어도 어느 일정 시간 동안 자기 주변의 사람들과 일을 선택적으로 무시할 필요가 있다. 루빈스키와 벤보우(Lubinski & Benbow, 2001)는 다음과 같이 언급하였다. "진정한 수월성을 얻기 위한 선택에는 비용이 든다. ……(그리고) 또래나 가족과의 친분은 양보해야 한다. 이것은 매우 어려운 선택이다" (p. 77). 다른 사람들은 잠시 동안은 참을 수 있지만, 보통은 영재들을 지나치게 자기 몰두에 빠져 있는 사람, 심지어 자기애적인 사람으로까지 본다. 예를 들어, 우리는 종종 외과의사들을 자기애적인 사람이라고 여긴다. 그러나 다른 사람을 수술하기 위해 가져야 하는 신뢰도 수준을 고려해야 하고, 이들이 외과수술 시 발생할 수 있는 위기를 관리할 수 있다고 믿어야 한다. 외과의사의 뛰어난 자신감은 가끔 오만함으로 잘못 비춰지기도 한다. 그러한 잘못된 귀인 때문에 우리는 이들을 실제로 오만한 사람인 것처럼 잘못 취급한다. 그러나 이들을 잘 이해하지 못하는 주변 사람들의 이런 시각을 바꾸기 위해 할 수 있는 일은 아무것도 없다.

외과의사인 그는 어릴 때 아버지의 정육점에서 동물들을 여러 부분으로 절개해 보았다. 그는 살아 있는 물체의 과학에 사로잡혀 몸이 어떻게 작동하는지 궁금해했다. 그는 자주 폭발적으로 떼를 썼고, 다른 사람에게는 무관심해서 가끔 오해를 받기도 했다. 가족은 그의 독특한 자기 초점화와 생물에 관한 외골수적인 관심을 염려했다. 그럼에도 불구하고 그는 학교에서 인기 많은 학생이었으며, 가까운 친구도 몇몇 있었는데 모두 성적이 뛰어났다.

몇 년 후에 이 우수한 학생은 의과대학을 다니다 집을 방문했고, 집에서 키우는 애완 고양이의 난소를 떼어내기로 결정했다. 그는 고양이에게 한 외과수술이 성공적이었다고 주장했지만, 얼마 되지 않아 그 고양이가 죽었다. 그는 창피해하며 다시 의과대학으로 돌아가 2배 이상의 노력을 기울이며 외과 공부를 했다. 그는 이제 존경받는 매우 뛰어난 일반 외과의사가 되었으며, 자신이 겪은 굴욕을 감사하며 회상하곤 한다. 왜냐하면 그 일이 그에게 중요한 교훈을 주었기 때문이다.

지금 그는 결혼생활에서 아내와 불화를 겪고 있다. 아내는 처음에는 그의 능력과 성공에 반했지만, 지금은 그가 너무 무관심하다고 느낀다. 아내와 자녀는 그의 관심을 좀 더 받고 싶었다. 그럼에도 불구하고 아내는 남편이 여러 가지 새로운 수술법을 개발하여 수많은 사람들의 생명을 구해 주었음을 인정하고 있다. 그리고 그녀는 남편과 함께 휴가를 보내게 되면서 그가 꽤 온정적이고 이해심 많은 사람임을 알게 되었다.

몇몇 책들은 발견한 내용들과 나르시시즘을 뚜렷하게 관련짓지는 않았지만, 주요 과제들 수행하는 데에 자기 몰두가 연관되어 있음을 밝히고 있다. 『유명인의 요람: 700명의 유명한 사람들의 아동기(Cradles of Eminence: The childhoods of More than 700 Eminent Men and Women)』(Goertzel, Goertzel, Goertzel, & Hansen, 2003)라는 책에서는 많은 유명한 사람들이 다른 사람과의 관계에서 심각한 희생을 치르면서도 외골수로 온 힘을 다해 자기 일에만 초점을 맞춰 온 예를 들고 있다. 『똑똑한 소년들: 재능, 남성 그리고 의미의 추구(Smart Boys: Talent, Manhood, and the Search for Meaning)』(Kerr & Cohn, 2001)와 『똑똑한 소녀들: 소녀, 여성 그리고 영재성의 새로운 심리학(Smart Girls: A New Psychology of Girls, Women, and Giftedness)』(Kerr, 1997)(우리나라에서는 『남다른 아이 특별한 여자』로 번역되어 출판됨–역자 주)에서도 똑똑하고 강렬하며 이상적인 남성과 여성이 자기 내부에 초점을 두고 잠재성을 발전시키기 위해 애쓰는 점이 남녀 모두 비슷하게 묘사되어 있다. 플루커와 레비

(Plucker & Levy, 2001)는 이런 문제를 다음과 같이 요약하고 있다. “이러한 희생은 쉽지 않다. 특히 문제가 가족을 갖는 것이나 원하는 삶의 질을 유지하거나 관계를 지속하는 것일 때는 더욱 그러하다. 우리는 사람이 옆을 보지 않고 열심히 자기 일만을 해야 재능을 발전시킬 수 있음을 믿고 싶다. 그러나 현실에서 이것을 적용하기란 그리 간단하지 않다”(p. 76).

영재건 아니건 병리적인 자기애적 인격은 수치심과 욕망 그리고 근본적인 소유감이 어우러져 구성되어 있으며, 저변에 깔린 결핍감을 감추고 있다. 병리적인 자기애는 일반적으로 내적인 공허감을 거만으로 감추며 보상한다(McWilliams, 1994). 자기애적인 사람은 다른 사람의 눈에는 명성을 얻고 있지만, 명성은 현실적이면서도 가치 있는 목표를 대신하고 있다. 그들은 가장 높은 위치에서 학교에 다니고 싶어 하고, 자신에게 잘 맞는지의 여부와는 관계없이 ‘최고로 좋은’ 차를 운전하고 싶어 한다. 자기애적인 사람은 이원법적인 방식으로 다른 사람의 선택을 가치 없게 여기는 경향이 있다. ‘최고’가 있으니까 나머지는 ‘최고가 아닌’ 그 밖의 것이 된다. 그들은 ‘최고가 아닌’ 결과를 참을 수 없다. 또한 실제로 어떤지보다는 어떻게 보이느냐가 더 중요하다.

(비병리적인) 나르시시즘을 가진 영재는 다른 사람의 의견을 무시한 채 자신이 지각한 대로 재능과 능력을 발달시키고 표현하길 추구한다. 영재는 영향을 줄 것 같은 해결책보다는 자신의 필요에 맞는 기발한 해결책을 추구한다. 영재는 자신이 가진 것을 표현하려고 애쓰는 반면, 자기애적 인격장애는 열등감과 자기 약점을 감추려고 애쓴다.

어떤 가정은 자녀가 가진 태도와 흥미는 고려하지 않고 그들에게 높은 지위의 직업만을 택하길 기대하는 부적절한 나르시시즘을 키워 나간다. 어떤 청년은 7세 때 이미 의사, 특히 신경외과나 심장질환 전문의가 되어야 한다는 말을 들었다. 사실 가족들은 그의 형을 잃은 이후에 그가 가족의 상실감을 메울 수 있는 '중복 전문의' 가 될 수 있도록 2개의 전문의 과정을 마치길 기대하였다. 유감스럽게도, 가족 내에 의사 대신에 매우 재능 있는 심리학자가 있는 것을 그의 가족들은 창피해했으며, 결코 만족하지 않았다. 부모가 해야 할 과제는 자녀가 자신이 누구인지를 발견하고 자신의 전문성을 발견하도록 도와주는 일이다.

자기애적 인격장애를 지닌 사람은 주변 사람들에 대한 대본을 갖고 있는 것 같다. 그래서 사람들이 자기 계획대로 움직여 주지 않으면 나쁘게 반응한다. 그들은 다른 사람의 필요와 열망은 그다지 개의치 않는다. 그러나 이러한 방식은 영재 아동과 영재 성인과는 다르다. 그들은 자기 주변사람들이 '원맨쇼' 를 지지하는 구성원이 되길 강요하기보다는 자기와 보조를 맞춰 따라오도록 추진한다.

대부분의 사람은 자신을 비하하는 비판을 받고 소위 전문가들이 '자기애적 상해' 라고 하는 상처를 입게 되면, 자극을 받아 자기애와 유사한 행동을 나타낸다. 특히 자신에게 높은 기대를 거는 사람이 취약하다. "자기애적이지 않은 사람도 자기 정체성과 자신감에 부담을 주는 조건하에서는 거만해지고, 남을 업신여기고, 공허해지며, 이상을 그리게 된다. 의과대학과 심리치료 훈련 프로그램은 성공적이고 자율적인 성인이 자신을 유능하지 않은 아동처럼 느끼도록 만들기로 유명하다. 그러한 상황에서는 자랑하거나, 자기 고집을 세우는 선언을 하거나, 혹평을 하거나, 멘토를 이상화시키는 것과 같은 보상 행동을 기대하게 된다" (McWilliams, 1994). 개인의 경력을 자세하게 조사해 보면, 어려운 상황에서 발생하는 그러한 행동과 자기애적 인격장애는 구분할 수 있다. 만일 이러한 문제행동이 다른 상황에서는 반복적으로 나타나지 않거나 새로운 환경과 연관되어 비교적 새롭게 발달하는 것이라면, 자기애적 인격장애가 아니라고 볼 수 있다.

양립할 수 없거나 모순된 특성들

높은 지능의 아동이나 성인은 자기애적 인격장애의 진단과는 양립할 수 없거나 모순된 행동 특성 목록을 가지고 있다. 다음은 적어도 자기애적 인격장애 진단의 정확성에 심각한 의문을 제기하는 항목들이다.

- 어느 영역에서는 진짜로 유능하다.
- 수월성 영역의 과제에 몰두할 때는(혹은 거의 다) 그것에 과도하게 집중하며, 옆에서 발생하는 다른 것들을 무시한다.
- 부주의하고 무능력한 것을 못 참는다. 아동의 경우에는 때때로 다른 사람의 시도를 견디는 인내력이 없다.
- 다른 사람에게 공감과 동정심을 보이며, 자신의 성취에 관해서는 겸손함을 보인다.
- 지위를 추구하기보다는 특이한 선호 경향성을 방어하는 것으로 보인다.
- 어떤 상황에서는 자기애적 행동을 보이지만 다른 상황에서는 그렇지 않다.
- 자기애적 행동은 비교적 새로운 현상이다.
- 긍정적이고 현실적인 자아존중감을 갖고 있으며, 자기 능력에

대해 진정한 자신감을 강하게 갖고 있다.

- 자기애적 장애를 유발시키는 초기 외상적 애착 문제가 없다.

요 약

가정이나 교육기관에서 영재 아동의 강렬함과 민감성을 이해하지 못하면 분노라는 결과를 낳게 된다. 성인의 경우에도 가정이나 직장에서 자신의 노력을 알아주지 않거나 자신의 진짜 능력이 거절되거나 축소되거나 꺾이게 되면, 이와 비슷한 행동을 보일 수 있다. 관계성이란 아동의 적응력을 높이는 데 가장 중요한 부분이라는 것을 기억하는 것이 중요하다. 그리고 영재 아동은 생득적으로 모든 기발함을 가진 아동이라는 점을 수용하는 일은 이해력을 높이고 긍정적인 상호작용을 증진시키는 긴 여정이 될 것이다. 부모와 정신건강 전문가들은 영재 아동의 속임수에 넘어가지 말아야 하며, 뒤틀린 관계만을 낳는 분노의 힘겨루기에서 벗어나야 한다. 서로 싸우기보다는 함께 흘러가는 것이 골치 아픈 상호작용을 피하도록 도와주는 모토가 된다.

앞서 설명한 분노 진단들은 정신건강 면에서 매우 심각한 문제를 나타내므로 절대 가볍게 여겨서는 안 된다. 영재성을 이해하는 전문가의 유능한 평가만이 오진단이라는 오명을 피하는 길이 된다. 영재성과 연합된 분노와 적대적인 행동은 유능한 평가와 적절한 치료를 통해 다룰 수 있으며, 실질적으로 감소시킬 수 있다.

제 · 4 · 장

사고와 불안장애

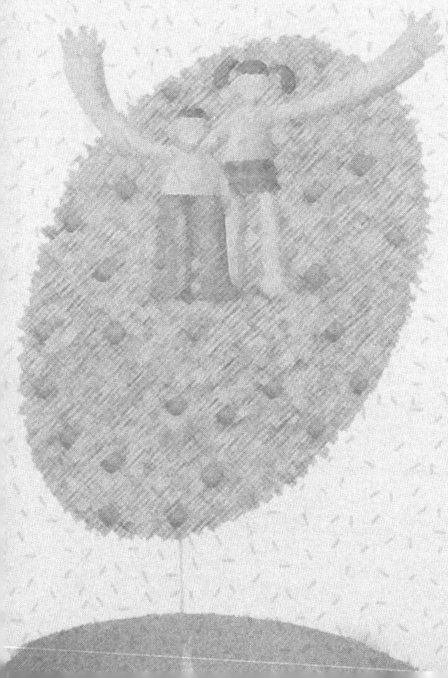

제4장

사고와 불안장애

영재 아동과 영재 성인에게 내리는 또 하나의 부정확한 진단은 불안과 걱정, 또는 사고에 중심을 둔 것들로서, 사람의 마음속에 지적으로 존재하고 있는 것들이다. 강박장애(OCD)나 강박적 인격장애(OCPD)는 불안을 스스로 곰곰이 반추하는 장애로 종종 함께 묶어서 본다. 반면에 분열 인격장애나 분열형 인격장애 같은 경우는 대인관계에 관해 불안해한다. 또 다른 장애인 아스퍼거 장애(또는 아스퍼거 증후군이라고도 한다)는 특정한 사회적 상황이나 예기치 않은 상황에 심각한 불편함과 불안을 느끼기는 하지만, 일반적으로 다량의 비정서적인 주지화된 사고와 깊이 있는 생각을 한다.

동의하지 않는 사람들도 있지만, 이 장에서는 이러한 장애들을 사고와 불안의 문제에 초점을 두고 함께 묶어서 다루고자 한다. 이 장을 통해 이러한 장애들 중 하나 이상을 가진 영재 아동과 영재 성인, 그리고 그렇지 않은 영재 아동과 영재 성인을 비교, 감별하기 위한 가장 최선의 지침을 제공할 수 있을 것으로 믿는다.

이 책의 앞부분에서 언급했듯이, 정확하게 진단을 내리는 일은 장애를 갖고 있거나 아니면 그렇지 않다는 '이것 아니면 저것' 이라는 식의 단순한 결정이 아니다. 때때로 영재성은 장애와 관련이 있으며, 특히 이 장에서 다루는 진단의 경우에는 지적 요소와 사고 요소가 강하게 수반되어 있기 때문에 서로 중복되기도 한다. 영재 아동과 영재 성인은 이러한 장애들 중 하나를 앓고 있을 가능성이 확실히 있다. 게다가 이 장애들 중 어떤 것은 사실 영재 성인에게서 더 잘 일어나는 것 같다.

나는 고도 영재인 십대 청소년의 엄마다. 우리 아이는 18개월 때 심각한 분리불안과 우울증을 앓았었다. 그 당시 나는 가정의 레지던트였으나, 전문의 과정을 그만두어야만 했다. 아주 어린 나이 때 죽음을 인식하면서(금붕어가 죽은 후에) 그로 인해 우리 아이에게 불안이 생겼다고 나는 믿는다. 아이는 상상된 죽음을 피할 방법을 강박적으로 찾곤 했다. 그리고 금붕어의 죽음에서 출발하여 나의 죽음의 가능성까지 모든 것을 확대하여 추측했다.

아이의 극심한 불안과 강박증은 1학년이 될 때까지 수년간 지속되었다. 우리는 이 문제를 어떻게 다루어야 할지를 알기 위해 치료사를 찾아갔으며, 치료사는 아들의 지능이 불안을 심각한 수준까지 만드는 데 기여한 요인이 되었음을 파악했다. 그러나 아이는 비록 점진적이지만 스스로 문제를 해결하는 것 같았다. 처음에 아이는 죽은 사람을 다시 살리는 특수 총과 비행기를 갖고 있는 상상의 친구를 만들었다. 그리고 특정한 장소로 나를 날아가게 했고 죽음 직전에 마술 총으로 나를 쏘았다.

아이는 깨어 있는 거의 모든 시간을 고민하고 걱정하면서 보냈다. 훗날, 아이의 상상의 친구가 죽음으로부터 더 이상 나를 지켜주지 못한다는 것을 깨닫고는 내가 죽는 경우에 누가 엄마가 될 것인지를 결정했다(나는 아이의 엄마로 선택되지 않았다). 그리고 그것이 아이가 죽음의 문제에 대하여 마지막으로 언급한 것이었다.

아이의 이전 소아과 의사, 유아원 교사 그리고 친지들을 포함한 많은 사람들은 어떤 면에서는 내가 아이의 심각한 불안을 야기한다고 비난했다. 그러나 솔직히 나는 그 점을 믿지 않는다.

강박장애

우리는 영재 아동에게 흔한 또 다른 오진단이 강박장애(Obsessive-Compulsive Disorder: OCD)라고 본다. 우리는 강박장애와 지능 간에 중복되는 부분이 있다는 것을 인식하였다. 강박장애는 손상된 지능을 가진 사람들에게는 발견되지 않는다. 이 장애의 본질은 높은 지능의 주요 부분인 사고로부터 일어난다. 그러나 이 장애를 영재 아동에게 적용할 때는 조심스러운 주의가 필요하다. DSM-IV-TR에 따르면, 강박장애가 아동기에 시작될 가능성도 있지만(그러나 거의 불가능하다), 주로 청소년기나 초기 성인기에 시작한다는 것을 기억해야 한다. DSM-IV-TR은 영재성의 기질과 중복되는 것을 거의 인정하고 있지 않기 때문에, 강박장애의 특징적인 행동으로 인해 임상가들이 오진단을 내리게 되는 것 같다.

DSM-IV-TR에서 설명하는 강박장애의 진단 기준은 〈표 4-1〉과 같다.

〈표 4-1〉 강박장애의 주요 진단 기준

A. 강박사고 또는 강박행동

• 강박사고는 다음의 (1), (2), (3) 및 (4)로 정의한다.

(1) 반복적이고 지속적인 사고, 충동 또는 심상이 장해 경과 중 어느 시점에서 침입적이고, 부적절하게 경험되며, 현저한 불안이나 고통을 초래한다.

(2) 사고, 충동 또는 심상이 단순히 실생활 문제에 관해 지나치게 걱정하는 것이 아니다.

(3) 개인은 이러한 사고, 충동 또는 심상을 무시하거나 억압하려고 하며 다른 생각이나 행위로 중화시키려고 한다.

(4) 개인은 강박적 사고, 충동 또는 심상이 자신의 마음의 산물임을 인정한다.

• 강박행동은 다음의 (1)과 (2)로 정의한다.

(1) 반복행동(예, 손씻기, 정돈하기, 확인하기) 또는 정신활동(예, 기도하기, 숫자 세기, 속으로 조용히 단어 반복하기)이 개인의 강박사고에 대한 반응으로 엄격하게 적용되어야 하는 원칙에 따라 수행되어야 한다는 압박감을 동반한다.

(2) 강박행동이나 정신활동이 고통 예방이나 감소 또는 두려운 사건이나 상황 방지 또는 완화를 위한 것이다. 그러나 이런 행동이나 정신활동이 중화나 방지 목적과는 현실적인 방식으로 연결되어 있지 않거나 명백하게 과도하다.

B. 장애의 경과 중 어느 시점에서 강박사고나 강박 행동이 과도하거나 비합리적이라는 점을 인식한다. 주: 이 점은 아동에게 적용되지 않는다.

C. 강박사고나 강박행동이 현저한 고통을 초래하거나, 시간을 소모하며, (하루 1시간 이상) 개인의 정상적인 일상생활이나 직업(또는 학업) 기능 혹은 평소 사회활동이나 관계에 심각하게 지장을 초래한다.

출처: DSM-IV-TR, Copyright 2000. APA, pp. 462-463.

대부분의 아동은 매일 낮과 취침시간에 하는 일상의 일들을 편안하게 느끼지만, 이러한 일들은 주로 하루 중 한 부분으로 한정되어 있거나, 반은 놀이식으로 이루어진다. '엄마가 실망할까 봐' 아동들은 바닥에 그려진 금을 밟는 것을 피한다. 그리고 잘못하여 금이라도 밟으면 나쁜 일이 생길지도 모른다고 걱정한다. 이런 것은 아동기에 일어나는 '주술적 사고' 의 한 부분이다. 아동은 산타 할아버지나 벽장 속에 사는 귀신이 있다고 믿고, 자기 '이불' 이 없으면 잠을 잘 수 없으며, 곰인형의 마음이 다칠까 봐 걱정하기도 한다. 성인에게는 이런 믿음이 병리적일 수 있지만, 아동에게는 발달상 정상적인 것이다.

어린 아동은 자기가 관찰해 오거나 배운 대로, 일이 어떤 특정한 방식으로 일어난다고 믿는다. 아동들이 "이렇게 하는 게 아니야!" 또는 "엄마가 하던 방식이 아니야!"라고 말하는 것을 흔히 들을 수 있다. 아동은 특별한 일상의 과정에 엄격하게 매달리는데, 그것은 발달 과정의 한 부분이다. 아동은 성장하면서 이러한 주술적 사고와 엄격한 발달 패턴 단계를 벗어나 좀 더 현실적인 이해 단계로 발달하게 된다.

믿음이 일상생활을 변형시키고 손상시키는 정도를 볼 때 강박장애 아동은 일반 아동과 다르다. 그들이 하는 강박적인 사고와 행동은 자신이 경험하는 불안에서 벗어나 심리적으로 위안을 얻도록 도와준다. 강박장애 의식과 강박증은 일상생활을 방해하는 전일제 활동이 되어 버린다.

강박장애 아동은 학교에서 집으로 왔던 길을 되돌아간다. 왜냐하면 자신이 지나쳐 온 주차요금기의 수를 잘못 세었기 때문이다. 학교에서는 과제가 적힌 카드나 물건들을 특정한 방식으로 정리하려 한다. 어떤 아동은 자기가 하는 행동의 횟수가 '짝수' 로 대칭을 이루어야 한다고 한다. 한 소년은 어머니가 자기 어깨를 만졌다고 괴로워했다. 그 이유는 어머니가 한쪽 어깨를 만져서 균형이 깨졌다고 느꼈기 때문이다. 그는 이것이 '바보 같다' 는 것을 알지만, 어머니가 자기를 '한쪽으로 기울도록' 내버려 두지 않을 것이라는 것을 확신할 수 없기 때문에 이러한 사실을 비밀로 한 채 어머니가 자기를 포옹하는 것을 피하였다.

이러한 행동들은 영재 아동이 '열정적인 순간' 을 갖고 열심히 참여하는 것과는 질적으로 다르다. 영재 아동의 행동은 목표가 있지만, 강박장애 아동의 강박적 행동은 핵심이 없으며 두려운 사건을 부정하거나 무효로 하려고 한다. 그들의 강박적 행동은 탐구하거나 발달시키는 것 대신에 가능성을 '무효로' 만들도록 디자인된 '창의적이지 않은' 행동이다. 영재들이 활동에 대한 흥미와 즐거움으로 동기가 부여되어 열정을 가지고 활동에 참여하는 것과는 달리, 강박적 행동은 두려움과 불안에 의해 동기화된다. 따라서 '강박적인 영재' 는 강박장애와는 양적으로는 아니라도 질적으로는 다르다.

강박적 인격장애

DSM-IV-TR에 따르면, 강박적 인격장애라고 불리는 기본적인 성격 구조가 있다. 그들은 정리정돈, 완벽주의 그리고 정신 및 대인관계 통제에 집착하느라 융통성이나 개방성 그리고 효율성의 가치를 잃어버리는 사람이다. 어떤 상황에서는 순서, 질 그리고 통제를 중시하는 것이 인정받을 만한 기질이지만, 강박적 인격장애를 가진 사람에게는 극단적으로 건강하지 못한 것으로 보인다. 강박적 인격장애를 가진 사람은 매우 엄격하고, 훈련이 되어 있으며, 질서 정연하고, 괴팍스럽고 완고하며, 지나치게 세심하고, 비판적이며, 흑백논리의 사고자로서 사소한 일을 야단스럽게 따지는 사람으로 묘사된다. 뿐만 아니라 겉으로는 매우 양심적이고, 겸소하며, 강직하고,

다른 사람의 도덕적인 과오나 위반에 집착하는 사람이다. 이러한 행동 경향성은 생득적인 기질적 소인이나 기본적인 성격 구조로 보인다. 이는 일부 완벽주의적인 영재 아동에게서 관찰되는 행동과 매우 유사하다는 점에서 영재성과 중복된다. 그러나 나중에 설명하겠지만, 분명히 주목할 만한 차이도 있다.

DSM-IV-TR에서 설명하는 강박적 인격장애의 진단 기준은 〈표 4-2〉와 같다.

〈표 4-2〉 강박적 인격장애의 진단 기준

정리정돈, 완벽주의 그리고 정신 및 대인관계 통제에 집착하느라 융통성, 개방성 그리고 효율성이 결여된 광범위한 행동 양식이 초기 성인기에 시작되어 다양한 상황에서 다음 중 4개 또는 그 이상의 항목으로 나타난다.

(1) 세부사항, 규칙, 목록, 순서, 조직 또는 일정에 집착한 나머지, 활동의 주요 핵심을 잃어버린다.
(2) 업무 완수에 지장을 초래하는 완벽주의를 보인다(예, 스스로 설정한 지나치게 엄격한 기준에 충족되지 않아 과제를 끝마칠 수 없다).
(3) 지나치게 일과 생산성에 몰두한 나머지, 여가활동과 우정을 나누지 못한다(명백하게 경제적 필요성 때문은 아니다).
(4) 도덕, 윤리 또는 가치관에 관한 문제에 지나치게 양심적이고, 꼼꼼하며, 융통성이 없다(문화적인 또는 종교적인 배경에 의해 설명되지 않는다).
(5) 닳아서 해지거나 무가치한 물건들을 감상적 가치가 없는 경우에도 버리지 못한다.
(6) 타인이 자신의 업무 수행 방식을 그대로 따르지 않으면 타인에게 업무를 위임하거나 함께 일하기를 꺼린다.
(7) 자신과 타인 모두에게 인색한 지출 행태를 보인다. 돈은 미래의 재난에 대비하여 모아 놓아야 하는 것으로 여긴다.
(8) 경직성과 완고함을 보인다.

출처: DSM-IV-TR, Copyright 2000. APA, p. 729.

영재성과의 관련성

수년 동안 임상가들은 강박신경증적 특징을 지닌 사람이 적어도 평균 이상의 지능을 지녔다고 제안해 왔다. 그러나 문헌 탐색 결과, 이러한 관련성을 언급해 주는 연구를 찾지 못했으며, 그동안 영재성 개념과 그것을 관련 짓는 일은 시도도 해 보지 못해 왔다. 그러나 이러한 관련성이 놀랄 만한 일은 아니다. 왜냐하면 몇몇 연구에서(예, Rogers & Silverman, 1997) 영재성과 완벽주의와의 관련성을 언급해 왔기 때문이다. 강박장애나 강박적 인격장애를 지닌 사람은 자기의 부적절성과 완벽하지 못함에 관하여 걱정하고, 그 결과 죄의식이나 불안감을 갖게 된다는 점에서 완벽주의자들이다. 영재와 강박장애나 강박적 인격장애를 지닌 사람은 모두 다 긴장을 완화하고 환경을 통제하기 위해 주지화시키고 그런 방식으로 사고함으로써 자신의 완벽주의, 불안 그리고 죄의식을 관리하려고 시도한다.

영재 아동과 영재 성인은 많은 시간을 생각으로 보낸다. 그들은 특징적으로 선과 악, 공평함, 높은 기준, 세상을 개선하는 일 등의 문제에 관여하는 이상주의자들이다(예, Rogers & Silverman, 1997; Silverman, 2002). 그들은 자신이 어때야 하고 세상이 어때야 하는지에 관해 생각하고 마음속으로 그려 본다. 그러나 사람과 세상에 어떻게 이러한 이상적인 것이 결손되어 있는지도 분명하게 볼 수 있다.

영재 아동은 환경을 더 많이 통제하기 시작하는 매우 어린 나이 때부터 이러한 이상주의를 발달시킨다. 그러나 아직은 개인의 한계를 수용하거나 그것에 맞서지는 못한다. 그들은 거리의 노숙자를 만나면 화가 나고 굶주린 어린 아동을 상상하면서 혼란을 겪는다. 일부 영재 아동들은 세계 도처에서 벌어지는 테러와 살상, 다치고 죽는 사람들을 걱정하느라 잠을 이루지 못하기도 한다. 강박장애와 비슷한 방식으로, 영재 아동은 지속적으로 지나치게 걱정하고 죄의식과 책임감을 느끼곤 한다. 안심하려고 해도 끊임없이 이어지는 괴로운 생각을 경감시키지 못한다. 근심 걱정은 늘 이러한 생각을 동반한다.

불안은 전염된다는 것을 깨닫는 것이 중요하다. 그리고 아동은 부모로부터 불안을 '받는다.' 예를 들어, 아동은 여행을 가서 넘어지면, 주변을 돌아보며 사람들이 어떻게 걱정을 하는지 살펴본다. 만일 걱정을 하는 부모를 보면, 아랫입술을 밖으로 내밀면서 소리 내어 울기 시작한다. 반대로 부모가 안심을 하면, 그들은 살짝 넘어진 것이라고 무시해 버릴 수 있게 된다. 성장의 본질은 부모로부터 점진적으로 벗어나면서 자라는 것을 의미한다. 아동은 어느 정도 늘어나는 좌절에 점점 더 견디기 쉬워질 필요가 있다. 그들은 자율성을 향해 점진적인 단계를 밟아 가도록 격려를 받아야 한다. 자율성에는 다룰 수 있는 작은 좌절이 포함되어 있다. 이것은 '필요할 때 도움을 받으며' 신발 끈을 매려고 시도하는 것에서 시작된다. 아동은 자라나면서 선택을 하고, 도전을 받으며, 위험한 상황에 처하게 된다. 만일 아동기 동안 아무런 도전도 받지 않고 불안을 일으키는 경험도 하지 않는다면, 그들은 독립된 성인이 되기 위한 준비를 하지 못한다.

아동들이 새로운 상황을 만날 때, 심지어 다른 사람의 관점에서 볼 때 그것이 지나치다고 하더라도 불안이 생기는 것은 정당하다. 사람은 불안이 합리적이지 않은지를 결정하기 위해 자신의 척도를 사용하려고 시도할 수 있다. 성인의 눈에는 순한 것처럼 보이는 과제라도 그들의 시각에서는 위협적일 수 있다. 예를 들어, 11세 소녀가 집 안에서 혼자 시간을 보내는 것을 점차 배워 가고 있는데, 그녀는 꽤 불안함을 보이고 있었다. 심리학자는 어릴 때 맞벌이 부모 밑에서 자란 사람이었기 때문에, 처음에는 이 소녀의 불안을 이해하기가 꽤 어려웠다. 왜냐하면 이 소녀는 안전한 시골 지역에서 유아원 때부터 잘 알고 지내는 이웃에게 둘러싸여 살고 있었고, 더욱이 그의 아버지, 어머니 그리고 새어머니까지 모두 다 휴대전화를 가지고 있으며 집에서 가까운 곳에서 일을 하고 계셨기 때문이다. 그러나 그녀에게는 혼자 있는 것만으로도 낯설고 무서운 일이었다. 우리는 대부분 자신의 아동기 때의 모습으로 지금의 아동들을 본다. 그리고 자신의 아동기가 정상적인 잣대가 된다. 이러한 잣대가 얼마가 주관적인지는 거의 상관하지 않는다.

걱정을 감소시키려는 시도로 의식을 행하거나 걱정을 많이 하는 강박장애를 가진 사람은 자신의 사고나 행동이 과하고 타당하지 않음을 깨닫는다. 자신을 매우 바보 같은 사람으로 여기기도 한다. 발모광(강박적으로 머리카락을 잡아당기는 사람)은 심지어 부분 탈모가 될 정도까지 머리카락이나 눈썹, 속눈썹의 털을 문지르거나 뽑는 행동을 한다. 이들은 자신의 신경질적인 습관이 비생산적이지만 결코 멈출 수 없다는 것을 알고 있다.

반면에 영재는 의식을 과하거나 타당하지 않은 것으로 보지 않는다. 그리고 주어진 상황에서 자신의 생각과 행동이 왜 그리고 어떻게 타당하고 합리적이며 적절한지를 기술하여 시나리오를 정교하게 만들 수 있다. 이러한 관점에서 보면, 다른 사람들도 같은 관점으로 바라볼 수 있다. 예를 들어, 기장은 사람들을 태우기 전에 비행기를 체크하는 비행 전 절차를 각 단계별로 엄격하게 밟아 나간다. 그는 동일한 순서로 일을 하며 이 과정이 방해받는 것을 거부한다. 사람들은 대부분 이러한 확인 절차와 같은 의식 절차를 행한다. 영재의 안달하는 행동은 주로 긍정적인 결말로 이어지며, 부정적이거나 비생산적이거나 자기비판적이거나 속죄하는 것은 아니다.

따라서 강박장애와 영재성의 손상 수준은 서로 차이가 있다. 비록 사고나 행동은 유사하지만, 강박장애는 손상되어 기능을 잘 할 수 없다. 그러나 영재는 걱정의 근원이 되는 사회문제나 밑바탕에 깔린 개인적인 특성을 해결하기 위해 과장된 질문을 한다.

DSM-IV-TR은 강박장애 및 강박적 인격장애와 완벽주의 및 섭식장애와의 관계를 구체적으로 언급하고 있다. 그리고 섭식장애는 영재성과 관계가 있다(Neihart, 1999)는 기록도 있다. 데일리와 고메즈(Daily & Gomez, 1979)는 그들의 섭식장애 환자 중 약 90%가 IQ 130 이상이었음을 보고하였으며, 로우랜드(Rowland, 1970)는 30% 이상이 IQ가 120 이상이었음을 발견하였다. 이와 유사하게 블란츠, 데츠너, 래이, 로즈 및 슈미트(Blanz, Detzner, Lay, Rose, & Schmidt, 1997)도 신경성 식욕부진증과 거식증 청소년들이 유의미하게 IQ가 높음을 발견하였다. 그러나 토이즈, 버몬트 및 존스톤(Touyz, Beumont, & Johnston, 1986)은 높은 IQ와 섭식장애의 관련성을 발견하지는 못하였다.

DSM-IV-TR은 또한 강박장애에서 유전적 요소가 존재함을 암시하고 있다. 물론 지능에서도 유전적 요소가 있다. 그러나 이 두 요소가 얼마만큼 서로 얽혀 있는지는 불분명하다.

아스퍼거 장애

아스퍼거 증후군이라고도 불리는 아스퍼거 장애는 원래 60년 전 오스트리아의 소아과 의사인 한스 아스퍼거(Hans Asperger, 1944)

에 의해 기술되었다.[1] 그러나 아스퍼거의 업적은 로나 윙(Lorna Wing, 1981)이 영어권 국가에서 비슷한 내용을 출판하기까지 거의 관심을 받지 못했으며, 출판과 함께 아스퍼거 진단을 규명하기 위해 많은 관심과 연구가 이루어졌다. 아스퍼거 장애가 하나의 온전한 장애인지, 아니면 자폐증의 변형인지에 대해서는 오늘날까지도 의견이 일치하지 않는다. DSM-IV-TR에서 아스퍼거 장애의 기준을 제시하고는 있지만, 실질적으로 전문가들은 그 특징을 다양하게 규명하고 있다(Lovecky, 2004).

전문가들 사이의 불일치에도 불구하고, 지난 10년 동안 아스퍼거 장애는 점점 더 자주 진단되고 있으며, 이제는 '고기능 자폐' 라고 불렸던 것을 기술하는 데도 사용되고 있다. 유감스럽게도, 선의의(그러나 지식이 없는) 임상가들도 사회적으로 서투르고, 대인관계의 단서를 읽는 데 어려움이 있거나, 사회적 상황에 초연해 보이는 사람에게 가끔 그 명칭을 부여하곤 하였다. 실제로 아스퍼거 장애는 그 장애로 영향을 받는 사람들에게 심각한 손상 조건이 되고 있다. 따라서 단순히 서투르거나, 자기중심적이거나, 사회적 상황이 좋지 않은 사람들에게는 적절한 명칭이 아니다. 그러나 사회적 단서를 읽지 못하고 반응하지 못하는 사람을 비약해서 아스퍼거 장애로 진단하는 경향이 있다.

DSM-IV-TR에 따르면, 아스퍼거 장애의 주요 특징은 다음과 같다. "(기준 A) 사회적 상호관계에서 심각하고 지속적인 손상, (기준 B) 제한되고 반복적이며 상동적인 형태의 행동, 관심, 활동의 발달, (기준 C) 사회적이거나 직업적이거나 또는 기타 중요한 기능 영역에서 임상적으로 심각한 손상을 초래해야 한다"(APA, 2000: 80).

자폐적 특성을 가진 대부분의 사람들이 사고 및 학습 능력과 지능에서 주요한 손상이 있는 반면, 아스퍼거 장애는 전형적으로 그러한 문제를 갖고 있지 않다. 이들은 능력상 심각한 불균형 발달을 보이지만, 지능이나 학업성취 검사에서 꽤 높은 점수를 얻기도 하고, 때때로 IQ가 140이 넘기도 하며, 특히 언어 과제와 주로 기억에 의존하는 검사에서 수행을 잘한다. 기억력을 강조하는 구조화된 학업 교과에서는 그들의 강점이 잘 발휘되는데, 특히 그들의 한계를 고려하여 수정을 해 주면 더욱 잘한다. 영재로 판별되면, 수행에 도움이 되는 개별화된 수업과 같은 특별한 교육적 조치를 받을 수 있다.

아스퍼거 장애는 자폐와 같이 대인관계에서 극도의 어려움을 보인다. 공감력이 부족하며, 사회적인 단서와 느낌(nuances)을 읽고 해석하는 능력이 부족하다.[2] 그들은 틀에 박힌 일과와 구조를 강하게 선호하며, 의식에 매료되어 때로는 대인관계에 영향을 주는 강박사고와 강박행동[3]을 하기도 한다. 그들의 관심은 다소 비밀스럽고 우리에게는 별로 알려지지 않은 것들이다. 예를 들어, 어느 한 아동은 깊고 두꺼운 튀김기에 집착하여, 패스트푸드점의 주방을 방문해서 그들이 사용하는 모델을 보고 싶어 한다. 그는 각 제조회사의 연혁과 공장의 소재지를 알고 있었다. 또 다른 아동은 세탁기에 집착하였다. 그런 집착은 우수한 아동들이 공상과학 소설이나 마술카드를 갖고 살다시피 하거나 '지하감옥 드래곤(Dungeons and Dragons)'이라는 3D 게임을 탐닉하는 것과는 질적으로 다르다. 영재들은 자기와 비슷한 마음을 가진 친구들이 모인 공동체를 찾고자 한다. 그러나 튀김기에 집착하는 아동은 이런 열정을 가진 다른 사람을 전혀 찾지 않는다.

아스퍼거 장애는 추상적인 것이 아니라 구체적인 것과 연관 짓는다. 그들은 하나의 상황을 다른 상황으로 일반화시키지 못한다. 학습은 1차적으로 사실을 기억하는 형태로 이루어지며, 구체적인 방향이나 도움 없이는 의미 있고 창의적인 다른 방식으로 전혀 적용할 수 없다. 또한 추상적인 개념을 포착하지 못하며, 언급된 말을 그대로 받아들이기 때문에 비유적인 말을 이해하기 어려워한다. '나의 다른 생애에서' 라든지 '머리를 벽에 찧는' 이라는 말을 매우 의아해한다. '식물에 물을 준다' 라는 말을 들으면, 살아 있는 것뿐만 아니라 조화에도 물을 주어야 한다는 의미로 받아들인다. 이러한 사고의 구체성이 그들을 다르게 만들고 공감 능력을 결여시킨다고 본다.

콜린은 시카고 시내의 사무실에서 검사를 받기로 약속되어 있었다. 그는 12세의 남자아이로 아스퍼거 장애가 의심되었다. 콜린은 단조로운 목소리로 말을 하고, 단어 철자에서는 영재성을 보이기도 하며, 시카고의 L-기차의 스케줄을 학습하길 좋아한다. 그러나 감각체계를 압도하는 소음과 움직임 때문에 기차를 탈 수는 없었다. 그는 학교에서 또래와 잘 어울리지 못하며, 또래 집단 내에서 '사각형 말뚝(부적격자-역자 주)' 으로 알려졌다. 그는 지적으로 뛰어나지만 또래들이 왜 자신의 지식을 함께 즐거워하지 않고 자기를 놀리는지 이해할 수 없었다. "내가 너무 똑똑해서 끼워 주지 않는 거야. 이것은 말도 안 돼."라고 그는 말했다.

콜린의 아버지는 콜린이 기타 치는 법을 매우 빨리 익혔는데, 기술은 좋지만 그냥 '밋밋하게' 연주한다고 했다. 그는 음악이 지닌 영혼을 담은 표현과 느낌이 전혀 없이 그냥 연주한다는 것이다. 콜린은 자신이 기타로 블루스를 연주할 수 있다는 것을 또래들이 인정하지 않는다고 생각했다. "내 기억이 훨씬 더 중요하고 재미있어."라고 그는 말했다.

콜린이 시카고에 있는 심리학자 사무실로 걸어 들어갈 때, 그의 부모는 멋진 빌딩을 올려다보며 감상하도록 했다. 그러나 콜린은 땅바닥만 내려다봤다. 왜냐하면 빌딩을 올려다보면 현기증이 나기 때문이다. 평가 결과, 콜린은 다른 사람과의 관계성 부족, 제한된 공감 능력 그리고 일반화 능력 부족 등을 보이는 것으로 나왔으며, 아스퍼거 장애임이 확인되었다.

아스퍼거 장애의 구체적인 예로 변화에 반응하기 어렵다는 것을 들 수 있다. 아스퍼거 장애를 연구하는 오스트레일리아의 한 학자는 환자와의 약속 스케줄을 매주 같은 날 같은 시간에 잡는다고 한다. 다른 시간에 약속을 잡으면 빛과 그림자가 안마당에 비치는 모습이 매일 다른 모양으로 나타나서 그들은 지남력을 상실하게 되고, 따라서 그의 사무실을 찾지 못하기 때문이다. 아스퍼거 장애에게 다르지 않다는 것은 사소한 일이지만, 다르다는 것은 그 상황이 새로운 상황이라는 것을 의미한다(Snyder, 2004).

아스퍼거 진단 평가 영역은 주로 아동의 인지 능력, 공감 능력 그리고 다른 사람에 대한 고려이며, 이는 단순히 사회적 관계 기술이 나쁜 아동과는 다르다. 아스퍼거 장애를 가진 아동은 사회적 인식 능력이 부족하기 때문에 또래관계를 발달시키는 데 장애가 있으며, 학교에서는 이 아동을 이상하거나 기이한 아동으로 본다. 그들의 사고는 매우 굳어 있고 글자 그대로 심각하게 받아들이기 때문에, 또래들이 놀리고 비웃고 우스꽝스럽게 여기며 못된 장난을 친다. 아스퍼거 장애 아동은 괴롭힘의 완벽한 희생자가 된다(Klin et al., 2000). 그들의 언어 기술은 높지만 운동 기술은 또래보다 훨씬 뒤떨어져 있어서, 급우들은 서투르다거나 '바보' 라고 그들을 놀린다. 아스퍼거 장애 아동의 50~90%가 운동 기능의 서투름을 보인다(Neihart, 2000).

주안은 아스퍼거 장애 진단을 받은 12세의 영재 학생이었다. 그는 6학년으로, 중학교에서의 새로운 일상생활에 익숙해지기 위해 애쓰고 있었다. 시간마다 교실이 바뀌고, 종이 울리고, 복도에서 나는 큰 소음이 그를 매우 괴롭히곤 했다. 일상생활에서 만남이나 특별한 모임 같은 변화는 스트레스를 증가시켰으며, 그의 대처 능력을 저하시켰다. 주안은 소음과 다른 학생들로부터 벗어나 '긴장을 감소시킬' 시간이 필요했다.

그의 소근육 문제는 지능검사의 지필 부분에서의 수행을 저하시켰으며, 사회적 판단 문제를 다루는 과제의 점수 역시 낮았음에도 불구하고, 주안의 IQ는 130 이상으로 측정되었다. 주안은 또래와 정서적으로 단절되어 있었으며, 자신의 생활에서 어머니의 중요성조차 인식하지 못했다. 그는 자신의 행동이 다른 사람에게 어떻게 영향이 끼치는지에 대해 전혀 관심이 없었으며, 주안에게 어머니를 포함한 많은 사람은 사람이라기보다는 마치 물건과 같았다. 여러모로 그는 1학년 아동과 매우 흡사한 자기중심적인 아이였다. 주안은 지적으로는 생활연령 이상으로 발달되어 있었지만, 사회·정서적으로는 열두 살보다 어린 아동이었다. 이러한 극심한 비동시적 발달은 아스퍼거 장애를 지닌 영재 아동에게는 흔한 모습이다.

아스퍼거 장애가 갖는 사고 유형의 차이와 대인관계의 어려움은 학교 관계자들에게 시사점을 주고 있다. 아스퍼거 장애 아동은 한 상황에서 다른 상황으로의 일반화가 어렵기 때문에 추상적인 과제 수행을 어려워한다. 또한 다른 사람의 시각을 취할 수 없으며, 결국 의견 보고서를 작성할 수 없게 된다. 예를 들어, "결국 모든 사람이 이러한 방식으로 보지 않는가?"라고 물어보게 된다. 대안으로, 그들은 "그렇게 생각하는 것을 알게 뭐야? 난 아니야."라고 생각할 수도 있다. 이러한 사례에서처럼, 이들은 자기 행동이 다른 사람에게 미치는 영향뿐만 아니라 다른 사람의 감정과 시각을 인식하기 위해서 중요한 안내자를 필요로 한다. 그리고 이것은 지적인 수단을 통해서만 얻을 수 있다. 그들은 사회적인 상호교환 속에서의 직관력이 부족한 것으로 보인다.

아스퍼거 장애 진단과 관련하여 주요한 관심 중의 하나는 이와 같이 매우 심각한 장애가 꽤 편견 없이 그 이름이 오르내린다는 것이다. 이 장애를 적용할 때 '심각한', '지속적인' 그리고 '유의미한'이라는 주요 용어를 마음속에 새겨야 한다.

DSM-IV-TR에서 설명하는 아스퍼거 장애의 주요 진단 기준은 〈표 4-3〉과 같다.

〈표 4-3〉 아스퍼거 장애의 주요 진단 기준

A. 다음 중 최소한 2개 이상의 항목에서 사회적 상호작용에서의 질적 결함이 나타난다.

(1) 사회적 상호작용을 조절하기 위한 눈맞춤, 얼굴 표정, 자세, 몸짓 등과 같은 다양한 비언어적 행동의 사용에서의 분명한 손상
(2) 발달 수준에 적합한 또래관계 발달의 실패
(3) 다른 사람들과 즐거움, 관심 또는 성취를 함께 나누려는 자발적인 욕구의 결여(예, 다른 사람들에게 관심 있는 사물을 보여 주거나 가져오거나 가리키는 행동의 결여)
(4) 사회적 또는 정서적 상호관계의 결여

B. 다음 중 최소한 1개 이상의 항목에서 제한되고 반복적이며 상동적인 형태의 행동, 관심, 활동이 나타난다.

(1) 강도나 관심 집중 면에서 비정상적인 한 가지 이상의 상동적이고 제한된 형태의 관심에 몰두
(2) 특정한 비기능적 일과나 의식에 융통성 없이 집착
(3) 상동적이고 반복적인 운동성(예, 손이나 손가락을 흔들거나 꼬기, 복잡한 전신의 움직임)
(4) 사물의 부분에 대한 지속적인 몰두

C. 장애가 사회적, 직업적 또는 기타 중요한 기능 영역에서 임상적으로 유의한 손상을 초래한다.

D. 언어에서는 임상적으로 유의한 일반적인 지체를 보이지 않는다(예, 2세에는 한 단어를, 3세에는 의사소통적인 어구를 사용함).
E. 아동기에 인지발달이나 연령에 적절한 자조 기술, 적응 행동(사회적 상호작용 외의), 환경에 대한 호기심에서 유의미한 지체를 보이지 않는다.
F. 진단 기준이 기타 특정 전반적 발달장애나 정신분열증의 기준에 해당되지 않는다.

출처: DSM-IV-TR, Copyright 2000. APA, p. 84.

아스퍼거 장애와 영재 행동 간의 유사성

아스퍼거 장애를 가진 사람은 평균 또는 그 이상의 지적 수준으로 기능하기 때문에 아스퍼거 장애와 영재성 간에 사실적인 관련성이 있는 것처럼 보인다. 틀림없이 행동상의 유사성이 있으며(Amend, 2003; Littel, 2002; Neihart, 2000), 일부 연구가들(예, Grandin, 1996; Ledgin, 2000, 2002)은 토머스 제퍼슨, 오손 웰즈, 칼 세이건, 글렌 굴드, 볼프강 모차르트, 알베르트 아인슈타인과 같이 주목할 만한 많은 역사적 인물들이 아스퍼거 장애로 고통받았다고 제시해 왔다. 이러한 유명한 사람들이 보인 고도의 창의성과 성취를 고려해 볼 때, 그들이 아스퍼거 장애였을 것 같지는 않고, 만일 장애가 있다고 하더라도 아주 경미한 장애였을 것이다.

요약하면, 아스퍼거 장애를 가진 영재와 그렇지 않은 영재에게는 유사성이 있다. 둘 다 탁월한 기억력과 언어 유창성을 지니고 있다. 그들은 쉴새없이 말을 하거나 질문을 해 댄다. 둘 다 외현적으로는 지적인 방식으로 말을 하며, 특이하게도 어린 나이 때부터 그렇게 한다. 두 집단 모두 하나 또는 그 이상의 특별한 관심 분야에 몰두하며, 관심 분야에 관한 방대한 양의 사실적 지식을 추구한다. 단지 아스퍼거 장애를 가진 사람은 사실을 그 이상의 의미로 전이시키지는 못한다. 두 집단 모두 전형적으로 공평함과 정의에 관심을 둔다. 단지 아스퍼거 장애는 덜 정서적이며 논리를 더 확장시킨다.

아스퍼거 장애와 아스퍼거 장애가 아닌 영재 아동, 이 두 집단 모두 주의력의 문제를 지닐 수 있다. 왜냐하면 주의를 기울이고자 하는 것에만 주의를 기울이길 원하기 때문이다. 그들은 앞서서 생각하지 못하기 때문에 두 집단 모두 변화에 쉽게 적응하지 못하며, 주의를 딴 방향으로 돌리게 하는 시도에 저항한다. 또한 두 집단 모두 가끔 독특하거나 기발한 유머 감각을 갖고 있으며, 소리, 빛, 냄새, 촉감 그리고 향과 같은 자극에 과민감성(과흥분성)을 보인다. 성인과 또래들은 아스퍼거 장애 아동을 거의 항상 기발하고 다르다고 본다. 교사나 또래들은 아스퍼거 장애가 없는 영재 아동을 기발하고 다르다고 지각할 수는 있다. 그러나 이것은 영재의 비동시적 성장발달과 교육이 적합하지 못함에서 비롯되거나, 두드러진 내향성과 사회적 불편감에서 비롯될 수 있다. 아스퍼거 장애를 가진 영재 아동의 경우에는 비동시성 발달이 극단적인데, 이 때문에 행동이 더 이상하고 더 어색하게 보인다.

영재성과 아스퍼거 장애 간의 유사성은 다음과 같이 요약할 수 있다.

- 사건과 사실에 대한 탁월한 기억력
- 언어 유창성 또는 조숙성
- 쉴새없이 말하거나 질문하기
- 자극에 대한 과민감성
- 공평함과 정의에 대한 관심
- 비동시성 발달

• 특정한 관심 분야에 몰두

변별되는 특징들

영재 아동과 아스퍼거 장애 아동을 변별하는 것은 어려울 수 있다.[4] 사실 아스퍼거 장애가 하나의 분명한 범주라기보다는 점층적인 차이일 수 있다. 행동 특성의 정도가 점차 증가하여 결국에는 아스퍼거 장애라고 불리는 손상이 존재하는 것일 수도 있다. 게다가 아스퍼거 장애 아동은 ADD/ADHD나 적대적 반항장애로 고통받기도 하여, 진단적 그림이 애매모호해진다(Klin et al., 2000; Lovecky, 2004).

진단은 정확하게 내리는 것이 중요하다. 아스퍼거 장애 아동을 단지 기발하면서도 자기중심적인 영재 아동이라고 본다면, 그들은 진단을 받지 못하고 도움이 되는 치료도 받지 못하게 될 것이다(Neihart, 2000). 교육적으로 잘못 배치되는 영재 아동이 아스퍼거 장애로 잘못 진단되어 명명된다면, 불필요하거나 별로 도움이 되지 않는 개입을 받게 되거나 혹은 가장 도움이 되는 교육적 기회를 받지 못하게 될 가능성이 높다.

정확한 변별을 위해서는 다음과 같은 두 가지 해결책이 있다. 첫째, 아동이 그들의 지적인 열정을 공유하는 다른 또래와 함께 있는 시간에 아동의 행동을 조사하는 것이다. 진짜 아스퍼거 장애 아동이라면 공감이 부족할 것이며, 다양한 범위의 또래들과도 사회적으로 서투른 모습을 계속 보여 줄 것이다. 그러나 아스퍼거 장애로 진단이 잘못 내려지는 아동은 어떤 또래 아동들과는 꽤 친하게 지내며, 사회적인 상호작용을 즐기고 만족해할 것이다.

둘째, 다른 사람이 자기의 행동을 어떻게 보는가에 관한 아동의 통찰력을 조사하는 것이다. 영재 아동은 전형적으로 좋은 지적 통찰력을 가지고 있으므로 이를 사회적인 상황에 적용할 수 있으며, 다른 사람이 자신을 어떻게 보는지 인식할 수 있다. 하지만 아스퍼거 장애 아동은 그렇지 못하다(Neihart, 2000). 일반적으로 아스퍼거 장애가 아닌 영재 아동은 사회적으로 맞추어 나가는 조화 능력이 부족한 경우로, 이 때문에 고통을 받거나 적어도 고통을 느끼기는 한다. 심지어 내성적인 영재 아동이라도 한 명의 친구를 발견하며, 사회적으로 만족하지만 대부분의 다른 또래와 자신이 다르다는 것을 지적으로 인식하게 될 것이다. 그리고 이것이 그다지 고통을 주지는 않는다.

아스퍼거 장애 아동은 흥미 있는 것을 현학적이고 단조로운 목소리로 이야기하는 경향이 있다. 이들은 자신이 왜 세탁기나 깊고 큰 프라이팬에 오랫동안 매료되었는지를 설명하지 못하며, 설명만으로는 다른 사람들을 그 매력 속으로 끌어들이지 못한다. 반면에 영재 아동의 흥미 분야는 대다수의 많은 성인에게는 지루한 것일 수 있지만, 그들은 〈스타워즈〉 주요 기사 수집과 같은 이질적인 문화에도 관심을 둔다. 이러한 경우 아스퍼거 장애 진단의 가능성은 적다. 또한 취미활동으로 얻은 기쁨을 다른 사람에게 전달할 수 있고 자발적으로 다른 사람과 함께 하려고 한다면, 아스퍼거 장애 진단의 적절 가능성은 줄어든다.

예를 들어, 고도 영재, 청각-순차적인 아동은 비행기에 열광할 수 있다. 이들은 어떤 비행기가 어떤 비행사의 것인지 뿐만 아니라 비행기 기종, 승무원의 인원수, 유효 탑제량, 비행장 활주로의 수, 공사 스케줄 및 지방 비행장의 모든 비행기의 이착륙 스케줄을 말할 수 있을 것이다. 그러나 비행기가 왜, 어떻게 뜨는지에는 관심이 없을 수 있다. 다른 4학년 학생의 경우에는 이런 정보가 꽤 지루한 내용이다. 왜냐하면 실제 적용 가능한 적절한 정보가 아니기 때문이다. 만일 이 아동이 다른 사람이 지루하다고 표현하는 비언어적 단서를 읽을 수 없다면, 그리고 다른 사람과 함께 상호교류하며 할 수 있는 다른 주제를 발견할 수 없다면, 이 아동은 아스퍼거 장애일 가능성이 있다.

한편, 앞서 언급한 아동의 특성 모두는 아니지만, 그중 일부를 가지고 있는 영재 아동이 있다. 예를 들어, 수학과 컴퓨터에 흥미를 갖고 활동하는 내향성과 열심 때문에, 충분한 지식이 없는 임상가는 아스퍼거 장애를 가진 영재 아동이나 영재 성인으로 오진단을 내릴 수 있다. 아스퍼거 장애 아동과 내향적인 아동은 모두 내부에 초점을 두는 특징이 있다. 그러나 단순히 내향적인 아동은 자신의 초점을 바꿀 수 있으며, 이를 인식할 수도 있다. 이러한 상황에 관해 질문을 받으면, 문제 상황에서 자신의 통찰력을 드러낼 수 있다. 그리고 같은 관심을 가진 다른 사람들 앞에 있으면, 좋은 사회적 기술을 나타낼 수 있다.

숫자 퍼즐과 철자 바꾸기 놀이에 진지하고 열정적으로 심취하며, 패턴의 정확성을 좋아하는 3학년 영재 아동을 생각해 보자. 여유 시간이 있을 때, 이 아동은 열심히 인터넷에서 다른 사람들과 대화하고 반응한다. 또래들은 이 아이의 열정을 이해하지 못하고, 이 아동은 다른 3학년 아동들이 너무 미성숙하여 당황해한다. 이 영재 아동은 공감 능력이 부족한가? 아니다. 참을성이 부족한 것이다. 우수한 아동은 자신의 빠른 정신적 처리과정을 함께하지 못하는 다른 사람에 대해 참을성이 부족하다. 이 아동이 고등학교 수학 동아리 모임에 참석하면, 정상적인 사회적 상호작용을 하면서 공감과 상호교류 및 정서를 표현하는 모습이 분명하게 나타난다.

9세의 백스터는 소아과 발달클리닉의 대기실에 있으면서 아스퍼거 장애 평가를 기다리고 있었다. 그는 여느 때처럼 잡지에 쓰인 기사에 깊이 몰두해서 읽고 있었다. 의사가 그에게 인사를 하며 다가갔을 때 그는 거의 위를 쳐다보지 않았으며, 이해하기 어려운 반응으로 중얼거렸다. 소아과 의사는 인사하는 아이의 반응이 전형적인 모습인가를 부모인 우리에게 질문했다. 우리는 그가 책을 읽고 있을 때는 그렇다고 설명했다. 의사는 아스퍼거 장애 진단을 내렸다. 그러나 지금은 그것이 정확하지 않았다고 믿는다.

어느 한 상황에서 아동의 공감 능력이 부족하지만 모든 상황에서 그런 것이 아니라면, 아스퍼거 장애의 가능성은 실제로 감소한다. 만일 주요 문제가 공감 능력의 부족이 아니라 참을성 부족이라면, 아스퍼거 장애의 가능성 또한 현저히 줄어든다. 영재 아동은 때때로 다른 사람에 대한 뛰어난 공감 능력과 이해력을 보여 주며, 특히 상처를 받거나 불행한 사람에게는 더욱 그러하다.[5)]

상황적 특수성

ADD/ADHD 아동의 경우처럼, 진단의 주요 열쇠는 문제행동이 어떤 상황에서만 국한되어 나타나는지 또는 전반적으로 나타나는지를 확인하는 데 있다. 또 다른 상황에서 손상 수준을 파악하면 진단에 도움이 된다. 아스퍼거 장애 아동은 특수한 훈련이 없으면 사회적 단서를 거의 읽을 수 없다. 그들은 부자연스러운 지적 감각을 제외하고는 실제 상황에서 다른 사람에게 거의 공감을 표현할 수 없다. 사회적 상황에서 어떤 예상치 못한 일이 생기면 불안은 특히 극에 달한다.

아스퍼거 장애가 없는 영재 아동도 전형적으로 구체적이고, 선형적이고, 심각하고, 청각–순차적인 사고방식 그리고 사회적 상황에서의 불편감 등과 같은 유사한 특성을 일부 보일 수 있다. 그러나 관심 분야를 공유하는 다른 사람과의 대인관계 상황에서, 그들은 상호 의사소통과 공감이 있으며 추상적 사고 능력도 우수하다.

아스퍼거 장애 아동을 다루려면, 높은 지적 기능을 고려하지 말고 모든 사회적 행동을 작은 요소들로 나누어야 한다. 예를 들어, 대화를 할 때 얼마나 가까이 서 있어야 하는지를 아동에게 정확하게 신체적으로 보여 주거나, 대화를 할 때 상대방의 얼굴을 직접 바라보는 것이 중요하다는 것을 구체적으로 알려 주는 것이 필요하다. 사회적 기술의 교수 학습은 자세하고 구체적이어야 하며, 여러 종류의 다른 상황을 반복해야 한다. 왜냐하면 아스퍼거 장애 아동은 일반화를 하는 데 어려움이 있기 때문이다. 가끔 이들은 사회적 상호작용에서의 '규칙'을 단순하게 기억하는 것에 의존하기도 하기 때문에, 때때로 교수 학습은 도움이 되질 못한다. 이는 아스퍼거 장애 아동은 사회적 기술을 향상시키려는 동기가 부족하고(통찰력 결여), 눈으로 다른 사람을 보는 것과 같은 행동을 매우 불편하게 느끼기 때문이다.

내향성인가, 아스퍼거 장애인가

내향적인 영재 아동은 특히 아스퍼거 장애로 비춰지기 쉽다. 그러나 아스퍼거 장애와는 대조적으로, 내향적인 영재 아동은 다른 사람과 편안한 관계를 이루고 나면, 이후에는 아스퍼거 장애 행동을 거의 보이지 않게 된다.

사회적 기술이 부족한 내향적인 아동들은 부모가 의사결정을 진행시키는 이야기를 해 줄 때 도움을 받는다. 누군가에게 줄 선물을 고른다고 하면, 선택할 수 있는 종류를 바라보고 큰 소리로 말한다. 어떤 선물을 제외시킬 것인가? 그 이유는? 어떤 선택이 적절한지를 어떻게 분간해 낼 수 있는가? 예산은 정해져 있나? 포장지는 거의 다 버리는데 선물은 왜 포장을 하나? 카드는 줄 것인가? 그렇다면 그 이유는? 예를 들어, 내향적인 영재 아동은 아스퍼거 장애 아동보다는 훨씬 더 빨리 이런 정보를 자기 것으로 흡수할 것이다. 아스퍼거 장애가 아니라 단순히 사회적 기술이 부족한 아동이라면 일반적으로 또래의 수용을 개선시킬 제안과 전략에 더 열심히 반응을 보일 것이다.

양립할 수 없거나 모순된 특성들

높은 지능을 지닌 아동에게 아스퍼거 장애 진단과는 양립할 수 없거나 모순된 행동 특성 목록들이 있는데, 이는 다음과 같다. 이것은 적어도 아스퍼거 장애 진단의 정확성에 심각한 의문을 제기하는 것들이다.

- 관심 분야를 공유하는 사람들과는 비교적 정상적인 대인관계를 맺는다.
- 강한 흥미를 가진 영역에서는 해박한 지식을 추구하나, 흥미가 없는 영역에서는 아스퍼거 관련 행동을 보인다.
- 추상적인 생각과 비구조화된 상황, 그리고 혁신적인 활동을 더 맘에 들어 한다.
- 비전형적인 행동상의 버릇은 주로 의식적인 통제하에 놓여 있다.
- 이상한 행동상의 버릇은 스트레스나 과도한 에너지와 연관이 있다.

- 운동에서의 서투름이 없다
- 다른 사람의 정서와 대인관계 상황에 대한 통찰력이 있다.
- 일반적으로 정서가 주제나 내용과 잘 맞는다.
- 많은 경우에 공감과 동정심을 보일 수 있다.
- 말하는 방식과 유머감각이 성인과 유사하다.
- 일방적인 유머나 말장난, 또는 재치 있는 경구를 단순하게 구두로 반복하는 것이 아니라 사회적 상호관계에 맞는 유머를 이해하고 사용한다.
- 자기 인식이 뛰어나며 자신의 행동이 다른 사람에게 끼치는 영향을 이해한다.
- 다른 사람이 자신을 어떻게 지각하는지를 인식하며, 자신의 행동이 어떻게 사람들에게 영향을 끼치는지를 안다.
- 일상의 일에서 급격한 변화를 견디거나, 그러한 변화에 단지 수동적으로 저항한다.
- '경주 신호가 주어지기 전에는 달리지 말라' 와 같은 비유나 숙어의 의미를 이해한다.
- 주의력결핍이나 산만성은 자기만의 사고나 생각에서가 아니라 환경에서의 사건이나 행동의 결과로 나온다.

분열 인격장애

분열 인격장애(Schizoid Personality Disorder)의 특징은 사회적 관계로부터의 초연함이다. 이들은 다른 사람과 가까이 지내거나 친근하게 지내고 싶은 욕구가 없으며, 다른 사람과 함께 있기보다는 스스로 혼자서 시간을 보내는 것을 더 선호한다. 활동이나 취미도 거의 혼자서 하는 것들이다. 이들은 컴퓨터나 수학 게임과 같은 기계적이거나 추상적인 과제를 선호하며, 다른 사람의 인정이나 비판에도 거의 무관심한 편이다. 그러나 한 사람과의 일대일 관계는 유지한다.

분열 인격장애는 선천적으로 다른 기질성을 갖고 있다는 증거가 있다(Brazelton, 1982). 영아 때 이들은 껴안아 주면 뒷걸음치거나 뻣뻣해진다. 이들은 다른 아동들보다 '다듬어지지 않고' 민감해서 감각과 사회적 요구에 과도하게 자극을 받는 것 같다. 이 아동들은 1차적인 대처 방법으로 세상에서 나와 환상과 자기 고립 속으로 은둔해 들어간다. 성인이 되면, 밤낮을 바꾸어 일하거나 혼자서 일하길 좋아하기 때문에 계속 자기 생각 속에 홀로 남아 있을 수 있게 된다.

분열 인격장애는 '단조로운', '무감동적인' 그리고 '욕심이 전혀 없는' 사람으로 보인다(McWilliams, 1994). 이들은 식사를 거르고, 유행도 자신과 관계없는 것으로 보며, 산산조각이 나는 듯한 비통한 마음을 느끼는 이유를 이해하지 못한다. 이들은 십대 청소년 사이에서 흔한 만남의 장소인 쇼핑센터나 극장에도 별로 관심이 없는데, 마치 실험실에서 표본을 보는 것처럼 이곳을 단지 객관적으로 볼 때만 관심을 둘 뿐이다. 이러한 경험을 '유리 벽 뒤에 있는 좀비'(Sass, 1992: 24)라고 기술하기도 한다. 이러한 성격 유형은 정신분열증의 고위험군과 관련이 높으며, 정신분열증 가족력을 갖고 있는 가족에게서 더 흔하게 발생한다.

DSM-IV-TR에서 설명하는 분열 인격장애의 주요 진단 기준은 〈표 4-4〉와 같다.

〈표 4-4〉 분열 인격장애의 주요 진단 기준

A. 사회적 관계에서의 이탈과 대인관계 상황에서의 제한된 정서 표현의 광범위한 양상이 성인기 초기에 시작되어 다양한 상황에서 다음 중 4개(또는 그 이상) 항목으로 나타난다.

(1) 가족의 일원이 되는 것을 포함하여, 친밀한 관계를 바라지도 즐기지도 않는다.
(2) 거의 항상 혼자 하는 활동을 선택한다.
(3) 다른 사람과 성 경험을 갖는 일에 거의 흥미가 없다.
(4) 흥미 있는 활동이 거의 없다.
(5) 직계가족 외에는 가까운 친구나 흉금을 털어놓을 친구가 없다.
(6) 타인의 칭찬이나 비평에 무관심해 보인다.
(7) 정서적 냉담, 이탈 또는 단조로운 정서를 보인다.

출처: DSM-IV-TR, Copyright 2000. APA, p. 697.

영재 아동 및 영재 성인과의 유사성

심각한 내향성은 분열 인격장애의 오진단을 쉽게 내리게 만든다. 영재 아동이나 영재 성인의 경우, 다른 사람과 함께 있는 것을 즐기기도 하지만 다른 사람과 함께 있다는 것만으로도 피곤함을 느끼는 경우가 흔하다. 이들은 재충전될 때까지 혼자서 시간을 보내려고 틀어박혀 있는다.

혼자 지적 추구를 즐기거나 진정한 또래를 찾기 어려워서 하는 자기 고립은 이 진단에 맞지 않는다. 진짜 분열 인격장애는 고립과 교우관계 중의 하나를 선택하지 못한다. 분열 인격장애가 아닌 영재 아동이나 영재 성인은 그러한 선택을 꽤 잘할 수 있다. 따라서 친구가 거의 없다고 해서 자동적으로 분열 인격장애라고 여겨서는 안 된다. 일부 영재 아동과 영재 성인은 다른 사람들과 잘 어울리지 않으며 상호작용하는 것을 피한다. 이러한 점을 확실하게 염두에 둘 수는 있지만, 이것이 분열 인격장애에 꼭 필요한 지표는 아니다.

인격장애는 정상적인 성격 유형과 일직선상에 놓여 있음을 아는 것이 중요하다. 이들은 선천적으로 병리적이지 않다. 병리적인지는 일상생활을 방해하는 정도와 경직성에 의해 파악된다. 만일 과제나 학교, 우정, 가족, 사랑하는 사람과의 관계 그리고 기본적인 자기 신변 처리 등을 위태롭게 하는 행동을 지속적으로 하지 않는다면, 그들에게는 거의 문제가 없다고 본다. 경직성이 기본적인 생애 활동을 방해하면, 인격 장애로 진단된다.

예를 들어, 이 책을 읽는 독자는 자기 성격 안에 분열적인 요소가 있을 수도 있고, 또는 다른 인격장애와 연관된 상태에 친숙하거나 공감을 느낄 수도 있다. 이것은 놀랄 만한 일이 아니다. 사람이 스트레스를 받고 당황하면, 정상의 상태에서 일직선상에 놓여 있는 병리적인 상태의 방향으로 일관성 있게 움직여 '떨어지는' 경향이 있다. 스스로 고립 경향을 보이는 사람들은 숨을 것이고, 다른 사람들로부터 안심을 얻으려는 사람들은 달라붙으려 하며, 비관주의자들은 우울에 빠지게 된다. 자신의 성격 '구조'를 인식하는 능력은 상황을 예견할 수 있게 해 준다. 그리하여 어떤 상황이 닥쳤을 때 견딜 수 없다면, 고통을 가라앉힐 수 있는 특정한 방식을 창의적으로 생각하고 그에 따라 자신의 반응을 계획하게 된다.

특성상 유사성이 있음에도 불구하고 DSM-IV-TR에서는 분열 인격장애의 진단을 내리는 데 영재적 특성을 고려하라는 언급이 전혀 없다. 고도 영재는 자신을 좀 더 내향적이고 사회적으로 덜 적응적이며 덜 적극적이라고 여긴다(Dauber & Benbow, 1990). 실버만(Silverman, 1993)과 위너(Winner, 1997)는 영재 아동과 영재 성인—특히 고도 영재인 경우—이 외향적이기보다는 내향적이며, 이런 점이 일반 집단에서보다 더 많이 발견된다고 비슷하게 언급하고 있다.

내향적인 사람들은 혼자서 시간을 보내면서 자신의 에너지를 '재충전' 하려는 경향이 있다. 반면에 외향적인 사람들은 다른 사람들과 함께 지내면서 원기를 회복하고 정서적으로 성장한다. 내향적이든 외향적이든 영재들은 여전히 강렬하기 때문에, 다른 사람들은 이들의 행동 특성들을 좀 과하다고 여기곤 한다.

어느 정도 상당한 시간을 혼자서 지내고 싶어 하는 욕구는 많은 영재의 특성일 뿐만 아니라 훗날 성인이 성취를 이루는 데 필수 불가결한 측면이 되기도 한다. 저명한 여성들을 연구한 바바라 커(Barbara Kerr, 1997)는 저명한 여성들 중 대다수가 어린 시절에 주로 책을 읽으면서 많은 시간을 혼자서 보냈음을 발견하였다. 그리고 혼자만의 시간이 훗날 그들이 받은 명성과 존경의 필수 불가결한 선구자였다고 결론을 내렸다. 또한 비판이나 칭찬에 별 다른 반응을 보이지 않는 분열 인격을 가진 사람과는 다르게, 영재 소녀들은 대부분 미묘한 사회적 단서에도 매우 예민하여, 다른 사람과의 관계에서 위축되거나 '과민하게' 반응을 보였음을 발견하였다.

양립할 수 없거나 모순된 특성들

다음의 특성들은 분열 인격장애가 없는 영재들과 분열 인격장애를 가진 사람을 변별하는 데 도움을 줄 수 있다. 이러한 특성들이 있다면 적어도 분열 인격장애 진단에 의문을 제기해야만 한다. 앞서도 언급했듯이, 전문가들은 두 집단이 상호 독립적이지 않음을 상기해야 한다. 영재들도 분열 인격장애나 이 책에서 언급한 많은 다른 장애를 가질 수 있다.

분열 인격장애의 진단에 의문을 제기하는 특성들은 다음과 같다.

- 가족 외에 가까운 친구나 지인이 몇 명 있다.
- 다른 사람이 자기 관점을 받아들이지 않는다고 느끼는 상황에서는 정서 표현이 감소되지만, 정서(감정)는 대부분의 상황에서 그 형태나 강도가 적절하다.
- 기쁨을 뚜렷하게 경험할 수 있으며, 다른 사람들이 참가하는 즐거운 일과 상황을 찾는다.
- 비슷한 흥미를 공유할 수 있는 또래를 적극적으로 찾는다. 그리고 다른 사람의 반응에 의해 행동이 영향을 받는 모습을 보인다.
- 개인의 지적 호기심이 환영받지 못했거나 진가를 인정받지 못했던 상황이 있었다는 기록이 있다.
- 부적절한 행동이나 겉모습은 배려가 부족하거나 자각이 없어서가 아니라 독립심과 반항의 표현이다.
- 중요한 생애 기간에 여기서 언급한 것들이 나타난다(즉, 인격장애의 표시가 항상 존재하거나 전반적으로 나타나는 것은 아니다).

분열 인격장애의 증후와 표시가 내향적이고 우울한 사람에게서 많이 나타난다는 것을 주목하는 것은 중요하다. 영재성과 부적절한 환경의 결합은 우울증을 유발하기도 한다. 따라서 분열 인격장애의 진단을 내리기 전에 먼저 오랫동안 지속된 만성 우울증 진단부터 배제해야 한다.

분열형 인격장애

DSM-IV-TR에 따르면, 분열형 인격장애(Schizotypal Personality

Disorder)를 가진 사람은 일반적으로 사회적 관계와 대인관계를 매우 불편해하는 패턴을 보이고, 자기중심적이며, 인지나 지각의 왜곡을 통해 특이한 사고를 표현한다. 이들은 꼭 해야만 할 때는 다른 사람과 상호작용을 하지만, 혼자 있는 것을 더 선호한다. 왜냐하면 자신을 다른 사람들과 다르고 잘 맞지 않는다고 느끼기 때문이다. 이들은 가끔 자신이 특별한 재능이나 힘—예를 들어, 일이 일어나기 전에 미리 그 일을 감지한다거나, 다른 사람의 생각을 읽는다거나 하는—을 가졌다고 믿는다. 그리고 개방적이든 함축적이든 비판에 매우 예민하다. 이들의 엉뚱함은 독특한 버릇이나 옷차림에서 표현되거나, 또는 개인적인 외모나 사회적인 관습에는 별로 상관하지 않는 것으로 표현되기도 한다. 예를 들어, 영재 아들의 평가를 의뢰한 한 엄마는 아들이 노란색 옷을, 가능하면 전부 다 노란색으로 옷을 입어야만 했다고 진술하였다.

분열형 인격장애는 정신분열증의 가장 흔한 성격 전구증상으로서, 때로는 '정신분열증과 같은' 이라는 별명을 지닌다. 미신적 관습과 독특하거나 비논리적인 믿음이 흔하게 나타난다. 영재를 포함한 대부분의 아동은 장난삼아 미신에 따라 움직이는 시기가 있지만, 그러한 미신적인 믿음에 의해 생활이 제한받지는 않는다. 분열형 인격장애를 가진 십대는 복잡하고 이상하며 심지어 마술적인 일이 자신에게만 발생하는 신비로운 세계 속에 살고 있는 것 같다. 예를 들어, 그들은 20달러짜리 신권 지폐에 그어진 줄이 정부가 자기 움직임을 추적하기 위한 것이라고 설명하기도 한다. 그들은 모든 현금인출기와 슈퍼마켓에 있는 스캐너에서 신권에 그어진 줄을 감지하고 다시 정부로 신호를 보낸다고 믿는다. 만일 이 이야기를 글로 써 보라고 요청하면, 산만하게 곁길로 새서 불안정하게 겨우 연결되는 그러한 성명서 같은 글을 작성한다.

DSM-IV-TR에서 설명하는 분열형 인격장애의 진단 기준은 〈표 4-5〉와 같다.

〈표 4-5〉 분열형 인격장애의 주요 진단 기준

A. 사회성 및 대인관계 결핍의 광범위한 양상이 인지나 지각 왜곡과 행동의 기이함뿐만 아니라 친밀한 관계에서의 심각한 불편감 및 감소된 능력을 초래하며, 초기 성인기에서 시작되어 다양한 상황에서 다음 중 5개(또는 그 이상) 항목이 나타난다.

(1) 관계 망상적 사고(관계 망상은 제외)[6]
(2) 행동에 영향을 미치고 하위 문화의 기준에 부합되지 않는 괴이한 믿음이나 마술적 사고(예, 미신, 천리안에 대한 믿음, 텔레파시나 '육감', 아동이나 청소년에게서 보이는 기이한 환상이나 집착)
(3) 신체적 착각을 포함한 유별난 시각 경험
(4) 괴이한 사고와 언어(예, 모호한, 우회적, 은유적, 지나치게 자세한 묘사, 또는 상동증적)
(5) 의심 또는 편집증적 사고
(6) 부적절하거나 억눌린 정서
(7) 괴이하거나 엉뚱하거나 특이한 행동 또는 외모
(8) 직계가족 외에는 가까운 친구나 마음을 털어놓을 수 있는 사람이 없음
(9) 친밀해져도 줄어들지 않는 과도한 사회적 불안이 자신에 대한 부정적인 판단 때문이라기보다는 편집증적인 두려움과 연관되는 경향이 있음

출처: DSM-IV-TR, Copyright 2000. APA, p. 701.

영재 아동과의 유사성

분열형 인격장애와 영재의 구분은 어려울 수 있다. 왜냐하면 DSM-IV-TR에서는 분열형 인격장애가 상당히 흔한 장애(일반인의 약 3% 정도)이며, 고독, 낮은 또래관계, 사회적 불안, 학교에서의 미성취, 과민감성, 특별한 사고 그리고 특이하거나 심지어 괴이한 환상이 명백히 나타나는 아동기나 청소년기에 발생하기 때문이다. 이

러한 목록을 보면, 영재 아동과의 유사성이 분명히 있다.

대다수의 영재 아동과 영재 성인은 또래보다 훨씬 더 예민하고, 때로는 그 정도가 매우 심하다. 특징적으로, 이들은 복잡하고 강한 환상의 세계를 살아간다. 이미 언급하였듯이, 영재 유아의 1/2은 한 명 이상의 상상의 친구가 있으며, 자기 주변에 복잡한 환상의 세계를 세워 놓기도 한다. 또한 많은 영재가 앞서 언급한 그러한 경향성을 지니고 있다. 만일 자신과 잘 맞는 지적인 또래가 없으면, 그들은 책이나 다른 혼자만의 활동 속으로 들어가 버린다. 영재 아동에 관한 정보를 듣거나 영재의 인지와 정서의 체계를 이해할 시간을 갖지 않는 한, 영재 아동과 영재 성인의 강한 예민성이 수줍음과 내향적인 방식과 결합되면 마치 분열형 인격장애와 비슷한 모습을 만들어 냄을 이해하기 어렵다.

창의적인 영재는 특히 오진단의 위험을 안고 있다. 창의성이 강하게 나타나는 시기에 이들은 다른 사람들로부터 철수해 있을 뿐만 아니라 특이한 사고 과정을 보여 주기도 한다. 예를 들어, 로텐버그(Rothenberg, 1990)는 창의적인 영재 작가들이 사고 과정에서 이상한 논리와 개념을 보인다는 것을 발견하였다. 그리고 나이하르트(Neihart, 1999)와 피르토(Piirto, 2004)도 조증 환자와 정신증 환자 및 고도의 창의적인 사람들의 사고 과정에서 유사성을 발견한 임상 연구들이 있음을 지적하였다.

앞서 언급하였듯이, 영재가 분열형 인격장애와 같은 증후군으로부터 안전하다고 말하는 것은 아니다. 사실 조울증이나 우울증, 심지어 자살과 같은 장애는 창의적인 영재들에게 좀 더 흔한 것임을 나타내는 증거들이 있다(Neihart, 1999; Piirto, 2004). 그럼에도 불구하고, 진단과 치료의 측면에서 영재성 및 영재성과 관련한 특성을 모두 고려해야 한다.

양립할 수 없거나 모순된 특성들

진단 과정에서 고려해야 할 변별되는 특성들은 다음과 같다.

- 다른 사람이 자신을 받아들이지 않는다고 느끼는 상황에서 정서 표현이 감소되긴 하지만, 대부분의 상황에서 그/그녀의 정서(감정)는 적절하다.
- 의심을 하거나 편집증적인 사고가 없다.
- 같은 흥미를 공유하는 또래를 찾는다. 그리고 그들과는 편하게 지내는 것 같다.
- 학업적 미성취는 가변적이다. 만일 학습 주제나 교사를 좋아하면, 성취는 높아진다.
- 잘 교육받은 성인은 사고가 특이하다고 여기기보다는 깊고 창의적이라고 여긴다.
- 개인의 창의성이나 지적 호기심이 환영받지 못했거나 진가를 인정받지 못한 상황이 있었다는 기록이 있다.
- 부적절한 행동이나 겉모습은 배려가 부족하거나 자각이 없어서가 아니라 독립심과 반항의 표현이다.

회피성 인격장애

회피성 인격장애(Avoidant Personality Disorder)는 비판이나 반대 또는 거절이 수반되는 상황을 피한다. 이들은 두려움 때문에 수줍은 사람이거나 조용한 사람 그리고 억제된 사람처럼 보이며, 비판 없는 수용이 있지 않다면 가까운 대인관계는 피한다. 비록 오랫동안 다른 사람과 가까운 대인관계를 맺어 오긴 하지만 거절당할까 봐 두려워한다. 그들은 실패의 가능성 때문에 책임을 회피하며, 거절에 대한 과민성 때문에 결과적으로 다른 사람들로부터 스스로를 고립시킨다. DSM-IV-TR에서의 유병률은 일반인의 약 5%에서 1%까지 추정한다.

DSM-IV-TR에서 설명하는 회피성 인격장애의 공식적인 진단 기준은 〈표 4-6〉과 같다.

〈표 4-6〉 회피성 인격장애의 주요 진단 기준

사회활동의 제한, 부적절감 그리고 부정적 평가에 대한 과민성과 같은 광범위한 양상이 초기 성인기에 시작되어 다양한 상황에서 다음 중 4개(또는 그 이상) 항목이 나타난다.

(1) 비판, 비난 또는 거절의 두려움 때문에 중요한 대인관계 접촉을 포함한 직업 활동을 회피한다.
(2) 자신을 좋아하고 있다는 확신이 서지 않으면 사람들과 기꺼이 어울리려고 하지 않는다.
(3) 망신이나 조롱당할 것이 두려워 친밀한 관계를 제한한다.
(4) 사회적 상황에서 비판이나 거부될 것에 집착한다.
(5) 부적절감 때문에 새로운 인간관계 상황에서 위축된다.
(6) 스스로를 사회적으로 무능하거나, 개인적인 매력이 없거나 또는 타인에 비해 열등하다고 여긴다.
(7) 당혹스럽게 될까 봐 개인적인 모험이나 새로운 활동의 시작을 특히 꺼린다.

출처: DSM-IV-TR, Copyright 2000. APA, p. 721.

영재 아동 및 영재 성인과의 유사성

앞서 언급하였듯이, 대다수의 일반 아동은 그렇지 않은 데 반해, 대부분의 고도 영재 아동과 영재 성인은 기질적으로 내향적인 경향이 있다(Burrus & Kaenzig, 1999; Dauber & Benbow, 1990; Gallagher, 1990; Hoehn & Birely, 1988; Silverman, 1993). 영재는 또한 여러 면에서 꽤 예민한 경향이 있다(Lind, 1999). 그들이 학습된 회피 행동, 즉 회피성 인격장애와 매우 흡사한 패턴을 보이는 것은 놀라운 일이 아니다.

영재 아동은 가끔 다른 사람들에 의해 계속 평가를 받을 뿐만 아니라, 그들이 보이는 특성 때문에 또래나 심지어 교사로부터 반복적으로 비웃음이나 놀림을 받기도 한다(Schuler, 2002). 크로스(Cross, 2001)와 다른 학자들이 지적했듯이, 미국 공립학교는 반(反) 지적 환경을 제공하며, 학업보다 사회적 기술과 사회적 질서를 우선적으로 강조하고 있다. 따라서 공립학교는 성취가 높은 아동이나 높은 지능과 창의력을 지닌 아동을 환영하는 장소가 아니다.

영재 아동들이 약 8~10년이라는 기간 동안 그러한 환경에 노출된 후에 성인이 되면 쉽게 회피성 인격을 갖게 될 수 있다. 여기에 예민함이 첨가되어 많은 영재 아동과 영재 성인은 위험으로부터 움츠리게 되는데, 특히 공공연하게 평가받는다고 여기면 더욱 그렇게 된다. 또한 완벽주의적인 성향이 있는 영재는 조금이라도 부족한 것은 곧 실패라는 믿음으로 '완전하게 완벽하지' 못할 것 같은 두려움의 위험으로부터 회피하게 된다. 그들은 가능한 긍정적인 결과를 보는 것과 같은 방식으로 부정적인 결과도 확실하게 볼 수 있다. 만일 그들의 가족이 노력을 평가하는 사람들이라면, 영재 아동과 영재 성인은 비판에 꽤 민감하게 된다. 그들은 도전하기보다는 도전하지 않게 되고, 다른 사람들이 자신을 부정적으로 판단한다고 믿으면 그들과의 대인관계도 회피하게 된다.

영재 아동은 꽤 일찍부터 쉽게 성공한 경험을 많이 갖고 있다. 그들은 실패에 대처하는 법을 배우지 못했기 때문에, 그들 중 일부는 실패 자체를 두려워한다. 만일 영재가 (가족 외에) 어떤 분야에서 자신만큼 또는 자신보다 훨씬 더 능력 있는 또래나 성인을 만나지 못한다면, 그는 자신이 가장 똑똑하거나 가장 지식이 많은 사람이라고 여기게 될 것이다. 이러한 생각에 자신의 자아정체감을 쏟아붓는다면, 어떤 실패나 다른 사람이 자신보다 더 낫다는 증거가 자신의 핵심을 위협하게 된다. "만일 내가 언제나 옳고 언제나 최고인 사람이 아니라면, 그럼 나는 누구인가?"

나이가 많아질수록, 이런 영재들은 자연적으로 경험이나 기술 또는 능력이 더 많은 사람을 점점 만나게 된다. 자신의 정체감이 최고여야 한다는 것에 집착할수록, 영재는 도전을 시도하기보다는 도전을 회피하는 것을 선택한다. 능력이 더 많은 사람을 만나는 시기가 어릴수록 이러한 비현실적인 자기 견해를 회피하거나 도전하는 것은 좀 더 쉬워진다. 처음에는 이것이 외상적으로 큰 상처가 될 수 있을지 모르지만 궁극적으로는 불가능한 기준을 계속 설정할 필요가 없다고 느끼고 안심하게 된다. 실패에 자신을 노출시킴으로써 실패를 두려워하는 사람들이 피하려고 하는 많은 새로운 기회를 맞게 된다.

실질적인 연구(NAGC, 2002)는 영재 아동과 완벽주의의 연결고리를 밝혀 주고 있으며, 완벽주의에 의해 무력화된 영재 아동이 회피성 인격장애를 앓는 것처럼 보인다고 보고하고 있다. 주요한 차이는 회피성 인격장애가 다른 사람의 비판을 두려워하는 반면, 완벽주의적인 영재는 자신만의 높은—또는 비현실적인—내적 기대에 부합하지 못하는 실패에서 오는 내적 고통을 피하려고 하는 데 있다. 훈련받지 않은 관찰자가 보면 이 두 종류의 사람은 겉으로는 거의 같은 사람으로 비춰지지만, 어려움을 다루는 방법에서는 유의미한 차이를 보인다.

양립할 수 없거나 모순된 특성들

DSM-IV-TR에서는 영재의 회피성 인격장애의 더 높은 유병률의 가능성에 대해 전혀 언급하지 않았다. 그러나 앞서 언급한 유사성에서 타당한 추측을 할 수 있다. DSM-IV-TR에서는 회피성 행동이 수줍음이나 고립, 낯선 사람이나 장소에 대한 두려움과 함께 유아기나 아동기에 시작되며, 대부분 나이가 들수록 수줍음은 없어지는 경향이 있다고 언급하고 있다. 따라서 다음의 내용은 회피성 인격장애와 회피적인 행동을 학습한 예민한 영재를 구분하는 데 도움이 될 것이다.

영재성과 회피성 인격장애를 구분 짓기 위해서는 회피 행동의 진보를 추적하는 것이 필요하다. 아동의 수줍음이나 낯가림 및 고립이 학교 입학 전에 시작되었다면, 문제는 영재성보다는 회피성과 좀 더 관련이 있는 듯하다. 만일 회피 행동이 일찍부터 나타나고 고립과 회피가 나이가 들수록 점점 더 증가한다면, 회피성 인격장애의 진단을 조심스럽게 탐색해야 한다. 왜냐하면 회피 행동의 급증은 진단 가능성을 증가시키기 때문이다.

게다가 공포장애나 일반화된 사회공포증이 공존한다면 회피성 인격장애의 가능성은 더욱더 높아진다. 공포장애나 일반화된 사회공포증이 없다면 진단을 부정할 필요는 없지만 가능성은 확실히 감소한다.

한편 지적 활동과 관련한 비판을 받고 그 결과 회피 행동을 한 기록이 있다면, 이 경우는 회피성 인격장애 진단보다는 다른 것을 고려해야 한다. 이와 비슷하게 회피 행동이 흥미가 같은 다른 또래와 함께 있을 때 실질적으로 덜 나타난다면, 회피 행동이 영재성에 근원을 두고 일어난 것으로 볼 수 있다. 따라서 가장 최선의 치료책은 이 점을 고려해야 한다.

제 · 5 · 장

기분장애

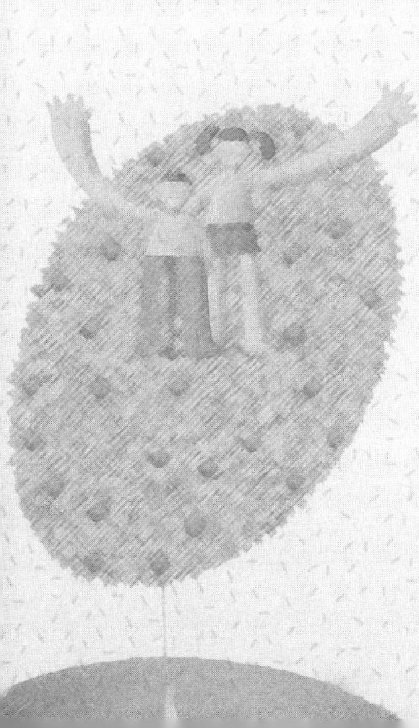

제5장

기분장애

DSM-IV-TR에서 기분장애의 범주는 다양한 우울증뿐만 아니라 조증이라고 불리는 극도의 흥분 상태를 포함하고 있다. 가끔 전문가들은 높은 지능의 유의미함을 잘 고려하지 못하는데, 우리의 경험에 비추어 보면, 영재 아동과 영재 성인에게 내리는 우울증 진단은 대체로 정확한 편이다. 일부 연구자들(예, Neihart, 1999; Piirto, 2004)은 양극성 장애와 우울증과 같은 기분장애는 창의적인 영재에게 좀 더 흔하게 발생한다고 언급하고 있다. 뿐만 아니라 자살도 이러한 사람들에게 좀 더 흔한 것 같다.

기분장애의 진단과 치료에는 영재성 및 영재성과 관련한 특성들을 모두 고려해야 한다. 영재 아동과 영재 성인이 가진 일부 특징들은 기분장애 진단에 기여하며, 치료를 위한 제언에도 관여한다. 영재의 특성과 환경과의 상호작용을 이해하면, 좀 더 정확하게 진단을 내리고 좀 더 나은 치료 계획을 세우도록 촉진할 수 있다.

우리는 일부 상황에서—특히 어린 아동의 경우—확실한 오진단의 경우를 보아 왔다. 어떤 사례에서는 성인의 진단을 아동에게 부적절하게 적용하는 오진단도 발생한다.[1] 가끔은 영재 아동과 영재 성인의 특징인 감정과 행동의 강렬함이 장애를 나타내는 것으로 잘못 해석되어 오진단을 내리기도 한다. 임상가들이 영재 아동과 영재 성인을 이해하지 못할 뿐만 아니라 전문가들조차 진단 기준에 좀 더 주의를 기울이지 않거나, 현재의 진단 기준인 DSM-IV-TR이 정확하지 않거나 불완전하다고 결정을 내리면, 그 결과로 오진단이 나오게 된다. 아직 청소년기 양극성 장애에 관한 공식적인 진단은 없지만, 양극성 장애 진단의 새로운 범주로 '청소년 급속 순환형 양극성 장애'를 제시하는 전문가들도 있다. 이 진단이 적절하게 들어맞는 사례는 거의 없지만, 우리는 양극성 장애가 정상적인 영재 아동에게 잘못 적용되는 경우가 자주 일어난다고 믿고 있다.

한 어머니가 6세의 딸이 양극성 장애로 진단받은 경위를 설명했다. 3개월 전에, 아이는 극도로 감정의 기복을 보이기 시작했다. 그녀는 때때로 행복해서 들떠 있는 것처럼 보였으나, 그다음 순간에는 수심에 잠겨 물건을 부수고 심지어 자기가 가장 좋아하는 장난감을 부수기도 했다. 그녀는 3세 때부터 글을 읽기 시작했지만, 지금은 책에는 거의 관심을 보이지 않고 학교에 가는 것을 거부했다. 그녀는 한 순간에 집착하지만 곧 다음 순간에는 화를 내면서 거부했다.

소아과 의사는 어머니에게 소아정신과 진료를 받도록 권했다. 소아정신과 의사는 아이가 애착장애와 함께 양극성 장애를 앓고 있다고 결론지었으며, 즉시 입원과 약물치료가 필요하다고 말했다. 아이는 어머니의 의료보험이 만료되기까지인 28일간 입원했다. 정신과 의사는 어머니에게 다른 치료사를 찾는 것이 필요하다고 제안했으며, 심리학자에게 의뢰했다.

심리학자는 그런 어린 아동이 양극성 장애라는 진단을 받고 입원과 약물치료를 받은 것에 경악했다. 심리학자는 아이의 가족력을 조사했는데, 아이의 갑작스러운 행동 변화가 있기 전 한 달 동안 부모가 별거했으며 어머니와 아이가 강제로 다른 집으로 이사를 가게 되었다는 것을 알아냈다. 게다가 아이의 애완견도 차에 실려 어디론가 가버렸고, 아이의 아버지는 어디로 갔는지 전혀 알 수 없었다. 병원에서 퇴원한 이후, 아이는 점점 더 어머니에게 매달렸으며 어머니가 그녀의 시야에서 사라지지 못하도록 했다. 어머니는 딸에게 약물치료를 중단시켰으며, 아이의 기분은 밝아졌다. 어머니의 가정 상황이 안정을 되찾으면서 딸은 더 이상 감정의 기복을 보이지 않았다.

웩슬러 지능검사에서 아이는 전체 IQ 143을 받았으며, 성취검사에서도 읽기 수준은 또래보다 몇 단계 높은 수준으로 나왔다. 이 경우는 예민한 영재 아동의 강렬한 정서 반응을 양극성 장애의 증상으로 분명히 잘못 받아들인 것이다.

양극성 장애

우리는 3세의 어린 영재 아동이 양극성 장애(전에는 '조울증'으로 일컬음)로 진단을 받은 경우를 보았다. 여기에는 몇 가지 문제점이 있다. 첫째, 양극성 장애는 일반적으로 성인에게 적용되는 장애로 인식되어 있다. DSM-IV-TR에 따르면, 처음 발병 평균 나이는 20세다. 이 말은 20세보다 어린 사람이 이 진단을 경험할 수는 있지만, 우리는 청소년 전기의 아동에게 주요 성인 장애 진단을 내리는 것은 부적절하다고 본다.

일부 정신과 의사들(예, Findlig, Kowatch, & Post, 2002; Geller, 1995; Lederman & Fink, 2003; Papalos & Papalos, 2002)이 양극성

장애를 가진 아동에 관하여 쓴 글이 있다. 그러나 양극성 장애가 아동에게 빈번하게 발생한다는 내용은 보편적으로 널리 수용되고 있지 않다. 아동 양극성 장애의 존재와 유병률을 결정하고 성인 양극성 장애와의 차이점 및 행동적 제시가 이루어지기 위해서는 많은 연구가 필요하다.

우리는 양극성 장애로 진단을 받은 매우 어린 영재 아동—8세보다 어린 아동에게는 매우 의문이 드는 진단이지만—의 부모들을 자문해 왔다. 왜냐하면 이들이 양극성 장애와 일치하는 행동들을 보여주고 있지 않기 때문이다. 우리의 경험으로는, 사실 소수의 청소년 영재만이 진짜 양극성 장애와 일치하는 증상을 보이고 있다. 그러나 거의 대부분 이 아동들이 보이는 고도의 정서 행동들은 이혼이나 부모의 죽음과 같이 스트레스가 높은 생애 사건에서 비롯되는 영재 아동의 강렬하고 예민한 반응 특성으로 쉽게 이해할 수 있다. 이러한 사례에서 관찰된 행동들은 양극성 장애의 DSM-IV-TR 진단 기준에는 맞지 않는다.

양극성 장애의 특징

양극성 장애는 양극성 제1장애(Bipolar I Disorder)[2]와 양극성 제2장애(Bipolar II Disorder)[3](APA, 2000)의 두 가지 형태로 나뉜다. 제1장애든지 제2장애든지 모든 양극성 장애에는 강한 유전적인 소인이 있다. 양극성 장애를 가진 사람은 일반적으로 '단지' 주요 우울증만을 가진 가족을 포함하여 이 장애를 가진 친척이 있다.

두 가지 형태의 양극성 장애에는 극적이고 극단적인 정서의 고저인 조증(또는 경조증)부터[4] 우울증까지 존재한다. 양극성 제1장애는 조증 일화의 경력이 적어도 1회 있으며(조증의 증상이 최소 4일 연속되는 것으로 정의), 그 뒤로 우울 일화가 있을 수도 있고 없을 수도 있다. 양극성 제2장애는 적어도 1회의 조증 일화의 경력과 적어도 24시간 동안 1회의 경조증의 사고와 행동이 동반되는 경우다. 양극성 제2장애는 공식적으로 조증–우울증 순환이 있는 것으로 기술된다.

양극성 제1장애와 제2장애에는 많은 변형된 형태가 있으므로 DSM-IV-TR에서 조증 일화와 우울 일화를 어떻게 기술하고 있는지를 간략하게 요약하고자 한다. 구체적인 진단 기준과 추가 정보는 DSM-IV-TR에 제시되어 있다.

조증 기간에 기분의 고조는 매우 높아서 과대망상이나 팽창된 사고, 최상의 에너지의 특징을 보이며, 이러한 증상은 적어도 1주일 이상 지속된다. 만나는 모든 사람에게 크고 빠르게 이야기한다. "난 감각 운동 기계를 발명했다!" "완벽한 교향곡을 작곡하고 있어!" "나는 대단한 소설을 집필 중에 있으니까 함께 사업하자! 우리는 10개월 내에 50억 원을 충분히 벌어들일 수 있을 거야!" 또는 갑자기 여러 가지의 사업에 동시에 뛰어들어 돈을 펑펑 쓰고 친구와 가족에게도 투자하도록 요구하거나 부탁한다. 이들은 모두 이런 사업들이 다른 사람에게 어떻게 영향을 끼치는지는 전혀 고려하지 않는다.

이들은 일반적으로 이러한 일화 기간에는 며칠 동안 잠도 거의 자지 않는다. 말하거나 글로 쓰는 것보다 사고의 흐름이 훨씬 더 빨리 흘러가는 것 같다. 외현적으로 매우 사교적이고 심지어 다른 사람의 사적인 공간까지도 침범하여 자기의 생각과 계획을 설명하려고 시도한다. 또한 이러한 요란 법석에는 무분별한 성행위, 과도하게 지출한 신용카드, 약물 남용, 실직, 친구와의 불화 그리고 법적인 문제 등이 포함될 수도 있다. 증상은 정상적으로 기능하는 개인의 능력을 극도로 그리고 분명하게 손상시킨다.

가라앉는 기간은 깊은 우울의 기간으로, 이들은 우울에 빠져 즐거운 것이 없고 가치 있는 것도 없는 것처럼 느낀다. 우울의 깊이는 조증의 고도만큼 또는 그보다 더 깊다. 생활에서의 모든 즐거움은 사라진다. 맛있는 것도 좋은 것도 더 이상 없다. 모든 것이 어렵고 헛된 것처럼 보인다. 피곤함을 뚜렷하게 느끼며 에너지도 고갈된다. 사고와 집중력 및 의사결정에 문제가 있다. 잠이 들기도 어렵고 아침에 깨어나기도 어렵다. 희망이 없고 가치가 없다고 느끼는 데서 오는 피곤함과 실망감에 젖어 있다. 자신이 최근에 겪은 조증 행동에 대한 부끄러움이 생물학적으로 몰려오는 주요 우울증의 극한 시기에 한꺼번에 겹쳐지면, 기능이 더욱 망가진다. 식욕 감소 또는 과식이 나타날 수 있으며, 지속적으로 자살 생각을 하기도 한다. 〈멜랑콜리(Melancholy)〉라는 작품을 조각한 알브레히트 뒤러(Albrecht Dûrer)처럼, 우울의 한 가운데 있는 양극성 장애를 가진 사람은 앉아서 손으로 머리를 감싸고 전반적으로 불행한 자신의 삶을 심사숙고만 하고 있다.

십대인 나의 아들은 양극성 제2장애로 진단을 받았다. 또한 그는 영재다. 그는 약 1년 6개월 동안 치료를 받았고, 양극성 제2장애라는 진단에 이르렀다. 이 진단을 받기까지 가장 어려운 점 중의 하나는 십대 아이들의 정상적인 모습과 영재의 정상적인 모습, 그리고 우리가 염려해야 하는 행동을 구분해서 알아내는 것이었다. 그의 기분장애는 처음에는 13세 때 우울증으로 나타났다. 그의 조증 행동은 희미해서 마치 영재의 창의적인 분출처럼 쉽게 간과하게 되었다. 그는 잠도 자지 않고 과도하게 독서와 집필 그리고 작곡에 매달렸다. 그의 감정은 '이것이 무슨 문제인가?' 였다.

그러나 어느 날, 과학실에서 토론에 참여하는 동시에 현악 4중주를 작곡하고 있었던 그 날, 그의 기분은 바닥으로 떨어졌다. 그는 엉망진창으로 스스로 무너져 내리는 느낌을 받았다. 우울증은 첫 번째 일화보다 더 심하고 기간도 길었다. 안정되기까지 약 3개월 동안 약물을 복용했으며, 약의 효과는 확실히 있었다. 약물을 복용하는 동안 그의 가장 큰 두려움은 자신이 뛰어나지 않거나 창의적이지 않거나 유머스럽지 않을까 하는 것이었다. 이것이 사실로 드러나지는 않았다. 진단을 성급하게 내리기 전에 충분히 아이에 대해 알기 위해 치료사와 임상간호사와 긴 시간을 함께하게 된 것이 우리에게는 큰 행운이었다.

청소년과 성인의 양극성 장애

양극성 장애의 기복은 몇 개월 또는 몇 년의 주기로 순환이 일어난다. 어떤 사람은 며칠 또는 몇 주의 오르막 기간이 지난 후에 몇 달 또는 몇 년의 내리막을 겪기도 한다. 일반적으로 양극성 장애에서는 조증보다는 우울증 단계가 전형적으로 더 길게 지속하는 느린 순환을 보이는 것이 특징이다.

그러나 DSM-IV-TR에서는 양극성 장애(대부분이 여자) 중 약 10~20% 정도는 '급속 순환성' 이라고 할 수 있는 현상을 경험한다고 한다. 이들은 약 12개월이라는 기간 내에 4회 이상의 주요 우울 일화를 보이는데, 일화가 적어도 두 달 정도는 전체적으로 또는 부분적으로 증상이 소실되는 패턴을 보인다. 다른 말로 하면, 1년 동안 주요한 기분 일화를 여러 번 경험하지만 두세 달에 한 번만 경험한다는 것이다.

DSM-IV-TR은 이러한 유형에서 예외가 있음을 인정한다. 이것은 달리 세분화되지 않는 양극성 장애(Bipolar Disorder not Otherwise Specified) 안에 속한, 말하자면 '조증과 우울증의 주기가 일수로 변하는 매우 급속하게 일어나는 순환성'를 말한다. 그러나 이것은 매우 드물게 일어나는 현상으로 양극성 장애의 긴 병력을 가진 사람에게서만 나타난다.

아동의 양극성 장애

최근에 아동의 양극성 장애에 관하여 언급한 출판물이 있지만(예, Findling, Kowatch, & Post, 2002; Geller, 1995; Lederman & Fink, 2003; Papalos & Papalos, 2002), 이 현상에 관한 연구 자료는 비교적 한정되어 있음에 주목하는 것이 중요하다(Carlson, Jensen, & Nottelmann, 1998; Geller & Luby, 1997). 우리는 양극성 장애가 아동에게는 과한 진단이라는 의견을 다시 한 번 언급할 의무감을 느끼지 않을 수 없다.

설령 있다고 하더라도, 양극성 장애는 그 자체로도 성인의 것과 아동의 것은 매우 다른 모습을 보일 것이다. 성인의 기준을 단순하게 아동에게 적용하는 것은 오진단의 결과를 낳기 쉽다. 앞서 언급하였듯이, 이러한 심각한 장애는 청소년과 성인에게서 보이는 것이지 아동에게서는 아니라는 것이 정신건강 전문가들 간에 일치된 내용이다. 우리는 잠재적으로는 매우 해가 되는 진단을 아동에게, 그것도 고도 영재 아동에게 적용하는 것에 최대한의 주의와 망설임이 있어야 한다고 주장한다.

아동의 급속 순환기 양극성 장애

아동에게 양극성 장애 진단을 내리는 전문가들은 그들이 '급속 순환기(rapid cycling)' 또는 '초급속 순환기(very rapid cycling)' 형태의 양극성 장애라는 것을 지적한다. DSM-IV-TR에 기술된 것이 있음에도 불구하고, 다수의 전문가들은 하나의 현상으로서 며칠이나 몇 주 또는 심지어 하루 안에도 빠르게 연달아 오르막과 내리막을 경험하는 빠른 주기라고 분명하고 믿고 있다.

진단을 내리는 전문가들은 대부분의 양극성 장애 진단을 받는 영재 아동들에게 '급속 순환' 패턴을 보인다고 기술하기 때문에 우리는 다음과 같은 점을 강조한다. 즉, 영재 아동은 하루나 한 주 동안에 여러 번의 주요한 감정 기복을 보이는데, 정의에 따른다면 급속 순환형 양극성 장애라 하더라도 하루에 여러 번의 순환이 나타나는 패턴을 보여 주지는 않는다. 확실히, 하루 동안 일어나는 매우 자주 그리고 강렬한 감정 기복은 언급할 필요가 있는 유의미한 문제가 될 수 있지만, 이것이 DSM-IV-TR에서 설명한 양극성 장애와 일치하는 패턴은 아닌 것이다.

영재 아동 및 영재 성인과의 유사성

영재 아동과 영재 성인에게 강렬함이 존재한다는 것은 문서상 충분히 입증되고 있다. 그리고 영재성이라는 맥락을 벗어나서 보면, 그들의 강렬한 느낌은 비정상적이고 과다한 것으로 취급될 수 있다. 유사하게도 양극성 장애는 진단의 주요한 열쇠가 되는 증상으로서 강렬함과 과다한 행동에 초점을 두고 있다. 앞서 언급한 것처럼, 적어도 작가들에게는 양극성 장애와 창의성 간에 관련성이 있는 것으로 보인다(Piirto, 2003). 그러나 많은 영재가 경험하는 흥분(고)과 실망(저)의 강도는 양극성 장애로 잘못 해석되기도 한다. 다른 진단적 의문에서처럼, 적절한 진단을 내리기 위한 열쇠는 다음의 두 가지 질문에 있다. "환자의 기능이 손상되었나?" (즉, 누구의 문제인가?) 그리고 "모든 상황과 장소에서 실제로 그 증상들이 나타나는가?"

어린 아동에게는 양극성 장애가 드물다. 뿐만 아니라 영재 아동과 양극성 장애 아동 사이에는 주목할 만한 차이가 있다. 이것을 밝혀내면 오진단의 가능성을 줄일 수 있다. 영재 아동의 극단적인 감정은 특별한 사건이나 자극에 대한 반응으로 나온다. 전반적으로 만연하게 퍼진 기분의 한 부분이 아니다. 강렬한 느낌은 특별한 사고나 사건과 관련이 있기 때문에 하루 동안에도 빠르게 바뀔 수 있으며, 심지어 환경적인 상황에 대한 반응이 되풀이되는 규칙이 있어도 빠르게 변화한다. 예를 들어, 영재 아동은 강렬한 반응 때문에 재미있는 영화나 연극을 즐기지도 못한다. 그들은 그것을 친구나 주변 사람들에게 이야기하고 싶어 하고, 다시 보고 싶어서 계획을 세우고 그 내용이 담긴 책을 읽는다. 완벽주의적인 영재 아동은 특히 중요한 발표나 시험 전, 도중 그리고 후에도 극심한 정서적 고통을 겪을 수 있다. '중요한 시합' 에서 자기 팀이 진 뒤에 영재 아동이 느끼는 강한 실망감은 곧 슬픔이나 흥분을 불러일으킨다. 슬픔이나 흥분이 그 사건과는 특징적으로 맞지 않게 그리고 비례적으로도 너무 크게 일어나기 때문에, 오히려 다른 사람들이 그들에게 '그건 단지 시합일 뿐이야.' 라고 상기시킬 정도다.

각각의 경우에, 과잉반응은 발생하는 사건과 관계가 있다. 만일 단독으로 발생하는 사건이라면, 임상가는 그 사건 하나에 근거하여 진단을 내리지 않을 것이다. 그러나 영재 아동의 경우, 강렬한 반응 유형은 1주나 2주가 경과한 후에 일어나기도 한다. 지식이 부족한 임상가는 아동에게 해당되는 범주를 찾다가 양극성 장애라는 실수를 저지르게 되는 것이다. 정서 반응이 일어나는 맥락을 살펴보면 양극성 장애 진단의 가능성은 멀어진다. 그러나 사건의 맥락을 무시하고 겉으로 드러나는 것만 단순하게 취급하면, 오진단을 내리게 된다.

아동이 보이는 대부분의 터무니 없는 행동들—강한 떼 부림, 내리누르고 깨뜨리는 행동, 무의미하게 발광하는 활동—은 지나치게 피곤할 때 일어날 수 있다. 우리는 우수한 아동들이 미처 깨닫기도 전에 스스로 탈진할 정도로 관심 분야를 추구한다는 점을 망각하곤 한다. 또한 그들은 너무 몰두하여 밥 먹는 것을 잊어버리거나 학교에 지각할 정도로 한 자리에 머물러 있기도 한다.

리치(Leach, 2001)는 평범한 일상에서 어린 아동으로 산다는 것은 평범한 성인이 수상스키를 배우는 날처럼 부담이 되는 것으로 생각해야 한다고 기록하고 있다. 영재 아동은 열정적이고 어떤 것에 깊게 빠져 있으며 완벽주의적 특성이 있기 때문에, 자기 능력 이상으로 자신을 밀어붙여서 결과를 경험하도록 하는 취약성을 가지고 있다. 특히 어린 아동들은 신체적인 협응력이 부족하고 자기보다 나이 많은 형제를 통제하지 못한다. 심지어 '단지 놀고 있는' 아동도 성인보다도 더 적은 신경학적 피드백을 가지고 팔다리를 움직이려고 애쓴다. 그리고 팔과 다리의 길이와 비율은 계속 변한다. 누군가가 '자신이 타고 있는' 그네를 잡으면 어떻게 될지를 파악해야 하는 운동장의 어린 소녀의 예를 들어 보자. 그녀는 모랫바닥에 나뒹굴게 되고, 입속으로는 모래가 들어간다. '이것은 나쁜 일인가?' '모래는 너에게 나쁜가?' 그녀는 갸우뚱한다. 아이들은 그녀를 지나쳐 달리며 서로 소리를 지른다. 어떤 아동은 노는 것을 재미있어 하지만 어떤 아동은 아니다. 낯선 성인이 놀이터를 배회하고 있으면, 아동은 자기가 미끄럼틀을 타고 노는 것을 아버지가 보고 있다는 확신을 갖고자 아버지를 계속 주시하면서 탄다. 아동은 일상생활에서 오는 피곤함을 잊어버리기 쉽기 때문에, 빨리 그리고 극적으로 자신의 평정을 잃어버릴 수 있다.

고도 영재 아동에게 양극성 장애나 순환장애로 잘못 진단을 내릴 수 있는 또 다른 특성이 있다. 고도 영재 아동 중 약 5~7%가 기능적인 반응성 저혈당증을 앓고 있는데, 이것이 그들의 강렬한 행동을 '꼭대기' 까지 가도록 만든다(Webb & Kleine, 1993). 이 요인에 대해서는 제8장에서 다루고 있다.

순환장애

순환장애(Cyclothymic Disorder)는 '수준이 낮은' 양극성 장애로 묘사할 수 있다. 이것은 양극성 장애가 경험하는 것만큼 극단적이지는 않지만 다소 심각한 감정 기복을 경험하는 사람을 의미한다. 사실, 높은 단계는 경조증 일화와 유사하여 기분이 보통과 다르게 높아져 있고, 과하고, 팽창되고, 과대망상적이고, 심지어 적어도 4일간은 극도의 흥분 상태를 보인다. 그리고 슬퍼지고 우울해지고 심지어 황폐해지기도 한다. 그리고 다시 흥분되고 원기왕성하게 되면서 순환이 계속된다. 감정 기복은 성인의 경우 적어도 2년 동안 최소한 두 달에 한 번은 일어나야 하지만(아동기와 청소년기에서는 1년 동안), 양극성 장애의 주요 우울 및 조증 일화와 연관된 심각한 수준까지는 도달하지 않는다(APA, 2000).

순환장애에서는 감정 기복이 다소 덜 심각하기 때문에, 건강관리 전문가들은 영재 아동에게 이 진단을 더 잘 내리는 것 같다. 영재 아동과 순환장애의 유사성과 변별은 양극성 장애에서 언급한 것과 같다.

우울장애

우울증은 일반 사람들에게 영향을 주는 가장 흔한 정신건강 문제다. 많은 사람들이 생애의 어느 시점에서 일종의 우울증을 앓는다. 몇몇 연구와 저자들(Cross, Gust-Brey, & Ball, 2002 참조)은 영재 아동이 다른 집단보다 어떤 특정한 종류의 우울증을 경험하기 더 쉽다고 제안하였지만, 경험적인 자료는 많지 않다. 제시된 유효한 연구결과로는 영재 아동이 적어도 다른 집단만큼 우울증을 앓을 수 있다는 것이다(NAGC, 2000). 그들이 지닌 지적 강점은 자신을 보호하지 못하며, 사실은 오히려 증가된 위험 속으로 몰아넣는다.

환경적인 상황은 영재 아동에게 커다란 역할을 하는 것 같다. 예를 들어, 영재 아동들이 교육 상황과 관련하여 경미한 정도부터 심각한 정도까지의 우울증을 경험하는 일은 흔하다. 이 아동들 중 잘못 배치되거나 학교가 아동의 욕구를 적절하게 반응해 주지 못할 경우에는 중증부터 심각한 수준까지의 우울증을 앓게 된다.

나이하르트(Neihart, 1999)는 교육적 적합성의 정도가 영재 아동의 적응에 지대한 영향을 끼치는 요인 중 하나라고 인용하고 있다. 새 학년이 시작되면, 일부 영재 아동은 그 해에 아이들이 배워야 할 내용의 60~70%를 이미 알고 있다. 이것은 영재의 적응과 기분에 영향을 끼친다. 매일 그들의 권태로움은 증가하고 더 이상 참을 수 없을 때, 아동은 대부분의 어른이 참을 수 없는 상황에서도 참을 수 있는 창의적인 방안을 파악해 내고 최선을 다해야만 한다. 이러한 경우에, 그들은 낮은 수준의 우울증을 유발하게 되는데, 샐리그먼(Seligman, 1995)은 이를 일종의 '학습된 무력감' 이라고 불렀다.

사라는 작은 시골 마을의 학교에서 막 7학년을 마친 13세의 아동으로, 우울해 보인다는 이유 때문에 부모가 심리학자에게 데려갔다. 7학년 내내 그녀는 점점 더 좌절하고 슬퍼하며 무기력함을 느꼈다. 그녀는 쉽게 흥분했으며, 전에는 꽤 기쁨을 느꼈던 것들도 더 이상 즐기질 않았다. 비록 그녀의 성적은 반에서 최고 수준에 속하지만, 자신은 전혀 똑똑하지 않다고 여겼다. 왜냐하면 철자 맞춤법을 어려워했기 때문이다. 철자 맞춤법은 그녀의 가족 중에서도 여럿이 힘들어했던 영역이다. 그녀는 영재로 판별받지 못했으며, 정규 수업 외의 다른 교육을 제공받지 못했다.

그녀의 부모는 그녀가 우수하지만 우울증일 것이라고 믿었다. 평가 역시 우울증으로 나왔지만, 그것은 단지 상황적인 것으로 특히 학교 상황에만 관계된 것으로 나왔다. 또한 검사에서 사라는 필요한 교육적 서비스를 전혀 받아 보지 못한 영재 아동임이 드러났다. 그녀는 영재를 위한 학교 조치를 통해서 혜택을 얻어야 하는 아동이었다.

그녀에게 필요한 사항을 논의한 뒤에, 모든 관계된 변인들을 체계적으로 고려하도록 도움을 주는 도구로서 아이오아 속진검사(Iowa Acceleration Scale)를 실시했다. 그리고 모두 사라가 한 학년을 속진하는 것에 동의했다. 사라의 자신감은 즉시 향상되었으며, 기분도 좋아지기 시작했다. 그녀는 학업 중심의 영재 여름 캠프에서도 잘 수행했으며, 생활과 학업 모든 면에서 좀 더 긍정적인 전망을 가지고 9학년을 시작했다.

어떤 성인들은 아동이 처한 이런 종류의 상황에 별로 민감하지 않다. 그들은 영재 아동이 어떻게 '위험'에 처하게 되는지 이해할 수 없다. 그들은 아동은 자기 순서를 기다리는 것을 배워야 하고, 세속적인 숙제를 완성해야 하며, 말한 대로 행동해야 한다는 견해를 갖고 있다. 결국 그들은 우수한 아동들도 권태로운 시간 동안에 스스로를 즐겁게 할 방법을 찾을 수 있다고 생각한다. 그러나 불행하게도 어떤 아동은 백일몽에 빠지는 습관을 갖게 되고, 어떤 아동은 바퀴 돌리는 행동을 함으로써 즐거워진다. 그러나 이런 행동은 자신의 열망과 학습에 대한 열정, 그리고 궁극적으로는 자신의 정신건강에 해가 된다. 다른 사람들을 존경하고 서로 협력하라고 가르치는 일과, 생산적인 일에 직면하기 위한 시간과 장소 및 방법을 선택하도록 가르치는 일 간에 균형을 이루는 것은 매우 미묘하고도 신중을 기하는 일이다.

영재가 이미 배운 것들을 반복하는 일은 매우 지루한 일임을 현재의 프로그램 제공자나 교직원에게, 또는 지역사회의 회의가 있을 때마다 교사나 부모 그리고 건강 관련 전문가에게 상기시키면 도움이 될 것이다. 성인인 우리는 좌절과 무기력, 그리고 그 결과로 생기는 사망감을 기억한다. 그래서 만일 아동들이 매일 그런 상황에 놓여 있다면 어떻게 될지를 상상할 수 있다. 어떤 사람들은 자신이 학교에서 겪은 좌절감과 권태로움을 기억하기도 한다. 그런 상황에서 웃고 상냥하게 행동하여 흥미 있는 척하고 과제를 수행하는 일은 어려울 수 있다.

다른 학생들은 영재 아동들이 느끼는 불편감을 공감하기 어렵다. 그렇기 때문에 영재 아동들은 혼자라고 느낀다. 차별화된 교육 프로그램을 제공하여 아동의 필요에 좀 더 가깝게 맞추어 주지 않는 한, 시간이 지날수록 그러한 상황은 다양한 정도의 우울증을 낳는다 (Rogers, 2002; Strip & Hirsch, 2000).

영재 아동들이 앞서 언급한 것과 같은 학습된 무력감을 경험하고 그 결과 우울증으로 이어지게 만드는 환경은 비단 학교만은 아니다. 때로는 부모도 영재 아동의 근본적인 특성의 한 부분인 비판하는 행동유형에 빠진다. 예를 들어, 그들은 자녀가 너무 예민하고, 너무 열심이고, 너무 자기도취에 빠지고, 너무 심각하고, 너무 많은 질문을 한다고 꾸짖는다. 그러나 이 아동들은 상황을 변화시킬 수 없다는 무력감과 경시된 감정으로 점점 더 위축되고 우울해지게 된다(Webb, Mechstroth, & Tolan, 1982).

우리 아들은 13세로 약 4년 전에 우울증과 ADHD 그리고 적대적 반항장애 진단을 받았다. 그에겐 세 명의 동생이 있는데, 모두 다 심리적인 문제는 없었다. 나는 공인 간호사이지만 현재는 근무하고 있지 않으며, 남편은 기술자다.

아들인 엔리케는 매우 우수한 아동으로, 모든 발달 단계를 제때에 잘 밟아나가고 있으며, 그가 다니는 교회 지원 학교에서도 잘 성장하고 있다. 2학년 때 그는 조직화 문제와 마무리 짓는 문제와 더불어 ADHD 아동이 전형적으로 보이는 증상을 보였다. 그는 부주의했지만 과잉행동아는 아니었다. 아이는 가정의에게 진료를 받았으며, 의사는 8세인 엔리케가 검사를 받기에는 너무 어리다고 말했다. 우리는 계속 이 문제로 학교 교사와도 만났지만, 결국에는 늘 다시 원점으로 돌아가곤 했다.

엔리케는 이제 공립학교 7학년 학생이지만 실패하고 있다. 그는 한 달 전에 전국 과학표준화 검사를 받았는데, 우리는 매우 놀랐다. 그가 검사에서 97%를 받은 것이다. 그는 대학 수준의 글을 읽었다. 교사는 그가 내년에 선행반으로 옮겨 가서 공부하길 원했으며, 우리는 그의 뛰어난 능력에 매우 기뻐했다. 그러나 그가 노력도 하지 않고 자신을 낮게 보는 것 때문에 우리는 좌절했다.

엔리케는 슬프고 외로운 아이이다. 그는 원격조종 차에 강한 열정을 가지고 있으며, 그것을 분리하고 조립하는 것을 좋아했다. 그는 자동차가 작동되는 방법을 순행과 역행으로 암송하지만, 우리는 그가 의미하는 것의 실마리를 잡지 못했다. 그것만이 유일하게 그가 열정적으로 매달린 것이었음을 발견했을 뿐이다. 그는 원격조종에 관한 것은 무엇이든 손에 잡히는 대로 다 읽었다. 이 일이 있기 전에는 어떤 것이든 글을 읽도록 하기 위해 그와 싸움을 벌이기도 했다. 그래서 이 점은 적어도 올바른 방향으로 나아가는 과정인 것 같았다.

여러 명의 학교 심리학자들이 엔리케를 검사했으며, 모두들 우리에게 아이가 상당히 우수하다고 말했다. 그러나 이러한 능력이 왜 교실에서는 발휘되지 못하는지는 아무도 이해하지 못했다. 그는 학교에서는 매우 지루해했고 거의 합격 점수를 받지 못했지만, 지역 사설 학습센터에서는 매우 뛰어난 수행을 보였다.

10세 때 아이는 계획이나 의도가 없는 막연한 자살 생각 때문에 일주일 동안 입원을 했다. 간호사인 나는 이 점을 매우 심각하게 여겼다. 진단은 우울증이었다. 퇴원 후에 몇 명의 심리학자를 만났지만 아무와도 관계를 잘 맺는 것 같지 않았다. 많은 연구 조사 끝에 우리는 정신과 의사 한 사람을 발견했다. 엔리케가 그 의사에게는 마음을 열 수 있을 것 같아서 가을까지 계속 만났는데, 그 의사는 엔리케가 양극성 장애를 앓고 있다고 생각한 것 같았다. 의사는 그에게 리스페달, 세로켈, 자이프렉사, 콘서타 그리고 졸로프트라는 약을 처방해 주었다. 약을 복용한 후 그는 몸이 아프기 시작했고, 결국 아들이 바닥까지 떨어진 후에야 나는 아동기 양극성 장애에 관한 책을 모조리 사서 보았다. 나는 의사는 아니지만 2년 동안 소아병동에서 근무를 했기 때문에, 확신하건대 엔리케에게서 그 진단에 맞는 어떤 행동도 볼 수가 없었다.

나의 벼락치기 공부 과정이 지난 후에, 나는 다른 의견을 얻기 위해 지방 대학의 소아 외래병동에 전화를 걸었다. 우리는 소아 ADHD와 우울증이 전문인 정신과 의사를 만났다. 엔리케와 남편 그리고 나를 90분 동안 면담한 후에, 그 의사는 엔리케가 심각하게 우울해하고 적대적 반항장애의 일부 소견들을 보이고 있다고 믿지만 양극성 장애는 아니라면서 이 진단을 배제시켰다. 우리는 그의 접근법이 마음에 들었으며, 그에게 엔리케의 진료를 맡겼다.

그 이후, 엔리케는 4~6주 동안 매주 한 번씩 정신과 치료를 받았으며, 또한 그 지역의 심리학자에게 일주일에 두 번씩 심리치료를 받았다. 그는 현재 리탈린 LA, 졸로프트 그리고 트라조돈을 복용하고 있다.

여러분은 우리에게 어떤 지도를 할 수 있나요? 의사는 그다지 도움이 되지 않은 처방을 매우 신속히 내린 것 같다. 나는 아들이 외롭고 우울하다고는 생각하지만, 아무도 영재 아동이라는 점이 고려할 필요가 있는 요인인지는 알려고 하지 않는 것 같다.

아동들에게 우울증의 비율은 증가하고 있으며, 발병 나이는 점점 낮아지고 있다(Kovacs & Gastonis, 1994). 성인, 특히 여자 성인에게 이와 비슷한 패턴이 보인다. 1950년 이후에 출생한 여성들은 30세 이전에 우울증을 경험할 확률을 약 65% 가지고 있다(Klerman et al., 1984; Klerman & Weissman, 1989). 놀랍게도 미국과 같은 부유한 나라에서 태어나는 것은 분명히 문화적 요인에 기인하여 우울증의 위험을 증가시키는 것 같다.[5]

미국 문화의 잦은 익명성, 소비주의 및 이동성은 그들의 근본적인 가치감을 지워 버리는 것 같다(Egeland & Hostetter, 1983). 작은 나라 사람들은 이웃 사람들의 성격이나 특이함, 역사까지도 알고 지낸다. 그러나 오늘날의 세계에서는 이웃의 이름조차 알지 못한다. 현대 사회의 이동성을 지닌 채, 우리는 우리를 알지 못하고 또한 우리를 알 필요조차 느끼지 못하는 사회에다 자신을 '상품화' 시키는 데 시간을 소비하고 있다. 이러한 요인들은 오늘날 우울증의 비율을 증가시키고 있다.

또한 우울증을 지닌 아동은 불안이나 품행의 문제를 좀 더 뚜렷하게 수반하지만, 반면에 함께 따라오는 낮은 수준의 불행감은 모호하다(Kovacs & Devlin, 1998). 인격장애를 가진 사람에게는 재발의 위험뿐만 아니라 우울증의 위험도 증가한다(Ilardi, Craighead, & Evans, 1997). 우울증 소년은 특히 심술, 공격, 무례함, 안절부절못함, 학교 문제, 약물이나 알코올 남용 등과 같은 반사회적이고 부정적인 행동을 보이기 쉽다(Lewinsohn, Gotlib, & Seeley, 1995). 그들은 학교 상담가의 주목을 받기 이전에 먼저 교장의 주목을 받는다. 우울증 소녀는 좀 더 조용해지고 위축되며, 교실 활동에 능동적으로 참여하던 모습이 사라진다. 불행히도 이 사회는 조용하면서도 순종적인 아동을 높이 사기 때문에 그들이 조용히 있는 이유를 상실하게 된다. 가정에서 말하도록 격려하지 않는 한 이들은 시야에서 슬그머니 사라지게 된다.

특히 이혼과 부부간의 불화는 우울증의 위험을 증가시킨다(Nolen-Hoeksema, Girgus, & Seligman, 1986, 1992). 부부싸움을 하는 부모는 아이에게 불안정감을 전달하게 되며, 남아서 자녀를 전적으로 돌보려고 노력하는 부모조차도 스스로 골똘하게 자기 생각과 선입견과 우울에 빠져 있어서, 결국 아동에게는 아무 쓸모없는 사람이 되어 버린다.

사람들은 십대의 우울증을 발달상 정상적인 것으로 과소평가하거나 십대의 변덕스러운 기분으로 잘못 평가하기도 한다. 우울증은 정상적인 현상이 아니다. 40년 전에는 처음으로 우울 일화를 경험하는 평균 나이가 30세였다(Beck, 1967). 1998년에 국가에서 뛰어난 성취를 한 고등학생을 조사한 결과, 그들 중 24%가 자살을 생각했고, 4%가 실제로 자살을 시도했으며, 전체 46%는 자기 나이에서 자살을 시도했거나 자살한 사람을 알고 있었다(*Who's Who Among American High School Students*, 1998). 최근 연구에서는 약 12~14세의 아동들 중 거의 10%가 심한 우울증을 경험했음을 발견했다(Garrison, Addy, Jackson, McKeown, & Waller, 1992).

우울증은 재발되기 때문에 심각한 장애로 취급해야 한다. 우울증을 경험한 개인의 15% 미만만이 5년 동안 우울증 없이 지낼 수 있도록 관리할 수 있다. 이들은 심리치료와 약물을 병행한 경우이며, 약물치료만 받은 사람들은 약을 끊었을 때 재발되는 경향이 있다. 그리고 그들은 우울증이 발생하기 이전에는 거의 안정적으로 생활한 사람들이다(Mueller et al., 1999). 우리의 경험에 따르면, 많은 영재 아동은 심리치료나 상담 없이 약물—가끔은 다양한 약물—을 처방 받는다.

우울증은 치료하지 않으면 더 심각해져서 자주 재발되는 경향이 있다. 이 점은 오늘날 젊은이들에게 더 위험한 요인이 되고 있다. 우울증이 학업 기간과 진로확립 기간에 붕괴를 가져오기 때문이다. 또한 청년 시절에서의 우울증은 사회적 기술이나 우정을 쌓아 가고 대인관계를 유지시키는 시기를 붕괴시킨다. 프로이트(Freud)는 정신건강을 '사랑하고 일할 수 있는' 능력이라고 기술하였다. 젊은 사람들에게 우울증은 이러한 능력을 발달과정상 나중이 아니라 초기에 파괴시키며, 그 결과 더 전반적인 어려움이 생기게 된다.

기분부전장애

기분부전장애(Dysthymic Disorder)는 일종의 낮은 단계의 우울증이나 비관주의가 좀처럼 사라지지 않는 것으로 가장 잘 설명할 수 있다. 유리잔이 늘 반쯤 비어 있다는 냉소적인 시각을 가진 사람처럼, 모든 것이 어둡고 칙칙하다. DSM-IV-TR에서는 "성인의 경우에 적어도 2년 동안 만성적으로 하루의 대부분이 우울한 기분이 있고, 우울한 기분이 없는 날보다는 있는 날이 더 많은"(APA, 2000: 376) 것을 주요한 특징으로 묘사하고 있으며, 매우 흔한 장애라고 언급하고 있다. 어느 시점에서나 인구의 거의 3%가 이 장애를 갖고 있는 것으로 생각되며, 생애의 특정한 시점에서는 약 2배 이상으로 많은 사람이 이 장애를 갖는다. 아동들은 외관상 우울한 기분을 보이지 않거나, 과민한 상태로 우울증을 표현하기도 한다. 이 진단을 내리기 위해서는 기간이 적어도 1년이 되어야 한다.

DSM-IV-TR에서는 구체적으로 기분부전장애의 주요 진단 기준을 기술하고 있는데, 이는 〈표 5-1〉과 같다.

〈표 5-1〉 기분부전장애의 주요 진단 기준

A. 성인의 경우에 적어도 2년 동안 만성적으로 하루의 대부분이 우울한 기분이 있고, 우울한 기분이 없는 날보다 있는 날이 더 많다는 주관적 설명이나 타인의 관찰로 드러난다. 주: 아동과 청소년은 기분이 과민한 상태로 나타나기도 하며, 기간이 적어도 1년이 되어야 한다.

B. 우울기 동안 다음 중 두 가지(또는 그 이상) 증상이 나타난다.
(1) 식욕부진 또는 과식
(2) 불면 또는 수면과다
(3) 기력 저하 또는 피로감
(4) 자아존중감 저하
(5) 집중력 저하 또는 의사결정 곤란
(6) 절망감

C. 장애가 있는 2년 동안(아동과 청소년에서는 1년) 연속적으로 2개월 이상, 기준 A와 B의 증상이 존재하지 않았던 경우가 없다.

출처: DSM-IV-TR, Copyright 2000. APA, pp. 380-381.

영재 아동 및 영재 성인과의 유사성

기분부전장애는 비관적이고 전반적으로 인생이 불행하다고 느낀다. 자신의 삶이 아무 쓸모없고, 과거에도 아무 쓸모없었으며, 앞으로도 항상 쓸모없을 것이라고 느낀다. 컵에 물이 반쯤 비어 있을 뿐만 아니라 깨져 있고 물이 샌다. 해결하는 것마다 문제가 있고, 그들에게는 자신의 불행한 상황을 간단하게 바꿀 수 없는 만 가지 이유가 있다. 좀 더 도전하면서 자신에게 맞는 공부를 하기 위해 최선의 노력을 기울였음에도 불구하고 오랫동안 학교에서 배운 것이 아무것도 없다고 느낀다면, 영재 아동이 어떻게 이렇게 느끼는지를 쉽게 이해할 수 있을 것이다. 이러한 만성적으로 저조한 기분 상태는 부적절한 환경에 대한 정상적인 반응이다. 이러한 경우에는 상황적 우울증 진단은 적합하지만, 기분부전장애에는 해당되지 않는다.

그러나 우리는—그리고 이 책을 읽는 많은 독자는—공정하지 못하다고 생각하는 시험에서 낮은 성적을 받은 후에 희망을 잃거나, 기안이 나쁜 새로운 법률을 통과시키려는 정부의 결정을 예상하거나, 또는 가장 가까운 친구로부터 소외당해서 자신의 삶에 대해 비관적이고 냉소적인 영재 아동을 보아 왔다. 이상적인 영재 아동은 지속적으로 위선에 맞선다. 이상과 현실이 거의 상충하기 때문이다. 이런 유형의 아동은 자신의 강한 이상이 결코 성취될 수 없음을 깨닫게 되면 빨리 희망을 버린다(강한 반응으로). 이런 경우 진단이 적절한가? 아마도 그럴 것이다. 영재성과 사건 주변 상황이 치료에 중요한가? 절대적으로 중요하다.

영재 아동은 다른 사람이 보지 못하는 논점의 양쪽 측면을 모두 볼 수 있다. 그 결과, 그들은 콕콕 찔러 이론에 구멍을 내고, 작은 일에도 논쟁하며, 다른 사람의 입장에 도전하거나 만성적으로 비관적인 태도를 표현하는 등 과민해진다. 이것이 기분부전장애의 증거인가, 아니면 영재 아동의 영재성인가? 몇 주 혹은 몇 달 동안 매우 분명하게 나타남에도 불구하고, 초기에는 이 두 가지를 구분하는 일이 어렵다. 기분부전장애를 앓는 사람이 오랫동안 거의 모든 일에 비관적이라고 한다면, 영재 아동과 성인의 비관주의는 다른 이상주의자와 함께 있으면 기운이 나서 다른 사람에게 능력을 부여하는 활동에 열정적으로 참여할 수 있다. 이전에 동료 한 사람이 이렇게 언급하였다. "냉소주의를 긁어 보면, 바로 밑에서 이상주의를 발견할 것이다."

실존적 우울

영재 아동과 영재 성인에게는 다른 사람들보다 좀 더 우울증에 빠지기 쉬운, 비교적 거의 생득적이지 않은 요인이 있다. 그것은 좀 더 자주 문제를 만드는 영재와 환경 간의 부적절한 조화 때문이다. 교사나 또래, 가족들로부터의 이해와 지지의 부족은 우울을 포함하여 다양한 종류의 실제 문제를 일으킬 수 있다.

그러나 실존적 우울은 예외다. 비록 어떤 환경이 다른 환경보다 실존적 우울이 좀 더 많이 촉발될 수는 있지만, 대부분의 환경에서 다 나타날 수 있다. 실존적 우울은 DSM-IV-TR에서 언급된 우울의 범주는 아니지만 특별히 고도 영재에게서 나타날 수 있다. 일부 연구자들이 실존적 우울에 대해 글을 쓰고 있지만(예, Camus, 1991; Frankl, 1963; May, 1994; Sartre, 1993; Yalom, 1980), 거의 아무도 영재 아동과 영재 성인과의 관련성은 고려하지 않고 있다. 우리의 경험에서 보면, 일반적으로 전문가들은 영재적 요소를 간과하고 실존적 우울을 다른 이유에서 발생하는 우울증으로 잘못 취급하는 것 같다.

실존적 우울의 개념은 영재적 특성과 강한 연관성이 있다. 이것은 실존에 관한 논점을 심사숙고하는 능력과 원래 영재성에 있는 비동시성으로부터 일어난다. 영재 아동은 자신의 사고를 사고하는 상위인지 능력을 일찍부터 발달시킨다(Schwanenflugel, 1997). 심지어 어떤 경우에는 상위인지 능력을 성공적으로 다루는 데 필요한 정서적이고 경험적인 도구를 발달시키기 이전부터 발달하기도 한다. 그들은 문제점을 시사점과 함께 세계적인 규모로 바라볼 수 있다. 상위인지와 이상주의, 강렬함 그리고 예민함이 결합되어 그들은 주변 세계로부터 소외감을 느끼게 된다. 실존적 우울은 성인에게 좀 더 흔하게 나타난다. 그러나 우수한 젊은이들이 자기 미래를 일찍부터 심사숙고하는 것과 마찬가지로, 영재 아동에게는 이러한 종류의 우울이 중학교나 고등학교 시절부터 일찍 시작될 수 있다.

"돕슨! 난 9학년이라서 대학 진학과 졸업 이후에 무엇을 하고 싶은지 생각하고 있어." 돕슨이 말하길, "바네사, 너는 원하는 대로 무엇이든지 할 수 있잖아."

바네사는 생각한다. '그러나 그것은 내게 도움이 되질 않아. 왜냐하면 나는 할 수 있는 것이 너무 많다고 생각하거든. 정말로 나는 신경학자가 되고 싶어. 뇌는 정말 매혹적이야. 그러나 스즈끼 바이올린 레슨을 받기 시작한 이후에는 바이올린 연주자도 되고 싶었어. 그러나 나는 야외 활동을 좋아하니까 식물학자나 자연탐구자가 되는 것도 좋겠지. 이 세상에는 할 일이 너무 많구나. 아! 나는 외교부에 들어가야 할까 봐.'

그리고 바네사는 실존적 딜레마를 깨닫기 시작했다. 그녀는 되고 싶은 모든 것이 다 될 수는 없다. 어느 한 가지를 선택해야 하는 것 때문에, 그녀는 다른 선택을 효과적으로 부정한다. 그녀는 87시간만큼의 삶의 가치를 24시간 안에 밀어 넣으려고 애를 쓰지만, 별로 효과를 보지 못하고 있다.

그녀는 계속 생각했다. '나는 이런 문제를 친구들에게 말하고 싶지만 그들은 내가 왜 이런 점을 염려하는지 전혀 이해하지 못해. 내 나이 또래들은 십대들의 우상이나 최신 영화에 빠져서 바쁘게 보내고, '자기에게 맞는' 종류의 청바지를 입는 일에 신경 쓰고 있어. 그런 친구들에게 이런 이야기를 할 수 없잖아. 외로워!'

"내 주변에 있는 어른들에게 주의를 돌려 봐도 역시 그들과도 이야기할 수 없다는 것을 알았어. 그들은 '어린 시절을 즐겨! 어른이 되면 이해할 거야.' 라고 말했어. 나는 이들이 무엇을 하는지 봤어. 그리고 화가 나고 실망했어. 그들은 아무 생각 없이 생활해 나가고 있었어. 심지어 그들은 위선적이야. 여자들은 혁신적이길 원한다고 말하지만, 옆에 있는 남자들과 옷차림으로 스스로를 구속하고 있어. 남자들은 무례하고 생각이 없어. 그들은 민감하고 배려를 잘하는 사람이 되길 원한다고 말하지만, 결국에는 축구 이야기만 해. 사람들은 '잘 있었어?' 처럼 의미 없는 이야기만 늘어놓고 있어. 그러나 그들에게 실제로 어떻게 지내는지를 말하기 시작하면, 그들은 알고 싶어 하질 않아."

"기아나 테러리즘, 오염이나 노숙과 같은 문제를 바라보면, 많은 사람이 여기에 관심을 두고 있지 않아서 마음이 너무 괴로워. 어른들은 환경에 관심을 갖고 이야기할지는 몰라도, 나가서는 쓰고 버릴 수 있는 물건들을 사거든. 공기와 해양 오염에 관해서는 아무 생각이 없는 것 같아. 내가 보기에 그들은 일회용인 것처럼 행동하는 것 같아. 그들은 이 세계에 대해 걱정을 한다고 말은 하지만, 실제로는 그렇지 않아."

"아마도 인생의 90%가 드러내 보이기 위한 것이라는 우디 앨런의 말이 맞을지도 몰라. 어느 누가 이러한 불합리한 카프카적인 세상을 다르게 만들 수 있겠어? 이것만이 전부인가? 내가 다르게 만들 수 있어? 이것만이 내 인생에서 전부인가? 행동해 봐, 그러면 너는 죽어. 그거야? 이런 불합리한, 위선적인, 의미 없는 세상에 단지 나 홀로 있는 것?"

바네사의 이상주의와 위선주의에 대한 분노와 실망의 강도를 깨닫는다면, 그녀의 실존적 딜레마를 이해할 수 있을 것이다. 이같이 고도 영재들은 자살의 위험이나 적어도 사회의 대세에서 탈락할 위험에 처할 수 있다.

이러한 실존적 종류의 우울은 사고력과 사물이 어떻게 되어야 하는지를 이상적으로 볼 수 있는 능력에서 나오지만, 또한 결국에는 혼자라는 것을 깨달으면서 나온다. 우리는 7세 정도의 어린 아동이 인생이 너무 힘들어서 더 이상 살고 싶지 않다는 말을 하는 것을 들었다.

실존적 우울이 있는 사람은 특히 생애의 중요한 사람으로부터 거절을 당하면 자살의 위험에 놓이게 된다. 그들은 가끔 '얼간이' 나 '바보' 라고 불리기도 하는데, 또래 집단이나 가족 그리고 사회 속에서 혼자임을 느낀다. 그들은 세상이 어떠해야 하지만 자신은 중요한 차이를 만들어 낼 가망이 없음을 안다. 이들에게는 자신이 가진 관심을 함께 공유할 사람이나 정신적인 안내자가 없다. 따라서 "왜 그게 걱정이 되는데?"라는 질문을 받기 쉽다.

실존적 우울은 단지 아동들이 성장하면서 겪는 단계가 아니다.[6] 한 번 종소리가 울렸다고 해서, 더 이상 안 울릴 수는 없다. 다른 사람과 다르다는 느낌과 전반적인 소외감은 지속된다. 고도 영재 아동이 꾸는 환상이나 감정은 마치 버려진 외계인이 자기를 집에 데려다 줄 엄마가 탄 배가 오는 것을 기다리는 것과 같다. 그러나 이런 이야기를 다른 사람에게 하면, 오진단을 내리게 할 수 있으며, 저변에 있는 실제 실존적 우울을 알기 어렵게 만들 수 있다.

실존적 우울을 다루는 데 다음과 같은 세 가지 주요한 요소가 있다. 첫째, 다른 사람이 그들의 감정을 이해한다는 느낌을 전달하기, 둘째, 그들은 혼자가 아니라는 것과 그 사람의 이상을 함께 공유한다는 것을 보여 주기, 셋째, 다른 사람과 노력을 함께 할 수 있으며 영향을 줄 수 있음을 지적하기 등이다. 가끔 이들은 사회적, 정치적 또는 종교적인 운동에 강하게 참여하는데, 이렇게 함으로써 외로움을 느끼지 않고 더욱 힘을 갖게 된다.[7]

아동과 젊은이들에게 세상을 보살피고 회복시키는 일은 피할 수 없는 일이며, 그것을 전체적인 일을 단독으로 행해야 하는 책임이 아닌 의무라는 점을 전달하는 것이 과제다. 망가지고 굶주린 사람들과 상처받은 환경, 그리고 서로 상처를 주어 해를 입은 사람들을 다독이고 낫도록 하는 일은 우리 모두 공유해야 할 책임이다. 극적인 사건이 없거나 매력적이지 않아서 하찮게 보일 수 있는 작은 몸짓조차 중요하지 않은 것은 없다. 길거리에 떨어진 음료수 병을 줍는 일도 이 세상을 회복시키는 작은 일인 것이다. 아픈 사람을 방문하는 것이나 동물을 돌보는 일 역시 중요하다. 이러한 사람들은 포옹과 같은 신체적인 접촉이 다른 사람과 연결되어 있고 사람들이 자신을 돌봐 주고 있다는 느낌을 전달하는 매우 강력한 방법이 될 수 있음을 배울 수 있다.

제 · 6 · 장

학습장애

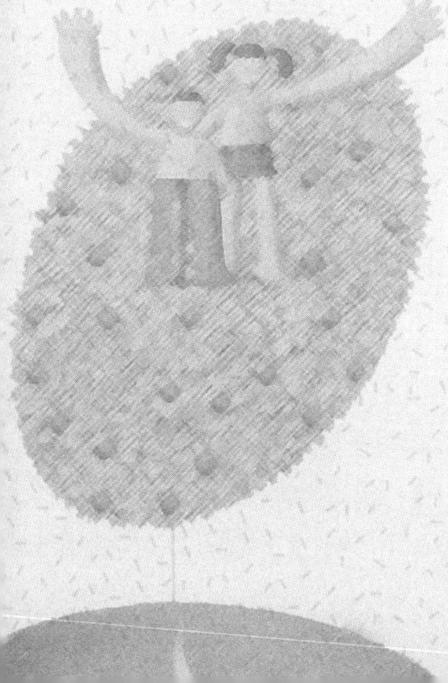

제6장

학습장애

수년 동안 건강관리 전문가와 교육자들은 학습장애가 뇌 기능의 거의 모든 영역에서 일어날 수 있다고 알고 있었다. 가장 흔하게 알고 있는 것이 언어나 수학 학습장애였다. 왜냐하면 학교 과제가 언어와 수리 능력에 집중되어 있기 때문이다. 미국의 많은 주에서는 특정한 학업 영역을 다루는 학습장애만을 법으로 인정하고 있다. 철자, 읽기 또는 수학에서의 심각한 어려움을 가진 정상 아동은 전형적으로 어린 나이에 쉽게 판별된다. 그렇지만 이러한 어려움을 가진 영재 아동들은 잘 판별되지 않기도 한다. 사실 학습장애를 가진 영재 아동은 이전에 생각했던 것보다 훨씬 더 많은 것으로 보인다. 상당수의 교육자와 건강관리 전문가들은 영재에게는 학습장애가 있을 수 없다는 잘못된 언급을 해 왔다.

브로디와 밀(Brody & Mill, 1997)은 장애나 영재성이 미확인된 채 남아 있을 가능성이 높은 학습장애 영재 아동을 세 집단으로 나누어 기술하고 있다. 첫 번째는 영재로는 판별받았지만 학습장애는 진단받지 않은 경우다. 이들의 능력은 학습 문제를 충분히 보상할 수 있었기 때문에, 비록 학업 면에서 도전을 받고 힘들어하긴 하지만 학습장애는 간과되기 쉽다. 대신에 그들이 지닌 학습 문제는 동기 부족, 낮은 자아 개념 또는 그 밖의 다른 요인 때문에 발생하는 것으로 보고 있다. 예를 들어, 매우 뛰어난 시·공간 능력을 지닌 아동은 깊이 지각의 결핍이 있어도 스탠퍼드-비네 검사에서 평균 점수를 받을 수 있다. 이 아동의 장점이 약점을 덮어 버리기 때문이다. 이와 비슷하게, 소근육 문제는 아동의 시·공간 과제의 수행 기술을 과소평가할 수 있다. 왜냐하면 아동은 대부분의 이러한 과제에서 빠르고 능숙한 수행을 해서 추가 점수를 얻기 때문이다.

두 번째는 학습장애가 눈에 띌 정도로 심각하지만 높은 능력은 간과되는 경우다. 학교는 이러한 학생들을 판별하여 학습장애 서비스를 제공하지만, 강점 영역에 맞춘 앞선 학업 과제나 지원은 적절하게 제공해 주지 못하고 있다. 과소평가된 능력, 융통성 없는 판별 또는 영재 프로그램에서의 엄격한 교수 학습의 기대에 의해 이런 학생들이 필요로 하는 영재 서비스는 거의 제공해 주지 못하는 결과를 낳게 된다.

세 번째는 재능과 학습장애가 서로를 감추거나 덮어 버리는 경우다. 아마도 가장 많은 수가 이 집단에 해당된다고 본다. 영재적 능력은 장애를 감추고, 장애는 학업적 영재성을 감춘다. 이러한 아동들은 전형적으로 자기 학년에서 기대하는 수준 정도로는 잘 기능하지만, 대신에 특별한 욕구를 지닌 아동으로는 인식되지 못한다. 보통 정도의 아동으로만 단순하게 생각한다. 그들은 학업 면에서 잘 수행한다고 하더라도 자기 잠재력에 비해 낮은 수준으로 수행하고 있기 때문이다.

정의와 관련하여 논란의 여지가 있지만, 학습장애를 진단하기 위해 가장 널리 사용하는 평가는 아동이 주어진 과목에서 기대한 것보다 낮은 수행을 보이는 것이다. 기대치보다 주로 두 개 학년 수준 또는 표준편차 1 또는 2의 차이를 보이는 경우다.[1] 이러한 지침은 그 나이 또래의 평균 수준에 근거를 두고 있어서, 교사와 심리학자는 대부분의 영역에서 자기 또래를 능가하지만 한 개의 과목에서 평균 수준의 능력을 보이는 이러한 아동들을 위해 척도를 바꾸지 않는다. 즉, 대부분의 과목에서 또래 아동과 비교해서 상위 5% 이내에 있는 학생이 한 개의 과목에서 하위 25%에 속한다고 해도 이를 정상으로 여긴다는 것이다. 왜냐하면 이 모든 점수들이 평균이나 그 이상의 범위 이내에 속하기 때문이다. 때때로 학교 당국은 한 학생에게서 영재성과 학습장애가 동시에 존재할 수 없다고 잘못 믿고 있다.

학습장애 모델은 식역모델(Threshold model)이다. 만일 아동의 수행이 좋지도 나쁘지도 않은 정도라면, 그것으로 충분하다고 여긴다. 심지어 수행이 기대치보다 오직 한 학년 아래 수준이라고 하더라도 일반적으로 서비스는 제공되지 않는다. 그리고 이 아동이 무엇을 할 수 있을지를 파악하기 위한 어떤 조치도 없다. 시험에서 여분의 추가 시간을 제공하는 것이 학습장애를 '가진' 아동에게는 꽤 도움이 될 수 있지만, 학습장애가 '없는' 아동에게는 별로 득이 되질 않는다. 그러나 학습장애를 지닌 대부분의 영재 아동은 과제 수행 시간이나 시험 시간을 좀 더 늘려 주는 것과 같은 아주 간단한 조치조차도 받지 못한다.

학습장애를 지닌 많은 영재 아동은 가끔 이중특수 아동으로 의뢰되기도 하지만 3, 4학년이 될 때까지 거의 무시되거나 간과된다(Kay, 2000). 우리의 경험에 따르면, 이들이 중학교나 고등학교에 갈 때까지 간과되기도 한다. 이들은 매우 영리해서 기본적인 학업 과목에서는 적어도 자기 학년 수준, 즉 '기대된' 수준으로 학습하고 수행하는 방식으로 자신의 학습장애를 정신적으로 보상할 수 있다. 아동이 나이에 맞게 진보하면 어느 누구도 학습장애를 의심하거나 문제점을 알아차리지 못한다. 더욱이 영재로 판별된 경우에는 더욱 그러하다. 나중에 고학년에 가서 더 많은 정보를 읽고 처리하는 것이 요구되어야 비로소 학습장애가 분명하게 드러난다. 예를 들어, 학습장애 영재 아동이 영재로 판별받는다고 하자. 그러고 나서 3, 4학년 또는 5학년에 가서야 교사는 아동이 글을 잘 읽지 못하거나 맞춤법을 모르거나 글씨를 잘 쓰지 못한다는 것을 갑자기 발견하게 된다. 안타깝게도, 이런 점들은 이 아동에게 추가적인 학습장애 서비스를 제공하기보다는 이전에 받았던 '영재성'이라는 명명을 재고하도록 만든다.

학습장애를 가진 영재 아동들은 재학 중에 탄로가 나지 않도록 피한다. 그들은 자기 나이에 적합한 속도로 계속 진보해 나가며, 자신의 약점을 보완하기 위해 장점을 사용한다. 따라서 이러한 영재 아동의 능력에 의해 장애는 판별받지 못하고 남아 있게 된다. 그러나 이 아동들은 전반적으로 학업상 진보를 하긴 하지만 상당히 낮은 수준에서 기능하며, 비동시성에 의해 학업에 대한 열정과 신뢰를 잃어버린다(Robinson & Zlszewski-Kubilius, 1996). 그들은 어떤 것은 매우 잘하지만 또 다른 어떤 것은 잘하지 못하기 때문에 좌절감을 느낀다.

영재 아동이 언어 영역에서 장점을 갖고 있다면, 자신이 느낀 좌절감을 다른 사람에게 표현할 수 있다. 하지만 언어적 장점이 없다면, 그의 좌절감은 내면화되거나 부정적인 행동 방식으로 표현되기도 한다. 이러한 비동시성 발달의 결과로 고통과 좌절감이 내면화되면, 아동은 자기 가치를 의심하게 된다. 외부 세계로부터 "너는 맞지 않아."라는 메시지를 받게 되면, 아동의 자존감은 부정적으로 영향을 받는다.

자스민은 고등학생이다. 그녀는 지난 한 해 동안 불행한 나날을 보내 왔다. 그녀는 그동안 계속 좋은 성적을 받았으며, 항상 똑똑한 것같이 보여 왔었다. 부모는 그녀가 초등학교와 중학교에서 영재 프로그램 입학 자격을 얻지 못한 것에 적지 않게 놀랐다. 부모는 마침내 자신들이 평균보다 약간 높은 능력을 지녔을 뿐 전혀 영재가 아닌 딸에게 너무 힘들게 공부를 시켰다고 생각하게 되었다. 학교를 다니는 내내 자스민은 글 읽기를 힘들어했지만 그럭저럭 해 나갔다. 책을 읽는 데 다른 아이들보다 훨씬 더 긴 시간이 소요되었으며, 읽은 내용에서도 가끔 다소 난해한 부분은 놓치곤 했다. 자스민은 비록 성적은 좋았지만 자신은 결코 똑똑한 아이가 아니라고 생각하기 시작했다.

자스민의 부모는 딸의 읽기 문제가 점점 더 염려되었으며, 급추락하는 그녀의 자존감도 걱정이 되었다. 부모는 심리학자에게 의뢰해서 뭔가 유용하면서도 관련 있는 정보를 제공해 줄 수 있는 지능검사를 받기로 했다.

심리학자가 자스민의 지능 점수는 영재의 범위에 속하며 학교에서 영재 서비스를 받는 것이 좋겠다고 알려 주자, 부모는 매우 놀랐다. 그들은 그동안 염려해 왔던 읽기 문제를 제시하며 아이가 일종의 학습장애를 갖고 있는 것은 아닌지 물었다. 심리학자는 영재와 학습장애는 상호 배타적이라서 양립할 수 없기 때문에 자스민은 학습장애를 가질 수 없다고 대답하였다. 그래서 부모는 안심하였다. 심리학자는 아이에게 더 이상의 학업검사는 필요하지 않다고 느꼈으며, 모든 것이 다 잘될 거라고 부모를 안심시켰다. 그리고 자스민은 여전히 좋은 성적을 받고 있었다.

그러나 자스민은 읽기에서 계속 좌절했다. 이후 영재에 관한 임상 훈련과 경험을 갖춘 다른 심리학자에게 자스민을 의뢰했으며, 학업검사가 시행되었다. 자스민의 읽기 이해력은 평균 수준에 속했다. 이는 그녀의 지능에 비해 상당히 저하된 수준으로 읽기와 언어에서 학습장애를 나타내고 있었다. 자스민이 가진 학업 기술들이 같은 나이 또래의 수준에는 맞기 때문에 아무도 문제가 있음을 알아차리지 못했다. 결국 자스민의 학습장애는 수년 동안 진단을 받지 못했던 것이다. 새로운 정보에 의해 부모는 이제 적절한 조치를 요구할 수가 있었다. 그리고 자스민은 보다 현실적으로 자신의 장점과 약점을 인식하기 시작했다.

비언어적 영역에서의 학습장애, 특히 시 · 공간적 학습장애는 최근에서야 영재 집단 내에서 실질적인 주목을 받았다(예, Lovecky, 2004; Maxwell, 1998; Rourke, 1989; Silverman, 2002). 이 장애를 가진 아동들은 공간 지남력과 다른 사람에 대한 사회적 단서를 읽는 데 어려움을 겪으며, 다른 사람들은 재빨리 알아차리는 대인관계 단서들을 대부분 놓치는 경향이 있다. 비록 DSM-IV-TR의 진단에는 이러한 기준들이 공식적으로 들어가 있지는 않지만, 우뇌 반구의 손상, 운율결손[2] 그리고 시 · 공간력의 곤란에 관한 문헌들이 꾸준히 축적되고 있다(Rourke, 1989).

이 시점에서 전문가들이 학습장애의 진단 표적으로 생각하는, 흔하게 나타나는 행동인 필기의 어려움을 언급하는 것이 중요하다. 우리의 경험에 따르면, 영재 아동의 대다수는 낮은 또는 보통 정도의 필기 능력을 갖고 있다. 설명은 간단하다. 그들의 생각은 작은 손이 움직이면서 글을 쓰는 속도보다 훨씬 더 빨리 지나가기 때문이다. 게다가 많은 영재 아동은 쓰기를 별로 중요하지 않은 기술로 여긴다. 예를 들어, 그들이 쓴 글을 상대방이 읽을 수 있고 자신이 읽을 수 있다면, 그리고 글쓰기의 목적이 의사소통이라면, 굳이 글을 왜 꼭 예술의 형태로 써야 하는가? 그럴 필요가 없다는 것이다. 이 문제를 언급하기 위한 가장 간단하면서도 실용적인 방법은 컴퓨터 자판을 두드리거나 타이핑 하는 것을 배우도록 하는 것이다. 컴퓨터의 발달로 인해 이제 손으로 글을 쓰는 서필의 중요성은 감소하고 있다. 이들이 대학을 갈 때면 어떤 형태든지 손으로 글을 써서 과제를 제출하는 일은 없을 것이다. 또한 소형 녹음기는 필기를 하거나 타이핑 전에 자기 생각을 정리하도록 도와줄 수 있다.

학습장애 진단하기

학습장애 진단을 위해 가장 흔하게 사용하는 접근은 성취를 반영하는 측정 결과와 능력이나 잠재력을 반영하는 측정 결과를 비교하는 것이다. 성취가 능력의 추정치에 근거를 두고 기대한 것보다 유의미하게 낮다면, 그리고 정서적 불편감이나 교육 기회의 결손과 같이 능력과 성취의 격차를 설명할 수 있는 다른 요소가 없다면, 학습장애가 의심된다. 안타깝게도, 일부 교육자와 학교 심리학자들은 성취가 잠재력보다 유의미하게 낮다고 하더라도 성취가 평균 정도의 수준을 유지하는 한, 학습장애는 아니라고 주장한다. 그러나 예를 들어, 뛰어난 영재가 수학에서 평균 수준의 성취를 보이는데 그의 기술이 잠재력 측정에서 제시된 결과보다 훨씬 더 낮다면, 그리고 격차가 확실하게 그 사람에게 좌절감을 일으키는 원인이 된다면, 우리는 학습장애로 진단해야 한다고 본다.

진단 정보를 얻기 위한 시도로, 임상심리학자와 신경심리학자는 지능검사, 능력검사 및 성취검사를 실시한다. 그리고 검사 결과에서 나온 프로파일의 패턴을 분석한다. 지능검사에서 언어성 IQ와 동작성 IQ 유형의 차이를 보고 다른 사람들의 결과와 비교하며, 다른 검사 결과와도 비교한다. 그리고 소검사 간의 차이도 조사한다. 또한 검사 결과에 근거를 두고 추정된 능력과 아동의 현재 성취 수준을 비교한다. 학습장애를 확인하는 방법으로, 격차 모델을 사용하여 미국의 많은 주에서 사용하는 특수교육법에 맞추어 본다. 유형에서 유의미한 변산을 보이면 그것은 역기능을 나타낸다. 그러나 학교 심리학자와 임상심리학자들이 받는 훈련의 종류가 상당히 다르기 때문에, 다른 유형을 두고 다른 전문가들은 다른 것을 제안하기도 한다. 그리고 영재 아동에 관한 문제들은 간과되기도 한다.

예를 들어, 일부 전문가들은 대학원 훈련과정을 통해 처음에 언어성 IQ 점수와 동작성 IQ 점수 간의 전체적인 차이를 파악하도록 배웠다. 차이가 20점 이상 날 경우, 언어성 IQ 점수가 낮으면 좌반구에서, 동작성 IQ 점수가 낮으면 우반구에서의 뇌의 역기능을 고려하도록 배웠다. 또한 그러한 격차와 연관이 있는 학습장애를 의심해보도록 훈련받았다. 심리학자들은 언어성 IQ와 동작성 IQ에서의 각 요소의 하위 지수에서 흩어진 산포도 점수를 조사하도록 배웠다. 만일 하위 지수의 차이가 극적으로 높다면(예, 환산 점수로 5점 이상), 특정 학습장애를 의심해야 한다.

그러나 학습장애 아동 연구에서는 이러한 접근을 지지하지 않는다(Sattler, 2002). 학습장애는 분명한 패턴이 확실하게 나타나기 어려운 다양한 집단이다. 게다가 IQ 검사에 속한 대부분의 과제는 뇌에서의 두정엽 기능을 측정한다. 전두엽과 측두엽 기능에 결손이 있는 아동들은 표준 학습장애 평가의 한 부분인 일련의 심리교육적 평가로는 발견되지 못한다(Spreen, Risser, & Edgell, 1995). 행동이나 감정 및 인지 기능에 영향을 주는 전반적인 뇌 기능은 평가 훈련을 받지 않은 사람이 평가할 경우에는 올바르게 평가되지 못할 수 있다. 이런 훈련은 학교 심리학자의 교과과정의 기본 요소에 속해 있지 않다.

유사하게, 유형 분석은 학습에서의 강점과 약점 및 학습방식을 반영할 수는 있지만, 영재학생의 학습장애를 꼭 시사하는 것은 아니다. 사실, 영재 아동의 발달과 기능에서 비동시적 특징을 지니고 있다는 몇몇 심리학자들(예, Robinson & Oszewski-Kubilius, 1996; Silverman, 1997)의 제안을 지지하는 실질적인 심리 측정적 증거가 있다. 그것은 능력이 덜한 아동들보다 영재 아동들이 훨씬 더 큰 능력의 폭을 보여 주고 있다는 점이다.

대부분의 연구에서 영재 아동의 언어성 IQ 점수가 동작성 IQ 점수보다 더 높다는 것을 발견하였으며, 때로는 매우 극적으로 높았음을 보고하고 있다(Brown & Yakimowski, 1987; Malone, Brounstein, von Brock, & Shaywitz, 1991; Sattler, 2001; Wilkinson, 1993). 예를 들어, 웹과 다이어(Webb & Dyer, 1993)는 영재 아동의 언어성 IQ와 동작성 IQ 점수 차이가 상당히 큼—한 사례에서는 45점까지 차이가 났다—을 발견하였지만, 신경학적으로나 심각한 심리적 문제와는 관련이 없었다. 언어성 IQ가 동작성 IQ보다 높다는 연구에서 영재 아동의 약 27%는 언어성 IQ가 동작성 IQ보다 적어도 약 20점 이상 높은 패턴을 보여 주었으며, 이 아동들 중 약 8%는 30점 이상의 차이를 보였다. 동작성 IQ가 언어성 IQ보다 더 높은 아동의 경우, 약 11% 정도가 20점의 차이를 보였다. 이와 비슷하게, 실버와 클램피트(Silver & Clampit, 1990)는 영재 아동의 약 20%가 동작성 IQ 점수보다 언어성 IQ 점수가 약 21점 이상 더 높았음을 발견하였다.

만일 이 연구에서 많은 하위 점수에서 천장효과가 없었다면, 언어성과 동작성 IQ 점수의 차이는 좀 더 극적으로 커졌을 것이다. 즉, 하위 점수의 맨 끝의 점수를 얻은 아동은 그 검사에서는 제공되지 않은 더 높은 점수를 얻었을 수도 있다는 것이다. 대규모의 연구에서, 웹과 다이어(Webb & Dyer, 1993)는 전체 IQ 지수가 약 130~144인 10세 미만의 어린 영재 아동의 약 50%는 1개 이상의 소검사에서 최고점을 받았음을 발견하였다. 전체 IQ 145보다 더 높은 IQ를 가진 아동의 경우, 어린 아동의 77%는 10개의 소검사 중에서 4개에서 최대점수를 얻었고, 좀 더 나이가 많은 영재 아동의 80%는 10개의 소검사 중에서 3개 이상에서 최고 한계 점수를 얻었다. 카플란(Kaplan, 1992)은 유아용 웩슬러 지능검사(WPPSI-R)에서 높은 IQ를 가진 어린 아동 평가에서 비슷한 천장효과와 하위 점수 분산을 발견하였다.

IQ 검사는 분명히 영재 아동, 특히 고도 영재 아동에게는 충분히 예민한 측정 도구가 아니다. 이것은 마치 고등학교 졸업자격 검정고시 같은 검사를 대학원생에게 실시하고 능력의 다양성 정도를 반영하는 점수 범위를 발견하길 기대하는 것과 비슷하다. 만일 대부분의 학생들이 그 검사에서 100점을 맞았다면, 그 학생들 간의 차이를 어떻게 구분할 수 있을까? 폭스(Fox, 1976)는 이렇게 언급하였다. "매우 우수한 학생들에게 검사를 실시할 때에는, 학생들을 차별화할 수 있는 충분한 한계점을 지닌 검사를 사용하는 것이 특히 중요하다"(p. 39). 그러나 이것은 실제로 그렇게 되지 못한다. 영재 아동은 IQ 검사 점수가 나타내는 것보다 훨씬 더 우수하다. 천장효과 때문에 그들의 전체 점수는 인위적으로 낮아진 것이다. 이 점이 바로 영재 및 재능 아동을 다루는 많은 심리측정자가 애태우는 문제다(예,

Silverman & Kearney, 1992).

소검사 분산과 천장효과는 임상적인 해석을 위한 시사점을 제시한다. 예를 들어, 영재 아동의 프로파일은 검사가 측정하는 능력과 성취 내에서 상당량의 분산이나 변산을 보이기 때문에 병리적인 것처럼 여길 수 있다. 사실 그러한 기능의 비동시성은 영재 아동들 사이에서는 흔하며, 심지어 정상적인 것으로 보인다. 이러한 사실을 잘 알지 못하는 임상가는 진단을 잘못 내리거나 문제를 창조해 내고, 또한 필요하지도 않은 중재를 설계할 위험에 놓이게 된다. 그럼에도 불구하고, 전문가들은 지능검사와 성취검사에 들어 있는 요인을 분석하고 하위검사 분산을 조사하길 원한다. 따라서 고도 영재 아동에게 일어나는 천장효과 때문에 그러한 검사가 지닌 한계점을 꼭 기억해야 한다.

이런 점은 검사 결과를 영재 아동에게 사용해서는 안 된다는 것을 의미하는 것이 아니다. 검사 결과는 심각한 분산이 있든 아니면 학습장애를 나타내든 간에 적절한 교육적 적응을 계획하기 위해 사용해야 한다. 예를 들어, 2학년인 고도 영재 아동은 읽기 수준이 9학년일지는 몰라도 수리력은 6학년 수준이고 소근육 기술은 2학년 수준일 수 있다. 이러한 내적 비동시성은 극적이어서 아동의 수준에 맞추기 위한 교육 프로그램의 변경과 적절한 학교의 배치 결정은 꽤 힘든 일이다. 이러한 비동시적인 아동들의 욕구를 충족시키기 위해서는 융통성이 열쇠가 된다. 그러나 많은 부모가 학교의 완고한 성질 때문에 자녀를 위한 교육 선택에서 좌절을 겪는다는 사실은 놀랄 만한 일이 아니다(Davidson & Davidson, 2004). 따라서 많은 부모는 영재 자녀가 지닌 다양한 능력을 잘 수용하기 위해 홈스쿨을 결정하기도 한다(Rivero, 2002).

이런 영재 아동들은 미국 주에서의 학습장애 필수 요건에 충족되지는 않지만(성취 수준이 자기 학년보다 2개 학년 이상 낮아야 함), IQ 검사를 통해 아동의 전반적인 우수한 능력에 비해 뒤처지는 특정한 지적 영역을 확인할 수 있다. 그리고 이러한 정보는 전체적으로 아동의 학업 능력과 지능을 의심하는 부모와 자녀에게 위안이 될 수 있다. 능력에서 심각한 분산을 보이는 영재 아동은 학습장애건 아니건 간에 자존감의 문제를 지닐 위험이 있다. 그들은 자신이 잘할 수 없는 것에 지나치게 비중을 두고 자신의 가치를 평가하는 경향이 있기 때문이다. 그래서 자기개념의 문제를 갖게 되고 좌절과 화, 분노를 보이게 된다(Fox, Brody, & Tobin, 1983; Hishinuma, 1993; Mendaglio, 1993; Olenchak, 1994; Schiff, Kaufmann, & Kaufmann, 1981). 예를 들어, 그들은 스스로 이렇게 이야기하기도 한다. "사람들은 왜 내가 똑똑하다고 생각하는지 몰라. 나는 아홉 살이고 머리로는 계산 공식을 잘 풀 수 있지만, 아직도 맞춤법을 잘 모르거든. 나는 바보야."

비동시적 발달에 의해 영재 아동들은 정상적으로 여러 가지 주제 영역에 따라 능력과 성취 간에 큰 격차를 보이게 되지만, 한 분야 내에서의 능력과 성취는 거의 동등해야 한다. 만일 그렇지 않다면, 전문가들은 아동에게 성취 기회는 제공되어 왔지만 낮은 기능을 보이는 다른 분야가 검사 점수의 위치를 꼬이게(skewed) 만들지 않았다는 것을 확신해야 한다. 예를 들어, 아동의 소근육 능력이 약하다면, 언어 또는 공간 능력을 측정하는 지필검사에서 부정확하게 낮은 점수를 얻게 된다. 양적인 추론 검사는 잘하더라도 기본적인 수학 개념을 배우지 않으면 높은 성취를 보이지 않을 수도 있다. 한 분야 내에서 능력과 성취는 교육 기회와 아동의 전체 능력을 나타내는 능력에 따라 실제로 다르게 나타날 수 있다. 그렇게 되면 학습장애가 되기도 한다.

난독증과 언어 기반 학습장애

DSM-IV-TR에서는 주요 학습장애를 읽기장애, 산술장애, 쓰기 표현 장애의 세 가지로 보고 있으며, 의사소통장애도 표현언어 장애, 혼재성 수용-표현 언어장애와 같이 몇 가지로 나누고 있다. 이러한 장애들은 각각 영재 아동에게 일어날 수 있고 그 영향력이 성인기까지 지속될 수도 있지만, 의사소통 장애는 여기에서는 제외시킬 것이다. 왜냐하면 영재 아동에게는 그리 흔하지 않은 장애이기 때문이다(외상적 뇌손상이 있지 않은 한).

쓰기, 읽기, 언어이해 그리고 구두 표현과 같은 언어 기능은 뇌의 각기 다른 부위에 위치해 있음을 아는 것이 중요하다. 사람들은 한 개 또는 여러 개의 이런 과제에서 어려움을 겪을 수 있지만, 다른 분야에서는 분명하게 영재성을 지닐 수도 있다. 이런 아동과 성인은 영재와 학습장애라는 이중진단을 받아야 하며, 흔히 이중특수 아동이라고도 일컫는다.

흔히 난독증(읽기에서의 심각한 곤란)으로 불리는 읽기장애와 같은 언어장애를 지닌 영재 아동은 학교에서는 영재로 판별받기 쉽지 않다. 언어에서의 어려움이 그들이 지닌 재능을 불분명하게 만들기 때문이다. 거의 모든 교육 체계는 상당한 언어를 기반으로 이루어져 있다. 교사는 경험적이고 시각적인 요소들을 섞어서 사용하긴 하지만 강의를 통해 정보를 제공한다. 아동들은 교과서를 읽어야 하며, 보고서나 과제를 글로 써서 제출해야 한다. 또한 시험 문제도 읽어야 할 뿐만 아니라 답도 글로 써야 한다. 심지어 결손이 언어의 어느 한 영역에만 영향을 주는 것일지라도, 전반적인 학업 수행을 망가뜨리고 아동뿐만 아니라 부모와 교사를 당혹스럽게 만든다. 예를 들어, 질문을 받으면 자기의 생각을 말로 유창하게 표현하지만, 글로 쓸 때는 같은 주제라도 어색하면서도 산만하게, 그리고 발달적으로도 미숙한 답을 쓰게 된다.

읽기장애, 쓰기산출 장애 그리고 구두표현 장애

흔하게는 읽기장애라는 용어로, 드물게는 쓰기산출 장애라는 용어로 널리 알려진 난독증은 읽기를 배우는 학령기 동안 글자를 반전시키며 읽기 지연을 보이는 장애를 일컫는다. 난독증으로 고생하는 많은 사람을 이러한 특징들로 기술하고 있지만, 그러한 협의의 가정이 다른 언어 기반 결핍을 정확하게 볼 수 있는 우리의 능력을 모호하게 만들 뿐만 아니라 읽기장애가 일어나는 여러 가지 면을 보지 못하게 할 수 있다. 난독증은 다양한 문제를 간단하고 짧게 언급하는 하나의 용어이며, 문제 각각은 다른 접근을 필요로 한다. 따라서 읽기장애는 실제로 글자를 반전시키는 것 이상으로 확대될 수 있다.

대부분의 교육자는 아동이 큰 소리로 읽는 것을 들음으로써 읽기가 정상인지를 파악한다. 이것은 몇 가지 과제가 혼합되어 있어서, 그 근원이 되는 문제를 파악하기가 어렵다. 다음의 영역에서 근본적으로 문제가 되는 경우가 많이 있으므로 각각을 신중하게 고려할 필요가 있다.

단어는 시각 유형으로 그것 자체는 의미가 없다. 아동은 의식적인 노력 없이도 단어와 음절을 인식할 때까지 형태를 배우려고 한다. 언어 문제인 것 같지만 때로는 단어의 모양을 지각하지 못하거나 학습하지 못하는 시각상의 문제인 경우도 있다. 유형 인식이 어려운 아동들은 단어를 통문자로 지각할 수가 없으며, 글자 하나하나를 낱개로 읽는 것에 의존할 수밖에 없다(Goldstein & McNeil, 2004).

명백하게 '언어 기반' 문제들로 된 난독증에는 세 가지 종류가 있다. 첫 번째는 단어는 정확하게 읽을 수 있지만 의미를 인식할 수 없는 경우다. 활자로 된 글자와 의미 간의 연결이 손상된 것이다. 때로는 언어가 어떻게 구성되는지를 이해하지 못하는 문제도 있다. 이러한 아이들은 뛰어난 기억력에 의존하여 제대로 공부도 하지 않으면서 학교를 다닌다. 그들은 써 있는 단어를 배우긴 하지만, 저변의 언어구조에 대한 감각은 없다(예를 들어, "Broom이란 단어에서 r음을 뺀다면, 어떤 단어가 남을까?" Boom). 또한 'plish' 'knoist' 와 같은 비단어의 발음을 파악해 낼 수 없음을 알게 된다.

두 번째는 '표층성 난독증(surface dyslexia)' 으로, 규칙적인 단어는 읽을 수 있지만, 예를 들어 yacht 또는 buoy와 같이 불규칙적인 단어는 읽을 수 없는 경우다. 이러한 단어들은 전통적인 음운론 규칙을 많이 깨뜨리면서 발음을 하게 되므로 이들을 좌절시킨다.

세 번째는 '심층성 난독증(deep dyslexia)' 으로, 단어를 잘못 생성하는 경우다. 이러한 아동들은 단어를 읽고 일반적으로 올바른 개념을 인출하지만, 잘못된 단어를 생성한다. 예를 들어, '자동차' 라고 써 있는 단어를 보고 '차' 라고 말하거나, '운동화' 라고 써 있는 단어를 보고 '신발' 이라고 말한다.

글쓰기

글쓰기도 분명한 방식으로 손상이 될 수 있으며, 여러 가지로 읽기에서의 어려움과 유사하게 이루어진다. 단어의 철자를 큰 소리로 정확하게 읽을 수는 있지만 쓸 수는 없는 아동이 있다. 이들은 받아쓰기를 못 하고, 소리를 글자로 변환시키는 능력에서 불균형적인 오류를 보인다. 이러한 어려움은 다른 종류의 언어 손상을 동반하기도 하지만, 단독으로 나타날 수도 있다. 특히 외상적 뇌손상 아동, 간질이나 다른 신경학적 손상을 입은 아동들에게서 나타난다. 사실 이 장에서 다루는 모든 장애는 외상적 뇌손상에 의해 이차적으로 발생한다.

언어산출

때때로 아동은 언어를 이해할 수 있지만 자기가 알고 있는 것을 정확하게 표현할 수 없다. 그들은 단어의 순서를 바꾸면 문장에서 의미가 어떻게 바뀌는지 이해하지 못할 것이다(예, '개가 소녀의 아버지를 물었다.' 와 '소녀의 아버지가 개를 물었다.'). 이와 같은 순서의 문제는 다른 언어 문제나 읽기 이해 문제와 함께 일어날 수도 있지만, 그것 자체만 일어날 수도 있다. 언어산출 문제는 조음 부족에 근본적인 문제가 있다. 연속되는 단어나 문장을 정확하게 소리 내기 위해 사용하는 목소리와 숨을 조절하는 운동 능력에 어려움이 있는 것이다〔통합운동장애(dyspraxia)와 구음장애(dysarthria, 또는 발성장애)〕.

학습과 기억력 문제

기억력 문제는 때때로 읽기에도 미묘하게 영향을 줄 수 있다. 예를 들어, 아동에게 읽기를 시킬 때는 동시에 그들에게 단어와 아이디어를 배우고 회상하도록 요구하는 것이다. 만일 기억력에 문제가 있다면, 내용을 배우거나 회상하는 능력에 영향을 끼치게 되고, 그것은 읽기 과정에 영향을 끼친다. 즉, 아동은 자기가 읽는 대로 부호화하는 데 어려움을 겪으며, 학습과 기억은 실행 기능 결손에 의해 악화될 수 있다. 아동은 자기가 읽은 것의 의미를 잃어버리기 때문에 단어를 해독하는 데 많은 노력을 기울여야 한다. 그래서 아동은 단어를 읽지만, 문장 전체의 의미 속에서 그 단어의 의미를 파악하지는 못한다. 아동은 단어를 읽지만, 자기가 읽은 내용을 반추할 수 없다. 단어를 읽어도 단어의 의미와 다른 단어와 연합된 것을 파악하지 못하기 때문에, 문장을 다시 읽어야만 한다. 아동은 자기가 읽은 내용을 잊어버리는 것처럼 보이지만, 사실은 읽은 것을 전혀 부호화하지 못하는 것이다. 이런 아동들은 검사에서도 추가 시간을 더 필요로 한다.

산술장애

2학년이 되기 전에는 수학에서의 어려움을 전혀 알아차리지 못한다. 왜냐하면 학교 교과과정에서 수학학습 기술을 강조하지 않기 때문이다(우리나라의 실정은 다소 차이가 있을 수 있다–역자 주). DSM-IV-TR은 전반적으로 높은 지능을 가진 아동의 경우에 보상 기술 때문에 이 장애가 잘 파악되지 못한다고 언급하고 있다. 또한 학습장애는 5학년이나 그 이상이 될 때까지 분명하게 드러나지 않기도 한다.

읽기에 글자의 상징이 들어 있는 것과 같은 방식으로 수학에는 기호를 인식하기와 조작하기가 포함되어 있다. 그러나 이것을 다루는 뇌의 영역이 다르고 여러 가지 특정 기능, 즉 주의집중력(예, 숫자를 정확하게 외우기, 순서대로 단계를 밟아가기, 정확한 함수 부호를 결정하기), 지각 기술(예, 숫자들을 분류해서 집단으로 묶기, 숫자 기호나 산술 부호를 인식하기) 그리고 기억력(예, 구구단 외우기)을 사용한다.

요 약

산술장애, 읽기장애 그리고 쓰기표현 장애는 영재 아동이나 영재 성인에게 주요한 방해 요소가 될 수 있다. 이러한 학습장애에서는 조기 개입이 결정적으로 중요하다. 예를 들어, 세이비츠(Shaywitz, 2003)는 1학년에서 말-음성 관계를 잘 이해하지 못하는 하위 20% 정도의 아동들이 5학년에 가서도 계속 하위 20% 정도에 속하게 되는 경향이 있다고 지적하였다. 이러한 지체는 적절하게 중재를 받지 않으면 만성적인 문제로 남게 된다.

읽기는 정보에 접근하는 주요한 형태일 뿐만 아니라 자신의 재능을 충분히 표현하는 지식의 깊이와 넓이를 발달시키기 때문에, 읽기장애는 특히 더 불리한 방해 조건이 된다. 하루에 20분씩 읽는 사람은 1년에 평균 180만 개의 단어를 읽는 셈이 된다. 하루에 오직 4.6분 정도 읽는 사람은 1년에 고작 28만 2천 단어밖에는 읽지 않는다. 그리고 하루에 1분 미만으로 읽는 사람은 1년이 되어도 고작 8천 단어밖에는 읽지 않는다(Shaywitz, 2003). 글을 읽지 않는 사람은 읽기 기술을 연습하는 기회를 잃어버리게 될 뿐만 아니라 나아가 정기적으로 글을 읽는 사람들이 얻는 모든 정보에 노출되는 기회도 놓치게 된다.

비언어성 학습장애

그동안 연구해 온 대부분의 학습장애는 언어와 읽기의 어려움과 연관이 있으며, 그것은 좌뇌와 연관되어 있다. 1980년대에 신경심리학자인 바이런 루크(Byron Rourke)는 우뇌의 비정상성과 연관된 장애의 패턴을 탐구하기 시작하였고, 시·공간적 처리나 소근육 기술 그리고 사회성 기술에 영향을 주는 결손 군집을 발견하였다. 예상한 대로, 좌측 운동기술 영역이 좀 더 손상이 되어 있었다. 이런 아동들은 언어의 비언어적 측면(목소리 어조, 자세, 몸짓과 얼굴 표정)인 운율을 특히 어려워한다. 비록 단어는 정확하게 쓸 수 있을지 몰라도, 언어의 '음악'이 빠져 있는 것이다. 그들은 반어법, 속임수, 유머, 혼합된 메시지를 잘 이해하지 못한다(마치 아스퍼거 장애의 경우처럼).

현재 비언어성 학습장애 분야는 주로 일화와 한정된 연구에 의존하고 있다. 운율 결손과 같은 개인적인 결손에 대해서는 잘 받아들여지고 있지만, 아직은 전문가들 사이에서도 일치를 보이지 않으며 여전히 연구 주제가 되고 있다. 공식적인 의학적 진단으로도 받아들여지지 않았으며, 단지 '증후군'으로 분류된다. 이것은 여러 가지 어려움이 함께 나타나며 우뇌 기능과 관련이 있다는 것을 의미한다. 결손의 정확한 원인과 매개변수는 지금까지 알려지지 않았다.

나의 딸 수진은 6세 4개월의 나이에 웩슬러 아동용 지능검사(WISC-III)를 받았다. 검사 결과, 딸의 전체 IQ가 136으로 그녀는 영재이며, 매우 산만하지만 분명히 ADD/ADHD는 아니였다. 우리는 딸이 매우 창의적인 사고 과정을 지닌 우수한 아이이기 때문에 검사를 받도록 했지만, 그녀는 글을 읽고 쓰는 것이 이상하게 느린 것 같았다. 그 시기에 그녀는 매우 독창적이어서 '남들과 다른 방법으로' 특이하게 연관을 지었으며, 매우 독창적인 방법으로 문제를 풀곤 했다. 그녀의 오빠는 매우 뛰어난 영재였지만 훨씬 더 인습적인 아이였다. 수진이 7세 때 읽기와 쓰기에서의 지체 원인이 시력이나 청력 이상에 있는지를 확인하기 위해 시력 및 청력 검사를 실시했다. 전문가는 아이의 문제는 단지 발달상의 문제이며, 좋은 가정교사를 두고 지원해 주면 도움이 될 것이라고 우리를 안심시켰다.

9세 7개월이 되자, 수진은 쓰기와 철자에서 심각한 문제를 보이기 시작했다. 그녀의 읽기 기술은 느리게 발달하긴 했지만 그래도 자기 학년 수준에는 속해 있었다. 그녀는 정서적으로 약했고, 사람들이 늘 자기를 괴롭힌다고 생각했다. 어른들은 그녀와 친구가 되는 것을 좋아했지만, 또래 아이들은 그렇지 않았다.

심리학자는 수진이 '약간의 ADD/ADHD와 약간의 아스퍼거 장애 그리고 약간의 다른 것들을 가진 것'으로 생각했지만, 어느 것 하나도 그녀에게 맞는 것 같지는 않았다. 우리는 학교 교육청에 요청해서 심리학자, 사회복지사, 작업치료사, 읽기 전문가, 학습 전문가, 간호사 그리고 언어병리학자를 한 팀으로 해서 일련의 평가를 받게 했다. 작업치료사의 평가는 시각 추적과 수렴화 문제, 소근육 기술 지연, 낮은 근긴장 그리고 운동 계획력 결손과 함께 감각통합에서의 역기능(낮은 감각) 문제를 밝혀냈다. 수진은 또한 웩슬러 아동용 지능검사 점수에 근거해서 비언어성 학습장애로 진단을 받았다. 그녀의 지능검사 점수는 언어성 IQ와 동작성 IQ에서 30점 이상의 차이를 보였다. 웩슬러 지능검사 소검사 점수는 그녀의 작동기억과 수행에서 문제가 있음을 나타낸다.

나는 아직도 우리가 완전하거나 정확한 진단에 도달했다고 믿지 않는다. 시력치료는 수진의 생활을 크게 달라지게 했으며 작업치료 또한 도움이 되고 있다. 이러한 문제들을 초기부터 확인하지 못한 것은 매우 불행한 일이다. 일찍 알았더라면 어느 정도 불안을 피할 수 있었을 것이며, 다른 문제들이 생기지 않았을 것이기 때문이다. 수진은 확실히 경도의 영재 이상으로, 많은 장애를 보상하면서 지내 올 수 있었다(책 한 장에 단어들이 주변으로 흩어져 나와 있거나, 마침표를 볼 수 없거나, 단어들이 적게 있고 별다른 기술이 필요 없을 때에는 자기 학년 수준으로 읽을 수 있었다!). 이 시점에서도 나는 여전히 아이를 도와주기 위해 어느 방향으로 가야 할지 잘 모르겠다.

감각-운동통합 장애

여러 종류의 감각 자극에 대한 극단적인 민감성은 영재 아동에게 매우 흔하게 나타난다(Lind, 2000; Tucker & Hafenstein, 1997). 따라서 전문가들은 학습장애 평가 속에 감각-운동통합 평가와 치료를 통합해야 한다고 추천하고 있다.

간단히 말하면, 감각기관(눈, 귀, 등)은 정상으로 작용하지만 지각이나 경험이 비정상적일 때 감각통합 장애가 나타난다.[3] 감각기관과 개인의 경험 사이의 어디에선가 정보가 질적 또는 양적으로 적절하게 통합되지 않는 것이다.[4] 예를 들어, 시력이 정상이고 눈의 움직임도 정상인 아동이 깊이를 지각하지 못하기도 한다. 무엇이든지 넘어뜨리고 계속 아래로 물건을 떨어뜨리는 아동은 보지 않고는 자기 몸이 공중의 어디에 있는지 인식하지 못하기도 한다(즉, 자기수용감각). 양적인 면에서는, 보통 일반 치약에 들어 있는 박하 맛을 고통스러울 정도로 강하게 느끼기도 한다. 이런 문제들은 자연스럽게 다루기가 어렵다. 왜냐하면 어느 누구도 자신의 지각 정도를 다른 사람의 지각 정도와 직접 비교할 수 없기 때문이다. 자세한 질문을 통해서는 지각의 차이를 어느 정도 밝힐 수 있지만, 그렇지 않고는 지각의 차이는 중요한 실제적인 손상을 일으키게 되고, 근본적인 원인을 이해하지 못한 채 좌절만 겪게 만든다.

영재 아동에게 납득할 수 없는 부주의한 실수나 기술 결함이 분명하게 나타나면, 세심하게 평가를 해서 감각 통합 결손이나 학습장애, 또는 다른 신경학적 문제가 있는지를 밝혀야 한다. 또한 환경에 대한 아동의 반응도 연구해야 한다. 예를 들어, 어떤 아동에게 너무 많은 감각이 제공되면 과부화가 걸려 과제를 숙달하는 데 방해를 받기도 한다. 한번 진단이 내려지면, 문제를 다루기 위한 교육 조치를 두고 논쟁이 쉽게 일어날 수 있다.

감각-운동 통합의 문제 범주는 지금 시점에서는 잠정적인 진단이며, 여전히 많은 연구가 행해져야 한다. 많은 새로운 분야를 연구하면, 진단을 받지 못하는 아동을 다루는 기술과 중재를 도입하는 데 많은 도움이 될 수 있다.

영재 아동의 학습장애 분야는 이제 연구의 기회가 무르익은 분야다. 감각통합 장애가 의심되면, 지역에 있는 전문가보다는 이 분야의 연구자와 접촉하는 것이 필요하다. 우리의 경험으로 볼 때, 이 분야의 전문성을 지닌 작업치료사도 때론 실질적으로 매우 큰 도움을 줄 수 있다.

청각처리 장애

성인인 우리는 사교적인 행사에서 주변의 소음이 너무 심해 상대방과 대화를 지속하기 어려웠던 경험을 갖고 있다. 시간이 조금 지나면 우리는 눈앞이 흐려지기 시작하면서 예의바르게 고개는 끄덕이지만, 더 이상 많은 대화를 진행하기 어렵다는 것을 깨닫는다. 그리고 곧 너무 피곤해져서 경청하려는 노력조차 기울일 가치가 없어져 버린다. 좀 더 조용한 곳에 가서 즐겁게 대화하려는 것은 성가신 일이 된다.

이것은 청각처리 장애를 지닌 아동이나 성인의 경험을 비유한 것이다. 파티에 참석한 사람들은 좋은 두뇌를 가졌지만 대화를 지속하기 위해 애를 써야 한다. 청각처리의 문제를 지닌 아동은 그런 파티에서 나는 것과 동등한 '소음' 속에서 수학을 배우려고 애를 쓴다. 들어오는 정보에 주의를 기울이고 처리하는 것은 그들에게 있어서 모든 의미를 잃어버린 허드렛일일 수 있다.

청각처리는 소리를 듣는 것과는 다르다. 학교에서 하는 청력검사를 기억해 보자. 밀폐된 작은 방에 들어가 이어폰을 끼고 소리를 들으면 손을 들도록 하는 것을 기억할 수 있다. 그러한 청력검사는 복잡한 듣기를 측정할 수 없다. 청력검사에서 통과한 아동들이라도 여전히 청각처리의 문제를 지닐 수 있다. 예를 들어, 주변에서 나는 소음을 차단하지 못하거나, 어색한 말투를 이해하지 못하거나, 친숙하지 않은 방식으로 하는 말에 적응하지 못할 수 있다. 이는 청각 정보를 처리하기 어렵게 만드는 발달상의 또는 경미한 신경학적인 어려움을 지니고 있기 때문이다. 그래서 노력을 기울여도 너무 피곤해져서, 점점 더 주의를 기울이지 못하게 된다. 이런 아동들은 첫 번째 수업시간이나 좀 더 조용한 교실 앞자리에 앉으면 괜찮기도 하다. 어떤 아동들은 입술의 움직임을 보고 읽는 독순술을 배워서 이해를 증진시키거나 문장 중 듣지 못한 부분을 상황이나 문맥에 의해 추론해 내기도 한다.

이러한 청각처리 문제를 지닌 아동들은 청력의 손상이나 산만성, 언어지연, 학습장애 또는 읽기장애를 지닌 것처럼 보이기도 한다. 그들의 지능과 잠재력은 간과되기 쉽다. 또한 듣기의 어려움을 때론 의도적인 것으로 오해를 받기도 한다("저 아이는 잘 듣질 않아! 나를 보지 않으려고 얼굴을 돌리는구나!"). 이런 아동들은 자신이 들었다고 생각한 것을 행하려고 열심히 노력하지만, 안타깝게도 그것은 실제로 교사가 이야기한 것과는 다르다.

집중의 문제를 가려내고자 할 때는 청각처리 검사가 특히 도움이 될 수 있다. 청각처리는 발달상의 과제라서, 아직 어린 아동들이 외부에서 발생한 대화 요소들을 자신이 주의를 기울이는 것에 '이동시키는' 것은 정상적인 것이다. 이 현상은 좀 더 큰 아동들이라고 하더라도 청각처리 지연의 문제를 지녔거나 뇌가 아직 '편재화' 되지 않아서 언어 기술을 한쪽 뇌에서만 발달시키는 경우에도 역시 전형적으로 나타난다.

이 문제는 쉽게 조치할 수 있으며, 청각처리 문제를 지닌 아동에게 매우 도움이 될 수 있다. 예를 들어, 말하는 사람의 얼굴을 뚜렷하게 볼 수 있는 가까운 자리에 이 아동을 앉게 하면 간단하면서도 매우 도움이 된다. 또한 이들은 양쪽 귀로 듣는 것보다는 한쪽 귀로 듣는 것이 더 정확하기 때문에, 더 좋은 성능의 귀를 소리나는 쪽으로 향하게 하여 앉도록 하거나 소리를 증폭시키는 벽 쪽으로 앉게 할 수 있다. 또 다른 예로는, 오른쪽 귀로 더 정확하게 들을 수 있는 아동의 경우에는 교실의 오른쪽 앞쪽에 앉도록 하면 도움이 될 수 있다. 성능이 좋은 귀 쪽으로는 그 옆에 아무도 앉지 않게 해서 종이 소리 같은 바스락거리는 소리가 나지 않도록 하여 오른쪽 벽에서 성능이 좋은 쪽 귀로 소리가 반사되도록 할 수 있다. 저녁 식탁에서는 왼쪽 끝 쪽으로 앉도록 해서 성능이 좋은 오른쪽 귀가 테이블에 앉은 손님 모두에게 향하도록 할 수 있다.

우리는 아들이 지방 공립학교에서 유치원 과정을 시작할 때까지, 그리고 문제가 시작될 때까지는 매우 정상이며 보통의 능력을 가진 아이라고 생각해 왔다. 매우 좋다는 유아 프로그램을 몇 년간 받은 후에, 우리는 그가 영리하고 호기심 많으며 수다스럽고 활동적이지만, 원으로 둘러앉는 시간에는 가만히 잘 앉아 있지 못함을 알았다. 우리는 그를 매우 정상적인 어린 소년으로 여겼다. 그의 교사는 그가 특이한 개념화 능력을 지닌 매우 우수한 아이라고 느꼈다. 그러나 우리는 그들이 진짜로 우리 아이를 좋아해서 하는 이야기라고 생각하면서 이러한 대부분의 평들을 무시하곤 했다. 유아원 졸업식이 다가오자, 교사들은 아이가 유치원에 들어가기 전에 예비검사를 받아 보길 강력하게 권했다. 왜냐하면 그들은 우리 아들이 정확하지는 않지만 ADHD가 아닌가 하고 느꼈기 때문이다. 아들은 IQ와 성취검사에서 높은 점수를 얻었으며 ADHD를 나타내는 어떤 징후도 보이지 않았다. 우리는 행복해했으며, 유치원과 1학년의 악몽을 전혀 예상하지 못했다.

유치원 생활이 시작되면서, 학교에서 모든 학생에게 성취검사를 실시했다. 아들은 유치원과 1학년 평가에서 모두 100% 이상의 높은 점수를 얻었다. 그러나 그에게 무엇을 어떻게 가르쳐야 하는지에 대해서는 아무런 영향도 주지 못했다. 첫 주에 행동 문제가 나타났으며, 점점 더 심해져서 아이는 그 학년이 끝나기 몇 주 전에 학교를 그만두고 말았다. 학년 중간에 우리는 추가 검사와 교육상담을 받았으며, 아이가 고도 영재 범주에 속함을 알게 되었다. 그러나 학교에서는 이러한 검사 결과를 거의 무시한 채, 아스퍼거 장애나 ADHD 그리고 적대적 반항장애와 같은 여러 가지 비공식적인 진단을 정기적으로 제시했다. 작은 사립학교 1학년 때의 생활은 더 나빴다.

2학년 때는 홈스쿨을 실시했으며, 그 과정에서 우리는 심리학자에게 도움을 요청했다. 그리고 우리 아들은 심각한 중추 청각처리 장애, 극도의 소근육 기술이 떨어지는 감각통합 역기능, 많은 난독증적 기질을 가지고 있음을 알았다. 어느 학교에서도 이러한 문제 중 어느 것도 밝혀 준 적이 없었다. 치료는 매우 성공적이었으며, 홈스쿨도 아이에게 조화롭게 잘 맞았다. 우리 아들은 많은 분야에서 자기 학년 이상으로 잘 수행했으며, 철학과 세계사 그리고 라틴어 분야에서는 자유롭게 자기 관심사를 추구할 수 있었다.

인지적 재활

재활의 효과성에 대한 연구 기록들이 점점 많아지고 주목을 받고 있다. 특히 아동기 때는 뇌의 신경학적 가소성에 기인하여, 신경학적 손상 후에도 때로는 신경학적 기능이 '재건' 된다. 예를 들어, 뇌종양 때문에 두개골에 방사선 치료를 받은 아동은 주의력 문제를 갖게 되어 약 5년간은 인지 기능에서의 전반적인 저하를 보인다. 국가 관련의 몇몇 소아종양학센터에서는 신경심리학자와 함께 재활 프로그램과 전략을 만들었다. 유명한 신경심리학자가 시작한 비슷한 프로그램들도 주의력 문제나 특정 영역의 인지적 결함을 지닌 아동을 위한 약물치료나 심리치료에 보조로 사용하여 매우 도움을 주고 있다.

학습장애와 함께 나타나는 비동시성 발달은 약점 영역을 다룰 수 없다거나 강점을 강화시킬 수 없다는 의미는 아니다. 주의력 재활 프로그램에는 단순 주의력 과제와 점점 더 복잡해지는 억제 과제가 함께 구성되어 있다. 또한 여기에는 주의력 분할, 주의집중과 계획을 위한 자기 코칭 기술, 정서적 자기 조절 기술 그리고 도전적인 환경을 파악하고 준비하기 위한 특별한 기술을 훈련하고 연습하는 회기들이 포함되어 있다. 대부분의 재활 프로그램은 20회기로 구성되어 있으며, 의료 보험도 일부 보장받을 수 있다. 프로그램에는 특별한 형태의 약점이 있는 아동을 다루는 부모와 교사를 도와 주기 위한 교육학습 단계와 프로그램의 진보를 증명할 수 있는 '사전 · 사후' 검사가 꼭 포함되어야 한다.

요 약

전반적인 지적 수준이 증가하면 능력의 폭도 함께 증가하는 것으로 보인다. 많은 영재 아동은 전반적으로 영재로서 모든 영역에서 거의 같은 수준의 능력을 지니고 있지만, 언어나 수학의 특정한 영역 내에서만 독특한 능력을 보이는 사람들도 많이 있다(Winner,

1997). 이러한 영재 아동들 중 일부는 학습장애 학생을 위한 특수학교 프로그램의 유자격자가 될 수 있는 공식 기준에 부합된다. 그러나 그 기준에 부합되지 않는 아동이 많으며, 특정한 학업 영역에서 힘겨운 노력을 하고 있다. 어느 쪽 상황이든지, 교육적 선택은 아동이 지닌 능력의 종류에 부합되도록 만들 필요가 있다.

학습장애를 지닌 영재 아동들이 오진단을 받을 경우에는 지적 결핍에 빠지게 된다. 만일 오진단을 받지 않으면 이러한 지적 결핍은 피할 수도 있다. 또한 학습장애를 진단받지 않거나 언급되지 않을 경우에는 약물남용과 심리적인 어려움을 겪을 위험이 많은 고위험 상태에 놓이게 된다. 학습장애는 언어영역과 비언어영역에서 모두 나타날 수 있으며, 감각-운동 통합과 시각 및 청각 처리의 문제를 포함할 수 있다.

2학년, 7학년 그리고 10학년은 전환기다(우리나라 학년으로 보면 중학교 1학년, 고등학교 1학년이지만 맥락을 보면 중학교 2학년, 고등학교 2학년을 의미한다고 볼 수 있다-역자 주). 다음 단계의 교육으로 이동하면 부모와 교사는 비록 아동이 학업상 흔들림의 증거를 보이더라도 아동에게 관용의 시기를 제공한다. 그러나 첫해의 '적응' 기간이 지난 후에도 높아진 기대와 힘겨운 싸움을 계속하면, 아동은 더 자세한 조사를 받기 시작한다. 개별화 교육 프로그램(IEP)을 개발하기 위한 중재 계획 과정뿐만 아니라 학교에 검사를 요청하고 검사를 받는 과정에서 또 다른 1년이란 시간이 소요된다.

이중특수 영재 아동의 조기 평가와 판별은 빠뜨리는 문제들을 다루는 데 특히 도움이 될 수 있다. 그리고 아동에게서 좌절의 시기를 줄일 수 있고 자존감이 급격하게 떨어지는 것을 막을 수 있다.

제 · 7 · 장

수면장애

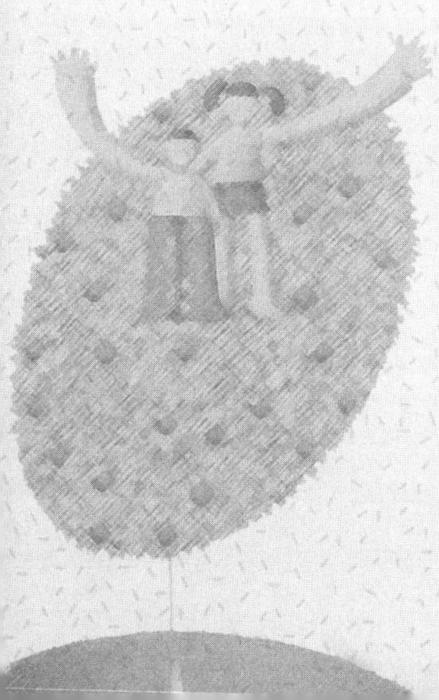

제7장

수면장애

몇몇 연구(예, Sadeh, Raviv, & Gruber, 2000)에 따르면, 학령기 아동의 약 20% 정도는 여러 종류의 수면 문제를 갖고 있다고 한다. 영재 아동과 성인은 다른 아동과 비교해 볼 때, 독특한 수면 양식이나 수면 행동을 갖고 있다. 그러나 그들에 관한 연구 조사는 거의 없으므로 이 장의 내용은 여러 임상 보고에 기초하고 있다.

수면부족과 수면과다

수면의 필요성은 개인에 따라 넓은 범위로 다양하게 분포되어 있다. 1세의 어린 아동은 평균 24시간 중 12~13시간을 자며, 그중 약

30%는 REM 수면이다. 12세 때는 평균 수면의 양이 약 8~10시간 정도로 감소하며, 그중 20%가 REM 수면이다. 성인이 되면 보통 7시간 정도 잠을 자며, 노년기에는 약 6시간 정도 잠을 잔다(Goodman & Gurian, 2001).

그러나 어떤 사람들은 평균에서 벗어나 극적으로 다양한 모습을 보인다. 수면 연구가들은 매일 밤 총 5~7시간 범위의(혹은 때때로 그보다 더 적은) 수면 시간을 갖는 소위 '원래 잠이 적은 사람' 이라고 불리는 사람과 9시간 이상 잠을 자는 소위 '잠이 많은 사람' 이라고 불리는 사람이 있음을 알아냈다(Blaivas, 2004; Kelly, Kelly & Clanton, 2001). 자료에서 보면, 12~15%가 각각의 범주에 속한다고 한다.

현재 6세인 딸이 내 배 속에 있을 때는 오후 10시까지 잠잠하게 있질 않았다. 내 기억에 나는 침대에 누워서 태아의 움직임이 멈추길 기다리다가 결국에는 내가 먼저 잠이 들곤 했다. 이제 딸은 2학년이 되었으나, 이러한 양상은 결코 변하지 않았다. 그녀는 거의 잠을 자지 않으며, 그녀의 열광적인 뇌는 항상 작동을 하고 있다. 10시나 11시 이전에 잠자리에 들도록 하는 일은 매우 힘든 일이다. 아이는 "뭐 좀 마시고 싶어!"라는 말로 나랑 실랑이를 벌이지는 않지만 언제나 잠을 자기 위해 열심히 노력한다. 일찍 잠을 자려고 노력하면, 결국은 어두운 방 안에 누워서 끝없이 지루한 시간을 보내게 된다.

수유기 때, 딸은 모유 수유를 하는 동안을 제외하고는 거의 잠을 자지 않았다. 친구들의 자녀들이 아무데서나(한번은 식탁에서) 쓰러져 자는 것을 본 나는 부러워서 너무 화가 났다. 사람들은 '일상의 일'을 바로잡아야 모든 일이 잘 해결될 것이라고 믿으며 나를 엄마로서 평가하고 있다고 느꼈다.

그러나 아이가 수면부족으로 인한 까탈을 거의 피우지 않는다는 것은 좋은 소식이다. 그녀는 매일 6시 45분에 일어나지만, 여전히 학교에서 잘 지내고 있다. 아이의 취침 시간을 스스로 조절하도록 내버려 둔다면, 아마도 그녀는 거의 새벽 3시까지 침대에서 행복하게 몸을 뒤튼 채로 책을 읽을 것이다. 그래도 우리가 밤 10시에는 잠자리에 들게 성공하는 것이 자랑할 만하다고 생각한다.

지난 몇 년 동안 영재 아동의 부모로부터 받은 수천 건의 보고 내용을 보면, 영재 아동은 일반 아동에 비해 수면 양식에서 좀 더 극단적인 모습을 보이는 것 같다. 영재 아동의 약 20%—보통은 좀 더 뛰어난 영재—는 다른 아이들에 비해 유의미하게 수면을 덜 필요로 하는 것으로 보이며, 반면에 20%는 수면을 더 필요로 하는 것으로 보인다. 위너(Winner, 1996), 실버만(Silverman, 2002), 그리고 웹, 맥스트로스 및 톨란(Webb, Meckstroth, & Tolan, 1982)도 비슷한 보고를 하였다. 수면 시간이 짧은 고도 영재 아동의 비율은 거의 50% 정도까지 높다(Rogers & Silverman, 1997).

특별히 더 뛰어난 영재 아동의 경우는 꽤 많은 비율에서 매우 극적인 짧은 수면 양식을 보이고 있다. 예를 들어, 어린 영재 자녀가 밤에 단지 4, 5시간 정도만 잠을 자고도 꽤 말짱한 정신으로 깨어 있다고 많은 부모가 보고하고 있다. 반면에 어떤 부모들은 자녀가 좋은 상태를 유지하기 위해서는 8~10시간 이상의 수면을 필요로 한다고 느끼고 있다. 유아 영재의 부모들은 한밤중에 깨서 부모 침대 옆에 서서 부모가 자는 모습을 바라보는 자녀를 발견한 이야기를 하기도 한다. 어느 한 사례에서는, 아버지의 코 앞에 휴지를 놓고 아버지가 숨 쉬는 대로 휴지가 앞뒤로 흔들리는 것을 바라보는 경우도 있었다. 또 다른 사례에서는, 유아가 한밤중에 규칙적으로 '나가서 탐구한다' 라고 보고하는 부모도 있었다. 때로는 조용히 장난감을 가지고 놀기도 하지만, 때로는 찬장이나 식료품 저장실 또는 가전제품을 탐구하기도 하는데, 이는 위험할 수도 있는 활동이다.

이 아동들의 부모는 자녀의 짧은 수면 양식 때문에 꽤 걱정하고 좌절하며 에너지를 소진한다. 우리는 이 점을 충분히 이해할 수 있다. 때로 가족이나 친구 또는 건강관리 전문가들은 부모가 강제로라도 자녀를 매일 밤 8시간 이상 자도록 시도해야 한다고 조언을 한다. 하지만 이러한 노력은 결국 실패로 돌아가며, 결과적으로 아이와의 힘겨루기가 된다. 부모가 할 수 있는 가장 최상의 일은 자녀들로 하여금 밤에는 잠이 들 때까지 또는 아침에는 집안 식구들이 깰 때까지 침대에서 머물며 책을 읽도록 격려하는 일이다.

짧은 수면 및 긴 수면 양식에 대한 제언

많은 연구자(예, Fichten, 2004; Rivera, Sanchez, Vera-Villarroel, & Buela-Casal, 2001)가 짧은 수면이나 긴 수면이 심리적인 요인이나 건강상의 요인과 연관이 있는지를 연구하였다. 그 결과 아동이나 젊은 성인에게서 수면 기간과 성격이나 불안 요인은 아무런 관련성이 없음을 보여 주었다. 그리고 이 점을 부모에게 재확인시켜 주었다. 그러나 어떤 연구도 구체적으로 영재 아동이나 영재 성인을 대상으로 하지 않았음을 기억해야 한다.

아동기에서의 수면 양식은 참을만 하지만, 때로는 매우 극단적이기도 하다. 예를 들어, 필자들은 개인적으로 두 명의 전 미국심리학회(APA) 회장과 한 명의 국립영재아동학회(NAGC) 회장을 알고 있는데, NAGC 회장은 사는 동안에 매우 적은 시간의 수면을 필요로 했다고 보고하였다. 이들 중 한 사람은 유아기 때에는 밤에 오직 4, 5시간의 수면만을 필요로 하였으며, 성인이 되어서도 평균 2시간 정도만 잠을 잔다고 보고하였다. 다른 두 사람도 하루 밤에 평균 4, 5시간의 수면시간을 갖는다는 비슷한 보고를 하였다. 세 사람은 모두 다 자기 분야에서 훌륭하게 역할을 수행하고 있다. 우리가 관찰한 바로도, 정신적으로도 건강하고 사회적으로도 잘 적응하고 있다. 짧은 수면 양식이 그들에게는 아무런 문제가 되질 않는다. 만일 있다면, 다른 동료들이 가끔 질투를 한다는 것이다. 왜냐하면 그들은 여분의 시간 동안에 독서와 집필, 또는 다른 활동에 참여하는 등 많은 일을 할 수 있기 때문이다.

전문가와 부모를 위한 조언

정상적인 짧은 수면 양식이 영재성과 관계가 있는지의 여부는 아직 분명하지 않다. 그러나 만일 아동이 짧은 수면을 하는 영재라면, 가족이 잘 기능할 수 있게 확실한 제언을 하고 싶다. 부모는 아동을 위해 보호된 환경을 확립할 수 있는 방법을 찾을 필요가 있다. 그리고 자녀에게 억지로 강요할 수 없는 한계를 세우려고 노력하는 것을 피해야 한다.

영재성이 긴 수면 양식과 관계가 있는지의 여부도 아직 분명하지 않다. 그러나 영재 부모는 적어도 청소년기 이전의 아동기에서는 긴 수면 양식을 별로 걱정하지 않는 것으로 보인다.

정상적인 짧은 수면 양식 및 긴 수면 양식과 수면장애의 감별

때때로 아동에게 짧거나 긴 수면 양식은 단순히 정상적인 것이 아니다. 대신에 이들은 영재성과 연관된 실제 수면 문제를 반영하는 것일지도 모른다. 예를 들어, 어떤 부모는 매우 우수한 자녀가 '생각의 스위치를 끌 수가 없어서' 잠들기 어렵다고 보고하고 있다. 그럴 수도 있지만 이들은 꼭 긴장을 하거나 걱정을 하고 있지는 않는다. 또한 이들은 외상적인 사건에 노출된 적도 없다. 이들은 오히려 단순하게 그 날 일어났던 일이나 그다음 날에 일어날 일로 흥분한다. 다시 말하면, 침대에 누운 후에 한동안 지적 또는 정서적 과흥분성이 생각을 뒤끓게 만드는 것이다. 뛰어난 성인의 경우에도 비슷한 양식이 있을 수 있으며, 특히 내향적인 아동이나 성인에게서 그런 모습이 보인다고 단언할 수 있다.

이런 행동이 진단을 내릴 만큼 문제인가? 이미 언급한 다른 진단에서처럼, 그것은 손상의 정도에 달려 있다. 불충분한 수면과 그 결과 생기는 졸음은 확실히 ADD/ADHD와 유사한 행동을 야기할 수 있다(Chervin, Dillon, Bassetti, Ganoczy, & Pituch, 1997; Dahl, 1996; Corkum, Tannock, & Moldofsky, 1998). 그리고 학습과 주의집중 기술도 불충분한 수면에 의해 유의미하게 손상될 수 있다(Dahl, 1996; Sadeh, Raviv, & Gruber, 2000). 유사하게, 긴 수면 양식은 우울증과도 연관이 있을 수 있다(Patros & Shamoo, 1989). 이러한 유사성 때문에 행동의 맥락을 고려하고 또한 아동의 영재성을 진단 공식의 한 요인으로 넣는 것이 중요하다.

불면증

불면증(Insomnia)은 평균 수준보다 더 강렬하고, 더 감정적이며, 더 에너지가 넘치는 영재 아동들이 보이는 문제일 수 있다. 이런 경우에 내리는 가장 가능한 진단은 일차적 불면증(Primary Insomnia)이다. 그러나 DSM-IV-TR에서는 이 장애가 전형적으로 젊은 성인이나 중년기에 시작하며 아동기나 청소년기에는 드물다고 밝히고 있다. 만일 이런 양식이 발달하면, 영재의 경우에는 주로 아동기 때부터 시작한다. 짧은 수면자들이 한정된 생물학적 수면의 필요성을 모르면, 침대에 머무르는 시간을 늘리기 위한 시도로 실제 불면증 수면 양식을 창조할 수 있다. 이 점을 언급하는 것이 중요하다(APA, 2000). 따라서 짧은 수면 양식의 인식과 제언은 영재 자녀의 부모에게 매우 중요한 일이 될 수 있다.

DSM-IV-TR에 의한 일차적 불면증의 진단 기준은 다음과 같이 요약할 수 있다.

- 적어도 1개월간 수면 시작이나 유지의 어려움, 또는 원기회복이 되지 않는 수면을 주로 호소한다.
- 불면증은 임상적으로 심각한 고통이나 손상을 초래한다.
- 다른 설명이 해당되지 않는다.

양립할 수 없거나 모순된 특성들

많은 영재 아동과 영재 성인은 대처 기술을 습득하여 20~30분 이내에 잠들 수 있다. 혹은 한번 잠이 들면 충분한 양의 수면을 취하는 정상적인 짧은 수면자다. 충분한 수면을 취하는 사람은 보통 잠이 들기까지 약 30분 정도를 필요로 한다. 그러나 우리 문화에서는 잠을 적게 자는 것이 기준이 되어 왔기 때문에, 잠들기 전에 건강하게 뒤척거려도 가끔 병리적인 것으로 본다. 반대로, 5분 내로 잠드는 것은 성인에게는 수면장애를 나타내기도 한다. 다음 행동은 수면 시간의 정신활동이 문제를 일으키는지, 또는 정상적인 짧은 수면 양식에 가까운지에 관한 지침을 제공할 것이다.

- 낮 시간에는 졸음이 거의 또는 전혀 없다.
- 불평이 없다.
- 밤에 간헐적인 수면보행이 거의 또는 전혀 없다.
- 불면증과 연관된 과민함과 집중력의 문제가 없다.
- 고통은 일시적이다.
- 고통은 수면의 필요성과 다른 사람의 기대 간의 모순을 반영한다.
- 고통은 이완이나 진정의 어려움, 침착하지 못함과 관련 있다.
- 수면 능력은 환경의 변화와 관습에 대한 반응이다.

수면과다증

일부 영재 아동과 영재 성인이 실제로 수면을 별로 필요로 하지 않는 것과 같은 방식으로, 어떤 사람들은 더 많은 수면을 필요로 한다—긴 수면 양식. 그러나 9시간 이상의 수면을 필요로 하는 것은 수면장애의 증상일 수 있으며, 개인 생활에 심각한 스트레스 요인이 있거나 정신병리의 증거로 볼 수 있다. 수면과다증(Hypersomnia)은 수면 기간과는 상관없이 과도한 졸음의 증상을 경험하며, 앞서 이야기했듯이 손상 수준을 결정하기 위해서는 일차적으로 심각한 문제가 있는지를 결정해야 한다. 수면과다증의 DSM-IV-TR 진단은 다음과 같다.

- 적어도 1개월간 지속되는 과다한 졸음이 주요 호소 내용이며, 이는 연장된 수면 일화나 거의 매일 나타나는 주간 수면 일화로 입증된다.

- 과도한 졸음은 임상적으로 심각한 고통이나 손상을 초래한다.
- 불면증이나 다른 정신장애, 약물과 같은 물질이나 일반적인 의학적 상태에 의해 잘 설명될 수 없다.

양립할 수 없거나 모순된 특성들

평균보다 단순히 더 많은 양의 수면을 필요로 하는 긴 수면자는 다음과 같은 양립할 수 없거나 모순된 특징들을 고려하여 수면과다증으로 고통받는 사람들과 감별할 수 있다.

- 낮 시간에는 졸음이 거의 또는 전혀 없다.
- 불평이 없다.
- 고통은 일시적이다. 최근에 직장이나 학업 같은 환경적인 요구에 의해서 정상적인 수면보다 더 적게 잠을 잤기 때문에 졸립다.
- 하루만 오래 자거나 낮잠으로 수면부족을 '따라잡을 수' 있다.

수면 방해

영재 아동이 수면을 덜 또는 더 필요로 하는 반면, 부모는 이 아동들이 다른 아동들보다 훨씬 더 조용히 잠을 자는 경향이 있다고 보고한다. 이들은 잠을 자면 깨어나기가 어렵고 더 생생하고 강렬한 꿈을 꾼다고 말한다. 이런 점은 일반적으로 아동의 20~30%가 처음 3세까지 수면 방해(Sleep Disruptions)—주로 밤에 깨는 것—로 고통받는다고 밝혀진 내용과는 대조적이다. 이 비율은 학령기 아동의 경우에는 5% 미만으로 떨어진다(Sadeh et al., 2000).

알렉스는 에너지가 넘치는 매우 우수한 학생으로, 청소년기 내내 소리를 내면서 잠을 자는 것으로 악명이 높았다. 그의 부모는 "너는 자는 것이 아니라 아예 침대에서 트럭을 운전하는구나. 그러면서도 깨어나질 않네."라고 말하곤 했다. 대학 시절, 그는 기숙사 건물 조교가 되었으며, 그의 책임은 한밤중에 화재 경보가 울리면 기숙사를 점검하고 모든 학생이 밖으로 나가는지를 확인하는 일이었다.

얼마 되지 않아 기숙사 학생들은 알렉스의 수면 소리를 알게 되었으며, 그래서 아주 길고 요란한 파티를 열기로 했다. 어느 날 밤 파티가 진행되는 동안, 알렉스의 방 바로 밖에 위치한 곳에서 화재 경보가 울렸으며, 경보는 약 30분간 크게 울렸다. 소방차의 사이렌 소리가 울려 퍼졌고, 소방대원이 도착하여 작은 캠퍼스 전체를 깨웠다. 소방대원은 학생들에게 기숙사 밖으로 나가도록 안내하였으나, 화재 경보는 오작동임이 밝혀졌다.

다음 날 아침, 알렉스는 전날 밤에 벌어진 일을 듣고서 믿을 수가 없다는 듯이 서 있었다. 그가 자고 있을 것임을 아는 기숙사 학생들이 그의 문을 쾅쾅 내리쳤던 것을 포함하여 모든 일이 진행되는 동안에도 그는 계속 자고 있었던 것이다.

수면 소리는 부모나 아이들에게 별 문제가 되지 않는다. 그러나 어떤 부모는 특히 영재 소년에게서 수면보행과 야뇨가 특이하게 높은 빈도로 발생한다는 보고를 하기도 한다. 이것은 매우 조용히 잠을 자는 아동들에게 나타나는 신체적 성숙이 지연된 표현일 수 있다. 수면보행[1)]은 수면의 처음 3시간 동안에 주로 일어나며, 전형적으로 청소년기(주로 15세 때)에는 없어진다. 이것은 정서적인 문제의 신호는 아니다. 임상적이지는 않지만 심각한 수준의 수면보행 일화와 수면보행 장애 사이에 뚜렷한 경계는 없으며, 활동과 손상 수준에 의해 이 둘을 구분할 수 있다(APA, 2000).

이중진단이라는 주제는 나에게 개인적으로, 또한 전문가로서 흥미를 자아내는 것이다. 나의 특별한 관심 분야는 수면장애, 특히 하지불안 증후군(Restless Legs Syndrome: RLS)으로서, 고도 영재 아동에게 미치는 영향력의 강도를 해석하는 것이다. 우리 가족은 강한 하지불안 증후군 가족력을 갖고 있어서, 아홉 살 된 아들에게 전형적인 특징들이 나타났을 때 이를 바로 알아차릴 수 있었다.

수면 연구는 꽤 확실한 결과를 보여 주지만 치료의 시작점을 결정하는 일은 갈등이 된다. 성인에 관한 하지불안 증후군 정보와 치료 여부는 최근에는 일차 진료 의사들 간의 대세와 부딪히는 일이다. 아동에 관한 정보는 여전히 부족하다. 그러나 감사하게도 관심 있는 연구자들이 증가하고 있다. 하지불안 증후군을 가진 고도 영재 아동을 알고 있고 치료에 관해 논의한다면, 9세의 5학년 아동이 이번 학기 6학년 수학 수업에서 '유일하게' B+를 받았다는 점을 관심 있게 이야기해 보면 치료의 시작점을 색다르게 살펴보게 될 것이다. 운 좋게도 우리는 임상가이면서 교수이사 연구가로서 하지불안 증후군에 관해 광범위한 경험을 가진 수면 전문가를 알게 되었다.

그는 아들에 관한 우리의 관심을 매우 수용적으로 받아 주었으며, 고도 영재 아동의 치료 시작점을 결정하는 딜레마도 잘 이해해 주었다. 나는 아이가 수업에서 '낙제'할 때까지 기다리는 것은 적절하다고 보지 않는다. 우리는 이 아이의 특성으로 산만성, 좌절, 어질러짐 그리고 과제를 완성하지 못하는 점 등을 쭉 보아 왔다.

나는 ADHD와 하지불안 증후군 진단을 넘나드는 일이 가능한 이 임상가의 연구를 보고는 놀랐다. 나는 ADHD를 가진 몇몇 아동이 하지불안 증후군 약물치료를 대신 받고, 그들 중 많은 아이가 ADHD 증상을 해결한 연구를 보았다. 이로 인해 나는 모두는 아니지만 ADHD 진단을 받은 일부 아동은 수면장애를 갖고 있을 것이라는 생각도 하게 되었다.

유뇨증

야뇨증(Nocturnal Enuresis)—방광 조절이 가능한 아동이 잠을 자는 동안 자기도 모르는 사이에 오줌을 싸는 것—은 야간 유뇨증이라고 정의할 수 있으며, 모든 아동에게 흔하게 발생한다. 5세 아동의 약 20%에서, 그리고 6세 아동의 약 10%에서 야뇨가 있으며, 그 이후에는 해마다 비율이 감소한다. 야간성 유뇨의 90%가 남자아이들이다.

여러 가지 이유가 있지만, 대부분 유뇨증은 성숙 지연에 기인하며, 시간이 지나면 점차 해결된다.[2] 12세 아동의 약 1%만이 야뇨의 문제가 계속 되며, 거의 모든 사례는 일차성 야간 유뇨증이다. 일차성 야간 유뇨증이란 밤에 소변을 가리지 못하는 경우가 지속되는 것을 의미한다. 반면에 이차성 야간 유뇨증은 아동이 어느 시점까지는 소변을 가렸지만 다시 가리지 못하는 경우를 의미한다. 이차성 야간 유뇨증은 다른 상황으로 즉시 의학적인 평가를 받아야 한다. 이 경우는 성숙의 문제가 분명히 아니다. DSM-IV-TR에서 정의한 것과 같은 유뇨증은 드물다.

영재 아동에게 야뇨의 발생 빈도가 더 높음을 시사하는 일화적인 증거는 있지만, 유뇨증이 우수한 아동에게 더 흔하게 발생하는 것 같지는 않다. 다만 그들을 더 당황하게 만들고 방해를 주며, 더 이른 시기에 발생한다.[3] 일차성 야간 유뇨증을 가진 5세 이상 아동의 부모들은 낮은 자아존중감이 주요한 문제가 되어 치료적 개입이 필요하다고 느낀다. 치료적 개입이 해가 되지는 않지만, 최선의 접근은 일반적으로 아이를 안심시키는 것이다.

악몽증

일부 부모들은 자녀의 꿈이 너무도 강렬해서 악몽을 꾸는 경향이 있다고 보고하고 있다. 그리고 자녀가 악몽장애(Nightmare Disorder)가 아닌가 걱정한다. 보통 악몽장애는 안전과 보호의 위협이 포함된

놀라는 꿈의 내용을 생생하게 이야기처럼 기억하면서 반복적으로 잠에서 깨는 것이 특징이다(APA, 2000).

물론 대부분의 아동은 나쁜 꿈과 악몽을 꾸며, 3~8세 아동에게는 매우 흔하게 발생한다. 이는 이사나 애완동물의 죽음과 같이 변화가 있거나 환경적인 스트레스가 있는 시기와 연관이 있다. 그러나 분명한 외적 유발요인이 없는 상황에서도 영재 아동의 강렬함과 민감함은 생생한 악몽을 꾸도록 촉발하는 것 같다. 아마도 저녁 뉴스에서 본 것일 수 있거나, 대화에서 우연히 들은 내용을 계속 생각해 왔던 것일 수도 있다.

악몽은 깨어나면 바로 끝나지만, 두려움이나 걱정, 불안감은 계속 이어진다. 이런 경우에는 보통 껴안아 주면서 안심시키는 것이 효과적이다. 많은 아동은 '매직 스프레이' 같은 마술적인 의식에도 잘 반응한다. 그러나 영재 아동들에게는 이런 것이 잘 작용하지 않는데, 이는 그들의 높은 지능으로 그러한 의식을 '바보 같다' 고 인식하기 때문이다. 영재 아동들은 꿈에서 걱정되는 점을 일정 기간 계속 토론하기 때문에, 이들을 좀 더 이성적으로 안심시켜 주어야 한다. '그것은 꿈이기 때문에' 원하는 대로 꿈을 끝낼 수 있다고 짚어줌으로써 영재 아동은 자기 꿈을 조절하는 것을 빨리 배울 수 있다. 이러한 접근을 통해 높아진 자기 효능감은 그들을 상당히 안심시켜 줄 수 있다.

야경증

야경증(Sleep Terror Disorder)의 주요한 특징은 비명소리나 울음과 함께 갑자기 잠에서 깨는 것으로, 악몽장애와는 다르다. 그러나 실제로 잠에서 깨는 것이 아니라 공포나 두려움을 동반하고 비명을 지르거나 뒹군다. 잠에서 깨어나도 꿈이나 경악한 것에 대한 기억이 없으며, 몇 분 동안은 방향감각을 잃고 혼미해져 있다. 완전히 깨어나지 않고 대신에 기억이 없이 다시 잠이 든다. 이 일화는 약 18개월 정도의 아동들에게서 일어나고, 여자보다는 남자에게 더 흔하며, 30초에서 5분 정도 지속된다.

미국소아과학회(American Academy of Pediatrics: AAP)는 아동의 15% 정도가 야경증을 경험한다고 추정하고 있지만, DSM-IV-TR은 1~6% 정도의 아동이 야경증을 경험한다고 한다. 이 두 추정치 간에는 큰 차이가 있다. 우리의 경험으로 볼 때, 영재 아동에서의 발생빈도는 AAP의 추정치와 거의 같은 것 같다. 야경증은 가족을 힘들게 만들지만, DSM-IV-TR에 따르면 이 아동들에게서 일반 인구보다도 정신장애의 더 높은 발생 빈도가 보이지는 않는다고 한다. 그러나 야경증을 가진 성인에게는 정신병리의 가능성이 좀 더 있으며, 아동기의 야경증 경험 유무와는 상관이 없는 것으로 보인다.

다른 수면 방해

수면 방해가 결과적으로 수면 결핍을 낳고, 수면 결핍은 ADD/ADHD와 같은 행동을 하게 만든다는 것을 기억하는 것이 중요하다. 수면 결핍의 딱 두 가지 가능한 이유는 진짜 불면증과 확대된 편도선과 같은 원인에 기인한 수면 무호흡증 때문이다.

요 약

영재의 수면 양식 빈도에 관한 경험적인 자료가 거의 없기 때문에, 분명한 연관성을 결정지을 수 있도록 더 많은 연구가 행해져야 한다. 그러나 영재 아동의 수면과 관련한 임상 보고는 많이 있다. 이들의 수면 문제는 부모가 도움을 요청하는 과정에서 나온 것이 아니라 다른 관심 내용을 언급하는 도중에 불거져 나왔다. 불면증이나 정상적인 짧은 수면 또는 긴 수면 양식과 같은 수면 문제에 관한 제언과 영재 아동 가족에게 미치는 영향을 인식하는 임상가는 이 문제를 잘 밝혀 줄 수 있을 것이다. 많은 영재는 이런 문제에 관한 자의식이 있어서 직접 질문을 받지 않는 한 그런 문제를 들고 나오지는 않는다. 임상가는 특정한 수면 양식이 그들에게는 병리적인 것이 아니라 정상적이라는 것을 인식할 수 있도록 도와줄 수 있다.

제 · 8 · 장

알레르기, 천식 및 반응성 저혈당증

제8장

알레르기, 천식 및 반응성 저혈당증

알레르기와 천식

오진단은 알레르기를 가진 영재 아동이나 영재 성인에게 주요한 논쟁점은 아니다. 대신에 영재, 특히 창의적인 고도 영재는 다른 사람들보다 알레르기나 천식과 같은 면역장애를 좀 더 겪을 수 있다는 점에서 이중진단에 관심을 둔다. 그러나 이러한 논점이 어떤 영재 아동에게는 오진단의 문제가 될 수 있다. 왜냐하면 이들이 알레르기 반응을 보이고, 그 결과 산만해지며 높은 활동 수준과 강한 떼 부림을 보이거나 충동적이 되기 때문이다(Silverman, 2002). 그런 아동은 ADD/ADHD나 적대적 반항장애, 또는 그 밖의 다른 장애로 쉽게 오진단을 받을 수 있다.

몇몇 연구가들은 일반 아동보다 영재 아동에게서 알레르기가 더 자주 발생한다고 보고하고 있다. 제시윈과 갈라버다(Geshwin & Galaburda, 1987)는 시·공간적 재능이나 음악적 재능을 가진 영재에게 알레르기나 천식, 대장염, 중증 근무력증(myasthenia gravis)과 같은 장애가 이상하게도 많이 발생한다는 점을 발견하였다.[1] 힐드레스(Hildreth, 1966)는 영재 학교에 재학 중인 높은 IQ를 지닌 아동에게서 기대한 것보다 알레르기와 천식이 더 많이 나타났다고 기록하고 있다. 다른 연구에서 벤보우(Benbow, 1986)는 고도의 언어나 수학 영재 청소년에게서 알레르기의 높은 발생률을 보고하였다. 즉, 60% 이상이 면역의 문제를 보였는데, 이 비율은 일반 인구의 2배 이상의 비율이다. IQ 160 이상인 아동에 관한 자료를 실버만(Silverman)이 수집하고 로저스(Rogers)가 분석한 것에 따르면, 일반 인구에서는 20%인 데 비해 이들은 44%가 알레르기를 앓고 있으며, 거의 10%가 천식으로 고생하고 있었다(Rogers & Silverman, 1997; Silverman, 2002).

임상 경험으로 볼 때, 고도 영재 아동의 거의 30~40%는 음식 종류나 흔한 화학물질에 대한 알레르기를 갖고 있다. 실버만(Silverman, 2002)은 20년 동안의 임상 표본을 통해 다음과 같은 결론을 내렸다. 영재 아동에게서 발생, 보고되는 매우 흔한 알레르기는 우유와 유제품, 밀, 설탕, 옥수수, 초콜릿, 카페인, 달걀 그리고 붉은 식용 색소 등이다.

학교 선생님은 나타샤의 어머니에게 딸이 ADHD인 것 같고 학교에서의 활동 수준과 부주의함을 조절하기 위해 약물이 필요하다고 알려 왔다. 나타샤를 평가한 결과, 그녀는 우수한 인지 능력을 지녔으며 특정 분야에서는 학업적인 강점도 지니고 있었다. 그러나 상대적으로 읽기 이해에서 약점을 지니고 있었으며, 이것이 그녀를 힘들게 했던 요인이다. 그녀는 ADHD의 특성에는 맞지 않았다.

치료적 개입을 통해 나타샤는 약간 좋아졌으나 어느 정도의 부주의함은 지속되었다. 그리고 이런 점 때문에 선생님은 다시 나타샤에게 약물치료를 권했다. 그녀의 가족에게 알레르기는 흔하게 일어났으며, 심리학자는 나타샤에게 알레르기 검사를 권유했다. 그 결과, 나타샤는 몇몇 물질에 심한 알레르기 반응을 보였다. 치료를 받은 후 학교에서 나타샤의 주의의 폭과 집중력, 그리고 행동이 극적으로 향상되었다.

우리는 알레르기를 앓는 영재 아동과 영재 성인이 약물에 특이하게 민감한 반응을 보였으며, 심지어 심한 반약물 반응까지 보였음을 자주 보고하였다. 예를 들어, 그들 중 일부는 항히스타민제가 거의 듣지 않았으며, 반면에 다른 사람은 특별히 더 강하게 영향을 받기도 하였다. 이러한 반작용은 매우 특이하지만, 그 개인에게는 매우 심각할 수 있다. 따라서 약물을 사용할 때 부모는 자신과 자녀에게 약물 부작용이 있는지를 아는 것이 중요하다. 진짜 심각한 반응과 강하지만 정상적인 부작용을 구분하는 것이 어렵기 때문에 약물에 대한 반응을 철저히 점검해야 한다.

알레르기와 다른 자가면역 반응이 영재 성인에게 어떻게 영향을 끼치는지는 알려진 것이 거의 없다. 그러나 소수의 건강관리 전문가들은 루푸스나 류머티즘성 관절염과 같은 병과 관련 있는지를 살펴보기 시작하였다.

건강관리 전문가를 위한 제언

면역 체계에 과민감성을 지닌 영재 아동과 영재 성인은 약물 처방과 관련하여 특별한 배려가 필요하다. 그들은 자신의 특이한 반응에 관해 좀 더 상세한 설명을 받아야 하며, 알레르기와 영재성 간의 연관성을 전달받는 것이 도움이 된다. 이들의 대다수는 이미 자신이 다른 사람들과 여러 면—과민감성, 강렬함, 강한 이상주의 등—에서 다르다고 결론짓고 있으며, 또한 근본적으로 자신에게 뭔가 문제가 있다고 느낀다. 이런 연관성을 설명하면 그들을 안심시킬 수 있다. 또한 자신의 치료나 관리에 대한 책임을 좀 더 부여하면 훨씬 더 잘 반응할 것이다. 그들은 건강관리에 참여하는 것을 더 선호한다.

반응성 저혈당증

극적인 행동 변화를 일으키는 당혹스러운 상황은 반응성 저혈당증으로 인해 일어날 수도 있다. 이러한 조건은 매우 자주 ADD/ADHD로 진단을 내리거나 또는 그저 '미성숙함'이라고 잘못 인식되기도 하는데, 급속 순환 양극성 장애로 진단을 내리는 것도 보아왔다.

우리의 경험으로 볼 때, IQ 160 이상의 고도 영재 아동—그리고 아마도 성인도—의 거의 5~7%가 기능적 반응성 저혈당 상태로 보이는 미확인 건강 상태를 지니고 있다(Webb, 2000). 이들은 특히 강렬하고 신체적으로도 보통은 홀쭉해서, 독특한 양식을 보인다.

이들은 아침에는 학교에서 수행을 매우 잘 한다. 과제에 집중하고 호기심을 가지며, 특히 열심히 배우고 공부한다. 질문을 많이 하고 한 가지 이상의 과흥분성의 좋은 예시가 되며, 일반적으로 성실한 학생이라고 할 수 있다. 늦은 아침, 약 10시 30분이나 11시 정도가 되면 이들의 행동은 약 15~30분 내에 급격히 변화한다. 더 이상 과제에 붙어 있을 수 없고, 꽤 산만해지며, 매우 감정적이 된다. 그리고 떼 부림이나 눈물로 좌절에 대한 과잉반응을 보인다. 또한 충동적이며 사회적 상호관계를 맺지 못한다.

이 아동들은 점심식사 후 약 30~45분까지 산만하고 변덕스러운 양상을 띤다. 그러고 나서 오후 3시 30분이나 4시까지는 적어도 꽤 잘 기능하지만, 그 시간 이후부터는 같은 문제행동이 극적으로 다시 나타난다. 생생하게 기복을 보이는 순환 양식은 전형적으로 늦은 아침에 한 번, 그리고 늦은 오후 중간에 한 번씩 일어난다. 아동이 탄산음료나 특히 카페인이 들어 있는 설탕 음료를 마시면, 아침이나 오후에 한 번 이상의 순환이 나타나게 된다.

제이콥은 학습장애 가능성 때문에 의뢰되었다. 늦은 아침 시간에 제이콥의 인지 능력을 검사하면서 관찰한 결과, 그는 천천히 반응하고 느리고 산만하며 가라앉아 있었다. 그는 정정당당하게 수행했지만 평균 수준보다 낮은 점수를 얻었다. 영재성은 고사하고, 그의 능력이 평균 상 이상이라는 증거도 없었다.

점심시간 후에 검사가 다시 재개되는데, 제이콥은 다른 사람이 되어 있었다. 그는 생기 있고 에너지가 넘치며 과제에 집중했다. 점심시간 후에 실시한 검사에서 그는 평균 상에서 우수 수준의 점수까지 받았다.

검사자가 특정 시간에 아동을 검사하기 위해 도착하지 않았다면 우연히 그의 반응 양식을 보지 못했을 것이며, 그렇게 되면 전혀 맞지도 않는 치료를 추천하게 됐을 것이다. 약간의 간식을 먹는 것 정도의 작은 변화가 극적인 결과를 낳았다. 제이콥은 애초 검사 의뢰 사유였던 학습 문제를 더 이상 보이지 않았을 뿐만 아니라 평균 상 이상의 능력과 기술을 지속적으로 보여 주기 시작했다.

이러한 행동 패턴을 보이는 아동에게 식사에 변화를 주는 시도와 식사 일지를 쓰도록 하는 것은 매우 도움이 된다. 추천 음식은 다음과 같다. ① 설탕이나 단순 탄수화물의 금지, ② 고단백질 음식, ③ 통곡물 음식 같은 복합 탄수화물의 적절한 양, ④ 아침 중간 및 오후 중간에 간식 먹기 등이다. 아동이 반응성 저혈당증이라면, 기능 면에서 즉시 그리고 꽤 극적인 개선을 볼 수 있다. 아침 10시에 육포 한 조각을 먹고 오후 2시에 땅콩버터가 든 크래커나 치즈를 먹는 것만으로도 기적 같은 변화가 일어날 수 있다.

많은 부모는 단 한 번의 순수한 사탕수수 같은 연료 공급만으로도 뇌가 활동한다는 것을 알게 되면 충격을 받는다. 뇌는 지속적으로 예견 가능한 수준의 포도당으로 왕성하게 활동한다. 그렇기 때문에 프로젝트에 몰두하면서 먹고 자고 휴식을 취하는 것을 잊어버리는 아동에게는 자신을 보살피는 기술을 발달시키도록 성인이 도와주어야 한다. 이상적으로 섭취해야 할 음식은 하루 세 끼의 식사와 두 번의 간식이다. 규칙성과 영양이 중요한 것이지 음식의 양은 그다지 문제가 되지 않는다.

고도 영재 아동은 강렬하여 많은 에너지를 사용하기 때문에 연료를 금방 다 써 버리는 것 같다. 음식을 이렇게 섭취하도록 추천하는 이유는 당과 탄수화물은 빨리 흡수되는 반면, 단백질은 좀 더 천천히 흡수되기 때문이다.

영재 아동이 강렬하여 더 많은 에너지를 요구하는 데는 생물학적인 이유가 있다. 일반적으로 영재 아동의 뇌는 효과적으로 기능한다. 하지만 과제에 도전하면, 사용하는 에너지는 거대하게 커진다(Haier, 1992; Haier et al., 1992). 식사 시간 사이의 간격이 길어지면, 신경전달물질인 세로토닌이 저하된다. 세로토닌 수준이 낮아지면 통증 예민성, 흥분성, 우울 그리고 공격성이 증가된다.

비록 영재 아동에게 반응성 저혈당증이나 악몽 같은 문제가 흔하게 나타나는 것은 아니지만, 영재의 경우 이러한 증상에 반응하는 방식이 좀 더 극적이라서 임상적으로 관심을 끌게 된다. 따라서 이런 아동들의 불평을 정신병리적인 것으로 잘못 다루어서는 안 된다.

저혈당증과 알레르기

분명한 반응성 저혈당증을 가진 영재 아동의 5~7% 중의 절반은 또한 음식 알레르기가 있음을 일화를 통해 관찰해 왔다. 이러한 경우에는, 예를 들어 고기 육포 간식은 '모두 자연산' 이어야 하며, 땅콩버터 대용으로 콩버터를 사용해야 한다.

흥미롭게도 이들은 밤에 4, 5시간 정도밖에는 잠을 자지 않으며, 셔츠 안쪽에 달린 상표 때문에 불편해한다. 다른 말로 표현하면, 여러 행동이 동시에 일어난다. 건강관리 전문가가 이러한 행동 양식을 인식하지 못하면, 8세의 고도 영재인 자녀가 아침 중간과 오후 중간에 간식을 필요로 하고, 음식 알레르기가 있고, 4, 5시간밖에 잠을 자지 않고, 냄새나 형광등 불빛 그리고 주위의 소음에 심하게 방해를 받는다는 부모의 말을 쉽사리 믿지 않을 것이다. 영재에 대한 인식이 없으면, 오진단과 적절하지 못한 치료가 이루어지는 상황이 발생하게 된다.

반응성 저혈당증과 다른 진단

반응성 저혈당증의 영재 아동은 다른 장애로 틀리게 진단받을 위험도 있는 것 같다. 그들의 행동은 ADD/ADHD나 급성 순환 양극성 장애, 또는 다른 정서적 미성숙과 같은 다른 장애로 해석되기도 한다. 대부분 이런 사례의 경우, 건강관리 전문가가 영재성과 영재적 특성을 인식하고 있다면 오진단은 쉽게 피할 수 있다. 유감스럽지만, 이러한 교육의 촉매 역할을 담당하기 위해서 부모는 임상가에게 논문 및 읽을거리를 제공해 주어야 한다.

제 · 9 · 장

영재의 관계성 문제

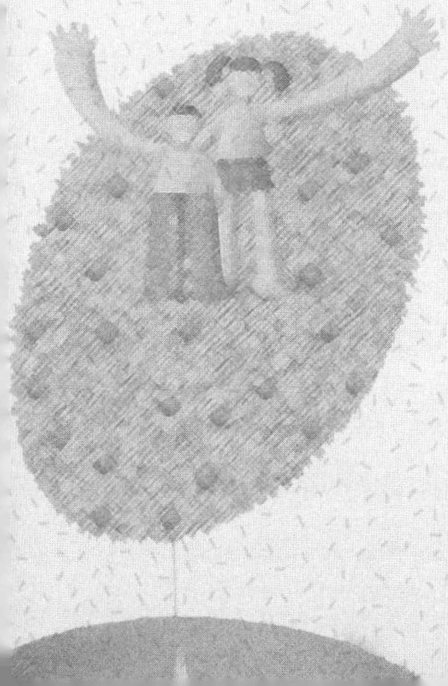

제9장

영재의 관계성 문제

전반적으로 영재 아동과 영재 성인은 대인관계에서 정신적 · 정서적으로 건강하며, 친구를 잘 사귀는 경향이 있다. 그럼에도 불구하고 이들에게는 가족, 또래 및 동료 관계에서 문제가 생길 가능성이 많다.

한 어머니는 다음과 같이 말하였다. "영재 자녀를 둔다는 것은 우리 가족의 생활방식을 바꾸는 것이 아니라 파괴하는 것이다." 다른 어머니 또한 자녀의 계속된 질문과 언어적 도전으로 너무 지쳤고, 마치 자녀가 모든 허점과 예외를 주시하는 데 능숙한 법정에 있는 검사같이 느껴진다고 불평하였다. 영재 아동은 자신이 지닌 강렬함이나 날카로운 관찰력, 강한 성격 때문에 교실에서뿐만 아니라 가족에게도 엄청난 영향력을 끼친다.

이와 비슷하게 성인 영재도 가족에게 강력한 영향력을 끼친다. 지나치게 똑똑한 아버지는 모든 것을 다 알고 있기 때문에, 아들이 다 배웠다고 생각하고 따라하기 어려운 행동을 한다. 예를 들어, 아들은 한니발이 코끼리를 타고 알프스를 넘은 최초의 사람이었음을 알게 되었다고 자랑스럽게 말하지만, 한니발의 삼촌이 그보다 더 먼저 코끼리를 타고 같은 길을 간 사람이라고 아들에게 수정해서 말하는 사람이 바로 아버지다. 아버지는 자신이 지닌 사전적 지식이 얼마나 다른 가족들을 황폐하게 만드는지 인식하지 못한다. 이런 가정에서 자라난 아동은 자기 의견이나 말을 하지 않는 것이 좋다는 것을 재빨리 배운다. 왜냐하면 사랑은 하지만 인식이 없는 아버지로부터 질문을 받거나 도전을 받으면 힘들기 때문이다.

관계성은 복잡한 인간 상호작용이다. 여기에 강렬함이나 이상주의 그리고 민감성을 지닌 영재성이 더해지면 복잡성은 더욱더 증가한다. 영재의 다른 사람과의 관계성은 가끔 매우 강렬해서, 문제가 발생하면 그 문제 또한 강렬해지는 경향을 보인다. 영재성은 구획으로 나누어질 수 없으며, 또래관계나 성인의 우정, 결혼/동료 관계, 사업 동업 관계, 형제관계 그리고 모든 종류의 동료/동역자 관계에 전반적으로 영향을 끼친다. 많은 영재 아동과 영재 성인은 영재성을 안고 살아간다는 것이 일종의 사회적인 가격표가 따라다닌다는 의미라는 것에 동의한다. 다행히 똑똑하다는 것은 대인관계를 포함하여 많은 문제에 대한 해결책을 찾을 수 있는 능력을 함께 가지고 있다는 의미도 된다.

영재에 관한 많은 연구와 저서는 대부분 아동에게 초점이 맞추어져 있다. 오직 몇몇 사람들만이 성인 영재에 관하여 연구해 왔다. 터먼과 그의 동료들이 이룬 종단연구를 제외하고는 제이콥슨(Jacobsen,

1999), 린드(Lind, 1999), 로베키(Lovecky, 1986), 스트레즈뉴브스키(Streznewski, 1999) 그리고 톨란(Tolan, 1995)이 쓴 책과 논문들이 있다. 물론 많은 소설가와 철학자도 주인공을 영재라고 명명하지는 않았지만 성인 영재의 복잡함에 관하여 써 왔다. 이들은 모두 다 영재성이란 것이 성장하면서 벗어날 수 있는 조건이 아니라는 사실을 상기시켜 준다. 영재성은 성인 생활에도 계속되며, 성인들의 대인관계에서 영재 자신과 다른 성인들에게 영향을 주고 있다.

관계 문제 진단하기

이 장은 세 개의 주요 영역인 부모-자녀 관계, 또래관계, 성인 관계를 다루고 있다. 각 집단 내에서 여러 영역에 걸쳐 영재성이 함축하고 있는 점들을 논의할 것이다.

DSM-IV-TR에서 제시한 관계성 진단 문제는 'V-코드'[1)]에 나와 있다(APA, 2000: 737). 여기서는 문제가 심각하여 임상적인 관심의 대상이 되고 있는 다른 사람과의 관계 문제를 기술하고 있다. 대인관계 문제는 종종 가족구성원 간의 상호작용 양식에서 그 근원을 찾을 수 있으며, 임상적으로는 기능상 심각한 손상과 연관이 있다. 그들이 정신적인 또는 의학적인 장애의 진단과 치료 및 예후에 영향을 주게 되면, 임상가는 매우 세심한 주의를 기울여 그들을 살펴봐야 한다.

DSM-IV-TR의 관계성 문제에 관한 V-코드 영역에서는 영재 아동과 영재 성인을 언급하지 않고 있다. 그러나 우리의 경험에 따르면, 영재 아동과 영재 성인의 특성은 다른 사람과의 관계에 강력하게 영향을 끼치며, 그에 따라 심각한 문제로 이어질 수 있다.

4개의 V-코드 진단은 영재 아동과 영재 성인에게 잠재된 문제들이며, 그것은 다음과 같다(APA, 2000: 737).

- V61.20 부모-자녀 관계 문제: 손상된 의사소통이나 과잉보호와 같은 문제들이 포함되어 있다.
- V61.10 동료 관계 문제: 비현실적인 기대와 비판과 같은 의사소통 문제가 포함되어 있다.
- V61.8 형제자매 관계 문제: 임상적 관심의 초점이 형제자매에게 있지만 문제가 가족 기능에 영향을 준다.
- V61.81 달리 세분화되지 않는 관계 문제: 예를 들어, 직장 동료나 상사와의 관계같이 앞서 언급한 범주에 속하지 않는 관계 문제가 포함되어 있다.

부모-자녀 관계

영재는 기르기 쉽고 가족에게는 기쁨이 된다는 신화가 널리 만연해 있음에도 불구하고, 영재의 부모들은 대부분 자녀로부터 도전을 받고 지쳤다고 보고한다. 비록 이들이 겪는 어려움이 임상적으로 진단을 받을 만한 수준에는 결코 미치지 못하지만, 대인관계 스트레스는 꽤 심각할 수 있다. 부모는 이러한 문제들로 건강관리 전문가와 상담 전문가를 찾아가 도움을 구하며, 관계 문제는 즉시 치료의 초점이 되어 버린다.

고도로 지적이고 창의적인 사람의 아동기는 대체로 순조롭지 않은 것 같다. 윌 로저스(Will Rogers)는 학교에서는 제멋대로였으며, 에디 캔터(Eddie Cantor)는 길거리 깡패였으며, 오빌 라이트(Orville Wright)는 인디애나 주 리치몬드에서 6학년 때 남을 해쳐서 정학을 받았다. 우디 앨런(Woody Allen)은 가끔 학교를 무단 결석하였고 부적절한 유머로 나쁜 학점을 반복해서 받았다(Goertzel, Goertzel, Goertzel, & Hansen, 2004). 우리는 여러 상황에서 문제가 되는 부모-자녀 관계 문제들을 많이 관찰해 왔고 그 경험들을 수집해 왔는데, 여기에는 몇 가지 공통점들이 있다.

힘겨루기

일단 영재라고 명명하면, 그 아동에게 부적절하게 가속화된 기대를 하게 되고(Colangelo & Fleuridas, 1986), 그 결과 힘겨루기가 시작된다. 자녀가 영재나 재능 아동이라는 것을 인식하는 경우에, 대부분 부모는 무엇이 합리적인 기대치인지를 모르고 있다. 그들은 영재 아동이 지닌 전형적인 특성을 모르며, 모든 다른 영재 아동이 그들의 자녀와 유사한지의 여부도 모른다.

부모는 단지 자신이 어렸을 때 전혀 존재하지 않았던 기회가 자녀에게 주어진다고 깨닫는다. 예를 들어, 기술 진보는 부모 세대에서는 전혀 들어 보지도 못한 직업의 기회를 만들어 낸다. 자녀가 부모가 기대한 것과는 다른 것을 선택하거나, 굉장한 경험을 포기하는 쪽으로 선택하거나, 충분히 노력하지 않아서 기회가 주는 모든 이점을 취하지 못하면, 부모는 힘들어할 수 있다. 이런 경우에 부모는 헤쳐 나가려고 노력을 한다. 또한 "자녀의 성장을 받아들이자, 아이의 성장은 부모의 일부분이 아니라는 것을 기억하자, 아이의 성공과 실패는 그 아이 거야!"(Roeper, 1995: 148)라는 말을 상기할 필요가 있다. 주로 힘겨루기는 부모가 자신의 개인적인 희망을 강렬한 영재 아동에게 부과하려고 시도할 때 일어나는 의지의 싸움인 것이다.

물론 힘겨루기가 모두 적대적 반항장애아로 되는 것은 아니다. 대부분의 영재 아동은 의지가 강하기 때문에, 아마도 부모나 교사 및 그 밖의 사람들은 영재 아동이나 나아가 영재 성인과의 지속되는 힘겨루기에 휘말리기 쉬울 수 있다.

앞서 언급했듯이, 힘겨루기는 부모가 영재 아동의 특성과 그 특성이 지닌 함축성을 인식하지 못할 때 특히 일어난다. 예를 들어, 부모가 사고방식의 차이를 이해하지 못하면, 부모는 아이에게 간결하면서도 바르게 정리하도록 요구할 것이다. 그러나 부모의 기준이 창의적인 아이가 지키기에는 엄격할 수 있다. 때론 타협이 최선이 되기도 한다.

어떤 영재 아동들은 태어나면서부터 무질서한 리듬 속에 빠져 있는 것 같다. 그리고 이러한 리듬은 기능적인 것 같다. 부모와 교사는 자녀가 '정상적인' 아동이 되길 원하며, 다르다는 것 때문에 대가를 치루길 원치 않기 때문에, 엉뚱한 리듬이 나오지 않게 막는다. 그 과정에서 부모나 교사는 자녀의 성장과 건강한 자기 발전을 억제하게 된다.

기발함이나 엉뚱함을 단념시키면, 부모나 교사는 자녀 안에 내포된 의미 있는 실체가 아니라 겉으로 드러나는 피상적인 겉모습을 좋아한다는 것을 스스로 알게 될 것이다.

14세 모리스는 학문 분야와 예술 분야에서 뛰어난 영재이지만, 친구가 거의 없다. 그는 키가 작아서 놀림의 대상이 되었으며, 자신에게 언제 '급성장'이 올지를 염려했다. 그는 성장이 너무 늦게 오는 것을 두려워했다. 그의 독특한 옷차림은 개성을 드러내 주지만 한편으로는 또래로부터 더욱더 거절당하게 만들었으며, 부모와의 관계에서도 긴장감을 유발시켰다. 힘겨루기가 많이 있었으며, 옷차림뿐만 아니라 과제 때문에도 힘겨루기를 해 왔다. 이러한 힘겨루기 때문에 모리스는 학교에서 하는 영재 프로그램에 더 이상 참여하길 원치 않는 지점에까지 이르렀다.

모리스는 공부하길 피했으며, 거의 모든 수업에서 낙제했다. 그는 자신의 예술적 재능을 이용하여 만화 캐릭터를 그렸으며, 종종 다양한 종류의 야만적이기도 하고 반문화적인 액션 장면을 만화로 그리곤 했다. 부모와 교사는 그가 창의적인 재능을 보다 '생산적인' 방법으로 사용하길 원했고, 걱정이 되어서 심리학자를 만났다. 심리학자는 만화 내용에는 별로 염려할 만한 것이 없으며, 좀 더 중요한 문제는 모리스와 부모의 관계라고 했다. 어쨌든 모리스는 그림을 바꾸길 거절했다. 그림은 자신을 받아들이는 세상과의 연결 수단이자 그의 배출구였던 것이다. 드디어 어머니가 이것을 이해하고 받아들이자 아들을 수용하게 되었고 그들의 관계는 회복되기 시작했다. 그리고 마침내 모리스도 성장했다.

그렇다면, 질문은 바로 이것이다. 부모는 얼마나 자녀를 밀어붙여야 하며, 그리고 언제 물러서야 하는가? 훈육은 재능을 발달시키는데 확실히 필요하다. 아동은 스스로 훈련이 된 상태로 태어나지 않는다. 모든 창의적인 일은 예술의 형태를 갖춘 도구와 기술의 숙련을 요구한다. 이것은 앞서 이룬 다른 사람의 연구와 공부뿐만 아니라 더 향상시키고 발전시키기 위해 고전적인 형태를 사용하는 능력을 기초로 하여 세워지는 것이다.

아동들은 연습을 하지 않아도 숙달할 수 있다고 종종 믿는다. 처음에는 많은 노력을 기울이지 않더라도 악기를 연주할 수 있다고 믿는다. 또한 공부를 하지 않더라도 배울 수 있다고 여긴다. 연습을 하지 않고서도 숙달할 수 있다고 기대하는 것은 충분히 힘겨루기를 하는 상황을 만든다. 아동에게 도전과 밀어붙임을 얼마나 많이 해야 하는지를 파악하는 것은 어렵다. 또한 계속 아동을 재촉하면 힘겨루기가 되어 버린다.

우리는 찬찬한 속도로 도전을 제공하면서 아동들을 가르치고 있다. 부모와 교사는 아동들에게 새로운 경험을 제공하고, 그에 따라 그들의 지식과 기술이 확장되길 원한다. 그러나 이러한 도전은 아동들에게 좌절감을 안겨 준다. 그것은 아동들이 즐기는 파티가 아닌 것이다. 기술이 숙달되고 좌절도 역시 극복해야 자기 숙달이 이루어지는데, 이것이 없으면 아동은 그저 몽상가로만 남게 된다. 결국 아동들은 성공에는 위험이 따른다는 것, 즉각적인 보상이 늘 존재하는 것은 아니라는 것, 그리고 자기 훈련이 필요하다는 것을 배우게 된다.

밀 착

영재 자녀에 대한 부모의 지나친 간섭이나 밀착(enmeshment) 현상은 편부모 가정이나 영재아의 성공에 지나치게 관심을 갖는 부모에게서 특히 발생한다. 이런 현상은 때때로 부모가 피아노 레슨이나 연기 수업처럼 자신이 자녀와 같은 나이 때 해 보고 싶었으나 할 수 없었던 것들을 자녀가 '누리고 있는' 것을 볼 때 일어난다. 『영재 아동의 드라마(Drama of the Gifted Child)』라는 책에서 밀러(Miller, 1996)는 그녀가 임상 실습을 통해 겪었던 밀착의 유형에 관해 묘사하였다.

예를 들어, 이미 성인 수준의 단어를 구사할 수 있고 25세 정도의 성숙도를 보이는 12세 아동의 한 편부모는 그 연령의 아동에게 맞지 않는 자신의 개인 문제를 자기도 모르게 이야기하게 되고, 가족 내에서 아이의 역할에 대해 혼란을 일으키게 만들 수 있다. 영재 자녀는 때로 보는 것만으로도 기쁨을 주는 놀라운 일을 할지는 모르지만, 부모는 성인과 아동의 경계를 흐리게 만들어서는 안 된다.

부모 편에서 볼 때 밀착 현상은 과진단이 될 수도 있다. 특별한 아동을 지원하기 위해 시간과 에너지를 지나치게 소비하는 부모는 자녀에게 매여 있는 것처럼 보일지 모른다. 그러나 자녀에게 적절한 교육을 제공하려고 애를 쓰면 쓸수록 자녀의 문제와 행복에 지나치게 개입할 수밖에 없게 된다. 『유명인의 요람: 700명의 유명한 사람들의 아동기(Cradles of Eminence: The Childhood of More than 700 Famous Men and Women)』(Goertzel, Goertzel, Goertzel, & Hansen, 2004)나 『젊은이의 재능을 계발하기(Developing Talent in Young People)』(Bloom, 1985)와 같은 고전 연구에서는 높은 수준으로 성취한 사람들의 생활에 대해 설명하고 있다. 이 책에서는 올림픽 출전을 위한 체조 영역에서의 재능이든지 아니면 생화학 분야에서 가장 우수한 대학원의 입학 허가든지 간에, 자녀가 뛰어난 재능을 계발할 수 있으려면 부모의 개입이 중요하다는 것을 상세히 확인시켜 주고 있다.

세 명의 영재 자녀를 둔 어머니인 낸시는 아이들의 학교에 자주 찾아간다. 그녀는 지금까지 자신의 아이들뿐 아니라 학문적으로 뛰어난 모든 아이들을 위해 끊임없이 지원을 해 왔다. 그녀는 영재아에 대한 광범위한 분야의 책을 읽고 인터넷을 찾아보거나, 주 혹은 정부에서 주최하는 영재 아동에 관한 회의에도 참석했다. 그리고 학생들을 위해 가장 좋고 적절한 교육을 제공해 줄 것을 학교에 요청할 수 있도록 저명한 학자들로부터 영재 학생 지도방법을 배우려고 애를 썼다.

처음에 낸시는 곧 사라지고 마는 강압적인 부모처럼 보였다. 교장은 그녀를 관대하게 대했지만 대부분 그녀를 무시했다. 교사와 학교 관계자들 역시 아직은 초등학교 고학년과 중학교 저학년이긴 하지만 학생들을 교육적인 길로 안내할 수 있는 전문가들에게 보내어 가르침을 받아야 한다고 믿었다.

학교 관계자들로부터 받는 부정적인 느낌을 상쇄시키기 위해 낸시는 자원하여 여러 가지로 교사들을 도울 수 있는 프로그램을 제공했다. 예를 들어, 그녀는 멘토를 제공했고, 자신의 관심 분야였던 미술과 음악에서 학생들이 경험할 수 있는 특별한 기회도 제공했다. 그녀는 자신이 절대 포기하지 않을 것이라는 것을 교육 관계자들이 알아차릴 때까지 학교에 그녀의 동기를 확실히 보여 주고자 했다. 학교는 결국 그녀의 의견을 들어주었고, 그녀가 제안했던 몇 가지 전략 중 일부를 시도했다. 결과는 긍정적이었다.

이제 학교는 낸시가 학교에 가기만 하면 부정적인 인상을 갖던 몇 년 전과 달리 그녀가 학교에 무엇을 제공하려는 것인지 관심을 갖게 되었다. 낸시는 스스로 자신을 학교와 지역사회에 꼭 필요한 존재로 만들었으며, 모든 학생과 특별히 심화학습이 필요한 학생들을 위해 변화를 위한 긍정적인 목소리를 끊임없이 내고 있다. 처음에는 부정적인 위치에서 출발했지만 그녀는 많은 긍정적인 변화를 이루어냈다.

소위 '강압적인 부모(push-parents)'는 도움을 요청하기 위해 찾아간 전문가들로부터 직접적으로든 우회적으로든 비난받는 경우가 종종 있다. 부모가 자녀의 뛰어난 잠재력의 계발을 위해 양육한다는 것은 어떤 지점까지인가, 밀착되는 것은 언제인가, 혹은 언제 강압적인 부모가 되는 것인가? 훗날 높은 명성을 얻는 대부분의 아동에게는 어린 자녀의 삶에 매우 깊게 개입하는 부모들이 있었다. 이들은 때로 엄청나게 개입하여 어느 정도는 강압적으로 밀어붙이기도 하였다(Bloom, 1985; Goertzel et al., 2004; Winner, 1996).

영재 아동을 '성인처럼 대하기'

또 다른 종류의 밀착은 성인들이 영재 아동에게 훈육도 없이 많은 자유를 주면서 과하게 힘을 실어 줄 때 일어난다. 자녀의 지식과 창의적인 행동을 너무 동일시하면 부모는 똑똑한 자녀들로부터 무의식적으로 조종을 당하거나 걸려들게 된다. 이런 경우는 자녀의 능력에 대한 부모의 경외심, 부모보다는 친구가 되고 싶은 욕망, 또는 의도는 좋지만 단순히 비효율적인 양육 기술 때문에 생긴다. 원인이 무엇이든 아동은 자신이 성인과 같은 수준이라고 생각하게 되고, 성인과 똑같은 시간을 요구하며, 가족 내에서 많은 힘을 가졌다고 생각하게 된다.

영재 아동들은 성인들이 하는 것처럼 생각하고 행동하며 반응하는 축소된 성인이 아니다. 아동을 성인화한다는 것은 실제로 그 아이의 소중한 유년 시절을 빼앗는 것이 될 수 있다. 따라서 부모는 책임을 지고 선을 그을 필요가 있다. 아동들은 잘못된 선택을 할 것이고 충동적으로 행동할 것이다. 한창 심하게 힘겨루기 중에 있는 6세 아동이 "오, 무슨 뜻인지 알겠어요. 이제 그만 우는 걸 멈추고 자러 갈게요."라고 말했던 때가 있었는지? 그런 일은 결코 일어나지 않는다.

부모는 자녀가 어릴 때 더 나은 선택을 하는 것을 배울 수 있도록 도와야 한다. 좀 더 나이가 든 후에 잘못된 선택을 하는 것은 더 심각한 결과를 초래하기 때문에 어릴 때 좋은 선택을 하는 방법을 배우는 것이 중요하다. 아동을 성인 수준으로 대하는 것은 부모와 자녀 모두에게 해가 된다. 모든 부모가 자녀를 통제할 수 있는 것이 중요하다. 로퍼(Roeper, 1995)는 이 문제에 대해 좋은 조언을 남겼다. "책임을 져라. 그리고 자녀에게는 책임감을 느끼게 하지 말고 보호받고 있다고 느끼게 해 주라"(p. 149).

이와 유사하게, 부모는 대부분 성인의 일은 결국 성인의 것임을 기억해야 한다. 본질적으로 지나치게 '성인' 의 것이 아니면서도 충분히 자극을 주는 내용의 책을 찾기가 어렵다 할지라도, 영화나 읽을거리에 제한을 두어야 한다(Halsted, 2002). 지적으로 앞선 발달을 보이는 아동이라도 대개는 감정적으로 거의 발달하지 못했다. 지식과 지혜 또는 성숙 간에는 차이가 있는 법이다.

나쁜 사회적 행동의 이유로 영재성 이용하기

일부 부모들은 나쁜 행동의 원인을 영재성 때문으로 보지만, 그런 아동의 행동이 가족관계나 또래관계를 해친다는 점을 깨닫지 못한다. 우리는 영재 아동의 부모들이 자녀의 좋지 않은 대인관계 행동을 단지 아동이 영재이기 때문에 일어난다고 여기고 무시하는 경우를 종종 볼 수 있다. 부모와 교사의 역할은 아동이 영재든 아니든 결과가 심각해지기 전에 그들 스스로 좋고 나쁜 결정을 구분할 수 있도록 도와줘야 한다. 심리학적으로 건강한 행위의 기본이 되는 기준은, 기쁨을 주어야 하지만 자신과 그 밖의 다른 누구에게도 상처를 주어서는 안 된다는 것이다. 이것은 정서적으로 아동을 지지하고 진정으로 사랑하지만, 아동이 선택한 것을 인정하지 않거나 심지어는 거절할 수도 있음을 의미한다. 폭력을 가한 아동에게는 즉각적인 조치를 취해야 한다.

일부 성인들은 매우 중요한 메시지를 절반만 듣는 것처럼 보인다. 성인들은 지도도 제대로 하지 않은 채 자녀의 창의성과 영재적 특성을 소중히 길러 주는 것만을 배워 온 것 같다. 그 결과 아동은 지나치게 제멋대로이고, 버릇없으며, 자기만 생각하는 아이로 자라게 된다. 예를 들어, 자녀의 나쁜 행동을 보고 부모는 재빨리 핑계를 댄다. "어머나, 우리 아이가 매우 창의적이라서 그래요." 영재가 된다는 것은 나쁘게 행동하거나 사회적으로 바람직하지 않은 태도로 행동하도록 특권을 주는 것이 아니다. 옳지 않은 선택을 하거나 궁극적으로 누군가에게 상처가 되는 비판이나 폭력적인 행동을 초래하는 경우는, 창의성을 발휘하여 이루어진 일이라도 방향을 다시 잡아주어야 한다.

저명한 심리학자 칼 로저스(Carl Rogers)의 '무조건적인 긍정적 관심'은 상담자가 내담자를 위엄과 가치를 지닌 인격체로서 존중해야 한다는 것을 강조하는 용어지만 때때로 잘못 해석되기도 한다. 일부 성인들은 영재 아동이 행동상의 문제를 가지고 있더라도 그러한 행동을 허용해 주거나 심지어는 지지해야 한다고 생각하는 것 같다. 예를 들어, 한 영재 아동의 반항적이고 무례한 행동은 단지 '자기 자신을 표현하는' 것으로 여기며, 또 다른 영재 아동은 과홍분성의 문제를 갖고 있기 때문에 버스에서 차창 밖으로 손을 내밀지 않을 것이라고 기대하는 것은 부적절하다고 생각하는 것과 같다.

이 책에서 보여 주듯이, 어떤 행동은 영재성으로 설명할 수 있다는 것이 우리의 입장이지만, 그것이 부적절한 행동의 변명으로 사용되어서는 안 된다. 많은 영재 아동이 일상생활에서 모범을 보이는 좋은 사례를 보더라도, 배려는 고도의 지능 및 성취와 충분히 양립할 수 있다. 좋은 용도로 사용하기 위해 필요한 사회적 기술이 없으면, 지금이든 나중이든 아동의 성취는 효과가 없을 것이다. 또한 가족 외의 사회적 관계성은 부모-자녀 관계가 얼마나 잘 신장되느냐에 의해 영향을 받을 것이다.

부모/아동의 조종

모든 아동이 다른 사람들을 잘 조종하지만, 영재 아동은 또래보다 훨씬 더 조종하는 능력이 뛰어나다. 그들은 금지된 행위를 온전히 타당하게 하기 위해 이유를 만들 수 있다. 또한 부모의 일관되지 않은 행동을 알아차릴 수 있으며, 서로 다투게 할 수도 있다. "아빠는 내가 가도 된다고 했는데, 엄마는 왜 안 된다고 해요?" 이러한 종류의 힘겨루기는 부모 간에 극도의 긴장감이 있다거나, 부모 중 한쪽 혹은 양쪽 모두가 자녀를 성인처럼 대하거나, 전반적으로 자녀에게 지나친 권한을 주는 경우에 가장 큰 문제가 된다. 그러한 상황에서 아동의 뛰어난 두뇌는 굉장한 힘이 될 수 있어서, 그 아동이 어느 쪽이든 부모 중 한쪽을 자기편으로 만들 가능성에 주의하라고 전문가들은 이야기한다.

이와 비슷하게 영재 아동들은 학교나 교사에 대한 인식을 조종하는 능력도 탁월하다. 왜냐하면 이 영특한 아동들은 부모가 관심을 가질 만한 문제들을 이미 알고 있어서, 교사를 상대로 교묘하게 부모를 자신의 편이 되도록 '버튼을 누를 수' 있기 때문이다. 부모는 자녀에게서 정보를 얻을 때뿐만 아니라 학교 관계자들과 직접 이야기를 할 때도 조심해야 한다. 부모와 교사 사이의 문제는 성인 수준에서 성인끼리 다루어야 하며, 아동에게 설명할 때는 조심스러운 언어로 최소한으로 이야기해야 한다. 다른 부모나 교사를 적대시하는 자녀의 편에 서서 아이를 두둔하는 것은 앞으로 아이가 다른 사람들을 적대적으로 대할 수 있는 가능성을 증가시킨다(Rimm, 1995). 교사가 실수하는 경우도 있다. 하지만 그럴 때도 부모는 자녀에게 긴 설명 없이 또한 아이들을 개입시키지 않은 채로 문제를 해결해야 한다.

때때로 아동들은 부모를 보고 모델링하므로 조종하는 것을 쉽게 배운다. 영재 아동의 부모는 특히 말과 행동에 일관성을 갖는 것이 중요하다. 왜냐하면 이들은 부모의 일관되지 않은 행동이나 말을 알아차릴 수 있기 때문이다. 또한 부모는 영재 아동의 행동이 전달하는 메시지를 관찰하는 것이 중요하다. 부모는 자신이 자식에게 요구하는 것과 같은 기준을 따라 행동해야 한다.

저스틴은 과제를 대충대충 그리고 늦게 하고, 종종 교사들에게 무례하게 행동을 하는 등 학교생활이 좋지 않다. 저스틴은 소파에서 어머니 옆에 앉아 있었고, 그의 어머니는 학교 심리학자에게 퉁명스러운 어조로 담임교사가 얼마나 무능한지에 대해 설명하고 있었다. 그녀는 아들이 다른 반으로 가기를 원했지만 학교는 그렇게 할 수 없었다.

심리학자는 저스틴의 어머니와 개인적으로 이야기하면서, 어머니가 사람들 앞에서 모욕을 준 적이 있는 그 교사를 아들이 존경할 가능성이 없다고 하자 그녀는 화를 냈다. 저스틴의 평가 결과에서는 성적이 나쁜 이유로 학습장애나 다른 설명의 증거를 찾지 못했으며, 그에게 과제 수행 시간을 늘려 주어야 할 정당한 이유가 없다는 결과를 보고도 저스틴의 어머니는 별로 기뻐하지 않았다.

저스틴은 어머니에게서 많은 것을 배우고 있었다. 예를 들어, 자신이 원할 때만 정중하게 행동하면 되고, 자신이 좋아하지 않는 상황은 회피하도록 허락했으며, 책임감이나 기대감은 자신의 것이 아닌 다른 사람의 것으로 전가시키는 점 등을 배우고 있었다. 발끈 화를 내면서 떠난 후 1년이 지나서, 저스틴의 어머니는 상황의 심각성을 깨닫고, 평가 후에 추천을 받았던 아동 심리치료사의 이름을 물어보기 위해 다시 전화를 했다.

영재 행동 조정하기

셔츠의 뒤에 붙은 상표, 양말의 솔기, 음식의 새로운 맛과 질감,

새로운 환경 그리고 다양한 사회의 걱정거리들 때문에 쉽게 불편감을 느끼는 예민한 영재 아동들은 사소하게 여겨서는 안 되는, 또 무시할 수 없는 어려움을 종종 겪는다. 그리고 이들은 이런 점 때문에 조정을 필요로 한다. 부모-자녀 관계 또는 교사-학생 관계에서 얼마나 조정을 많이 제공하는가는 종종 균형의 문제가 된다. 실크로 된 옷을 입었을 때만 '오직' 편안함을 느끼는 6세 아동에게 부모는 얼마나 많이 개조한 옷을 제공하였는가? 2세가 되면서 양말을 신지 않으려는 자녀에게 양말을 신기려고 얼마나 시도를 많이 하였는가?

몇 개의 특정한 음식만을 편식하는 아이에게 아빠는 다른 반찬을 얼마나 많이 요리해 주었는가? 이러한 조정은 필연적으로 부모-자녀 관계에 영향을 미친다. 왜냐하면 이러한 노력은 성인인 부모가 해야 하는 것이기 때문이다. 조정은 종종 시간이 걸리고 지치며 비용이 많이 든다.

적응이 필요하다고 해서 문제를 제기하지 않거나, 아동이 전혀 불편함을 느끼지 않는 '솜뭉치 세상'을 만들려고 하거나, 혹은 아동을 조정하기 위해서 다른 모든 사람이 자신의 생활방식을 아이에게 맞추길 기대하는 것은 적절한 해결책이 아니다. 건강관리 전문가, 교육자 그리고 부모는 아동의 세계를 넓혀 주기 위해 점진적이고 체계적인 계획을 수립하는 일을 아동과 함께 해 나가야 한다. 또한 동시에 아동에게 걱정거리들을 다룰 수 있는 대처 기술을 제공해 주어야 한다. 아동을 편안한 지대의 가장자리 안에 있도록 하면서, 정서적인 지지를 제공하고, 아동이 다룰 수 있는 범위 이상의 것을 하지 말아야 한다. 또한 점진적이고 진보적으로 아동을 새로운 환경에 노출시키고, 새로운 노력을 시도하도록 격려하며, 아동의 탄력성을 증진시켜야 한다.

영재성의 부인

어머니들은 아버지들보다 자녀의 영재성을 더 빨리 인식하는 경향이 있다(Robinson & Olszewski-Kubilius, 1996). 학교에서 엄격한 판별 절차를 거친 후에도 자녀가 영재라는 것을 심각하게 의심을 하거나 심지어 부인까지 하는 회의적인 아버지들을 실제로 자주 볼 수 있다. 아버지들은 어려운 과제를 성취했을 때 영재라고 생각하는 경향이 있는 반면, 어머니들은 발달상의 차이로 영재성을 지각하는(Silverman, 1993) 경향 때문에 이런 일이 종종 발생한다. 가족 내에 영재 자녀가 있다는 것이 어떤 특정 문화나 사회경제적인 집단에 따라서는 이상하고 낯선 일일 수 있다.

영재가 무엇을 의미하는가와는 별개로, 자녀가 영재라는 점을 부모가 동의하지 않는 한, 자녀와의 의사소통을 손상시키거나 불일치하는 기대를 할 가능성이 높아진다. 예를 들어, 아버지는 자녀가 다방면에 재능이 있다고 가정하고 어머니는 항상 자녀가 정서적인 나이가 아닌 지적인 나이에 맞게 행동할 것이라고 기대할 수 있다. 부모는 서로 대화를 나눠야 할 뿐만 아니라, 다른 부모와도 대화를 나누는 것이 필요하다. 현명한 전문가는 많은 협회나 인터넷 웹사이트, 책, 비디오 또는 그 밖의 다른 자료들을 잘 알고 있어서 부모에게 이것들을 추천할 수 있어야 한다.

부모는 또한 자녀와 직접 자녀의 영재성에 관한 이야기를 나눌 필요가 있다. 자녀가 더 높은 수준의 능력이나 지능을 가졌다는 것이 더 나은 인류 종족을 만드는 것이 아님을 자녀에게 강조할 것을 부모에게 권유한다. 이것은 자녀가 특별한 욕구와 함께 특별한 의무감도 갖고 있음을 의미한다. 높은 지능은 다른 형태의 힘처럼 책임감을 요구한다. 예를 들어, 우수한 아동은 자신의 능력을 남을 해치는

데 사용할 수 없으며, 자신에게는 '쉬운' 학교 과제를 다른 학생들이 어려워하는 것을 고소해하는 데 사용해서는 안 된다. 영재 아동들은 모든 사람이 특별하며 가치를 지니고 있다는 점뿐만 아니라 여러 영역에서 다소의 재능을 갖고 태어났음을 이해해야 한다.

어떤 상황에서 부모는 비꼬거나 또는 억압적인 태도로 자녀의 영재성을 부인할 수도 있다. "사람들은 우수하다고 하지만, 너는 도대체 상식이란 것이 없구나!" "네가 영재라면, 왜 점심 도시락을 잊어버릴 수 있니?"라고 말하면서 비판의 주요한 이유로 영재적 특성을 이용하기도 한다. 분명히 이러한 말들은 부모-자녀 관계를 해칠 뿐만 아니라 다른 사람과의 개방적인 의사소통도 방해한다. 또한 이런 언급은 자녀의 자아존중감에도 상처를 준다. 이 경우, 부모는 영재성을 완전히 부인하는 것은 아니지만, 자녀에게 자신의 영재성을 수용할 기회를 완전히 부인하는 것이며 자녀가 쓸모없다고 비판하는 것이다.

영재성의 부인이나 부적절한 기대, 힘겨루기, 조종하기, 밀착, 성인으로 대하기 그리고 자녀를 지나치게 조정하는 것과 같은 문제들은 자녀가 영재로 판별받는 후의 초기 단계에서 주로 나타난다. 그러나 다른 부모들과 함께 부모가 염려하는 점에 관해 이야기를 나눌 기회를 갖고 영재 자녀를 더 잘 알게 되면, 이러한 문제는 점차 감소한다.

또래관계

제1장에서 언급하였듯이, 영재 자녀는 적절한 또래 친구를 발견하기 어려울 수 있다. 영재 자녀의 또래관계는 부모와 교육자들 사이

에서 자주 등장하는 관심 내용이다. 영재성은 일종의 사회적인 비용을 지불하게 되어 있다. 많은 영재 아동과 청소년은 이 점을 인식하게 될 것이다(NAGC, 2002). 운동을 잘하거나 좋은 지도력을 지닌 영재 소년들은 대부분 또래 문제를 피할 수 있다. 반면에 이런 특성을 갖지 못한 영재 소년들은, 진지하게 열심히 공부하는 영재 소녀들과 함께 비순응에 대한 높은 대가를 지불하게 된다. 또한 교사와 또래들도 그들을 곤란한 입장에 처하게 만들기도 한다(Cohn & Kerr, 2001; Geake, 2004b).

많은 영재 아동은 다른 사람들과 '다르게 느낀다' 고 우리에게 이야기해 왔다. 영재 아동들이 다르게 느끼는 방식은 어느 정도 다양하긴 하지만, 대부분 고립되어 있다고 느끼거나 또래와는 잘 맞지 않는다는 것이다. 때로 어떤 사람들은 영재 아동들을 진짜로 다르게 지각하기도 하지만, 때로는 다른 사람들이 자신들을 다르게 본다고 영재 스스로 지각하기도 한다. 어느 경우든지, 사람의 지각은 또래관계에 영향을 끼친다. 우리가 수집한 경험에 의하면, 다음에 설명하는 또래관계 문제들이 주로 나타나고 있다.

형제간의 경쟁

형제는 가족구성원이지만 또한 또래다. 형제관계는 다루기가 매우 까다롭다. 형제들 중 영재가 있다면, 그 강도는 더 커진다. 거의 대부분 영재 아동은 지적인 면에서 그리고 적성 면에서 형제들과 매우 가깝다(Silverman, 1988).

영재 아동은 동생의 무경험을 이용하기 위해 자신의 강점인 지능과 추론 능력을 사용하려고 한다. 어린 언어 영재들은 형제와 부모를 말로 '기습하려' 들 수 있다. 예를 들어, 매우 우수한 소년은 "넌

조상을 갖고 있잖아. 너랑 놀고 싶지 않아. 넌 이상해. 온몸에 옷을 걸치고 있잖아."와 같이 말하여 어린 남동생을 눈물 흘리게 만들곤 한다. 언어 영재 소녀는 수다스럽고 설득력 있는 주장으로 오빠를 좌절시키고 흥분시킨다. 그들은 형제를 위해서가 아니라 자신을 위해서 규칙을 왜곡하거나 어기거나 특권을 확대하도록 부모를 성공적으로 설득할 수도 있다. 그들이 영재이기 때문에 성인과 같은 존중과 배려를 받을 자격이 있다고 부모가 가정하면, 편애가 흔하게 나타난다.

때로 우수한 아동은 부모의 역할을 모방하고 받아들인다. 그리고 그들은 부모도 아닌 형제가 대장 노릇을 할 때 형이나 누나가 왜 화를 내는지 이해하지 못한다. 이러한 우수한 지배자들은 누가 '옳은지' 가 누가 권력을 갖고 있는지보다 더 중요하다. 훗날, 성인이 되어 이러한 종류의 태도와 옳은 것에 대한 욕구와 통제에 대한 욕구를 지님으로써 직업과 기회를 희생시킬 수도 있다.

영재 아동들의 형제 역시 영재인 경우가 많다. 그러나 한 가정 내에 오직 한 명만이 영재로 판별되면, 다른 형제들은 자신을 스스로 '비영재' 로 판단해 버린다. 가족 내에 그런 자녀는 오직 한 명뿐이라고 여기며, 형제자매들은 '똑똑한 사람' 의 역할을 땅에 묻어 버리고 대신 다른 역할을 찾게 된다. 가끔 이들은 가족 내에서 다른 특별한 역할을 발달시키는 데 초점을 두기도 한다. 예를 들어, 운동선수, 개그맨, 사교계의 명사 또는 말썽꾸러기 등이다.

다른 역할을 개척해 나감에도 불구하고, 그리고 형제들 모두가 영재든 아니든 간에, 우수한 아동이 속한 가족 내의 형제관계는 관심과 힘을 얻기 위해 서로 경쟁하며, 이에 따라 부모는 고통을 겪고 당황해한다. 다행히 대부분 밖으로 드러나는 형제간의 경쟁은 가족 역할이 확립되는 약 5년 내에 일반적으로 사라진다(Colangelo & Brower, 1987). 그러나 질투와 시기는 평생 지속되기도 한다.

성 정체성 문제

앞에서 언급한 것처럼, 영재 소녀와 소년들은 대체로 일반인보다 더 양성적이다(Kerr, 1997; Kerr & Cohn, 2001). 대체로 영재 소녀의 관심은 일반 소녀보다 훨씬 더 폭이 넓다. 영재 소년들도 마찬가지다. 비전통적인 역할에 흥미를 두기 때문에 자신과 가족구성원들은 성 정체성에 관하여 더욱 염려를 한다. 이러한 성 정체성 논쟁들은 뚜렷하게 또래관계에 영향을 준다. 그러나 이에 관한 연구는 아직은 시작 단계로 몇몇 영재 아동의 삶에서 이런 중요한 측면을 조사하는 정도에 지나지 않는다.

최근의 문학 논평(Cohn, 2002)에 의하면, 최근까지 출판된 세 개의 논문만이 영재이면서 동시에 남성 또는 여성 동성애자나 양성애자(GLB)인 청소년들의 경험을 언급하고 있다고 한다. 이 세 논문들(조사 연구, 질적 연구, 임상 경험에 기초한 보고서)은 영재이면서도 양성애자 학생들이 차이점의 견지에서 결론을 얻고자 자신의 정체성 영역 중에서 영재성과 성 정체성 중 하나를 부정한다고 시사하고 있다. 부모와 교육자들은 이들이 부딪히는 상황에서 이중 특수 집단에 영향을 주는 개인적인 딜레마와 또래 문제를 언급하는 것이 핵심임을 인식하고 있다. 적어도 그들에게는 자신이 영재이면서도 양성애자라는 것을 사람들에게 밝히는 이중의 '커밍아웃 과정'이 필요하다는 것과 일반적으로 사회나 또래가 거절한다는 것을 느낄 수 있음을 이해하는 것이 도움이 된다.

또래 압력

또래관계에 관해 논의를 하려면 성장과 관련한 압력을 언급해야 한다. 어린 아동들의 또래관계는 부정적인 또래 압력(peer pressures)과는 다소 관계가 적지만, 성장하면서 실제로 해로운 압박감을 받는다.

다른 모든 아동처럼, 영재 아동도 사회적인 연결을 찾는다. 부모와 교사는 어린 영재 아동에게 또래 아동들과 잘 어울려 노는 법을 배우도록 종용한다. 그러나 나중에 영재 아동이 친구들과 어울려 지내고 싶어서 자신의 능력을 감추거나 학업적인 면보다는 좀 더 인기 있는 쪽으로 자신을 가꾸는 모습을 보면서, 모순적이게도 또래 압력이 영재 아동에게 영향을 주는 것에 매우 속상해한다. 중학생이 되면, 영재 아동은 또래들의 관행에 더 많이 동조하며, 더 이상 자신의 능력을 드러내고 싶어 하지 않게 된다. 예를 들어, 영재 소녀들은 선수학습 프로그램에서 낙오되기도 하고, 영재 소년들은 '남자다움 코드' 에 맞추려고 애를 쓰면서 자신의 지적, 창의적, 예술적 재능을 발달시키기보다는 운동에 참여하곤 한다(Kerr, 1997; Kerr & Cohn, 2001).

우리는 음악 재능을 가진 몇 명의 젊은이들을 알고 있는데, 이들은 고등학교에서보다는 대학교에서 자신의 재능을 발달시킨 사람들이다. 왜냐하면, 고등학교에서는 남자들에게 수용 가능한 관심 분야가 운동뿐이기 때문이다. 또래들이 인정하는 규준에 맞추어 가는 동안, 영재 아동과 청소년들은 다른 사람들이 자신을 어떻게 보는지에 대한 지각 내용을 다루기 위해 다른 사람들이 갖는 자신에 관한 정보를 통제하려고 시도한다(Coleman & Cross, 1988). 뿐만 아니라 친화 욕구와 성취 욕구와의 균형을 맞추려고 시도한다. 자신의 능력과 선택을 신뢰하도록 영재 아동을 돕는 것은 그들이 꿈을 키워 가도록 힘을 부여하는 일이며, 자신이 남과 다르다는 점에도 편안해질 수 있게 만드는 일이다.

성인의 관계성

앞서 언급했듯이, 관계의 어려움은 영재 아동에게만 국한된 문제는 아니다. 영재 성인도 관계성 문제를 지니고 있다(Jacobsen, 1999; Streznewski, 1999). 많은 전문가는 영재성이 문제에 기여하는 점과 그 해결책을 간과하고 있다. 가족 간의 관계와 또래관계에서 문제가 발생할 뿐만 아니라, 배우자나 다른 중요한 사람들을 찾고 관계를 형성하는 데서, 또한 직장에서 함께 일하며 살아가는 데서, 그리고 자기 정체성을 확립하는 데서도 관계성 문제는 존재한다(Lind, 2000). 이러한 상황에서 영재성과 연관된 행동의 영향력을 평가절하할 수는 없다. 오히려 훨씬 더 일찍 그리고 다른 사람들보다 더 강하게 발달 단계에 도달하는 영재 아동과 같이 영재 성인도 역시 그러하다는 것을 인식하는 것이 중요하다. 영재 아동과 마찬가지로, 영재 성인도 과흥분성이나 자기중심성을 쉽게 드러낸다.

예를 들어, 윈스턴 처칠(Winston Churchill)을 생각해 보자. 처칠은 어릴 때에는 미련하고 제멋대로인 아이였다. 그는 수많은 독특한 습관을 가지고 있었는데, 그 습관은 성인이 되어서도 계속되었다. 그는 주로 오후에 낮잠을 잤으며, 아침과 저녁에 일을 하였다(많은 동료가 매우 경악하였다). 또한 많은 연설문을 침대나 목욕탕에서 썼다(Goertzel et al., 2004). 처칠이 영재였다는 것에 동의하지 않는 사람은 거의 없지만, 다른 사람들과 쉽게 잘 지냈다는 점은 거의 동의하지 않았다. 그는 자기중심적인 사람이었으며, 그러한 사람의 특징을 기술하는 내용과 잘 맞아떨어졌다.

엘리나 루스벨트(Eleanor Roosevelt)는 아동기에 친구나 가까운 가족도 없이 많은 시간을 거의 혼자서 보냈다. 그녀는 사회에서 특정 직업에 종사하는 일을 무서워했다. 제1차세계대전이 시작되고 나서 그녀는 뭔가 자신이 공헌할 점이 있다고 느끼기 시작했으며, 비로소 그녀는 사회적인 활동가로서 꽃피우게 되었다(Kerr, 1997).

결혼/동료와의 관계 문제

장기간의 관계에 헌신하고 함께하고 싶은 사람을 찾는 과정을 생각해 보자. 배우자, 동료 또는 중요한 사람과의 관계에서는, 그 사람과의 친밀한 관계에 기여하는 관심 분야나 아이디어, 가치관 등을 함께 나누고 공유할 수 있는지가 중요하다.

영재와 재능인은 일반적으로 인구의 상위 3~5% 이내에 속하는 사람들이다. 고도의 영재라면 상위 1% 또는 0.5% 내에 드는 사람일 것이다. 따라서 거의 비슷한 지적 능력을 지닌 사람을 찾는 일이 얼마나 어려운 일인가를 좀 더 이해할 수 있다. 일반 사람들의 약 80%는 충분한 지적 자극을 제공하지 못하거나 그들과 장기간 친밀한 관계를 유지하거나 함께 긴 시간을 소비하고 싶을 정도의 그러한 종류의 관심 분야를 갖고 있지 않을 것이다. 어떤 사람들은 그것을 좀 더 귀에 거슬리게 언급하기도 한다. 저명한 연구가인 아서 젠센(Arthur Jensen, 2004)은 사람의 '참을성의 범위'는 IQ ±20이라고 말하고 있다.

관계를 맺을 가능성이 있는 사람의 수를 감소시키는 다른 요인이 있다면, 관계를 맺고 싶은 사람을 발견하는 일은 더욱더 어려워진다. 예를 들어, 배우자나 동료, 중요한 사람을 선정할 때 기질성의 차이, 가족, 종교적인 배경 요인, 개인적인 습관 또는 다른 많은 요인이 개입될 수 있다. 인구의 약 10~15% 정도로 추정하는 게이나 레즈비언들이 선택 가능한 동료는 더 적은 수에 불과할 것이다. 어느 두 요인이 맞는지를 시도해 보고, 서너 가지 요인은 그대로 내버려 두어야 한다. 이러한 요인들은 가능한 동료의 숫자를 감소시키는 요인이 된다.

가깝고도 오래 지속적인 관계를 유지할 사람을 찾는다고 가정한다면, 영재 아동의 경우와 마찬가지로 실제로 영재 성인의 특성 때문에 문제가 발생할 가능성이 있다. 강렬함, 민감성, 독특하고도 다양한 관심 분야, 날카로운 유머감각, 정의와 도덕성에 관해 고조된 관심, 가치와 일치된 행동을 하려는 동기, 독특하고 다양한 관계를 보려는 버릇, 아이디어와 해결책에서의 독창성, 이 모든 것은 배우자나 중요한 사람들이 그다지 높게 평가하는 특성들이 아니다.

영재 남성들은 고등학교 때의 애인과 결혼하고 관계를 발전시켜 나가거나, 연속된 결혼이나 지속적인 관계를 갖는 양상을 자주 보이면서 결혼생활에서 진정한 관계를 갖고자 애를 쓴다(Kerr & Cohen, 2001). 때로는 직업 진로에 주된 초점을 두면서 말이다. 영재 여성들의 경우에는 결혼과 모성애와 더불어 자신의 지적·창의적 잠재성을 실현하려고 시도한다면, 균형을 맞추는 복잡한 행동을 해야 한다(Kerr, 1997). 영재 성인의 결혼은 가족 내에서 의사소통과 관계 유지에 초점을 두느냐 또는 직업에 초점을 두느냐 때문에 언제나 수월하고 자연스럽게 진행되지 않는다. 창의적인 성인은 누군가와 함께 살아가는 일이 특히 어렵다. 이는 '몰입'의 경지 한가운데에 있을 때 보이는 강렬함과 목적에만 전념하는 외고집 때문이다(Csikszentmihalyi, 1996; Goertzel et al., 2003; Winner, 1996). 그들에게 있어서 자신의 예술작품이나 과학 연구를 위한 시간이 다른 어느 것보다도 더 중요하기 때문이다.

영재 성인들, 특히 고도 영재 성인들은 자녀를 갖는 일을 별로 달가워하지 않는다. 카우프만(Kaufmann, 1992)은 604명의 대통령 장학생을 대상으로 실시한 종단연구에서, 26~32세의 연령에서 약 2/3가 결혼을 했지만 그중 73%는 자녀가 없었음을 발견하였다. "많은 피험자가 자녀를 갖지 않는 이유로 교육이나 직업의 기회를 얻기 위함이라고 주장하였다. ……소수의 사람들은 자신의 아동기 시절이 너무 고통스러웠기 때문에 자녀에게 이런 세상에 살게 하는 것을 심각하게 고려하고 있다고 마음 아프게 언급하였다" (p. 39).

직장 관계 문제

진단 용어로 보면, 동료와의 문제는 DSM-IV-TR에서 대부분 '달리 세분화되지 않는 관계 문제' 의 범주에 속한다. 느리게 일하는 사람이나 질적으로 수준이 떨어지는 사람, 또는 도덕성이 부족한 사람들을 견디지 못하는 것 때문에 동료 및 감독자나 수련생 간에 심각한 긴장감을 초래한다. 상급자들과 하위 고용인들 모두가 영재 동료에 의해 위협이나 협박을 느낀다. 그리고 근무 환경을 불쾌한 장소로 만들어 버린다. 예를 들어, 영재 성인 한 사람이 동료를 관찰하면서 이렇게 이야기하였다. "내가 뭔가를 해 놓을 때 그들은 모두 다 갈매기같이 된다. 한 마리의 갈매기가 물고기를 잡으면, 다른 갈매기들은 주변에 서서 박수를 치지 않는다. 대신에 그것을 빼앗으려고 든다. 이것이 내 직장 환경이다." 재능 있는 사람은 동료들로부터 부러움과 질투를 경험한다. 그 결과 사무실 내에서 경쟁심과 직장에서의 정치적인 문제를 일으키고 개인적인 관계를 형성하고 유지하기 힘들게 만든다(Plucker & Levy, 2001).

우리는 많은 영재 성인을 알고 있는데, 그들 중 일부는 수준 높은 경영자나 CEO로서, 그들이 지닌 에너지와 창의력이 비서와 보좌관들을 힘들고 지치게 만들고 있음을 안다. 하루에 약 3, 4시간 정도만 잠을 자는 부사장은 3명의 비서를 짧은 기간 안에 갈아치웠다. 이들은 모두 다 열정적인 속도로 일을 하는 상사와 보조를 맞추는 데 지쳐 버린 사람들이다. 지적으로 뛰어난 사람은 비서들이 자신을 따라오기 위해 왜 힘든 노동을 해야 하는지를 잘 이해하지 못해서 당황해한다. 그들은 다른 사람들도 마치 자기처럼 빠르고 효율적인 사람일 것으로 기대하기 때문이다.

직장에서는 창의성도 문제를 유발할 수 있는데, 이것은 꽤 비싼 값을 치르기도 한다. 협동 체계는 생산품을 만들어 내는 데 효율적이지만, 예외는 참아내질 못한다. 정의에 따르면, 혁신은 뭔가 새롭고 다른 예외를 의미한다. 유사하게도, 영재는 가장 창의적인 사람이면서 과제 지향적이어서 옷이나 머리 모양과 같은 '사무실 경영' 문제에는 참을성이 별로 없다. 그들은 과제를 수행하거나 문제를 해결하는 데 이러한 요소들을 무관한 것으로 본다. 다행히, 일부 회사에서는 일명 '스컹크 웍스(skunk works)'라는 연구개발 팀을 만들어 냈다. 이 개발 팀은 가장 창의적인 직원들을 모아 놓고 복장이나 행동에서 동일함을 강조하지 않으면서 혁신적인 아이디어를 생산해 내도록 한다. 혀에 피어싱을 하거나 문신을 하거나 독특한 스타일의 옷을 입는 것 등은 이들에게는 예외라기보다 오히려 규준에 더 가깝기까지 한다.

기업 환경에서 살아남기 위해서, 영재 성인은 때때로 '우호적인 기업 운영'이나 정치적인 술수, 또는 이 두 가지의 기술을 모두 배워야만 한다. 그러나 이러한 기술들은 형식에 구애받지 않으면서 바른 길을 가고자 하는 사람들에게는 어렵고 서투른 과제가 될 수 있다. 많은 영재 성인은 지루하고 시시해서 죽을 지경인 일상적인 일들과 진부한 것들, 그리고 '사소한 것을 다루는 일로 매일 좌절을 겪는다고 불평한다. 『회의에 의한 죽음(Death by Meeting)』(Lencioni, 2004)(우리나라에서는 『회의가 살아야 회사가 산다』로 번역되어 출판되었다-역자 주)이라는 책에는 우수한 능력을 지닌 성인들이 느끼는 점들을 기술하고 있다. 이들 또한 다른 사람들로부터 자신들이 너무 심각하다거나 예민하다거나 강렬하다는 등의 불평을 듣는다.

사회화

또래와의 어려움은 영재 아동만의 문제는 아니다. 영재 성인도 같은 문제를 지니고 있다(Jacobsen, 1999; Streznewski, 1999). 다른 사람과 사회적 관계를 형성하는 단순한 행동의 어려움은 DSM-IV-TR에서 볼 때 '달리 세분화되지 않는 관계 문제'가 될 수 있다. 제1장에서 언급했듯이, 파티에서 영재 성인의 머릿속으로 스쳐 지나가는 생각들은 이런 것들이다. '이런 지루한 이야기를 5분만 더 듣는다면 나는 미쳐버릴 거야!' '아, 집에서 좋은 책이나 읽었으면…….' 관심 분야와 열정을 함께할 마음에 드는 친구를 찾는 일은 아동기에서뿐만 아니라 성인기에서도 역시 어려운 일이다.

커와 콘(Kerr & Cohn, 2001)은 남녀 영재 모두 다 '일탈에 의한 피곤함'을 경험하고 있음을 관찰해 왔다. 즉, 남들과 다르다는 소리를 듣고 살아 온 생애 전반에 걸쳐 이러한 피곤함이 줄곧 있어 왔으며,

이제 성인이 되었는데도 이방인으로 지각되는 것에 지치고 있다. 속할 곳을 찾는 과정에서, 그들은 사회적인 압력에 굴복하고 다른 사람들과 동조하게 된다. 이것이 자신의 열정과 이상을 일부 포기하는 것을 의미한다 할지라도 그들은 또래와 잘 맞기를 무척 바란다.

카우프만(Kaufmann, 1992)은 대통령 장학생을 대상으로 한 추적 연구에서, 영재 성인들이 여가나 사회적 활동에는 참여하지 않는 쪽을 선택하거나, 인습에 얽매이지 않는 생활방식을 선택하거나, 적어도 성인기 초기에는 평범함에서 벗어난 쪽을 고른다는 것을 발견하였다. 카우프만은 자신의 연구 대상인 영재 성인의 약 67%—이들은 모두 다 국가우수장학생시험(National Merit Scholar Exams)에서 0.5% 안에 드는 사람들이다—가 시간이 부족하거나 또는 '모임의 구성원이 되는 데 별로 관심이 없어서' 직장 밖의 조직 활동에 전혀 참여하지 않고 있음을 보고하였다.

아동과는 다르게 성인들은 또래가 있는 곳을 여행할 수 있는 자유가 있다는 것이 참으로 다행한 일이다. 성인들은 다른 사람과 교류를 할 것인지, 비슷한 일에 관심을 갖는 동료를 찾아 지금의 직장을 떠날 것인지, 그들과 열정을 나누기 위해 다른 지역으로 이사를 할 것인지, 또는 다른 뛰어난 지적 능력을 지닌 사람들 집단을 찾을 것인지를 선택할 수 있다. 예를 들어, 멘사 모임은 서로 대인관계를 맺을 수 있는 사람을 찾으려고 시도하는 사람들의 모임이다. 그러나 또래 문제는 여전히 남아 있다. 그들을 영재로 만드는 요인들—지능, 강렬함, 이상주의, 완벽주의 등—에 의해 다른 사람과 관계를 맺는 일은 어렵고 혼란스러우며 위험하기도 하다.

어떤 영재들에게 사회화는 별로 문제가 되지 않지만, 일부 다른 영재들에게는 사회화가 강렬하면서도 전반적인 문제가 되기도 한다. 문제가 되지 않는 영재들은 폭넓고 다양한 친구를 갖고 있으며 직장에서 동료들과 사이좋게 잘 지내고 있다. 그들은 다른 사람들이 더 협소하거나 더 편협한 흥미를 갖고 있다는 점을 발견하기도 하지만, 함께 살아가는 것을 배우는 데 필요한 작은 불편함 정도라는 시각으로 사람들을 바라본다. 자신의 정체성과 다른 사람과 교제하는 일 간에 적절하게 균형을 맞추는 일은 영재 성인들에게 어려운 일이 될 수 있다. 왜냐하면 이들은 다른 사람들이 이상이 부족하거나 일관성이 없거나 자신과 자신의 삶을 검토하지 않음을 인식하기 때문이다.

진단과 치료

비록 DSM-IV-TR에서는 영재성이 관계 문제와 관련 있다고 언급하지는 않았지만, 내담자들에게 이런 점을 포함해서 설명하도록 건강관리 전문가들에게 조언을 해 줄 수 있다. 사실, 자신의 경험과 대인관계에서의 어려움이 전혀 특이한 점이 아니라는 것을 알게 되면 뛰어난 사람들에게는 큰 위안이 된다.

능력이나 처리 방식 또는 강도와 예민성 수준에서 '다르다'는 느낌을 두고 명명을 하는 것이 때로는 치료가 되기도 한다. 이 모든 점은 수년 동안 그들이 경험해 온 것들이다. 이런 정보는 전형적으로 사고에서 패러다임의 변화를 만들어 낸다. 그리고 자신과는 다른 사고를 하는 것처럼 보이는 친구나 동료 또는 가족과 자신이 부조화를 느끼는 (그리고 아마도 수년 동안 느껴 왔던) 이유를 이해하기 시작할 수 있다.

나이를 불문하고 뛰어난 사람들은 영재성이라는 용어와 이 용어 속에 다른 사람과의 관계나 자기 자신에 속한 것의 의미를 분명하게 이해하기는 어렵다는 것을 아는 것이 중요하다. 지적으로 뛰어난 사람들은 자기 눈을 통해 세상을 바라보면서 성장해 왔으며, 자기 방식이 다른 사람들이 세상을 바라보고 경험하는 방식과 같은 방식이어야 한다고 믿는다.

많은 영재 아동은 스스로를 영재로 여기지 않는다. 그리고 영재 성인들도 특별한 지적 또는 창의적인 능력을 갖고 있다는 것을 강하게 부정한다. 영재 아동을 둔 부모 학술대회에서 강연자들은 부모들에게 자녀들이 영재인지를 물어보지만, 한두 사람 밖에는 거의 손을 들지 않는다. 그리고 당황해한다. 부모는 자녀의 영재성이 다른 한쪽 부모 때문이라고 한다거나, "알다시피 능력은 한 세대를 건너뛰어 전달됩니다."라고 놀리는 듯한 말투로 어느 정도 자신의 능력을 경시하려고 한다. 심지어 매우 뛰어난 고도 영재 성인들도 영재이거나 창의적이라는 것을 부정하는 일은 흔하다. 이들은 대인관계에서의 어려움이나 상황적인 어려움을 무엇이든지 자신의 능력이 아닌 다른 것으로 귀인하려고 한다.

어떤 전문가들(예, Lind, 2000)은 영재 성인들에게 일종의 '커밍아웃 과정'을 기술하고 있다. 즉, 자신의 영재성을 전혀 인식하고 있지 못하거나 심지어 부정하는 것으로 출발하여 점차 어렴풋하게 그리고 점진적으로 자신의 관심이나 능력 그리고 행동들이 높은 지능을 가진 사람이나 영재의 특성과 유사하다는 사실을 깨닫는 쪽으로 이동하게 된다. 어떤 사람은 자녀가 영재로 진단받는 과정에서 자신의 영재성을 알게 되기도 한다. 예를 들어, 그들은 자녀와 똑같이 학교 진도가 너무 느려서 좌절했던 경험을 기억하기도 한다. 『영재 아동

지도하기(Guiding the Gifted Child)』(Webb et al., 1982)와 같은 책을 읽은 부모들은 "이 책은 우리 아이들에 관한 이야기만이 아니네요. 바로 우리 자신의 이야기랍니다."와 같이 말하기도 한다.

가끔 영재들은 마치 무서운 비밀을 주변에 퍼뜨리는 것처럼 느끼기도 한다. 그들은 두려움, 슬픔, 혼란, 기쁨, 부정과 위장부터 자존심과 수용에 이르기까지의 일련의 다양한 정서를 경험한다. 그들이 살면서 겪어 온 환경들은 대부분 가정과 직장, 학교, 놀이 집단 그리고 운동장을 포함하여 별로 수용적이지 않은 것들이었다. 그리고 '커밍아웃 과정'은 이런 환경 속에서 시간이 흐르면서 서서히 방출해야 하는데, 이것은 매우 어려울 수 있다. 왜냐하면 학교와 직장 그리고 가정에서 영재로 산다는 것이 괜찮지 않기 때문이다. 그것은 비극이다. 예를 들어, 운동 실력에서 상위 3~5% 이내에 있으면 보상을 받는 것과 비슷하게 지능의 상위 3~5% 이내에 있다고 보상을 받거나 인정받지는 않는다. 유망한 운동선수는 스폰서를 통해 특별한 훈련과 코치, 사사와 개인지도 및 재정 지원까지도 받는다. 르네상스 시기에 재능 있는 음악가와 예술가, 과학자들에게는 재정적인 스폰서나 후원자가 있었다. 왜냐하면 그 당시의 문화가 이러한 재능을 가치 있는 것으로 여겼기 때문이다. 사회는 추구하는 가치가 무엇인가에 따라 지원을 한다. 현재 지적인 우수성과 창의성에 대한 지원의 부족은 뛰어난 재능인들에게 그들의 능력이 그다지 특별하게 가치 있는 것이 아니라는 메시지를 전달하는 셈이 된다.

사회의 지원이 부족함에도 불구하고, 영재 개인은 자신의 가치를 찾아야 한다. 상담은 영재가 자신과 자신의 능력을 수용하도록 도와주며, 열정을 가지고 계속 탐구하고 의미를 추구할 수 있게 해 준다. 마호니(Mahoney, 1998)는 상담 과정에서 개인의 타당성, 공동체와의 지지와 협력, 영재 청소년이나 성인들을 세상과 연결시키는 친화력이나 소명감을 키워 주는 영재 정체성을 형성하도록 도와줄 것을 언급하고 있다.

영재는 같은 마음을 가진 사람들을 찾아야 하며 이것이 바람직하다는 것을 재확신할 필요가 있다. 그리고 그들은 비록 모든 면에 영향을 끼치지만, 영재성이 자신의 일부분일 뿐이라는 점을 이해하기 시작하면서 지지를 필요로 한다. 영재 상담에서 자주 일어나는 결과는 이런 것들이다. 즉, 자기 자신에게서 그리고 다른 사람과의 관계에서 편안함을 찾을 수 있게 되고, 능력이 다른 사람들과 접촉하고 비교하더라도 덜 불편해하고 덜 방해를 받게 되며, 그리고 능력의 수준과는 상관없이 다른 사람들과 관계를 맺고자 하는 의지를 더 많이 보이게 된다.

제 · 10 · 장

영재 행동과 병리 행동 변별하기

제10장

영재 행동과 병리 행동 변별하기

나의 아들 데이브는 5세의 영재 아동이다. 그는 최근에 겪은 나와 남편의 이혼, 차 사고, 한 차례의 라임병, 할아버지의 병환과 사망 등 몇몇 외상적인 경험 때문에 도움을 받고자 1년 동안 심리학자를 만나 오고 있다. 데이브는 유아원에서 몇 가지 행동 문제를 보였다. 그는 한 활동에서 다른 활동으로 바뀌는 시간이 되면 흥분하고 울면서 바닥에 뒹굴곤 했다. 그는 자기가 하는 활동에 너무 강렬하게 몰두하는 바람에 그 활동을 끝내고 싶어 하지 않았다. 또한 때때로 교사에게 도전하기도 했다.

어느 날 교사가 그에게 이름 쓰는 법을 가르쳐 주자 그는 교사의 지시대로 쓰는 것을 거부했으며, 의도적으로 대문자만 이용해서 이름을 썼다. 교사는 화가 나서 데이브에게 이름을 '정확하게' 쓰도록 세 번의 기회를 주었다. 세 번째 시도에서 그는 정확하게 자기 이름을 썼지만, 역시 마지막 글자를 거꾸로 그리고 반대로 뒤집어 썼다. 나중에 내가 왜 그렇게 했는지 이유를 묻자, 그는 자기 이름을 어떻게 쓰는지는 그다지 중요하지 않으며, 글씨 쓰는 일이 너무 '지루하다'고 말했다.

데이브는 고대 그리스에 관해 공부하거나 인상주의 화법으로 2시간 동안 그림을 그리는 일을 더 선호했다. 그는 창의적으로 생생하게 상상을 했으며, 때로는 요하네스 브람스와 요한 스트라우스와 같은 상상의 친구를 만들기도 했다. 그는 집에서 스트라우스 음반을 틀어 놓고 마치 스트라우스가 우리에게 콘서트를 열어 연주하고 있고 우리는 청중인 것처럼 가정하면서 조용히 침대에 앉아 음악을 듣곤 했다.

데이브는 남편과 나의 이혼과 관련된 문제를 해결하는 데도 상상력을 동원했다. 어느 날, 데이브는 상상 속에 있는 아기를 돌봐 주는 사람을 학교에 데리고 왔는데, 그녀에게 아버지의 새 여자친구 이름과 같은 이름을 붙여 주었다. 그리고 의자를 끌어다 그녀를 앉히고 함께 교실에서 수업을 듣게 했다. 데이브의 교사는 구연동화 시간에 반 전체 아이들에게 양탄자가 깔린 곳으로 나오도록 했으나, 그는 자기 자리에 계속 남아서 그림 그리는 데 열중하고 있었다. 그는 아기를 돌봐 주는 사람이 버릇이 나빠서 자기에게 선생님 말씀을 듣지 말라고 했다고 교사에게 이야기했다.

데이브는 또한 스웨터 입는 것을 좋아했으며, 마치 1700년대에 살던 작곡가처럼 되고 싶어서 여자아이들이 입는 속바지처럼 옷을 위로 끌어올려 땀이 나게 옷을 입는 것을 좋아했다. 그는 작곡가가 되는 상상의 세계 속에 너무 몰입하여 머릿속에서 교향곡을 작곡하느라 수업시간에 교실에서 콧노래로 멜로디를 부르기도 했다.

소아과 의사와 심리학자는 그런 것들이 결국에는 스스로 잘 해결될 때까지 '시간을 주어야' 한다고 나에게 말했다. 심리학자는 데이브의 교사에게 과제가 바뀌어 하고 있던 것을 끝내야 할 때가 되면 좀 더 자연스럽게 전환하도록 하기 위해 그에게 경고를 주도록 제안했다. 나 역시 데이브에게 이제 컸으니 학교에서 문제가 되서는 안 된다고 여러 차례 당부했으나, 그다지 성공적인 작전은 아니었다.

학교 관계자와 데이브의 교사는 정신과 의사를 만날 것을 요청했으며, 나와 전남편에게는 부모교육 프로그램을 수강할 것을 권했다. 나는 이 말을 듣고 너무 충격을 받았다. 우리는 이미 부모교육 프로그램을 수강한 경험이 있었다. 학교 관계자와 교사는 데이브가 강박적인 경향성을 지니고 있으며, 아마도 강박장애로 가고 있는 것 같다고 말했다. 또한 그들은 데이브가 좋은 행동으로 이번 학년을 잘 끝마치는 경우에 한해서 내년에는 내가 가르치는 학교에 다닐 수 있다고 말했다. 그리고 약을 처방할 수 있는 정신과 의사가 그에게 최선책이라고 제안했다.

나는 데이브의 행동 문제에 대해 약물 복용보다 더 나은 해답을 찾으려고 애썼다. 데이브를 담당하는 심리학자와도 이 점을 논의했다. 그는 비록 데이브가 때때로 강박적이기는 하지만, 강박장애는 아니라고 했다. 그러나 데이브에게는 행동 문제가 있었다. 교사가 염려한 점 때문에 심리학자는 아동행동측정 시스템(BASC) 평가를 시작하였다. 그것은 교사와 가족구성원이 아동을 관찰한 것에 기초하여 일련의 질문에 답하도록 하는 것이다. 나도 또한 데이브에게 자신의 행동을 개선할 방법에 관하여 이야기했다. 데이브는 행동 차트를 만들기로 제안했고, 교사도 좋다고 했다. 처음에 그는 개선된 모습을 보였지만, 몇 주가 지난 후에 그의 행동은 다시 전처럼 돌아가기 시작했다. 데이브는 완벽하길 원했고 차트에 붙일 스티커를 얻지 못하자 그의 자존감은 크게 떨어졌다.

데이브는 우리 학교에서 우수반 교육을 받고 있었으며, 그가 다시 그 교육을 받지 못할까 봐 두려워하고 있음을 알게 된 나는 해답을 찾기로 결심했다. 나는 영재교육에 관하여 조사를 시작했으며, 영재에 관한 속성들을 발견하고는 아연실색했다! familyeducation.com이라는 사이트에는 어린 영재 아동의 프로파일이 있었는데, 거기에는 '완벽주의' '소리나 통증, 또는 좌절에 대한 강렬한 반응' '생생한 상상력(상상의 친구)'과 같은 속성들이 열거되어 있었다. 그 즉시 나는 교실에서 보였던 문제행동의 핵심과 마주치게 되었음을 알았다! 기쁨과 놀라움이 뒤섞여서, 나는 내가 교사이면서도 왜 이 분야에 관하여 훈련받지 못했는지 의아했다. 그리고 대부분의 교사와 심리학자들이 영재교육에 관해서는 훈련을 받지 않아 왔음을 곧 알게 되었다.

나는 영재 행동에 관한 특강을 듣기 시작했다. 다행히 영재에 관하여 조사하던 중에 제임스 웹과 멕스트로스 그리고 톨란이 지은 『영재 아동 지도하기(Guiding the Gifted Child)』(우리나라에서는 『영재교육백서』로 번역되어 출간

되었다-역자 주)라는 아주 중요한 책을 접하게 되었다. 나는 그 책에서 기술된 사례가 우리 아들이 보여 주었던 문제들과 똑같다는 것을 발견하고는 매우 안심이 되었다. 더 중요한 것은, 해결책을 발견했고 사용할 수 있게 되었다는 점이다.

데이브의 다음 예약 시간에 나는 심리학자와 함께 내가 알아낸 내용을 나누었다. 그는 BASC 검사 결과를 내게 보여 주었다. '비전형성' 영역은 비정상적으로 높았다. 또한 결과를 살펴보니, 데이브가 실제로는 없는 것을 보고 들으며 현실에서 벗어나 있다고 교사가 기록한 내용도 발견했다. 데이브가 하는 상상의 친구와의 놀이는 너무도 확실해서 교사는 그가 상상의 친구를 진짜로 보고 소리를 듣는다고 생각한 것이다. 나는 데이브가 천식약 복용의 부작용으로 환각에 시달렸던 것을 보아 왔기 때문에 그가 현실에서 벗어나 있는 것과 상상의 친구를 갖는 것에는 차이가 있음을 알았다. 나는 얼마나 많은 BASC 평가가 아이의 상상의 친구에 기인한 것인지 의구심이 들었다. 또한 만일 그를 잘 알지 못하는 정신과 의사나 영재 행동을 잘 모르고 이것처럼 행동 측정 결과를 인식하는 전문가에게 데이브를 데리고 갔더라면 어떻게 되었을까를 생각하니 아찔했다.

심리학자와의 면담 후에, 나는 우리 학교의 교장과 교감을 만났다. 나는 책과 www.sengifted.org(the Supporting Emotional Needs of Gifted website)에서 얻은 논문들을 가져가서 그들에게 보여 주고 정보를 나누었다. 나는 그들에게 데이브의 행동 문제가 직접적으로 그의 영재적 특성과 연결되어 있다고 말했으며, 그의 행동과 관계된 문헌에서 나온 예를 인용했다. 또한 나는 이 책에서 얻은 제안들을 사용하기 시작했고 이미 결과들이 일어나기 시작했다고 말했다. 교장이 나의 말이 일리가 있고 아이에게 일어난 일이 바로 이런 점 때문이었다는 것에 동의하자, 매우 안심이 되었다. 교감은 데이브를 도와줄 전략을 받아들였으며, 관심을 갖고 『영재 아동 지도하기』를 학교 자료로 구비하도록 했다. 데이브의 교사도 역시 이 책에 관심을 갖게 되었고 책도 읽었다.

8주간의 학교생활이 남았다. 데이브의 행동은 개선되고 있지만, 집에서는 여전히 와해된 모습을 보였다. 어떻게 해야 할지에 관한 내용을 읽은 후에, 나는 그의 동정심에 호소했으며, 나 스스로 땅바닥에 뒹굴며 소리치기 시작했다. 나는 데이브의 이런 행동을 친구들이 보면 어떻게 생각할지를 데이브에게 물어보았다. 데이브의 얼굴은 일그러졌으며 "엄마, 이건 정말 나빠요!"라고 말했다. 이런 행동은 친구들을 화나게 만들므로 더 이상 이런 행동은 하지 않도록 노력해야 한다고 말했다. 데이브는 나의 말을 완전히 이해했다. 그 이후, 데이브는 학급에서 딱 한 번 문제행동을 보였다. 이것은 거대한 발전이었다!

나와 교사 그리고 심리학자는 데이브와 함께 그의 완벽주의에 대해 논의하고 아무도 완벽한 사람은 없다는 점을 설명했다. 교사와 내가 실수를 하면, 우리는 데이브에게 이 실수들을 지적해 주었다. 글씨 쓰기와 같은 반복적인 활동의 경우에 교사는 그에게 이 과제를 다 마치면 그가 즐기는 활동을 할 것이라고 상기시켰다. 데이브는 기꺼이 글씨 쓰기를 했다. 우리는 그에게 가상의 영역에서는 작곡가처럼 의상을 입을 수 있지만, 다른 경우에는 허락되지 않는 의상을 입는 것은 다른 아이들에게는 공평하지 않다고 말했다. 이렇게 하자 그는 작곡가처럼 옷을 입지 않았고, 이것을 음악시간에 작곡하는 행동을 억제하는 데도 도움을 주었다.

또한 나는 그와의 힘겨루기를 멈추었다. 기온이 32도가 되는 날에는 긴 바지와 긴팔 옷을 못 입게 하려고 애쓰며 아이와 긴 싸움을 벌이는 대신에, 나는 데이브가 힘들다는 것을 스스로 알도록 했다. 나는 여러 번 티셔츠와 짧은 바지들을 배낭에 넣어 두고 너무 덥다고 느끼면 갈아입을 수 있다고 말했다. 그는 옷을 갈아입었다. 데이브가 화가 났을 때 교사와 나는 그가 화가 난 이유를 이해하고 있다는 것을 보여 주면서 다음과 같이 이야기했다. "네가 왜 그렇게 느끼는지 알 수 있어……." "속상했구나……." 이렇게 하면 그의 협조를 얻기가 훨씬 쉬웠다. 교사는 데이브에게 행동 차트를 기록하는 것에 좀 더 책임감을 갖도록 부탁했으며, 그 이후 그는 원만하게 다른 활동으로 전환해서 스티커를 얻을 것인지 얻지 않을 것인지를 결정했다. 자신의 행위에 대한 해명을 요구하는 것은 매우 강력한 효과를 주었으며, 그를 통제할 수 있게 했다.

마지막 몇 주 동안 데이브의 교사는 더 이상 행동 차트를 사용할 필요성을 느끼지 않았다. 데이브는 몇 차례 교사를 시험했지만, 행동 차트를 원래대로 다시 할 것이라고 상기시키자, 그는 재빨리 협조했다. 그의 평가 보고서에는 '개선이 필요함'이라는 내용이 없었다! 비록 그는 자신의 모든 행동을 다 극복하지는 못했지만, 어느 정도 잘 해내고 있다. 이제 내년에도 데이브는 학교에 계속 다닐 수 있게 되었다.

교육자와 건강관리 전문가는 진단명을 붙이는 일을 엄청나게 많이 하고 있다. 물론 이들은 문제가 무엇인지를 밝히고 언급하도록 훈련받은 사람들이다. 특히 심리학자와 정신과 의사는 문제를 발견하고 DSM-IV-TR에 근거하여 정신장애의 맥락에서 진단명을 붙이도록 훈련을 받은 사람들이다.

진단의 목적은 크게 다음과 같이 네 가지로 나눌 수 있다. 첫째, 진단은 전문가들이 (다른 전문가에게, 교사와 부모에게) 몇 마디의 말로 많은 정보를 전달할 수 있도록 하기 위함이다. 둘째, 진단은 주로 치료의 방향을 제공해 주며, 적어도 예후나 미래에 일어날 일에 대해 단서를 제공해 준다. 셋째, 진단은 고통을 받고 어려움과 싸우는 사람들을 안심시켜 주기 위함이다. 즉, 그들의 어려움을 인정해 주고 확인시켜 준다. 넷째, 진단은 아동이나 성인이 보험회사, 건강관리 관계기관 또는 학교와 같은 관료기관으로부터 여러 형태의 지원을 받을 수 있도록 그들의 도움과 협조를 얻기 위해 필요하다. 그러나 이 책 전반에 걸쳐 언급했듯이, 특히 진단명이 정확하지 않으면 진단에는 잠재된 어려운 문제가 포함된다.

과학이 진보하고 사회의 태도가 변화하면서 진단 범주와 기준도 계속 정제되고 있다. 활달하며 제어하기 어려운 행동을 보이는 아동은 행동문제아로, 과체중은 비만아로, 흡연은 중독자로 된다. 심리적, 정서적 또는 교육적 장애를 정확하게 진단내리기 위해서는 그 사람이 보여 주는 행동만으로 단순하게 명칭을 붙이는 것은 충분하지 않다. 각 명칭이나 범주는 그 경위에 의존하기 때문에 환경적 상황이 함께 고려되어야 한다. 그러나 진단 과정에서 행동이 나타나는 경위는 행동 그 자체만큼 철저하게 조사하지 않는다. 제어하기 어려운 행동을 보이는 아동이나 사회적으로 불편감을 느끼는 사람의 행동 뒤편에는 영향을 줄 가능성 있는 요인들이 많이 있을지도 모른다. 따라서 경위를 조사하지 않는 한, 진단은 부정확하게 내려지게 되고 결국 치료는 불충분하게 된다.

직업에서 그 분야 전문가의 의견과 절차를 지속적으로 재평가하는 것이 바람직한 것과 같은 방식으로, 전문가들은 진단의 정확성과 유용성을 위해 진단적 실체를 재고해야 한다. 그러한 방식만이 영재성 관련 행동을 덜 병리적으로 볼 수 있게 해 준다. 시간이 많이 걸리겠지만, 진단과 치료에 영재성이 기여한다는 점을 적절하게 고려해야 하며, 진단과 치료적 제언 속에 이 점을 통합시켜야 한다.

진단 과정

건강관리 전문가들은 아동이나 성인이 어떻게 내원하였는지를 조사하여 정보를 하나씩 수집할 수 있다. 사람들이 전문가의 도움을 요청하는 데는 몇 가지 이유가 있다. 첫째, 영재 아동이나 영재 성인은 전혀 결함이 없거나 괴로워하지 않지만 교사나 가족구성원 또는 동료들이 불편해하기 때문에 전문가를 찾는다. 이러한 경우, 영재의 행동은 정상적인 영재성과 연관되어 있어서 병리적인 행동은 아니지만, 주변 사람들이 그것을 이해하지 못해서 발생한다.

둘째, 주로 부적절한 환경, 학교나 직장, 또는 때때로 가정환경에 대한 반작용으로 문제행동이 일어난다. 나타나는 행동은 극적일 수 있지만, 이는 영재와 환경 간의 부적합성에 의해 생기는 정상적인 반작용이다. 예를 들어, 기계적으로 암기하는 공부는 거부하는 대신에 하루 종일 학교에서 자기가 좋아하는 책을 읽기를 주장하는 아동이나 등교를 거부하는 아동을 생각해 보자. 이 아동의 행동은 적대적이거나 다른 행동장애의 징후로 보일 수 있다. 그들은 결국 세 번째 시나리오로 들어간다.

셋째, 영재 아동이나 영재 성인이 기대에 부응하고자 했지만 그런 시도가 성공하지 못하고 결국 분노, 우울 그리고 다른 심리적 장애로 이어지는 경우다. 이러한 상황은 정신과적 진단의 근거가 되긴 하지만, 문제의 근원은 부적절한 학교나 직무 상황과 같이 사람이 아니라 환경에 있다. 이런 경우에는 아동이나 성인이 합리적으로 행동하거나 행동하길 원하는 기대와는 맞지 않는 부적합이 발생할 수 있는 가능성을 포함하여 환경적인 문제들을 언급하면서 좀 더 생산적인 해결책을 찾도록 도와주는 것이 가장 효과적인 '치료' 라고 본다.

넷째, 아동의 불균형적인 발달이나 비동시성에 기인한다. 예를 들어, 아동이 일상생활을 방해하는 강렬하면서 들떠 있는 감정 동요나 실존적인 우울증에 기인한 불면증을 가지고 있을 수 있다. 마음이 자기 손보다 더 빨리 움직이는 영재 아동은 글씨를 잘 쓰지 못한다고 낙담할 수 있다. 지적으로는 이해할 수 있지만 신체적으로는 원하는 결과를 만들어 내지 못해서 좌절할 수도 있다. 이런 아동들은 정신과적인 진단을 받지는 않지만, 상담이나 작업치료 또는 약물치료 등을 통해 도움을 받을 수 있다(보험료 지불이나 학교 협조보다는 다른 것을 의미한다).

다섯째, 영재 아동으로 이중진단을 받는 경우다. 이런 경우에는 영재성의 결과로 아동의 우수한 능력이 장애들을 보상하기 때문에, 학습장애, ADD/ADHD, 감각통합 장애, 또는 그 밖의 특수성이 모호해질 수 있다. 때론 영재 아동이나 영재 성인은 반응성 저혈당증이나 알레르기를 함께 가질 수도 있다. 이런 문제를 다루는 최상의 방법은 자신의 약점을 보완하기 위해 자신의 장점을 사용하는 방법을 찾는 것이다. 예를 들어, 교사는 영재 학생에게 자신의 장점을 드러내면서도 쓰기의 어려움이라는 약점의 영향을 최소화시키기 위해서 글로 된 보고서 대신에 구두로 보고서를 발표하도록 기회를 줄 수 있다.

지금까지 언급한 경우를 볼 때, 아동의 삶에 관여하는 아동 자신과 성인인 교사, 부모, 의사 그리고 상담가에게 영재성에 관한 교육을 실시하는 것이 도움이 된다. 영재성에 관한 교육이 이루어지면 많은 염려를 없애 주고, 상식적인 접근으로 행동을 다룰 수 있게 되며, 영재 아동과 그 부모의 불안을 가라앉힐 수 있다. 이 방법이 사용 가능한 가장 효과적인 중재안이라는 것을 수년간의 경험이 말해주고 있다. 따라서 전문가를 교육시키는 일이 가장 중요하다. 식견 있는 전문가를 찾는 일이 영재 아동에게 적절한 진단과 치료를 하는 가장 핵심적인 일이기 때문이다.

영재 아동이나 영재 성인의 전형적인 유형

드러나는 모습이 영재 아동이나 영재 성인이 보이는 전형적인 유형인지 아닌지를 고려하는 일은 부모와 전문가에게 매우 중대한 일이다. 영재들은 다양한 특성을 보이기 때문에 때때로 이 일은 어렵다. 보편적인 특성은 거의 없지만 그럼에도 불구하고, 분명하게 나타나는 공통성과 자주 발생하는 유형이 있다. 이런 점들이 나타난다면, 전문가들은 다른 유해한 진단 범주로 보기보다는 그런 행동이 영재성에 그 뿌리를 두고 있을 가능성을 제일 먼저 고려해야 한다. 이 말은 행동에 아무런 문제가 없다는 의미는 아니다. 문제가 있을 수 있지만, 치료적 접근은 전형적인 아동과는 어느 정도 달라야 한다.

발달력

사람들은 건강관리 전문가들에게 자신이 '영재' 라고 말하지 않는다. 사실 대다수의 성인들은 자신이 영재일지 모른다는 것도 인식하지 못한다. 결국 그들도 다른 사람들처럼 자신의 눈을 통해 세상을 바라보며 성장해 왔다. 그들은 자신이 다른 사람들과 많이 다르다고 생각하지 않는다. 그들은 자기가 잘하는 것을 쉽게 해 왔기 때문에 보통 사람들에게는 그러한 일이 어려울 것이라고 상상하기 힘들다. 이런 이유 때문에 건강관리 전문가들은 영재 아동이나 영재 성인의 발달 수준을 확인하는 데 도움이 되는 발달력을 철저하게 조사해야 하며, 영재성과 관련 있는 변인들을 밝혀내야 한다.

맥락 문제

우리는 앞에서 문제행동이 어떤 특정한 상황에서는 일어나지만 또 다른 상황에서는 일어나지 않는지를 확인할 필요성을 언급하였으며, 여기서도 이 점에 주의할 것을 다시 반복한다. 대부분 진단적 행동장애는 상황과는 비교적 무관하게 일어나며, 증상의 원인이 되는 상황과 연관된 것이 있다고 하더라도 곧 사라질 것으로 예견한다. 그러나 영재 아동과 영재 성인의 경우에는 해당되지 않는다. 영재의 문제행동 유형은 그들이 다른 영재들과 서로 교류하게 되면 거의 줄어들거나 완전히 사라진다.

예를 들어, ADD/ADHD 아동은 어느 특정한 상황에만 국한되지 않은 ADD/ADHD 행동을 보인다. 그 행동들은 가정, 학교, 놀이터, 동네 또는 스카우트 모임 등 여러 상황에 걸쳐 나타난다. 이와는 대조적으로, 영재 아동의 산만한 행동은 어떤 상황에서는 발생하지만 다른 상황에서는 발생하지 않는데, 생산적인 활동을 하는 상황에서는 놀랄 정도로 산만한 행동이 전혀 나타나지 않는다. 예를 들어, 학교에서 보이는 문제행동이 집에서는 보이지 않기도 하고, 스카우트 모임에서는 보이는 문제행동이 축구팀에서는 보이지 않기도 하며, 같은 또래와 있을 때는 나타나지만 어른들과 있을 때는 나타나지 않기도 한다. 아스퍼거 장애를 가진 아동도 가정과 학교 그리고 놀이터에서 비슷한 문제행동을 보인다. 그러나 이들이 다른 영재 아동이나 다른 아스퍼거 장애 아동과 함께 있다고 해서 이러한 문제들이 개선되지는 않는다. 문제행동이 발생하는 맥락을 주의 깊게 조사하는 것이 핵심이며, 다른 영재 아동과 함께 있을 때 그들이 어느 정도 변화를 보이는지를 주목하는 것이 특히 중요하다.

진단 범주와의 적합성 정도

대부분의 진단 범주에는 특정한 행동의 종류와 발생 빈도에 따른 특정한 기준이 있다. 건강관리 전문가는 행동이 진단 기준에 맞는지의 여부를 고려하므로 영재성과 다른 특정 진단을 변별할 수 있다. 많은 사례에서, 현존하는 행동과 기준을 단순히 재평가하는 것만으로도 오진단의 수를 줄인다.

이중진단

앞 장에서 특정한 진단들은 영재성과 연관이 있는 것으로 확인되었다. 예를 들어, 실존적 우울이나 아스퍼거 장애와 같은 진단의 경우에는 영재성이 진단의 밑바탕에 깔린 원인의 한 부분이 되는 것 같다. 그러한 상황에서 영재성 요소는 치료를 계획할 때뿐만 아니라 사람에게 진단을 설명할 때도 포함되어야 한다. 예를 들어, 영재 아동은 자신의 강렬함과 민감함이 진단적 조건이 아니라 영재성의 한 부분이라는 것을 알면 안심할 수 있게 된다. 이것은 많은 다른 영재의 경우에도 해당된다. 이러한 정보를 명확하게 파악하고 있으면, 그의 지성은 자신에게 내려진 진단이 의미하는 것과 의미하지 않는 것을 뚜렷하게 이해할 수 있게 된다. ADD/ADHD를 가진 영재 아동은 자신의 증상을 조절하기 위해 지적으로 뛰어나지 않은 비슷한 나이의 아동보다는 좀 더 우수한 정신적 전략을 사용할 수 있다.

어떤 상황에서는 이중진단에 대한 중재를 언급하기가 매우 어렵다. 오늘날 많은 학교 체계는 '한 사람당 하나' 라는 무언의 정책을 갖고 있는 것 같다. 학교 관계자들은 아동이 영재 아니면 학습장애이지 둘 다는 아닌 것으로 행동한다. 따라서 아동의 부모는 오직 특별히 고안된 교수학습 프로그램 하나만을 선택할 수 있다. 이중진단을 받는 경우에는 둘 중 한 개의 형태만으로 진행하는 것보다는 두 개의 진단 모두에서 다루어야 할 점들을 언급하는 것이 중요하다.

우리 딸 키샤는 새로운 학교에 1학년으로 입학했다. 이 학교는 아동중심 학교로 학생마다 개인적인 필요를 수용하는 여유 있는 학교로 알려져 있다. 학교에 다닌 지 2주 후에, 교사는 부모회의를 소집했다. 나는 도서실에 들어가 한쪽 코너에 유치원 아동용 크기의 의자에 앉았다. 나는 두 명의 계절학기 교사에 둘러싸여 작은 의자에 앉았고, 그들은 키샤의 행동에 관한 불평서를 읽어 내려갔다. 그것은 충동적으로 노는 행동, 반복된 지시에도 따르지 않는 것, 그리고 수업시간에 집중하지 않고 대신에 '도서실에 몰래 들어가 비스마르크에 관한 책을 읽는 것'을 염려하는 내용이었다.

교사들은 키샤가 새로운 친구를 따뜻하게 감싸 주는 친절하고 사랑스러운 아이이지만, 과잉 신체 움직임이 사회적으로나 학업적으로 문제를 일으키고 있으며, 이것이 교실에서 수업을 방해하고 있다는 점을 조심스럽게 지적했다. "당신의 딸은 전문가의 도움이 필요합니다."라는 그들의 말로 나의 가슴은 미어졌다. 나는 아이에게 뭔가 잘못되고 있다는 두려운 생각에 빠졌고, 교사에게 분노감이 들기 시작했다.

키샤를 검사한 심리학자는 흥분해서 아이의 점수가 지난 30년간의 진료 동안 겪어 본 두 번째로 높은 IQ 점수라고 큰 목소리로 외쳤다. 그는 나와 남편을 격려하며 놀랄 만한 일들이 일어날 것이라고 말했다. 우리에게 다시 태양이 빛나기 시작했으며, 우리는 그다음에 무엇을 해야 할지를 살펴보기 시작했다.

심리학자가 학교에 제출한 평가 보고서는 한동안 그들의 염려를 조용히 잠재웠지만, 우리 딸의 충동성과 교실에서의 집중력 저하는 계속되었다. 학업상의 변화도 거의 없었으며 전에 생각한 것처럼 키샤가 문제 아동은 아니라고 생각했지만, 분명한 것은 그녀가 지금의 환경에 잘 적응하고 있지 않을 뿐만 아니라 다른 환경에서도 비슷한 증상을 보이고 있다는 점이다. 또 다시 그녀는 평가를 받았고 결과가 나왔다. 이번에는 딸에게 ADHD 진단이 내려졌다. 우리는 딸의 손상된 학업 경험과 좋지 않은 대인관계 문제가 더욱더 나빠지지 않을까 걱정하면서 리탈린을 복용하는 것에 동의했다.

2년이 지난 후, 학교는 키샤를 위한 프로그램에서 약간의 변화를 고려하기로 동의했다. 그녀는 약에 잘 적응했으며, 좀 더 분명하게 생각하고 자신을 조절할 수 있게 되었다고 말하고 있다. 때때로 먹구름이 있기는 하지만, 여전히 태양은 빛나고 있다.

손상 수준

DSM-IV-TR의 모든 진단 기준에는 손상 수준이라는 용어가 제시되어 있다. 유감스럽게도, 진단 과정에서는 손상 수준을 검토하고 있지 않다. 특정한 진단과 연관된 행동을 나타낸다고 단순하게 이야기하는 것으로는 대부분 충분치 않다. 연관된 행동들은 전형적으로 여러 상황에서 어느 정도의 기능 손상을 일으킨다.

우리가 이 책 전반에 걸쳐 보여 주었듯이, 영재 아동의 경우에 영재성에서 비롯된 행동들은 특정한 진단에 맞는 행동과 유사하다. 그 시기에 그러한 행동들이 심각한 역기능을 초래하지 않으면, 우리의 의견으로 볼 때 임상가는 불필요한 치료 경로를 착수하기보다는 영재 아동(또는 그 부모)과 관련한 행동으로 기술하고, 앞으로 일어날 문제에 대한 인식을 제기하며, 예방적인 도움말을 제공하는 것이 더 바람직하다.

지적 존중을 강화한 의사소통

영재 아동이나 영재 성인이 정확한 진단을 받는가의 여부를 떠나서, 전문가들은 추가로 개인의 지적 강점을 고려하여 의사소통하는 것이 절대적으로 필요하다. 대부분의 영재 내담자들은 자신의 행동에 관한 책이나 인터넷을 통해 자신을 실질적으로 파악한다. 그리고 자신의 행동이 자신뿐만 아니라 다른 사람들에게도 문제를 만들고 있다는 것을 예리하게 인식하고 있다. 전형적으로 그들은 상당히 많은 질문을 던진다. 이러한 질문에 답을 하는 데 약간의 시간만을 사용한다면 진정한 건강관리 동역자를 만들 수 있을 것이다. 반면에, 깊은 지식에 대한 호기심과 욕구를 무시하거나 잊어버리면 그 반대의 결과를 낳게 된다.

제 · 11 · 장

영재 아동과 영재 성인을 위한 건강관리 전문가와 상담가 선정하기

제11장

영재 아동과 영재 성인을 위한 건강관리 전문가와 상담가 선정하기

부모는 전문적인 도움을 찾을 시기와 더불어 가장 적절한 상담가나 심리학자, 정신과 의사, 작업치료사, 그 밖의 건강관리 전문가를 찾는 일로 고심한다. 특히, 영재 행동을 행동장애로 보지 않는 전문가를 찾는 일이 무엇보다도 중요하다.

물론, 가장 첫 번째의 질문은 언제 상담을 받아야 하는가, 그리고 비용과 시간이 적절한가이다. 여기에 도움이 되는 조언들이 있다.

건강관리 전문가 사무실의 정규 방문을 통해서든지 지역사회의 다른 센터에서든지 예방 상담이 확실한 최선책이다. 가장 도움이 되는 상담은 영재 자녀를 둔 다른 부모와 대화를 나누는 것이다. 그러한 대화는 집과 학교에서의 자녀 행동을 재구성하도록 도와주며, 다른 사람들이 노력해서 다소의 성공을 거둔 다양한 대처 전략을 제공해 준다. 부모는 자녀의 경험이 정상적인 것인가, 부모로서 자녀에게 적절한 자극을 주고 있는가, 심신을 지치게 하는 자녀의 강렬함에 어떻게 반응해야 하는가, 그리고 힘겨루기를 어떻게 피해야 하는가 등을 염려한다. 영재 아동은 일반적인 부모 양육서에 나와 있는 발달 규준에 잘 맞지 않는다. 그들은 일반 아동들보다 발달 단계에 더 일찍 도달하며 더 강하게 드러내는 경향을 보인다. 부모는 그러한 모습들이 '비정상적'이라거나 '나쁜' 것이 아니라고 서로 위안과 확신을 주면서 도와줄 수 있다.

영재 아동을 양육하는 일은 영재 자녀를 둔 다른 부모들을 만나 서로 자녀양육의 경험을 나누지 않는 한 매우 외로운 일이 될 수 있다. 때때로 같은 학교 지역 내에서 다른 영재 부모를 만나거나, 지역별 영재협회를 통해서 또는 국립영재아동학회(NAGC)나 영재의 정서적 욕구 지지 모임(SENG)과 같은 전국 단위의 조직체와 접촉하여 비공식적으로 영재 자녀 양육의 경험을 공유할 수 있다. 때로, 인터넷에 있는 부모를 위한 웹사이트(예, www.hoagiesgifted.org)에 나와 있는 논문들을 통해서 또는 온라인 토론의 장(예, www. TAGFAM.org)을 통해서도 공유가 가능하다.

부모에게 도움이 되는 또 다른 자원들은 영재 부모를 위해 만든 공식적인 지지 모임들이다. 대표적으로 SENG 모델이 있는데, 여기서 부모들은 훈련받은 전문가의 지도하에 '양육 조언'을 얻으며 공통의 경험들을 함께 나눌 수 있다. 이 모임이 조직 정보는 『영재부모 모임: SENG 모델(Gifted Parent Groups: The SENG Model』(Webb & DeVries, 1998)에서 얻을 수 있다.

예방 상담 관련 자료는 영재 자녀의 정서 · 사회적 욕구를 구체적으로 기술한 책에서 얻을 수 있다. 영재 부모를 지도하기 위한 좋은 책으로는 『영재 아동 지도하기(Guiding the Gifted Child)』(Webb, Meckstroth, & Tolan, 1982), 『똑똑한 소녀들(Smart Girls)』(Kerr, 1997), 『똑똑한 소년들(Smart Boys)』(Kerr & Cohn, 2001) 또는 『나의 가장 친한 친구는 책이다(Some of My Best Friends are Books, 제2판)』(Halsted, 2002) 등이 있다. 또한 비디오도 있다. 〈나의 아이는 영재인가? 그렇다면 나는 무엇을 기대할 수 있나?(Is My Child Gifted? If So, What Can I Expect?)〉(Webb, 2000), 〈영재 자녀는 특별한 도움이 필요한가?(Do Gifted Children Need Special Help?)〉(Webb, 2000) 또는 〈영재자녀를 성공적으로 키우기(Parenting Successful Children)〉(Webb, 2000) 등이 있다. 또 다른 참고 내용들은 이 책의 참고자료와 추천도서에 수록되어 있다. 부모는 다른 부모들에게 질문할 수 있고, 도서관 사서나 서점의 직원에게 물어볼 수도 있으며, 인터넷이나 인터넷 서점과 같은 곳을 찾아볼 수도 있다.

이러한 참고자료들이 있지만, 영재 자녀를 양육하는 일은 도전을 받는 일이다. 정서와 대인관계는 강렬하고 계속 변화한다. 전문적인 평가와 상담 지도를 필요로 할 때는 어떻게 해야 하는가? 이에 관하여 한 가지 지침을 제시하고자 한다. 불안이나 슬픔, 우울, 낮은 대인관계와 같은 문제가 적어도 몇 주 이상 지속된다면, 전문가의 조언을 고려할 필요가 있다. 문제가 별로 중요하지 않은 것으로 판명난다고 하더라도, 적어도 부모는 안심을 하게 되고 어느 정도의 지도를 받을 수 있다.

검사가 필요한 경우는 언제인가? 공식적인 평가를 통해 상황을 명확하게 해 주는 많은 정보를 얻을 수 있다. 영재 자녀를 검사하는 데는 여러 가지 이유가 있을 수 있다. 학교 배치를 위해 지능검사와 학업성취 검사를 실시할 수 있고, 우울이나 불안 수준을 평가하기 위해서 또는 ADD/ADHD나 아스퍼거 장애와 같은 문제가 없는지를 확인하기 위해서 검사를 실시한다. 평가 결과는 부모의 질문에 답을 주어야 하며, 문제와 관련하여 구체적인 제언을 제공해야 한다. 또한 부모에게 적절한 참고자료도 제공해야 한다. 개인 지능검사나 학업성취 검사는 아동이 영재인지를 결정하는 데 도움을 주고, 이미 영재로 판별된 아동의 교육 계획에 관한 조언도 준다. 또한 장점과 약점 및 학습방식에 관한 정보를 제공해 주고, 아동의 기대에 부응해서 사람들에게 적합한 것이 무엇인지를 분명하게 해 준다. 첫 평가가 이루어진 후에는 2~3년 후에 정기적인 재평가를 실시하는 것이 좋다. 그래서 첫 평가의 결과와 비교해 보면서 아동의 진보를 점검하고, 적어도 부모에게 매년 체크하는 회기를 통해 전문적인 상담을 할 수 있게 된다.

보통 가정에서 가정의를 두고 있는 것과 마찬가지로 영재 아동을 둔 가정은 가정심리학자를 둘 수 있다. 그래서 정기적으로 방문하여 점검받고 아동의 발전 여부를 논의하며 아동이 잘 지내지 못하면 도움을 받도록 할 수 있다. 이런 방법은 특히 고도나 최고도 영재 자녀를 둔 부모에게는 더욱 필요하다. 왜냐하면 이들의 강렬함과 민감함은 다른 영재 자녀들보다 훨씬 더 크고, 이들은 더 심한 비동시적 발달로 자기와 자기 주변에 대해 더 많이 혼란스러워하기 때문이다.

부모들은 이런 종류의 전문적인 서비스를 받는 데 드는 비용을 염려한다. 철저한 전문가는 아동을 파악하고 아동의 환경을 이해하기 위해 두세 번 이상 약속을 잡고 만나면서 여러 시간을 사용하기도 한다. 비용은 500달러에서 1,500달러 정도(환산하면 50~60만 원에서 150~180만 원 정도이나 우리나라에서는 이 가격보다는 훨씬 저렴하다-역자 주)로 비싼 편이다. 그러나 치아 엑스레이 정밀검사 비용이나 치아교정 비용과 비교해 본다면, 이 가격은 적절하다고 생각한다.

우리의 경험으로 볼 때, 검사를 포함하여 심리적 자문이 대부분의 부모에게 매우 도움이 된다. 이것은 부모가 받는 특별한 제언 때문만이 아니라 평가 결과가 문제의 심각성을 측정하여 아동에게 타당한 기대를 하도록 표준 척도를 제공하기 때문이다. 특히, 1995년 『소비자 보고서(Consummer Reports)』 연구를 포함한 많은 자료에서는 개인과 가족 모두에게 상담의 효과성을 입증하였다. 영재 아동은 가족 전체 시스템에 영향을 준다. 한 가족에 여러 명의 영재가 있는 경우에는 더 많은 복잡함을 지니게 된다.

유감스럽게도, 영재 아동이나 영재 성인을 위한 우수한 심리학자나 상담자 또는 치료사를 찾기는 어려울 수 있다. 앞서도 언급했듯이, 건강관리 전문가들은 대부분 영재 아동이나 영재 성인이 지닌 사회·정서적 욕구에 관한 특별한 훈련을 거의 받지 못하였다. 많은 다른 사람과 마찬가지로 이들도 영재성이란 것이 자산이지 결코 부채가 아니라고 믿기 때문에, DSM-IV-TR에서 제시한 진단 범주 해석에 심각하게 영향을 주는 문제들과 높은 능력이 연관되어 있다는 점을 이해하거나 수용하기가 어렵다.

이제 막 8세가 된 아들은 약 23kg짜리 벌새가 지닌 만큼의 에너지를 갖고 있는 듯하다. 그는 늘 움직이며, 1분에 백만 가지 생각을 한다. 이것은 아이가 태어나 걷고 말하기 시작한 이후부터 쭉 계속되어 왔다. 교사의 요청에 의해, 우리는 아이가 ADHD가 아닌가 하여 여러 번 평가를 받도록 했다. 그는 DSM의 범주에 모두 다 해당되었지만, 이런 문제들이 그의 학업 능력에는 별 영향을 주진 않았다(물론 그의 진짜 잠재력에는 영향을 받기는 하겠지만, 그는 수년 동안 표준 '학년 수준' 이상을 받아 오고 있다). 그래서 몇 년 동안, 우리는 진단 없이 지내 왔다. 그러나 그는 학교 때문에 스트레스를 많이 받고 있고 매우 지루해하며 ADHD와 유사한 행동이 매년 증가했다. 결국 우리는 약을 찾기 시작했다.

여기 매우 흥미로운 부분이 있다. ADHD 약물 처방을 받기 위해 정신과 의사에게 진료를 받았을 때, 레지던트 의사는 약 10분 정도 우리 아들과 이야기를 나누더니 2세 때부터 책을 읽기 시작했다는 사실에 근거하여 (그 의사는 '다독적(hyperlexic)'이라는 단어로 말했다) 그가 아스퍼거 장애를 갖고 있다고 결론을 내렸다(그 의사는 공식적인 검사는 실시하지 않았다). 그러고 나서 아이를 대학병원 주치의 정신과 의사에게 의뢰했으며, 그는 우리 아들을 만나 보지도 않았으면서 아스퍼거 장애와 불안장애로 진단을 내리고는 항우울제를 처방해 주었다.

나 자신이 박사이자 심리학자로서, 이러한 진단은 열외라고 생각했다. 그래서 두 번이나 다른 사람으로부터 평가를 받았고, 그 결과 아이는 아스퍼거 장애도 불안장애도 아니라는 진단을 받았다. 그가 보이는 ADHD와 유사한 증상 때문에 도움을 받고자 또 다시 정신과 의사를 찾았으며, 그 의사는 아이에게 (전화로) 양극성 장애라고 진단을 내렸다(왜냐하면, 그는 '너무 빨리' 생각하고 잠들기를 힘들어했기 때문이다). 그러나 또 다시 평가를 한 결과, 그는 양극성 장애의 가능성을 갖고 있지 않음을 보여 주었다. 물리치료사는 비언어성 학습장애를 시사했지만—나의 아들은 감각-운동 영역에 문제를 지니고 있었다—이것도 또한 진단 범주에 맞지 않았다. 영재성과 관련한 문제를 좀 더 잘 알고 있는 심리학자는 의사들의 이러한 실수투성이의 결론에 놀랄 뿐이었다. 심리학자는 학교생활에서 단지 지루해했으며 좌절된 것뿐이었다고 생각하고 있다.

수개월이 지난 후에 결국 우리는 ADHD 약물 처방을 받았다. 아들은 완전한 세상에서는 끊임없이 자극을 받으면서 지내는 의심할 여지없이 정상인이지만, 이 세상은 그에게는 너무 '느린' 세상이다. 우리는 아이 자신의 편안함과 주변 사람들의 편안함을 위하여 이 세상 나머지 사람들과 함께 잘 맞추어 기능하는 방식으로 그의 행동을 이끌어 가기 위해 애쓰고 있다. 그는 정말 ADHD인가? 누가 알 수 있을까?

어떻게 하면 적합한 심리학자나 상담자를 발견할 수 있을까? 한 가지 방법은 영재 자녀를 둔 다른 부모에게 도움이 되었던 상담자가 있는지를 물어보는 것이다. 부모들은 주로 자신의 정보와 경험을 다른 사람들과 공유하는 것을 즐거워한다. 그리고 그중 많은 사람은 어디선가 전문적인 도움을 찾을 수 있을 것이다. 동료로서 친구로서 이렇게 말한 적이 있다. "세상에는 두 종류의 사람이 있어. 문제를 갖고 있는 사람과 당신은 충분히 알지 못하지만 그들의 문제가 무엇인지 알고 있는 사람."

영재 아동에 관하여 이미 알고 있는 자격 있는 상담자나 건강관리 전문가를 발견하지 못한다면, 영재 아동과 영재 성인에 관하여 공부할 수 있을 만큼 개방적인 심리학자나 잘 훈련된 상담자를 찾을 수 있을 것이며, 그것으로도 충분하다. 예를 들어, 여러분은 심리학자나 정신과 의사 또는 소아과 의사에게 미국심리학회로부터 상을 받은 『영재 아동 지도하기』(Webb et al., 1982)라는 책을 알려 주거나 영재 아동의 사회 · 정서적 욕구에 관한 논문을 복사해 줄 수 있다. 또는 이 책의 참고자료에 제시한 웹사이트에서 논문을 내려받아서 그들에게 제공해 줄 수도 있다.

부모나 의뢰 전문가는 상담자나 치료사에게 영재 아동과 영재 성인 관련 경험과 배경을 갖고 있는지에 관하여 개방적으로 질문할 수 있다. 만일 이들이 이 분야에 대해 전혀 조금이라도 특별한 훈련을 받지 않았다면, 상담자나 치료사가 출판된 책을 읽거나 동료들과 상의하면서 영재 아동과 영재 성인이 당면한 문제들에 관해 공부할 만큼 개방적인지를 부모는 확신해야 한다. 영재 아동과 그 가족의 사회 · 정서적 욕구에 관하여 심리학자를 위한 공식적인 평생교육 프로그램이 있다는 것을 언급하는 것도 도움이 된다. 예를 들어, 1~2년에 한 번씩 과목을 제공하거나 과정을 제공하는 내용으로, 미국심리학회에서 승인된 SENG에서 나온 것들이 있다.

검사가 필요하다면, 영재 아동을 경험해 본 자격증을 갖춘 개인이 실시해야 한다. 만일 일반 아동검사 실시에 대한 기술이 있다고 하더라도 영재에 관한 경험이 없는 전문가는 영재 아동의 검사 결과를 혼동시키는 많은 논란거리를 인식하지 못할 것이다. 예를 들어, IQ 검사는 단순한 수준에서 시작하지만, 문제가 어려워질수록 아동은 피곤해하고 비협조적이 된다. 이런 아동은 실제로는 꽤 능력이 있어도 수행을 잘하지 못하게 된다. 어떻게 실시되고 해석되든지 일부 검사는 상한 수준이 낮게 만들어져 있다. 확산적 사고에서 비롯하는 기발한 반응들이 나올 수 있음도 알아야 하다. 그래서 이를 혼란된 상태나 뭐가 뭔지 알 수 없는 횡설수설한 말로 여기고 넘겨 버려서는 안 된다. 전문가는 완벽주의에도 주의를 기울여야 한다. 완벽주의는 검사에서 아동의 진보를 심각하게 저하시킬 수 있다. 특별한 프로그램과 예후 그리고 교육적 배치와 중재를 위해서는 정확한 검사 결과가 중요하다. 단지 IQ가 130이 넘는다고 해서 자격이 된다고 말하는 것은 적절치 못하다.

상담이 필요하다면, 상담자의 접근과 방식이 가족의 필요에 부합하는지를 알아보기 위해 먼저 시도해 보는 것부터 출발해야 한다. 때때로 매우 유능한 심리학자라고 하더라도 개인적인 방식이 있어서 잘 맞지 않기도 한다. 영재 아동과 영재 성인을 잘 다루는 심리학자는 질문을 잘 받고, 융통성이 있고, 똑똑하고, 창의적이고, 힘겨루기를 잘 비켜가는 기술을 갖고 있으며, 작지만 탄력성 있는 자아를 지니고 있다. 만일 초기 면담에서 또는 나중에라도 발견한 점이나 제언점 등에서 불편함을 느끼거나, 특히 전문가가 심각한 진단을 제시한다면, 제2의 다른 의견을 얻을 것을 고려해야 한다. 제2의 의견을 얻는 것은 의학에서 오랫동안 받아들여 온 방법이며, 심리학과 교육학에서도 이 방법을 사용하는 것이 점점 더 증가 추세에 있다.

부모는 전문가의 지도를 얻기 위해 영재 자녀를 데리고 갈 때 무엇을 기대할 수 있는가? 상담자나 치료사는 자녀뿐만 아니라 부모와도 면담을 원하며, 가족환경과 역동성을 이해하는 데 도움을 얻기 위해 설문지를 작성하게 하거나 간단한 심리검사를 실시하기도 한다. 상담자는 먼저 부모와 아동을 함께 만나고, 그 이후 아동 혼자, 그리고 나서 부모만 만나 보길 원한다. 상담자는 교사와도 이야기하길 원하거나 관찰을 위해 학교를 방문하기도 한다. 심리학자는 아동의 소아과 의사와도 면담하길 원한다. 또한 지능과 학업 성취 및 정서적인 기능을 알아보는 표준화된 검사를 실시하길 원하기도 한다. 그리고 신경심리학자나 영재 아동을 검사하는 전문성을 지닌 사람에게 의뢰할 필요성을 가질 수도 있다.

이러한 모든 것을 진행하는 데는 시간이 걸린다. 검사 자체만으로도 3~4시간이 걸리며, 심리학자는 아동이 피곤하지 않은 상태에서 검사를 하기 위해 두세 번으로 나누어 실시하기도 한다. 적어도 두 번의 분리된 시기에 만나면 아동에게 어떤 행동 변화가 있는지를 알아보는 데 도움이 된다. 상담자는 주로 경청과 질문을 하는 것이 바람직하다. 왜냐하면 부모는 일상적이거나 깊이가 없는 접근이 아니라 철저한 평가를 근거로 한 사려 깊은 제언점과 조언을 원하기 때문이다. 인내심을 갖도록 노력하고, 편하게 질문하며, 상담자의 질문에도 편하게 대답해야 한다.

평가가 끝나면, 부모는 상담자, 심리학자, 정신과 의사인 전문가와 함께 적어도 한 시간의 면담을 가져서, 알아낸 것이 무엇인지를 알고 그다음에는 무엇을 해야 할지의 계획을 세우는 것이 좋다. 심각한 진단이 나온다면, 전문가가 어떻게 이러한 결론을 내리게 되었는지를 질문해야 한다. 이러한 면담 약속을 잡기 전에 부모는 전문가가 확실히 이 책이나 또는 「영재 아동의 오진단과 이중진단(Misdiagnosis and Dual Diagnosis of Gifted Children)」(Webb, 2000)과 같은 논문을 알고 있도록 해서 영재 행동을 놓치거나 오진단을 내릴 가능성을 최소화하기 위해 노력해야 한다.

때로는 치료가 필요하다. 부모는 상담자나 치료사가 자녀를 만나는 3~4회기 중에 적어도 한 번은 아동뿐만 아니라 부모도 만날 것을 요구해야 한다. 특히 청소년 전기 아동들의 경우, 치료사가 부모의 자문 없이 아동만 여러 회기를 상담하는 것은 적합하지 않다. 부모는 자녀 세계의 주요한 부분이며, 그들 또한 상담 과정을 어떻게 보조해야 하는지를 알 필요가 있다. 대부분의 치료사들은 부모에게는 가정에서 시도해야 할 특별한 방법을, 그리고 교사에게는 학교에서 시도해야 할 특별한 방법을 제안한다.

영재 아동을 포함하여 아동에게는 꼭 필요할 때만 약물을 사용해야 한다. 그리고 부모는 발생 가능한 부작용에 대해 인식하고 있어야 한다. 영재적 특성, 예를 들어 강렬함이나 호기심, 확산적 사고 또는 부적절한 교육환경에서의 권태로움 등을 다루기 위해 약물이 처방되는 것은 아닌지를 확실하게 해야 한다. 많은 고도 영재 아동은 ADD/ADHD나 적대적 반항장애와 같은 진단을 오진단받고 약물을 처방받는다. 그러나 그들이 진정으로 필요한 것은 더 높은 이해와 적절한 행동적 접근 또는 교육 수정들이다.[1)] 정신과 약물을 사용하면 부작용으로 '인지적 둔함' 이 생길 수 있으며, 나아가 아동의 재능과 문제의 본질을 흐리게 만들 수 있음을 인식해야 한다.

교육환경에서의 개선이 필요하다면, 상담자나 심리학자 또는 그 외의 다른 건강관리 전문가들에게 이 점을 이야기해야 한다. 전문가들은 그들이 평가한 검사 정보가 매우 타당하기 때문에 학교 관계자들과의 협상에서 중요한 지지와 도움을 제공해 줄 수 있다. 아동이 공립학교, 사립학교 또는 차터 스쿨(Charter School)에 다니든지(Rogers, 2002) 또는 홈스쿨(Rivero, 2002)을 하고 있든지 상관없이 모두에게 해당된다.

적절한 상담자나 치료사를 찾기는 쉽지 않다. 영재의 욕구를 잘 아는 전문가를 발견하기는 어렵다. 그러나 이 일은 그러한 노력과 경제적 비용을 지불할 만큼의 가치가 있다. 결국, 영재 아동의 욕구를 이해할 뿐만 아니라 아동과 그 가족의 욕구까지도 알고 있는 사람을 찾게 될 것이다. 좋은 치료사는 고갈되지 않는 자원으로서, 내 자녀의 안내자가 되고 옹호자가 되며 미래를 위한 힘이 되어 줄 것이다.

영재 성인이나 영재 아동의 부모는 여러 가지 이유로 전문적인 안내자를 찾는다. 영재성과 함께 오는 여러 도전을 다루기 위해서는 전문가의 예방적인 유지, 자문, 평가 및 치료가 유용하다. 어린 영재 아동들이 겪는 경험을 정상적인 것으로 만들기 위해서, 그리고 정신건강 서비스와 연관된 지각된 결점을 줄여 주기 위해서는 일찍부터 영재 아동에게 상담 과정을 소개하는 것이 도움이 된다. 여기서 긍정적인 경험을 하게 되면, 좀 더 커서 또는 수년 후에 성인이 되어서도 필요할 때에 이들의 지지와 지원을 찾을 가능성이 증가한다. 상담 서비스를 받을 경우에 부모는 명료한 질문과 목표를 가지고 출발해야 하며, 부모 자신이 상담 과정에 적극적으로 임해야 한다. 적절한 개입은 참여한 모든 사람이 긍정적인 결과를 얻을 가능성을 증가시키는 만큼, 비용은 모든 것을 더 좋게 만들기 위한 투자로 생각해야 한다.

유감스럽게도, 영재 아동이나 영재 성인을 경험해 본 유능한 사람을 찾는 일은 말은 쉬워도 실제로는 훨씬 어렵다. 그래서 도움을 주고자 SENG 프로그램과 『당신의 영재 자녀를 위한 심리학자나 정신과 의사 선택하기』라는 안내책자가 출판되었다. 이것은 SENG 웹사이트(www.sengifted.org)에서 보거나 자료를 내려받을 수도 있다. 여기서는 상담 과정과 질문에 관한 정보도 함께 제공하여 자녀를 도와주는 사람에게 안내할 수 있도록 하고 있다. 또한 이 책의 참고자료와 추천도서에 이 자료들과 그 외의 다른 자료들이 서술되어 있다. 부모는 지역별 영재학회나 심리학회와 접촉하거나 또는 Hoagies의 심리학자 페이지를 방문하여(www.hoagiesgifted.org) 자신이 살고 있는 지역의 전문가를 발견할 수 있을 것이다.

상담이나 치료를 찾는 일은 용기를 필요로 하며, 쉬운 일이 아니다. 영재 아동과 영재 성인의 욕구에 관한 적절한 지식이 있는 전문가를 발견하는 것 역시 어렵다. 그러나 이 일은 시간과 노력 그리고 경제적 비용만큼 매우 가치 있는 일이다.

- 미 주
- 참고자료
- 추천도서
- 참고문헌
- 찾아보기

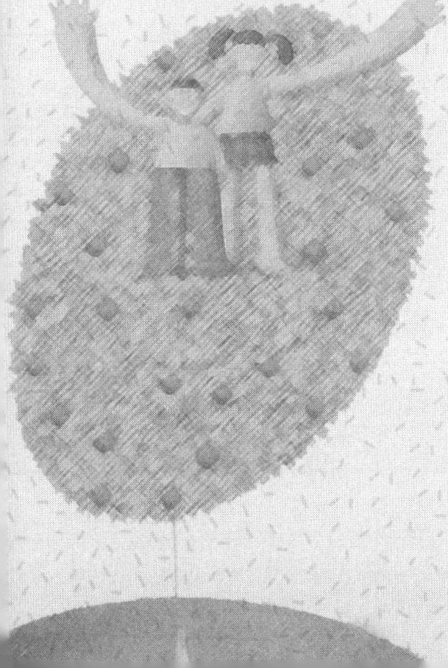

미 주

1. Mogel, W. (2001). The Blessing of a skinned knee. *Using Jewish teachings to raise self-reliant children*. New York: Penquin.

■ 도 입

1. 이 책의 저자 중 한 사람은 다음과 같이 언급하였다. "러트거스 대학교에서 나는 영재의 사회 · 정서적 욕구에 관한 정보를 얻지 못했다. 웩슬러 아동용 지능검사에 관한 질문에서 더 높은 수준의 추상성이란 내용만이 더 높은 수준의 지능에 관해 내가 받은 교육의 전부였다." 아쉽게도, 이 내용은 너무도 뻔한 내용이다.

■ 제1장 영재 제1장 아동과 영재 성인의 특성

1. 웩슬러 아동용 지능검사나 스탠퍼드-비네 검사 제4판과 같은 현재의 지능검사는 IQ 점수의 상위 수준을 압축시켰고, 그로 인해 얻을 수 있는 IQ 점수의 상위 수준 범위를 상당히 축소시켰다. 스탠퍼드-비네 L-M판과 같은 초기 지능검사의 경우에는 약 200점 이상의 IQ 점수 획득이 가능하였고, IQ 140 이상의 점수도 꽤 자주 나왔다. 지금은 현대 지능검사에서 '외측' 점수를 정상분포곡선 분포 속에다 통계적으로 강제로 넣었기 때문에 예전의 IQ 점수에서 160 이상으로 나타냈던 정신 행동과 동일한 수준이라고 하더라도 IQ 140 이상은 매우 드물게 나온다. 이러한 점 때문에, 일부 전문가들은 개인의 지적 능력이 전체 규준과 비교했을 때 어떻게 다른지를 나타내 주는 더 세련되고 정확한 표상을 얻기 위해 예전 판의 검사를 계속 사용하기도 한다.
2. 인구발생학에서, 동류교배(assortative mating)란 유전적으로 관계가 있거나 비슷한 특성을 지닌 사람들 중에서 선택해서 배우자를 얻는 것을 의미한다. 충분하고도 일관성 있게 진행한다면, 동류교배는 지리적 격리 없이도 이론적으로는 새로운 종의 진화를 이끌어 낼 수 있다.

3. 다브로프스키(Dabrowski)의 이론과 더불어 '긍정적 분열' 개념과 같은 관련 내용에 대한 좀 더 자세한 설명을 보기 위해서는 SENG 웹사이트에 있는 샤론 린드(Sharon Lind)의 논문인 「과흥분성과 영재」 및 다브로프스키와 피에코프스키의 『정서발달 수준 이론』(1권과 2권)을 참조해서 보라(www.sengifted.org/articles_social/Lind_OverexcitabilityAndtheGifted; Dabrowski, K., & Piechowski, M. M. (1977). *Theory of levels of emotional development* (Vols. 1 & 2). Oceanside, NY: Dabor Science).

4. 커와 콘(Kerr & Cohn, 2001)은 영재 남성들 중 약 1/3 정도는 안정적으로 장기간의 결혼생활을 유지했으며, 주로 고등학교나 대학교 때의 연인과 일찍 결혼했음을 발견하였다. 나머지 사람들은 일련의 관계를 연속해서 지속해 오거나 여러 번 결혼한 경력을 갖고 있다. 여성들은 다른 패턴을 보였는데, 자신의 지적 능력의 실현과 관계의 균형을 이루려고 애를 썼다. 커(Kerr, 1977)는 전통적인 양상에 헌신하는 패턴, 여성을 변화시키는 패턴, 전문성을 지속하는 패턴 그리고 압도된 여성성 패턴과 같은 네 가지의 패턴이 나타남을 밝혔다.

5. 제6장 학습장애에서 좀 더 자세히 다루지만, 고도 영재 아동의 경우에 웩슬러 아동용 지능검사에서 언어성과 동작성 IQ 점수에서 20점, 30점, 또는 심하면 40점까지도 차이를 보이는 것이 드문 일은 아니다. 웩슬러 검사에서 소검사 표준점수는 5~7점(또는 그 이상)의 점수 차이를 보인다.

6. 저자 중 한 사람의 동료가 몇 년 전에 빌 게이츠가 아내와 함께 식당에서 저녁식사를 하고 있는 모습을 본 적이 있다. 그들이 앉은 식당 테이블 위에는 세 권의 책이 펼쳐져 있었고, 그들은 각자 자신의 관심 분야에 따라 한 권씩 책을 읽어 나갔으며, 즐거워하고 있었다. 그들은 완전히 이상한 사람으로 비춰지는 것을 전혀 꺼려하지 않았다.

7. DSM-IV-TR은 일종의 헌법과 같아서, 지침을 제공하는 것이 다소 애매할 수 있다. 모든 가능한 시나리오를 예견할 수는 없지만, 철저히 조사된 근거와 방향을 제공해 준다.

■ 제2장 ADHD

1. DSM-IV-TR에서의 "교실에서의 산만성은 고도의 지능을 지닌 아동들이 학업적으로 자극이 부족한 환경에 놓여 있을 때에도 또한 발생할 수 있다."(APA, 2000: 91)라는 내용이 강조를 증명하고 있다.

2. 만일 행동이 직접적으로 다른 사람을 해하지 않거나 침범하지 않는다면, 그것은 문제가 안 된다. 이 점을 ADD, 학습장애 또는 그 외의 다른 신경학적인 곤란과 연관된 행동과 변별해야 할 필요가 있다. 기능적으로 혼란된 사고자와 사고에서 병리적으로 혼란된 사람 그리고 다양한 수준의 조직적 사고자로서의 영재 아동을 마음속으로 그려 보는 것이 도움이 될 것이다. 병리적으로 혼란된 사고 아동은 자기 환경을 논리적으로 조직화시킬 능력이 없다. 그들의 방은 숙제, 양말, 점심 값, 새로 산 웃옷, 교사가 준 쪽지, 과제노트 등으로 헤아릴 수 없이 꽉 차 있다. 그들은 시간의 궤도를 잃어버리고, 삶은 벼랑 끝을 따라 기울어져 있는 것 같고, 가끔은 운 좋게 또는 다른 사람의 개입으로 구원을 얻기도 한다. 그들은 스스로 정리정돈을 할 능력이 아직은 없으며, 자신이 속한 환경에 일종의 부목을 대야 행동이 가능한 아이들이다. 그들은 일정표, 체크지, 부과된 마감일, 개인 지도, 숙제 점검, ADD 코치 등과 같이 자신의 생활을 안정시킬 외적인 도구가 필요하다. 기능적으로는 혼란되었으나 병리적이지는 않은 아이들은 실행 가능한 내적 구조를 갖고 있다. 이 아이들은 자기 또래의 보통 아이들 이상으로 인위적인 정리 수첩이나 지지자를 그다지 필요로 하지 않는다.

3. 산만성 척도는 WISC-IV에서는 작동기억이라는 이름의 지표로 되어 있으며, 실제 나타내는 바를 더 잘 설명해 주고 있다. 이 지표는 산만성을 판별하는 능력보다는 단기 기억력과 빠른 정신적 문제해결력을 측정한다. 또한 숫자 따라하기 소검사(특히 바로 따라하기와 거꾸로 따라하기 간의 차이)를 보는 것으로 시작하는 것이 도움이 될 수 있다. 거꾸로 따라하기는 ADD와 같은 경미한 신경학적인 약점을 밝혀내는 데에 매우 민감하지만, 특별히 더 구체적이지는 않다. 만일 가장 긴 거꾸로 따라하기의 숫자 폭이 바로 따라하기의 숫자 폭보다 2개 숫자 이상 작다면, 이것은 유의미한 결과로서, 결핍의 가능성을 나타내는 것으로 볼 수 있다. 심리학자는 또한 소검사 내와 소검사 간의 일정치 않은 수행을 살펴보아야 한다. 가끔 부주의성은 비일관적인 수행에서 나타나기도 한다. 우수한 아동은 산발적으로 실수를 하는데, 어려운 문제는 오히려 정확하게 답하는 모습을 자주 보인다. 그들의 오류는 부주의해서 나오는 것이며, 산수 소검사가 그러한 비일관성을 발견해 내는 주요 영역인 경향이 있다. 심리학자는 소근육 활동의 느림이 부정확하게 부주의함으로 나타나는 것은 아닌지를 확인하기 위해 기호쓰기와 동형찾기 소검사 간의 차이를 보아야 한다. 글씨 쓰기가 힘든 아이들은 과제 수행이 꽤 창의적(그리고 파괴적)일 수 있다. 지연, 숙제를 '잃어버림', 그리고 과제를 '잊어버림'은 ADD/ADHD와 매우 흡사하다. 기호쓰기 점수가 동형찾기 점수보다 유의미하게 낮다면, 소근육 어려움의 경향성이 있는 것이다. 또한 ADD/ADHD보다는 이 점이 문제를 더 잘 설명해 줄 것이

며, 좀 더 적절한 개입으로 이끌게 된다.

어휘는 어떤 신경학적인 손상에서도 가장 잘 유지되는 소검사로서, 전체 IQ와 상관이 가장 높다. 많은 '편차'와 주의력 장애나 학습장애의 가능성을 가진 아이들 중에서, 그들의 수행이 결핍에 의한 손상 없이 이루어진 수행을 보기 위해서는 어휘 점수를 보는 것이 특히 도움이 될 수 있다. 토막짜기도 신경학적인 영향에서 가장 적게 손상되어 잘 유지되는 소검사로서 두 번째로 선택 가능한 소검사다.

주의력 문제를 판별하는 데 유용한 특별한 검사가 있다. 여기에는 어려움의 미묘한 차이를 이해하는 것을 포함해서, 매일 생활을 어떻게 해 나가는지, 어떻게 해결하고 있는지를 포함하고 있다. 신경심리학자들은 총체적인 접근을 취하고 집중력을 유형으로 나누는 경향이 있으며, 다음과 같이 질문한다. ① 전반적으로 주의를 기울일 수 있나? ② 시간을 두고 주의를 지속시킬 수 있나? ③ 산만한 요인들을 배제시킬 수 있나? ④ 과제 간에 이동(다중처리)이 가능한가? ⑤ 올바른 정보에 주의를 기울이기 위한 판단력을 가지고 있나?

이런 점을 볼 수 있는 특정한 검사들은 다음 표에 제시되어 있다. 이 검사들은 구체적인 평가를 시행하지 않는 한, 상담자나 심리학자들이 보편적으로 사용하는 검사들은 아니다. 대부분의 신경심리학자는 이 검사들을 정규적으로 사용한다. 이 검사들 중 일부는 범주 한 개 이상을 측정한다.

자주 사용되는 신경심리 검사

단순 주의력	Trails A, Digit Cancellation, Auditory Consonant Trigrams, Ruff 2 and 7 Selective Attention Tests, NEPSY
주의력 지속	Conners' Continuous Performance Test(CPT-II), Gordon Diagnostic System, Test of Variables of Attention(TOVA), NEPSY
산만성 배제	Stroop Color Word Test, Paced Auditory Serial Attention Test(PASAT), NEPSY
다중처리	Trails B, Paced Auditory Serial Attention Test(PASAT), NEPSY
판단력	Controlled Oral Word Association Test(COWA), Booklet Category Test, Wisconsin Card Sort Test, Behavior Rating Inventory of Executive Function(BRIEF), RAMPARTS, Tower of London, Ruff Figural Fluency Test, NEPSY

4. 꾸며낸 반응은 감정으로 가득 차 있으며, 생생하고 드라마틱하게 그리고 매우 개인적인 용어로 기술되어 있다.

5. 어느 한 병원에서, 관계자는 '긍정적인 위험한 검사(the positive tushy test)' 라는 신조용어를 만들어 냈다. 만일 그들이 약속 시간에서 처음 15분 동안 아이들의 '한쪽 면만' 을 볼 수 있다면, 아이들은 ADD/ADHD일 가능성이 높다. 그들은 소파 뒤쪽에 아무렇게나 몸을 기대고, 탁자 위로 기어 올라가고, 책상 서랍을 열고, 의자 아래와 주변을 기어 다니고, 소파와 쿠션 사이로 물건을 떨어뜨리고, '이미 다 끝낸' 사람처럼 질문하고, 사무실 주변을 기어다니는 동안 사무실 관계자에게 정기적으로 그들의 뒷모습을 잘 보여 준다. 두 번의 사무실 방문은 일차적으로 도움이 된다. 왜냐하면 부모와의 라포를 잘 형성할 수 있게 해 줄 뿐만 아니라 '긍정적인 위험한 검사' 를 위해 아이를 관찰할 수 있는 한 번 이상의 기회를 제공해 주기 때문이다. 만일 아이가 두 번의 약속 시간 모두 잘 행동하도록 관리한다면, 진단 기준 지침에 부합하는 ADD/ADHD 행동의 믿을 만한 발달 보고가 있지 않는 한 ADD/ADHD의 가능성은 줄어든다. 물론, ADD/ADHD의 공식적인 진단을 내리기 위해서는 언제나 철서하고 체계적인 평가가 필요하다.

6. 사실상, 모든 사람은 그러한 약물이 어느 정도 이로움을 준다는 것을 알게 될 것이다. 이로움의 정도는 ADD/ADHD 아이들 개인마다 꽤 다르다. 의사나 부모가 진단 도구로서 약물을 처방하길 원한다면, 체계적으로 시도해서 분별력을 갖도록 해야 한다. 리탈린과 덱세드린은 주로 45분 이내에 치료 효과가 나타나기 때문에, 약물이 없는 상태에서 검사하고 1시간이 지난 후에는 약물을 제공하고 재검사를 하는 것이 도움이 될 수 있다. 개선의 정도가 유의미한지를 보기 위해서 교체형 검사를 실시하거나 재검을 할 수 있는 주의력 검사를 실시할 수 있다.

■ 제3장 분노 진단

1. 영재 아동에게 가장 좋은 학교는 다양한 연령대의 아동들로 집단을 형성하고 교과과정을 융통적으로 운영하는 학교다. 예를 들어, 성취 수준이 같다면 2학년 학생과 5학년 학생이 함께 공부하도록 하는 것이다. 그런 학교는 모든 학생에게 학습을 개별화하는 것이다. 안타깝게도, 대부분의 학교는 엄격하게 같은 나이대의 집단을 고집하고 있으며, 그러한 집단에서 우수한 학생들은 기다려야만 한다. 영재 아동을 위한 교육 선택에 관한 메타분석 연구에 근거를 두고 있는 *Re-Forming Gifted Education: How Parents and Teachers Can Match the Program to the Child*

란 책에서 카렌 로저스(Karen Rogers, 2002)는 학교가 사용할 수 있는 다양한 접근을 기술하고 있다.

■ 제4장 사고와 불안장애

1. 그가 기술한 것은 1943년 레오 캐너(Leo Kanner)가 자폐 행동을 기술한 것과 매우 유사하였다. 오늘날 연구자와 임상가들은 한 번도 만난 적이 없는 그 두 사람의 업적 간의 비교에 계속 전념하고 있다(Klin et al., 2000).

2. 아스퍼거 증후군은 운율체계의 무능력으로 힘들어한다. 즉, 그들은 목소리의 톤이나 강세 또는 억양 변화에 의해 의사소통되는 내용을 잘 이해하지 못한다. 또한 그들은 대인관계 상황에서 얼굴 표정이나 몸짓 또는 자세가 주는 단서의 미묘한 차이를 이해하는 것을 어려워한다.

3. 강박 관념과 행동처럼 보이는 그들의 행동은 일반적으로 OCD나 OCPD가 경험하는 것과는 다르다. 왜냐하면, 아스퍼거 장애의 경우 그 행동을 직접 하지 않는다면, 그들에게는 고통스럽지 않기 때문이다.

4. 가네트와 아트우드(Garnett & Attwood, 1997)는 아스퍼거 장애 행동을 측정하려는 시도로 '오스트레일리아 아스퍼거 증후군 척도(Australian Scale for Asperger's Syndrome)'를 사용하였다. 이 검사 도구는 부모나 교사가 24개의 행동 차원을 '거의 드물게'에서부터 '자주'까지 체크하도록 한 척도다. 이와 유사하게 길리엄(Gilliam, 2001)에 의해 개발되고 PRO-ED에서 출판한 '길리엄 아스퍼거 장애 척도(Gilliam Asperger's Disorder Scale)'가 있으며, 스코플러, 라흘러와 레너(Schopler, Reichler & Renner, 1998)가 개발하고 미국 가이던스 서비스에서 출판한 '아동기 자폐증 척도(Childhood Autism Rating Scale)'가 있다.

5. 2001년 9월 11일의 사건에서 그 예를 볼 수 있다. 이 사건은 여러 사람에게 여러 면으로 영향을 주었다. 전형적인 아스퍼거 아동은 그 날 발생한 일이 많은 사람에게 어떻게 개인적으로 함축적인 영향을 주었는지를 이해하기 어려웠다. 그들은 사건으로 인해 놀랐지만, 희생자나 그 가족들에게 거의 공감이나 염려를 보여 주지 못했다. 반대로 많은 영재 아동은 그들의 다른 사람들에 대한 공감과 깊은 관심 때문에 이러한 비극에 깊이 영향을 받았다. 그들은 사건을 이해했고, 사건의 전모를 탐구했으며, 이러한 사건이 그들 자신과 미국에 있는 사람들뿐만 아니라 전 세계 사람들에게 무엇을 의미하는지를 깊이 생각하였다. 아스퍼거 장애를 지닌 영재 아동들은 인지적으로는 이해했지만 감정적인 체계는 확립하지 못한 아이들로서, 어떤 상황

에서는 그들의 반응이 어려움을 일으킨다는 것을 알아냈다. 9월 12일, 한 사람이 깊이 생각하며 소리쳤다. "테러리스트가 무슨 짓을 했는지 이해해요. 그러나 만일 빌딩을 붕괴시킬 승산을 높이려고 한다면, 그들은 더 급한 경사 각도에서 비행기를 날려 건물의 낮은 쪽을 부딪혀야만 합니다. 이게 더 나은 전략이니까요." 이 말은 타당하고 논리적인 주장이다. 그러나 붕괴로 인해 고통받는 많은 사람을 정서적으로 전혀 이해하지 못하고 하는 말이다. 이와 같이 다른 사람과의 정서적인 유대감의 부족이 바로 아스퍼거 장애아의 특징이다.

6. 관계 사고는 다른 사람의 행동이나 말이 자기 자신을 비난하는 것으로 여기는 강박적인 경향성을 의미한다.

제5장 기분장애

1. 어린 아동에게 성인의 기준을 적용하는 것은 일반적으로 부적절하다. 왜냐하면 아동들은 '작은 성인'이 아니기 때문이다. 예를 들어, 벽장 속에 귀신이 산다는 믿음과 곰인형과의 비밀스러운 생활은 성인의 경우에는 분열형이 가장 잘 들어맞는다. 성인의 성격검사나 IQ 검사 기준, 또는 다른 전형적인 성인 행동의 기대를 해석하려고 상상해 보자. 성인들은 거의 손가락을 이용해서 숫자를 세지 않는다. 아이들은 수표책과 요리책에는 별 관심이 없지만, 운율에 맞춘 단어가 있는 그림책을 읽는 것은 더 좋아한다. 아직은 단어에서 복수형을 나타내기 위해 무조건 '~들(영어에서는 s)'을 붙이는 경향이 있으며, 농담을 잘 하지 못하는 경향이 있다(완곡한 표현: circumlocation). 그들의 분명하고 심각한 운동 손상을 잊어버리지 마라. (어른들이 신발을 신는 것이나 옷을 입는 것을 도와주어야 하나?) 심지어 정상 아동들도 잘 듣지 못하고 부산하게 움직인다. 그러나 경영인 회의에서 다리를 흔들거나 의자를 빙빙 돌리는 어른들은 거의 없다. 그런데 왜 우리들은 양극성 장애(성인 행동기대에 규준을 맞춘)와 같은, 특히 입원과 평생 약물 복용(가장 효과적인 약물이라도 꽤 낮은 용량에서는 독성이 있는)을 해야 하는 진단이나 장애와 같은 성인 정신장애를 구분하는 데에 대범할까?
2. DSM-IV-TR에 의하면, 일반 인구의 약 1%에서 양극성 제1장애를 갖고 있다고 한다.
3. DSM-IV-TR에 의하면, 일반 인구의 약 0.5%에서 양극성 제2장애를 갖고 있다고 한다.
4. 경조증은 '만개한' 조증 발생보다는 약간 덜한 행동 일화를 기술하는 데에 사용된다. 그럼에도 불구하고, 경조증 기간은 사람이 비정상적으로 그리고 지속적으로 고양되고 과대망상적이거나, 들뜬 기분으로 있는 기간이 적어도 4일간 지속된다. 이

때 다음 중에서 세 가지 이상의 증상이 함께 나타난다. 과장된 자부심, 감소된 수면의 필요성, 말하려는 압박감, 사고의 비약, 산만성, 증가된 신체적 에너지나 초조감, 또는 즐겁지만 결과적으로는 자신에게 해로울 수 있는 활동에 과하게 참여함.

5. 전기를 사용하지 않고, 평화주의 실천을 강조하며, 말과 이륜마차를 교통수단으로 사용하는 아미시(Amish) 집단에 대한 연구에서 우울증이 일반 집단의 1%보다 더 적음을 발견하였다(Egeland & Hostetter, 1983).
6. 영재 아동의 실존적 우울증은 어느 정도는 중년 성인의 위기와 유사하다. 즉, 성인들은 의미를 추구하며 의문을 가진다. "인생이 다 이런 것인가? 나는 이런 방식의 인생을 기대하지 않았는데."
7. 가끔 이런 사람들은 몇 년의 기간 동안 이 원인에서 저 원인으로 건너뛴다.

■ 제6장 학습장애

1. 공법 제94~142조는 학습장애를 위한 서비스를 받을 아동을 결정하는 미국 연방령으로 다음의 두 가지로 학습장애를 결정한다. ① 만일 아동이 전체 IQ 검사에서 얻은 표준 점수보다 성취검사에서 1.5 표준편차 이하로 기능하거나, ② 자신의 학년보다 약 2개 학년 이하로 기능한다. 이것은 일반적으로 '격차 모델'을 의미한다. 이 나라에서 학습장애를 위한 서비스를 받을 유자격자 아동들은 대부분 지적으로 영재이건 아니건 간에 3학년이나 그 이후까지도 판별받지 않는 것은 놀랄 만한 일이 아니다. 그것은 아동이 1학년이나 2학년인 경우에는 2개 학년 아래의 점수를 받을 수 없기 때문이며, 3학년 이전에는 IQ나 성취검사를 거의 받지 않기 때문이다.
2. 운율결손은 목소리나 음악의 형태, 예를 들어 리듬이나 억양의 미묘한 측면을 이해하는 능력이 없음을 의미한다. 일부 전문가들은 미묘한 얼굴 단서나 언어의 다른 비언어적 측면을 읽지 못하는 무능력을 기술하는 데에도 이 용어를 사용한다.
3. 감각통합의 문제를 좀 더 철저하게 논의한 것을 보기 위해서는 이 책을 보라.
   Kranowitz, C. S. (1998). *The out-of-syn child: Recognizing and coping with sensory integration dysfunction*. New York: Skylight Press.
4. 뇌의 특정 영역은 원래 그대로의 시각 정보를 의미 있는 것으로 전환하는 책임을 맡고 있다. 눈은 검은색, 흰색, 색깔, 움직임 등의 세상의 요소들에 반응한다. 정보는 뇌가 전환할 때까지는 단편적인 조각일 뿐 표현하려는 의미를 지니고 있지 못하다. 이것은 마치 컴퓨터에 0과 1이라는 정보를 연속해서 입력시킨 것과 유사하다. 은유

를 좀 더 하자면, 감각-지각 문제를 지닌 아동들은 눈이나 귀, 또는 촉각을 통해 원래 이진수로 전달된 정보를 전환하는 데에 어려움을 지닌 아이들이다. 그들은 일부만 완전하기 때문에 불가피하게 좌절하게 된다.

■ 제7장 수면장애

1. 만일 수면보행자를 깨우지 않고 다시 침대로 조용히 데려다 준다면, 그 사람은 기억하지 못할 것이다. 수면보행자를 깨우는 것은 해가 되지는 않지만, 어렵고 불필요할 수도 있다. 그러나 만일 보행자가 낙상을 한다거나 수면 중 인식하지 못하는 어떤 다른 위험요소로부터 보호받지 못한다면, 수면보행자는 위험에 처할 수 있다.
2. 전형적으로 야뇨는 뇌하수체 호르몬의 성숙 지연과 관련이 있어서, 그 결과 정상적으로 신장에 신호를 보내는 호르몬의 분비가 잘 되지 않아서 소변의 배출이 늦어진다.
3. 영재 소년의 경우에, 야뇨는 창의성과도 관련이 있을 수 있으므로, 심지어 수면 중에 화장실에 가는 상상을 할 수도 있다.

■ 제8장 알레르기, 천식 및 반응성 저혈당증

1. 대장염은 대장에 염증이 생기는 것이며, 근무력증은 눈꺼풀이나 얼굴, 혀 또는 목의 다른 부분의 근육이 약한 것이 특징인 병이다.

■ 제9장 영재의 관계성 문제

1. V-코드 진단을 받는 사람은 다른 진단을 받으면 보험료 보장을 받을 수 있음에도 불구하고, 치료비를 보장받지 못하는 경우를 가끔 발견한다. 보험회사는 일반적으로 V-코드 문제를 병으로 진단하지 않고 대부분의 사람이 어느 정도는 생활에서 겪는 문제라고 보는 입장을 취하고 있다.

■ 제11장 영재 아동과 영재 성인을 위한 건강관리 전문가와 상담가 선정하기

1. 만 6세 이전에 약물을 복용하면 아이들의 신경전달체계는 인생에서 다시 초기 상태

로 될 수 있다고 말하는 연구자들이 있다. 신뢰할 만한 정신과 의사는 이 점을 약물의 이점으로 보기도 한다. 우리는 '인생'을 매우 긴 시간으로 다소 신중하게 고려하며, 지금 이 순간에는 우리가 가진 지식이 조금은 지나치게 실험적이라고 느낀다. 제안한 약물이 아동을 대상으로 연구되었는지, 그리고 발견한 점은 무엇인지를 물어보라. 스스로 『의사처방참고집(Physician' s Desk Reference)』(미국의 내과 의사들이 약을 처방할 때 참고하는 약전으로, PDR이라고도 한다–역자 주)을 점검하라.

많은 아동들이 성인을 대상으로만 연구되었던 정신과 약물에 노출되어 있다. 따라서 이런 점으로 인해 당신과 당신의 의사가 이러한 약물에 특히 주의를 기울여야 한다. 가끔 선 진단이 잘못된 약물을 선택하게 하는 경향을 보인다. 아이가 항정신병약이나 리티움 또는 다른 '중한' 약을 처방받으면, 건강상 주의를 기울이기 위해서라도 제2의 소견을 얻을 것을 고려하라.

'가장 중한' 약은 아동들을 대상으로 거의 연구되지 않고 있다. 왜냐하면 제약회사가 연구를 시행하는 과정에서 법적인 소송을 당할 위험이 있기 때문이다. 제약회사는 이러한 시도를 건너뛰고 대신에 위험을 떠안고 간다. 부모와 아이들 그리고 의사들은 '인가도 받지 않은 약품'을 위해 또는 연구되지 않은 대상을 위해 약물을 사용하는 도박을 하고 있는 것이다. 부모와 의사는 모두 특히 이런 점에 주의를 기울여야 한다.

참고자료

관련기관

- 영재의 정서적 욕구 지지 모임
  (Supporting Emotional Needs of Gifted: SENG)
- 데이비슨 재능발달 연구소
  (Davidson Institute for Talent Development: DITD)
- 국립영재아동학회
  (National Association for Gifted Children: NAGC)
- 지방 및 주 영재학회(주 교육부나 지방 학교체계를 통해 조사할 것)

웹사이트

- **www.sengifted.org** SENG는 영재 청소년의 정서 발달을 촉진하기 위해 조직된 비영리단체다. 여기에서는 정서 및 사회성 발달에 관한 논문과 함께 인증받은 프로그램, 간부 훈련의 기회, 그 밖의 서비스에 관한 정보를 제공한다. 또한 상담과 건강관리 및 교육 전문가뿐만 아니라 부모를 위해 매년 열리는 SENG 학회에 관한 정보도 제공한다.
- **www.ditd.org** DITD는 고도 및 최고도 영재 아동의 부모와 교육자를 위한 정보를 제공한다. 또한 국가 전반에 걸쳐 영재 아동을 위한 주 교육부 정보를 제공한다. 기관에서 제공되는 서비스, 자원 및 매우 뛰어난 어린 아동에 관한 정보들을 얻을 수 있다.
- **www.nagc.org** NAGC는 관련 잡지를 발행하고, 일반 정보를 제공한다. 뿐만 아니라 법과 관련한 최신 정보와 NAGC의 분과와 링크가 되어 있어 자료, 최근 동향, 사회 · 정서적 필요성에 관한 정보를 제공한다.

- **www.hoagiesgifted.org** 영재 아동에 관한 가장 포괄적인 웹 자료는 Hoagies의 영재교육 페이지에서 찾을 수 있다. 정보, 영상, 이야기, 전문 자료, 다른 부모와의 연결, 추천도서 등 그 외에 많은 자료가 수록되어 있다.
- **www.TAGFAM.org** TAG(Talented and Gifted) 가족들은 재능 · 영재 아동 및 가족을 위한 온라인상의 지지 공동체로서 도움을 주고 있다. 이 사이트는 도서 목록, 우편 목록, 영재 · 재능 아동 및 그들의 욕구에 관한 정보를 제공한다.
- **www.roeperreview.org** *The Roeper Review*는 영재교육 잡지로, 이 분야에서의 가장 최근의 연구 자료로 인정받고 있다. 웹사이트를 방문하면 잡지의 논문 초록과 지난 논문들을 검색할 수 있으며, 잡지 구독을 신청할 수 있다.

추천도서

Adderholdt, M., & Goldberg, J. (1999). *Perfectionism-What's bad about being too good?* (rev. ed.). Minneapolis, MN: Free Spirit.

Attwood, T. (1998). *Asperger's Syndrome: A guide for parents and professionals.* London: Jessica Kingsley.

Betts, G., & Kercher, J. (2000). *Autonomous learner model* (rev. ed.). Greeley, CO: Alps Publishing.

Castellano, J. A., & Diaz, E. I. (2002). *Reaching new horizons: Gifted and talented education for culturally and linguistically diverse students.* Boston: Allyn & Bacon.

Clark, B. (2001). Growing up gifted: *Developing the potential of children at home and at school* (6th ed.). New York: Prentice Hall.

Cohen, C. (2000). *Raise your child's social IQ: Stepping stones to people skills for kids.* Silverspring, MD: Advantage Books.

Cohen, L. M., & Frydenberg, E. (1996). *Coping for capable kids: Strategies for parents, teachers and students.* Waco, TX: Prufrock Press.

Colangelo, N., & Davis, G. (Eds.). (2003). *Handbook of gifted education* (3rd ed.). New York: Allyn & Bacon.

Cross, T. (Ed.). *On the social and emotional lives of gifted children: Issues and factors in their psychological development* (2nd ed.). Waco, TX: Prufrock Press.

Delisle, J. (1992). *Guiding the social and emotional development of gifted youth: A practical guide for educators and counselors.* New

York: Longman.

Delisle, J., & Galbraith, J. (2002). *When gifted kids don't have all the answers: How to meet their social and emotional needs.* Minneapolis, MN: Free Spirit.

Esquivel, G. B., & Houtz, J. C. (Eds.). (2000). *Creativity and giftedness in culturally diverse students.* Cresskill, NJ: Hampton.

Ford, D. Y. (1995). *Counseling gifted African American students: Promoting achievement, identity, and social and emotional well-being.* Storrs, CT: National Research Center on the Gifted and Talented. ED388015.

Ford, D. Y., & Harris, J. J. (1999). *Multicultural gifted education.* New York: Teachers College Press.

Galbraith, J. (1999). *Gifted kids' survival guide.* Minneapolis, MN: Free Spirit.

Goertzel, V., Goertzel, M. G., Goertzel, T. G., & Hansen, A. M. W. (2004). *Cradles of eminence: Childhoods of more than four hundred famous men and women* (2nd ed.). Scottsdale, AZ: Great Potential Press.

Greenspon, T. (2002). *freeing our families from perfectionism.* Minneapoles, MN: Free Spirit.

Halsted, J. W. (2001). *Some of my best friends are books: Guiding gifted readers from preschool to high school* (2nd ed.). Scottsdale, AZ: Great Potential Press.

Hipp, E. (1999). *Fighting invisible tigers: A stress management guide for teens* (rev. ed.). Minneapoles, MN: Free Spirit.

Isaacson, K. L. J. (2002). *Raisin' brains: Surviving my smart family.* Scottsdale, AZ: Great Potential Press.

Jacobson, M. E. (1999). *The gifted adult: A revolutionary guide liberating everyday genius.* New York: Ballantine Books.

Kaufmann, F., Kalbfleisch, M. L., & Castellanos, F. X. (2000). *Attention-Deficit Disorders and gifted students: What do we really know?* Storrs, CT: The National Research Center on the Gifted and Talented.

Kay, K. (2000). *Uniquely gifted: Identifying and meeting the needs of the twice-exceptional student.* Gilsum, NH: Avocus.

Kerr, B. (1992). *A handbook for counseling the gifted and talented.* Arlington, VA: AACD.

Kerr, B. (1997). *Smart girls, revised edition: A new psychology of girls, women and giftedness.* Scottsdale, AZ: Great Potential Press.

Kerr, B., & Cohn, S. (2001). *Smart boys, Talent, manhood & the search for meaning.* Scottsdale, AZ: Great Potential Press.

Kurcinka, M. S. (1992). *Raising your spirited child.* New York: Harper Collins Perennial.

Lovecky, D. V. (2004). *Different minds: Gifted children with AD/HD, Asperger Syndrome, and other learning deficits.* New York: Jessica Kingsley.

Neihart, M., Reis, S. M., Robinson, N. M., & Moon, S. M. (Eds.). (2002). *The social and emotional development of gifted children: What do we know?* Waco, TX: Prufrock Press.

Nelson, R. E., & Galas, J. (1994). *The power to prevent suicide: A guide for teens helping teens.* Minneapoles, MN: Free Spirit.

Olenchak, F. R. (1998). *They say my kid's gifted: now what? Ideas for parents for understanding and working with schools.* Waco, TX: Prufrock Press.

Peterson, J. S. (1995). *Talk with teens about feelings, family, relationships, and the future: 50 guided discussions for school and counseling groups.* Minneapoles, MN: Free Spirit.

Piirto, J. (2004). *Understanding creativity*. Scottsdale, AZ: Great Potential Press.

Rivero, L. (2002). *Creative home schooling for gifted children: A resource guide*. Scottsdale, AZ: Great Potential Press.

Roeper, A. (1995). *Annemarie Roeper-selected writings and speeches*. Minneapoles, MN: Free Spirit.

Rogers, K. B. (2001). *Re-forming gifted education: How parents and teachers can match the program to the child*. Scottsdale, AZ: Great Potential Press.

Silverman, L. K. (Ed.). (1993). *Counseling the gifted and talented*. Denver, CO: Love Publishing.

Streznewski, M. K. (1999). *Gifted grownups: The mixed blessings of extraordinary potential*. New York: John Wiley & Sons.

Strip, C. A., & Hirsch, G. (2001). *Helping gifted children soar: A practical guide for parents and teachers*. Scottsdale, AZ: Great Potential Press.

Strip, C. A., & Hirsch, G. (2001). *Ayudando a los niñs dotadas a volar: Una guía práica para padres y maestros*. Scottsdale, AZ: Great Potential Press.

VanTassel-Baska, J. (Ed.). (1983). *A practical guide to counseling the gifted in a school setting*. Reston, VA: The Council for Exceptional Children.

Walker, S. (2000). *The survival guide for parents of gifted kids; How to understand, live with, and stick up for your gifted child* (rev. ed.). Minneapoles, MN: Free Spirit.

Webb, J. T., Meckstroth, E. A., & Tolan, S. S. (1982). *Guiding the gifted child: A practical source for parents and teachers*. Scottsdale, AZ: Great Potential Press.

참고문헌

Achenbach, T. M. (2001). *Child behavior checklist.* Burlington, VT: ASEBA.

Albert, R. S. (1971). Cognitive development and parental loss among the gifted, the exceptionally gifted and the creative. *Psychological Reports, 29*, 19-26.

Allen, S. (2001). *Vulgarians at the gate: Trash TV and raunch radio: Raising standards of popular culture.* New York: Prometheus.

Altman, R. (1983). Social-emotional development of gifted children and adolescents: A research model. *Roeper Review, 6*, 65-68.

Amabile, T. M. (1983). *The social psychology of creativity.* New York: Springer-Verlag.

Amend, E. R. (2003). *Misdiagnosis of Asperger's Disorder in gifted youth: An addendum to Mis-diagnoses and dual diagnoses of gifted children by James Webb.* Retrieved from www.sengifted.org/articles_counseling/Amend_MisdiagnasisOfAspergers Disorder.pdf

American Academy of Pediatrics. (1999). *Caring for your school age child 5-12.* New York: Bantam.

American Psychiatric Association. (2000). *Diagnostic and statistical manual of mental disorders* (4th ed., text revision). Washington, DC: Author.

Asperger, H. (1944). Die "Autistischen Psychopathen" im kindesalter. *Achiv für psychiatrie und Nervenkrankheiten, 117*, 76-136.

Ballering, L. D., & Koch, A. (1984). Family relations when a child is gifted. *Gifted Child Quarterly, 28*, 140-143.

Barkley, R. A. (1990). *Attention-Deficit/Hyperactivity Disorder: A handbook for diagnosis and treatment.* New York: Guilford Press.

Barkley, R. A. (1997). *ADHD and the nature of self-control.* New York: Guilford Press.

Barthes, R. (1975). *The pleasure of the text.* New York: Hill & Wang.

Baum, S. M., & Olenchak, F. R. (2002). The alphabet children: GT, ADD/ADHD, and more. *Exceptionality, 10*(2), 77-91.

Baum, S. M., Olenchak, F. R., & Owen, S. V. (1998). Gifted students with attention deficits: Fact and/or fiction? Or, can we see the forest for the trees? *Gifted Child Quarterly, 42*, 96-104.

Beck, A. T. (1967). *Depression: Clinical, experimental, and theoretical aspects.* New York: Hoeber.

Begin, J., & Gagne, F. (1994). Predictors of general attitude toward gifted education. *Journal for the Education of the Gifted, 18*(1), 74-86.

Benbow, C. (1986). Physiological correlates of extreme intellectual precocity. *Neuropsychologia, 24*, 719-725.

Blaivas, A. J. (2004). *Medical encyclopedia: Natural short sleeper.* Retrieved from www.nlm.nih.gov/medineplus/print/ency/article/000804.htm

Blanz, B. J., Detzner, U., Lay, B., Rose, F., & Schmidt, M. H. (1997). The intellectual functioning of adolescents with anorexia nervosa and bulimia nervosa. *European Child and Adolescent Psychiatry, 6*(3), 129-135.

Bloom, B. S. (1985). *Developing talent in young people.* New York: Ballantine.

Borcherding, B., Thompson, K., Kruesi, M. J. P., Bartko, J., Rapoport, J. L., & Weingartner, H. (1988). Automatic and effortful processing in Attention-Deficit/Hyperactivity Disorder. *Journal of Abnormal Child Psychology, 16*, 333-345.

Bouchet, N., & Falk, R. F. (2001). The relationship among giftedness, gender, and overexcitability. *Gifted Child Quarterly, 45*(4), 260-267.

Brazelton, T. B. (1982). Joint regulation of neonate-parent behavior. In E. Z. Tronick (Ed.), *Social interchange in infancy. Affect, cognition, and communication.* Baltimore: University Park Press.

Brink, R. E. (1982). The gifted preschool child. *Pediatric Nursing, 9*, 299-302.

Brody, L. E., & Benbow, C. P. (1986). Social and emotional adjustment of adolescents extremely talented in verbal of mathematical reasoning. *Journal of Youth and Adolescence, 15*, 1-18.

Brody, L. E., & Mills, C. J. (1997). Gifted children with learning disabilities: A review of the literature. *Journal of Learning Disabilities, 30*(3), 282-286.

Brown, M. B. (2000). Diagnosis and treatment of children and adolescents with Attention-Deficit/Hyperactivity Disorder. *Journal of Counseling and Development, 78*, 195-203.

Brown, S. E., & Yakimowski, M. E. (1987). Intelligence scores of gifted students of the WISC-R. *Gifted Child Quarterly, 31*, 130-134.

Burrus, J. D., & Kanzig, L. (1999, Fall). Introversion: The often forgotten factor impacting th gifted. *Virginia Association for the Gifted Newsletter, 21*(1).

Camus, A. (1991). *The myth of Sisyphus, and other essays* (reprint ed.). New York: Vintage.

Carlson, G. A., Jensen, P. S., & Nottelmann, E. D. (Eds.). (1998). Special issue: Current issues in childhood bipolarity. *Journal of Affective Disorders, 51.*

Carroll, S. (1987, Fall). ADD look-alikes: Guidelines for educators. *NASP Communiqué: ADD/ADHD.*

Chervin, R. D., Dillon, J. E., Bassetti, C., Ganoczy, D. A., & Pituch, K. J. (1997). Symptoms of sleep disorders, inattention, and hyperactivity in children. *Sleep, 20*, 1185-1192.

Cillessen, A. H. N. (1992). *Children's problems caused by consistent rejection in early elementary school.* Paper presented at the 99th Annual Convention of the American Psychological Association, Washington, DC, August 16-20, 1992.

Clark, B. (1991). *Growing up gifted.* New York: Macmillan.

Cohn, S. J. (2002). Gifted students who are gay, lesbian, or bisexual. In M. Neihart, S. M. Reis, N. M. Robinson, & S. M. Moon (Eds.), *The social and emotional development of gifted children: What do we know?* (pp. 145-153). Waco, TX: Prufrock Press.

Colangelo, N., & Brower, P. (1987). Labeling gifted youngsters: Long-term impact on families. *Gifted Child Quarterly, 31*, 75-78.

Colangelo, N., & Fleuridas, C. (1986). The abdication of childhood: Special issue: Counseling the gifted and talented. *Journal of Counseling and Development, 64*(9), 561-563.

Coleman, D. (1980). 1528 Little geniuses and how they grew. *Psychology Today, 13*(9), 28-43.

Coleman, L. J., & Cross, T. L. (1988). Is being gifted a social handicap? *Journal for the Education of the Gifted, 11*(4), 41-56.

Conners, C. K. (1997). *Conners Rating Scales-Revised: Technical manual.* North Tonawanda, NY: Multi-Health Systems.

Consumer Reports. (1995, Nov.). Mental health: Does therapy help? *Consumer Reports, 60*, 734-739.

Cox, C. M. (1926). *Genetic studies of genius: The early mental traits of three hundred geniuses* (Vol. II). Stanford, CA: Stanford University Press.

Corkum, P., Tannock, R., & Moldofsky, H. (1998). Sleep disturbances in children with Attention-Deficit/Hyperactivity Disorder. *Journal of the American Academy of Child and Adolescent Psychiatry, 37*, 637-646.

Cramond, B. (1995). *The coincidence of Attention-Deficit/Hyperactivity Disorder and creativity* (RBDM 9508). Storrs, CT: University of Connecticut, The National Research Center on the Gifted and Talented.

Cristopherson, E. R., & Mortweet, S. L. (2001). *Treatments that work with children: Empirically supported strategies for managing childhood problems.* Washington, DC: American Psychological Association.

Cronbach, L. (1970). *Essentials of psychological testing.* New York: Harper & Row.

Cross, T. L. (2004). The rage of gifted students. In T. Cross (Ed.), *On the social and emotional lives of gifted children: Issues and factors in their psychological development* (2nd ed., pp. 109-114). Waco, TX: Prufrock Press.

Cross, T. L., Gust-Brey, K., & Ball, P. B. (2002). A Psychological autopsy of the suicide of an academically gifted student: Researchers' and parents' perspectives. *Gifted Child Quarterly, 46*(4), 247-264.

Csikszentmihalyi, M. (1990). *Flow: The psychology of optimal experience.* New York: Harper & Row.

Csikszentmihalhyi, M. (1996). *Creativity.* New York: HarperCollins.

Dahl, R. E. (1996). The regulation of sleep and arousal: Development and psychopathology. *Development and Psychopathology, 8*, 3-27.

Dauber, S. L., & Benbow, C. P. (1990). Aspects of personality and peer relations of extremely talented adolescents. *Gifted Child Quarterly, 34*(1), 10-14.

Davidson, J., & Davidson, B. (2004). *Genius denied: How to stop wasting our brightest young minds.* New York: Simon & Schuster.

Delisle, J. R. (1986). Death with honors: Suicide among gifted adolescents. *Journal of Counseling and Development, 64*, 558-560.

Diller, L. H. (1998). *Running on Ritalin: A physician reflects on children, society and performance in a pill*. New York: Bantam Books.

Dirkes, M. A. (1983). Anxiety in the gifted: Pluses and minuses. *Roeper Review, 6*, 68-70.

Dodrill, C. B. (1997). Myths of neuropsychology. *The Clinical Neuropsychologist, 11*, 1-17.

Douglas, V. L., & Parry, P. A. (1994). Effects of reward and nonreward on frustration and attention in Attention-Deficit Disorder. *Journal of Abnormal Child Psychology, 22*, 281-302.

Egeland, J. A., & Hostetter, A. M. (1983). Amish study: I. Affective disorders among the Amish, 1976-1980. *American Journal of Psychiatry, 140*(1), 56-61.

Fichten, C. S. (2004). Long sleepers sleep more and shorts sleepers sleep less: A comparison of older adults who sleep well. *Behavioral Sleep Medicine, 2*(1), 2-23.

Findling, R. L., Kowath, R. A., & Post, R. M. (2002). *Pediatric Bipolar Disorder*. New York: Taylor & Francis Group.

Fishkin, A. S., & Kampsnider, J. (1993). *Is the WISC-III a sensitive measure of giftedness?* Paper presented at the World Congress on Gifted and Talented Education, Toronto, Canada, August 10, 1993.

Flick, G. L. (1998). *ADD/ADHD behavior-change resource kit*. New York: Simon & Schuster.

Fox, L. H. (1976). Identification and program planning: Models and methods. In D. P. Keating (Ed.), *Intellectual talent: Research and development* (pp. 32-54). Baltimore: Johns Hopkins University Press.

Fox, L. H., Brody, L., & Tobin, D. (1983). *Learning disables/gifted children: Identification and programming*. Austin, TX: PRO-ED.

Frankl, V. E. (1963). *Man's search for meaning: An introduction to logotherapy*. Boston: Beacon Press.

Freed, J., & Parsons, L. (1997). *Right-brained children in a left-brained world: Unlocking the potential of your ADD child.* New York: Simon & Schuster.

Gagné, F. (1991). Toward a differentiated model of giftedness and talent. In N. Colangelo & G. A. Davis (Eds.), *Handbook of gifted education* (pp. 65-80). Boston: Allyn & Bacon.

Gallagher, J., & Harradine, C. C. (1997). Gifted students in the classroom. *Roeper Review, 19*(3), 132-136.

Gallagher, S. A. (1990). Personality patterns on the gifted. *Understanding Our Gifted, 3*, 11-13.

Garrison, C. Z., Addy, C. L., Jackson, K. L., McKeown, R. E., & Waller, J. L. (1992). Major depressive disorder and dysthymia in young adolescents. *American Journal of Epidemiology, 135*(7), 792-802.

Geake, J. G. (2000). *Gifted education: Why all the fuss? An evolutionary speculation.* Paper presented to the Development of Learning and Educational Development, The University of Melbourne, April, 14, 2000.

Geake, J. G. (2004a). *Intellectual envy of academically gifted students.* Plenary address, Biennial Wallace National Research Symposium on Talent Development, University of Iowa, May 2004.

Geake, J. G. (2004b). Personal communication.

Geller, B. (1995). Complex and rapid cycling in bipolar children and adolescents: A preliminary study. *Journal of Affective Disorders, 34*, 259-268.

Geller, B., & Luby, J. (1997). Child and adolescent Bipolar Disorder: A review of the past 10 years. *Journal of the American Academy of Child and Adolescent Psychiatry, 36*(9), 1168-1176.

Geshwin, N., & Galaburda, A. M. (1987). *Cerebral lateralization.* Cambridge, MA: MIT Press.

Ghodse, A. H. (1999). Dramatic increase in methylphenidate consumption. *Current Opinion in Psychiatry, 12*, 265-268.

Goertzel, V., Goertzel, M. G., Goertzel, T. G., & Hansen, A. M. W. (2003). *Cradles of eminence: Childhoods of more than 700 famous men and women*. Scottsdale, AZ: Great Potential Press.

Goldberg, E. (2001). *The executive brain: Frontal lobes and the civilization mind*. New York: Oxford University Press.

Goldstein, L. H., & McNeil, J. E. (2004). *Clinical neuropsychology: A practical guide to assessment and management for clinicians*. Hoboken, NJ: John Wiley & Sons.

Grandin, T. (1996). *Thinking in pictures*. New York: Vintage Press.

Grost, A. (1970). *Genius in residence*. Englewood Cliffs, NJ: Prentice-Hall.

Guenther, A. (1995). *What educators and parents need to know about... ADHD, creativity, and gifted students*. Storrs, CT: National Research Center on the Gifted and Talented.

Haier, R. J. (1992). Intelligence and change in regional cerebral glucose metabolic rate following learning. *Intelligence, 16*(3-4), 415-426.

Haier, R. J., Siegel, B. V., Maclachlan, A., Soderling, E., Lottenberg, S., & Buchsbaum, M. S. (1992). Regional glucose metabolic changes after learning a complex visuospatial/motor task: A positron emission tomographic study. *Brain Research, 570*, 134-143.

Hallowell, E. M., & Ratey, J. J. (1994). *Driven to distraction: Recognizing and coping with Attention-Deficit Disorder from childhood through adulthood*. New York: Simon & Schuster.

Hallowell, E. M., & Ratey, J. J. (1996). *Answers to distraction*. New York: Pantheon Books.

Halsted, J. W. (2002). *Some of my best friends are books: Guiding gifted readers from pre-school through high school* (2nd ed.). Scottsdale, AZ: Great Potential Press.

Hartmann, T. (1993). *Attention-Deficit Disorder: A different perception*. Novato, CA: Underwood-Miller.

Hartnett, D. N., Nelson, J. M., & Rinn, A. N. (2004). Gifted or ADD/ADHD? The possibilities of misdiagnosis. *Roeper Review, 26*(2), 73-76.

Hayden, T. (1985). *Reading out to the gifted child: Roles for the health care professions.* New York: American Association for Gifted Children.

Hayes, M. L., & Sloat, R. S. (1989). Gifted students at risk for suicide. *Roeper Review, 12*(2), 1-2-17.

Hébert, T. P. (2002). Gifted males. In M. Neihart, S. M. Reis, N. M. Robinson, & S. M. Moon (Eds.), *The social and emotional development of gifted children* (pp. 137-144). Waco, TX: Prufrock Press.

Hildreth, G. H. (1966). *Introduction to the gifted.* New York: McGraw-Hill.

Hisinuma, E. S. (1993). Counseling gifted/at risk and gifted/dyslexic youngsters. *Gifted Child Today, 16*(1), 30-33.

Hoehn, L., & Bireley, M. K. (1988). Mental process preference of gifted children. *Illinois Council for Gifted Journal, 7,* 28-31.

Hollinger, C. L., & Kosek, S. (1986). Beyond the use of full-scale IQ scores. *Gifted Child Quarterly, 30,* 74-77.

Hollingworth, L. S. (1926). *Gifted Children: Their nature and nurture.* New York: MacMillan.

Hollingworth, L. S. (1942). *Children above 180 IQ.* Yonkers, NY: World Book Company.

Horowiz, F. D., & O'Brien, M. (1985). *The gifted and talented: Developmental perspectives.* Washington, DC: American Psychological Association.

Hymel, S. (1990). Children's peer relationships: Longitudinal prediction of internalizing and externalizing problems from middle to late childhood. *Child Development, 61*(6), 2004-2021.

Ilardi, S. S., Craighead, W. E., & Evans, D. D. (1997). Modeling relapse in unipolar depression: The effects of dysfunctional cognitions and personality disorders. *Journal of Consulting and Clinical Psychology, 65*(3), 381-391.

Jacobsen, M. E. (1999). *Liberating everyday genius: A revolutionary guide for identifying and mastering your exceptional gifts.* New York: Ballantine.

Janos, P. M., & Robinson, N. M. (1985). Psychosocial development in intellectually gifted children. In F. D. Horowitz & M. O'Brien (Eds.), *The gifted and talented: Developmental Perspectives* (pp. 149-196). Washington, DC: American Psychological Association.

Jensen, A. R. (2004). Personal communication.

Kaiser, C. F., & Berndt, D. J. (1985). Predictors of loneliness in the gifted adolescent. *Gifted Child Quarterly, 29*(2), 74-77.

Kalbfleisch, M. L. (2000). *Electroencephalographic differences between males with and without ADD/ADHD with average and high aptitude during task transitions.* Unpublished Doctoral Dissertation, University of Virginia, Charlottesville.

Kaplan, C. (1992). Ceiling effects in assessing high-IQ children with the WPPSI-R. *Journal of Clinical Child Psychology, 21*(4), 403-406.

Kaplan, L. (1983). Mistakes gifted young people too often make. *Roeper Rivew, 6*, 73-77.

Karnes, M. B., & Johnson, L. J. (1986). Identification and assessment of gifted/talented handicapped and non-handicapped children in early childhood: Special Issue: Intellectual giftedness in young children: Recognition and development. *Journal of Children in Contemporary Society, 18*(3-4), 35-54.

Kaufmann, F. A. (1997). What educators can learn from gifted adults. In F. Monks & W. Peters (Eds.), *Talent for the future* (pp. 38-46). The Netherlands: Van Gorcum.

Kaufmann, F. A., Kalbfleisch, M. L., & Castellanos, F. X. (2000).

Attention-Deficit Disorders and gifted students: What do we really Know? Storrs, CT: The National Research Center on the Gifted and Talented.

Kay, K. (Ed.). (2000). *Uniquely gifted: Identifying and meeting the needs of the twice-exceptional student.* Gilsum, NH: Avocus.

Kernberg, O. (1993). *Severe personality disorders: Psychotherapeutic strategies.* New Haven, CT: Yale University Press.

Kerr, B. A. (1997). *Smart girls: A new psychology of girls, women, and giftedness.* Scottsdale, AZ: Great Potential Press.

Kerr, B. A., & Cohn, S. J. (2001). *Smart boys: Giftedness, manhood, and the search for meaning.* Scottsdale, AZ: Great Potential Press.

Kitano, M. K. (1990). Intellectual abilities and psychological intensities in young children: Implications for the gifted. *Roeper Review, 13*(1), 5-10.

Klein, A. (2002). *A forgotten voice: A biography of Leta Stetter Hollingworth.* Scottsdale, AZ: Great Potential Press.

Klerman, G. L., & Weissman, M. M. (1989). Increasing rates of depression. *Journal of the American Medical Association, 261*(15), 2229-2235.

Klerman, G. L., Weissman, M. M., Rounsaville, B. J., & Chevron, E. S. (1984). *Interpersonal psychotherapy of depression: A brief, focused, specific strategy.* London: Jason Aronson.

Klin, A., Volkmarr, F., & Sparrow, S. (Eds.). (2000). *Asperger Syndrome.* New York: Guilford Press.

Kolata, G. (1987). Early signs of school age IQ. *Science, 23*, 774-775.

Kovacs, M., & Devlin, B. (1998). Internalizing disorders in childhood. *Journal of Child Psychology and Psychiatry, 39*, 47-63.

Kovacs, M., & Gastonis, C. (1994). Secular trends in age at onset of major depression disorder in a clinical sample of children. *Journal of Child Psychology and Psychiatry, 28*, 319-329.

Ladd, G. W. (1997). Children's classroom peer relationships and early school attitudes: Concurrent and longitudinal associations. *Early Education and Development, 8*(1), 51-66.

Lahey, B. B., Miller, T. L., Gordon, R. A., & Riley, A. W. (1999). Developmental epidemiology of the disruptive behavior disorders. In H. C. Quay & A. E. Hogan (Eds.), *Handbook of disruptive behavior disorders* (pp. 23-48). New York: Plenum Press.

Lawler, B. (2000). Gifted or ADHD: Misdiagnosis? *Understanding Our Gifted, 13*(1), 16-18.

Leach, P. (2001). *Your growing child: From babyhood through adolescence.* New York: Knopf.

Ledgin, N. (2000). *Asperger's and self-esteem: Insight and hope through famous role models.* Arlington, TX: Future Horizons.

Ledgin, N. (2000). *Diagnosing Jefferson: Evidence of a condition that guided his beliefs, behavior, and personal associations.* Arlington, TX: Future Horizons.

Lencioni, P. M. (2004). *Death my meeting: A leadership fable...about solving the most painful problem in business.* San Francisco: Jassey-Bass.

Lerner, J. W., Lowenthal, B., & Lerner, S. R. (1995). *Attention-Deficit Disorders: Assessment and teaching.* Pacific Grove, CA: Brooks/Cole.

Leroux, J. A., & Levitt-Perlman, M. (2000). The gifted child with Attention-Deficit Disorder: An identification and intervention challenge. *Roeper Review, 22*(3), 171-176.

Lewinsohn, P. M., Gotlib, I. H., & Seeley, J. R. (1995). Adolescent Psychopathology: IV: Specificity of psychosocial risk factors for depression and substance abuse in older adolescents. *American Academy of Child and Adolescent Psychiatry, 34*(9), 1221-1229.

Lind, S. (1993). Something to consider before referring for ADD/ADHD.

Counseling & Guidance, 4, 1-3.

Lind, S. (1999). Fostering adult giftedness: Acknowledging and addressing affective needs of gifted adults. *CAG Communicator, 30*(3), 10-11.

Lind, S. (2000). *Identity issues in intellectually/creatively gifted people: The coming out process: Identity development in gifted/gay students.* Paper presented at the Henry B. & Jocelyn Wallace National Research Symposium on Talent Development, Iowa City, IA.

Lind, S. (2001). Overexcitability and the gifted. *SENG Newsletter, 1*(1), 3-6. Retrieved from www.sengifted.org/articles_social/Lind_Overexcitability-AndTheGifted

Lind, S. (2002). *Before referring a child for ADD/ADHD evaluation.* Retrieved from www.sengifted.org/articles_counseling/Lind

Little, C. (2002). Which is it? Asperger's Syndrome or giftedness? Defining the difference. *Gifted Child Today, 25*(1), 58-63.

Lovecky, D. (1986, May). Can you hear the flowers sing? Issues for gifted adults. *Journal of Counseling and Development, 64*, 590-592.

Lovecky, D. (1994). Gifted children with Attention-Deficit Disorders. *Understanding our Gifted, 6*(5), 1, 7-10.

Lovecky, D. V. (2004). *Different minds: Gifted children with ADD/ADHD, Asperger Syndrome, and other learning deficits.* New York: Jessica Kingsley.

Lubinski, D., & Benbow, C. P. (2001). Choosing excellence. *American Psychologist, 56*(1), 76-77.

Mahoney, A. S. (1998). In search of the gifted identity: From abstract concept to workable counseling constructs. *Roeper Review, 20*(3), 222-226.

Malone, P. S., Brounstein, P. J., von Brock, A., & Shaywitz, S. E. (1991). Components of IQ scores across levels of measured ability. *Journal of Applied Social Psychology, 21*, 15-28.

Marland, S. (1972). *Education of the gifted and talented.* U.S. Commission on Education, 92nd Congress, 2nd Session. Washington, DC: USCPO.

Maxwell, B. (1998, Spring). Diagnosis questions. *Highly Gifted Children, 12*, 1.(also at www.sengifted.org/articles_counseling/Maxwell_Diagnosis Questions.shtml)

May, R. (1994). *The discovery of being: Writings in existential psychology* (reprint ed.). New York: W. W. Norton.

McWilliams, N. (1994). *Psychoanalytic diagnosis: Understanding personality structure in the clinical process.* New York: Guilford Press.

Mendaglio, S. (1993). Counseling gifted learning disabled: Individual and group counseling techniques. In L. K. Silverman (Ed.), *Counseling the gifted and talented* (pp. 131-149). Denver, CO: Love.

Miller, A. (1996). *The drama of the gifted child: The search for the true self* (rev. ed.). New York: Basic Books.

Moon, S. M. (2002). Gifted children with Attention-Deficit/Hyperactivity Disorder. In M. Niehart, S. Reis, N. Robinson, & S. Moon (Eds.), *The social and emotional development of gifted children: What do we know?* (pp. 193-201). Washington, DC: National Association for Gifted Children.

Moon, S. M., Zentall, S. S., Grskovic, J. A., Hall, A., & Stormont, M. (2001). Emotional, social, and family characteristics of boys with AD/HD and giftedness: A comparative case study. *Journal for the Education of the Gifted, 24*, 207-247.

Mueller, T. I., Leon, A. C., Keller, M. B., Solomon, D. A., Endicott, J., Coryell, W., Warshaw, M., & Maser, J. D. (1999). Reoccurrence after recovery from major depressive disorder during 15 years of observational follow-up. *American Journal of Psychiatry, 156*(7), 1000-1006.

National Association for Gifted Children. (2002). In M. Neihart, S. M. Reis, N. M. Robinson, & S. M. Moon (Eds.), *The social and emotional development of gifted children: What do we Know?* Waco, TX: Prufrock Press.

Neihart, M. (1999). The impact of giftedness on psychological well-being: What does the empirical literature say? *Roeper Review, 22*(1), 10-17.

Neihart, M. (2000). Gifted children with Asperger's Syndrome. *Gifted Child Quarterly, 44*(4), 222-230.

Nolen-Hoeksema, S., Girgus, J., & Seligman, M. E. P. (1986). Learned helplessness in children: A longitudinal study of depression, achievement, and explanatory style. *Journal of Personality and Social Psychology, 51*, 435-442.

Nolen-Hoeksema, S., Girgus, J., & Seligman, M. E. P. (1992). Predictors and consequences of childhood depressive symptoms: A 5-year longitudinal study. *Journal of Abnormal Psychology, 101*(3), 405-422.

Olenchak, F. R. (1994). Talent development. *The Journal of Secondary Gifted Education, 5*(3), 40-52.

Olfson, M., Marcus, S. C., Weissman, M. M., & Jensen, P. S. (2002). National trends in the use of psychotropic medications by children. *Journal of the American Academy of Child & Adolescent Psychiatry, 41*, 514-521.

Ornstein, R. (1997). *The right mind: Making sense of the hemispheres.* New York: Harcourt Brace & Company.

Papalos, D., & Papalos, J. (2002). *The Bipolar child: The definitive and reassuring guide to childhood's most misunderstood disorder* (revised and expanded ed.). New York: Broadway.

Parke, R. D. (1997). A longitudinal assessment of sociometric stability and the behavior at correlates of children's social acceptance.

Merrill-Palmer Quarterly, 43(4), 635-662.

Parker, H. C. (1992). *The ADD hyperactivity handbook for schools: Effective strategies for identifying and teaching ADD students in elementary and secondary schools.* Plantation, FL: Impact Publications.

Parker, W. D., & Mills, C. J. (1996). The incidence of perfectionism is gifted students. *Gifted Child Quarterly, 40*(4), 194-199.

Patchett, R. F., & Stanfield, M. (1992). Subtest scatter on the WISC-R with children of superior intelligence. *Psychology in the Schools, 29*, 5-10.

Patros, P. P., & Shamoo, T. K. (1989). *Depression and suicide in children and adolescents: Prevention, intervention, and postvention.* Boston: Allyn & Bacon.

Peters, M. (2003). Personal communication.

Peterson, J. S. (2004). *Bullying and the gifted: Victims, perpetrators, and effects.* Manuscript submitted for publication.

Piechowski, M. (1991). Emotional development and emotional giftedness. In N. Colangelo & G. A. Davis (Eds.), *Handbook of gifted education* (pp. 285-306). Boston: Allyn & Bacon.

Piechowski, M. M. (1997). Emotional giftedness: The measure of intrapersonal intelligence. In N. Colangelo & G. Davis (Eds.), *Handbook of gifted education* (2nd ed., pp. 366-381). Needham Heights, MA: Allyn & Bacon.

Piechowski, M. M., & Colangelo, N. (1984). Developmental potential of the gifted. *Gifted Child Quarterly, 18*(2), 80-88.

Piirto, J. (2004). *Understanding creativity.* Scottsdale, AZ: Great Potential Press.

Plucker, J. A., & Levy, J. J. (2001). The downside of being talented. *American Psychologist, 56*(1), 75-76.

Rapoport, J. L., Buchsbaum, M. S., Zahn, T. P., Weingartner, H.,

Ludlow, C., & Mikkelsen, E. J. (1978). Dextroamphetamine: Cognitive and behavioral effects in normal prepubertal boys. *Science, 199*, 560-563.

Reis, S. M., Westberg, K. L., Kulikowich, J., Caillard, F., Hébert, T., Plucker, J., Purcell, J. H., Rogers, J. B., & Smist, J. M. (1993). *Why not let high ability students start school in January? The curriculum compacting study*. Storrs, CT: The National Research Center on Grifted and Talented.

Rimm, S. B. (1995). *Why bright kids get poor grades: And what you can do about it*. New York: Crown.

Rivera, I., Sanchez, A. I., Vera-Villarroel, P. E., & Buela-Casal. (2001). *Sleep patterns and their relation to psychological traits in women*. Retrieved from www.mediocosecuador.com/revecuatneruol/vol10_n2_2001/sleep_patterns_and_ttheir_relation_to_psychological_traits_in_women

Rivero, L. (2002). *Creative home schooling: A resource guide for smart families*. Scottsdale, AZ: Great Potential Press.

Robinson, H. B. (1981). The uncommonly bright child. In M. Lewis & L. A. Rosenblum (Eds.), *The uncommon child: Genesis of behavior* (vol. 3, pp. 57-81). New York: Plenum.

Robinson, N. M., & Olszewski-Kubilius, P. A. (1996). Gifted and talented child: Issues for pediatricians. *Pediatrics in Review, 17*(12), 427-434.

Roeper, A. (1995). *Selected writing and speeches*. Minneapolis, MN: Free Spirit.

Rogers, C. (1995). *On becoming a person: A therapist's view of psychotherapy* (reprint ed.). New York: Mariner Books.

Rogers, K. B. (2002). *Re-forming gifted education: How parents and teachers can match the program to the child*. Scottsdale, AZ: Great Potential Press.

Rogers, K. B., & Silverman, L. K. (1997). *A study of 241 profoundly gifted children*. Paper presented at the National Association for Gifted Children Annual Convention, Little Rock, AR, November 7, 1997.

Rothenberg, A. (1990). *Creativity and madness: New findings and old stereotypes*. Baltimore: Johns Hopkins University Press.

Rourke, B. (1989). *The syndrome of non-verbal learning disabilities: Neuro-developmental manifestations*. New York: Guilford Press.

Sadeh, A., Raviv, A., & Gruber, R. (2000). Sleep patterns and sleep disruptions in school-age children. *Developmental Psychology, 36*(3), 291-301.

Sartre, J. P. (1993). *Being and nothingness* (reprint ed.). New York: Washington Square Press.

Sass, L. (1992). *Madness and modernism*. New York: Basic Books.

Sattler, J. M. (2002). *Assessment of children: Cognitive applications* (4th ed.). San Diego, CA: Jerome M. Sattler.

Sattler, J. M. (2002). *Assessment of children: Behavioral and clinical applications* (4th ed.). San Diego, CA: Jerome, M. Sattler.

Schiff, M. M., Kaufman, A. S., & Kaufman, N. L. (1981). Scatter analysis of WISC-R profiles for learning disabled children with superior intelligence. *Journal of Learning Disabilities, 14*, 400-404.

Scholte, R. H. J. (1999). *Early antecedent of social competence in elementary school of later peer reputation and sociometric status in Dutch adolescents*. Paper presented at the Biennial Meeting of the Society for Research in Child Development, Albuquerque, NM, April 15-18, 1999.

Scholwinksi, E., & Reynolds, C. (1985). Dimensions of anxiety among high IQ students. *Gifted Child Quarterly, 29*(3), 125-130.

Schroeder-Davis, S. (1998, Dec.). Parenting high achievers: Swimming upstream against the cultural current. *Parenting for High Potential*,

8-10, 25.

Schroeder-Davis, S. (1999). Brain, brawn, or beauty: Adolescent attitudes toward three superlatives. *The Journal of Secondary Gifted Education, 10*(3), 134-147.

Schuler, P. (2002). Teasing and gifted children. *SENG Newsletter, 2*(1), 3-4.

Schwanenflugel, P. J. (1997). Metacognitive knowledge of gifted children and non-identified children in early elementary school. *Gifted Child Quarterly, 41*(2), 25-35.

Seligman, M. E. P. (1995). *The optimistic child: A proven program to safeguard children against depression and build lifelong resilience.* New York: Harper Collins.

Shaywitz, S. E. (2003). *Overcoming dyslexia: A new and complete science-based program for reading problems at any level.* New York: Knopf.

Shaywitz, S. E., Holahan, J. M., Freudenheim, D. A., Fletcher, J. M., Makuch, R. W., & Shaywitz, B. A. (2001). Heterogeneity within the gifted: Higher IQ boys exhibit behaviors resembling boys with learning disabilities. *Gifted Child Quarterly, 45*(1), 16-23.

Shore, B. M., Cornell, D. G, Robinson, A., & Ward, V. S. (1991). *Recommended practices in gifted education.* New York: Teachers College Press.

Silver, S. J., & Clampit, M. K. (1990). WISC-R profiles of high ability children: Interpretation of verbal-performance discrepancies. *Gifted Child Quarterly, 34*, 76-79.

Silverman, L. K. (1998). The second child syndrome. *Mensa Bulletin, 320*, 18-120.

Silverman, L. K. (1991). Family counseling. In N. Colangelo & G. Davis (Eds.), *Handbook of gifted education* (pp. 307-320). Boston: Allyn & Bacon.

Silverman, L. K. (1993). *Counseling the gifted and talented.* Denver, CO: Love.

Silverman, L. K. (1993). The gifted individual. In L. Silverman (Ed.), *Counseling the gifted and talented* (1st ed., pp. 3-28). Denver, CO: Love.

Silverman, L. K. (1997). The construct of asynchronous development. *Peabody Journal of Education, 72*(3-4), 36-58.

Silverman, L. K. (1998). Through the lens of giftedness. *Roeper Review, 20*, 204-210.

Silverman, L. K. (2002). *Upside-down brilliance: The visual-spatial learner.* Denver, CO: DeLeon.

Silverman, L. K., & Kearney, K. (1992). The case for the Stanford-Binet, L-M as a supplemental test. *Roeper Review, 15*, 34-37.

Simpson, R. G., & Kaufmann, F. A. (1981). Career education for the gifted. *Journal of Career Education, 8*(1), 38-45.

Snyder, A. (2004, April). Autistic genius? *Nature, 428*, 23-25.

Soussignan, R., & Koch, P. (1985). Rhythmical stereotypies (leg-swinging) associated with reductions in heart rate in normal school children. *Biological Psychology, 21*, 161.

Spreen, O., Risser, A. H., & Edgell, D. (1995). *Developmental neuropsychology.* New York: Oxford University Press.

Streznewski, M. K. (1999). *Gifted grown-ups: The mixed blessings of extraordinary potential.* New York: Wiley & Sons.

Strip, C. A., & Hirsch, G. (2000). *Helping gifted children soar: A practical guide for parents and teachers.* Scottsdale, AZ: Great Potential Press.

Strop, J. (2001). The affective side. *Understanding Our Gifted, 13*(3), 23-24.

Terman, L. M. (1925). *Genetic studies of genius: The mental and Physical traits of a thousand gifted children* (Vol. I). Stanford, CA:

Stanford University Press.

Terman, L. M., Burks, B. S., & Jensen, D. W. (1935). *Genetic studies of genius: The promise of youth: Follow-up studies of a thousand gifted children* (Vol. III). Stanford, CA: Stanford University Press.

Terman, L. M., & Oden, M. H. (1947). *Genetic studies of genius: The gifted child grows up* (Vol. IV). Stanford, CA: Stanford University Press.

Terman, L. M., & Oden, M. H. (1959). *Genetic studies of genius: The gifted group at mid-life* (Vol. V). Stanford, CA: Stanford University Press.

Tolan, S. S. (1995). Discovering the gifted ex-child. *Roeper Review, 17*(2), 134-138.

Tucker, B., & Hafenstein, N. L. (1997). Psychological intensities in young gifted children. *Gifted Child Quarterly, 41*(3), 66-75.

Vitiello, B., & Jensen, P. (1995). Disruptive behavior disorders. In H. I. Kaplan & B. J. Sadock (Eds.), *Comprehensive textbook of psychiatry* (6th ed., pp. 2311-2319). Baltimore: Williams & Wilkins.

Webb, J. T. (1993). Nurturing social-emotional development of gifted children. In K. A. Heller, F. J. Monks, & A. H. Passow (Eds.), *International handbook for research on giftedness and talent* (pp. 525-538). Oxford, England: Pergamon Press.

Webb, J. T. (1999, January). Existential depression in gifted individuals. *Our Gifted Children*, 7-9.

Webb, J. T. (2000). *Do gifted children need special help?* (Video). Scottsdale, AZ: Great Potential Press.

Webb. J. T. (2000). *Is my child gifted? If so, what can I expect?* (Video). Scottsdale, AZ: Great Potential Press.

Webb. J. T. (2000). *Mis-diagnosis and dual diagnosis of gifted children: Gifted and LD, ADD/ADHD, OCD, Oppositional Defiant Disorder.* ERIC Digest 448-382.

Webb, J. T. (2000). *Parenting successful children.* (Video). Scottsdale, AZ: Great Potential Press.

Webb, J. T. (2001, Spring). Mis-diagnosis and dual diagnosis of gifted children: Gifted and LD, ADD/ADHD, OCD, Oppositional Defiant Disorder. *Gifted Education Press Quarterly, 15*(2), 9-13.

Webb, J. T., & DeVries, A. R. (1998). *Gifted parent groups: The SENG model.* Scottsdale, AZ: Great Potential Press.

Webb, J. T., & Dyer, S. P. (1993). *Unusual WISC-R patterns found among gifted children.* Paper presented at the National Association for Gifted Children Annual Convention, Atlanta, GA, November 5, 1993.

Webb, J. T., & Kleine, P. A. (1993). Assessing gifted and talented children. In D. J. Willis & J. L. Culbertson (Eds.), *Testing young children* (pp. 383-407). Austin, TX: PRO-ED.

Webb, J. T., & Lattimer D. (1993). *ADD/ADHD and children who are gifted.* Reston, VA: Council for Exceptional Children. (ERIC Digest, July, EDO-EC-93-5).

Webb, J. T., Meckstroth, E. A., & Tolan, S. S. (1982). *Guiding the gifted child: A practical sources for parents and teachers.* Scottsdale, AZ: Great Potential Press.

Wechsler, D. (1935). *The range of human abilities.* Baltimore: Williams & Wilkins.

Whitmore, J. R. (1980). *Giftedness, conflict and underachievement.* Boston: Allyn & Bacon.

Who's Who Among American High School Students. (1998). 29th Annual survey of high achievers. Lake Forest, IL: Educational Communications.

Wigal, T., Swanson, J. M., Douglas, V. I., Wigal, S. B., Wippler, C. M., & Cavoto, K. F. (1998). Effect of reinforcement on facial responsivity and persistence in children with Attention-Deficit/Hyperactivity Disorder. *Behavior Modification, 22*, 143-166.

Wilkinson, S. C. (1993). WISC-R profiles of children with superior intellectual ability. *Gifted Child Quarterly, 37*, 84-91.

Wing, L. (1981). Asperger's Syndrome: A clinical account. *Psychological Medicine, 11*, 1115-1129.

Winner, E. (1996). *Gifted children: Myths and realities*. New York: Basic Books.

Winner, E. (1997). Exceptionally high intelligence and schooling. *American Psychologist, 52*(10), 1070-1081.

Yalom, I. D. (1980). *Existential psychotherapy*. New York: Basic Books.

찾아보기

인 명

Asimov, I. 82
Asperger, H. 169

Barthes, R. 55
Benbow, C. P. 149, 150, 280
Blanz, B. D. 169
Brando, M. 137
Brody, L. E. 232

Castellanos, F. X. 92, 97
Churchill, W. 311
Clampit, M. K. 239
Cohn, S. J. 74, 131, 133, 151, 316, 354
Cronbach, L. 44
Cross, T. L. 195
Csikzentmihalyi, M. 110

Dabrowski, K. 53, 54, 55, 354
Detzner, U. 169
Dodrill, C. B. 44
Dûrer, A. 206
Dyer, S. P. 239, 240

Fox, L. H. 240
Freud, S. 220

Galaburda, A. M. 280
Gates, B. 82
Geshwin, N. 280
Goertzel, M. G. 151
Goertzel, T. G. 151
Goertzel, V. 151

Hansen, A. M. W. 151, 297
Hébert T. P. 132
Hildreth, G. H. 280
Hollingworth, L. S. 29, 73

Jacobsen, M. E. 290
Jensen, A. 312

Kalbfleisch, M. L. 92, 97
Kanner, L. 358
Kaplan, C. 240
Kaufmann, F. A. 92, 97, 314, 317
Kerr, B. A. 74, 131, 133, 151, 188, 316, 354

Larson, G. 66
Lay, B. 169

Levy, J. J. 152
Lind, S. 55, 121, 291
Lovecky, D. V. 291
Lubinski, D. 149, 150

Mahoney, A. S. 320
Meckstroth, E. A. 263
Mill, C. J. 232
Miller, A. 296

Neihart, M. 192, 213

Olenchak, F. R. 132

Perterson, J. S. 130
Peters, M. 57
Piechowski, M. M. 55
Piirto, J. 192
Plucker, J. A. 152

Roeper, A. 299
Rogers, K. 301
Rogers, K. B. 280
Roosevelt, E. 312
Rose, F. 169
Rothenberg, A. 192
Rourke, B. 248

Sattler, J. M. 238
Schmidt, M. H. 169
Seligman, M. E. P. 213
Shaywitz, S. E. 248
Silver, S. J. 239
Silverman, L. K. 187, 263, 280
Streznewski, M. K. 291

Terman, L. M. 26
Tolan, S. S. 263, 291

Webb, J. T. 239, 240, 263, 343
Wechsler, D. 44
Wing, L. 170
Winner, E. 187, 263
Wozniak, S. 83

내 용

ADD 355
ADD/ADHD 91, 355
ADD/ADHD 진단 기준 101
ADD/ADHD 행동과 영재 행동의 구분 111
ADD/ADHD 행동과 영재 행동의 유사점 103
ADHD 91
DSM-IV-TR 85, 92, 135, 141, 144, 161, 165, 170, 175, 185, 189, 191, 194, 203, 207, 220, 221, 267, 291, 314, 316, 330, 337, 354

DSM-IV-TR 진단 268
IQ 180 이상의 아동들 30
REM 수면 262
SENG 348, 352
V-코드 291
V-코드 진단 361
WISC-IV 355

가정심리학자 344
가족의 이해 부족 84
간헐성 폭발장애 143, 144
간헐성 폭발장애의 진단 기준 144
감각-운동통합 장애 250
감각적 과흥분성 60
감각통합 360
강렬함 46, 53, 62
강박장애 159, 161
강박장애의 진단 기준 161
강박적 인격장애 159, 164
강박적 인격장애의 진단 기준 165
강압적인 부모 298
개별화 교육 프로그램 257
개인 사례연구 31
건강관리 전문가의 역할 37
격차 모델 238
결혼/동료와의 관계 312
경조증 359
고기능 자폐 170
고도 영재 42, 43
과잉행동/충동성 우세형 101
과잉행동 107
충동성 107
과잉행동성 92
과제에서 벗어난 시간 114
과초점화 110
과흥분성 53, 54, 98, 354
과흥분성과 오진단 61
관계성 290
관계성 문제 311
관계성 진단 291
교육적 적합성의 정도 213
구두표현 장애 244
구음장애 246
구조화 113
국가우수장학생시험 317
국립영재아동학회 29, 41, 342, 363
귀납적 사고 66
규준값 44
근무력증 361
글쓰기 245
급속 순환 패턴 209
급속 순환기 208
급속 순환성 207
긍정적 분열 354
긍정적인 위험한 검사 357
기능적 반응성 저혈당 282
기분부전장애 220
기분부전장애의 주요 진단 기준 221
기분장애 201
기타 미분류형 101
긴 수면 양식 264
길리엄 아스퍼거 장애 척도 358

나르시시즘 146
난독증 243, 244, 245
남자다움 코드 74, 133, 310
내적 비동시성 76, 77, 241
내향성 182
내향적 55
네 가지 하위유형 100
뇌의 신경학적 가소성 255
능력과 성취의 격차 237, 242

다중처리 356
다중처리자 66
단순 주의력 356
달리 세분화되지 않는 관계 문제 292, 314
달리 세분화되지 않는 양극성 장애 207
달리 세분화되지 않는 파괴적 행동장애 145
대장염 361
데이비슨 재능발달 연구소 363
덱세드린 117, 357
동료 관계 문제 292
동류교배 44, 353
동성애자 309
동시성 발달 177
동작성 IQ 점수 239
두정엽 238
또래 압력 310
또래관계 71, 306
똑똑한 소녀들 133, 343

로르샤하 109
리탈린 117, 118, 357

말랜드 보고서 30
맥락 문제 334
면역장애 279
몰입 110, 313
무아지경 146
무조건적인 긍정적 관심 301
문제해결력 55
물활론적 사고 56
미국소아과학회 274
미국정신의학회 85
민감성 46, 53, 250
밀착 296

반응성 저혈당증 212, 282, 285
발달력 334
백일몽 56
병리적인 자기애 152
보속성 110
복합형 101
부모/아동의 조종 302
부모의 관찰 114
부모-자녀 관계 292
부주의성 92
분노 127
분노 진단 127, 134
분열 인격장애 159, 184
분열 인격장애의 진단 기준 185
분열형 인격장애 159, 189

분열형 인격장애의 진단 기준 191
불면증 266
불안 167
비동시성 234, 332
비동시성 발달 75, 242
비동시적 특징 239
비언어성 학습장애 248, 249
비언어적 영역에서의 학습장애 236
비영재 308

사고와 불안장애 159
사고와 학습 방식 63
사회 · 정서적 어려움의 위험 30
사회적 · 정서적 · 행동적 특성 46
사회화 316
산만성 배제 356
산만성 지표 108
산만성 척도 355
산술장애 243, 247
상상력 56
상상력의 과홍분성 56
상상의 놀이친구 56
상상의 친구 46, 192
상황적 특수성 112, 181
섭식장애 169
성 정체성 문제 309
성격검사 109
성인의 관계성 311
성인화 299
소검사 분산 241
소비자 보고서 345
소아기 발병형 139, 141
손상 98
손상 수준 337
수면 방해 269
수면과다 261
수면과다증 268
수면보행 270, 361
수면보행 장애 270
수면부족 261
수면장애 212, 261
스탠퍼드-비네 검사 44, 232, 353
스트라테라 119
시 · 공간력의 곤란 236
시 · 공간적 학습장애 236
시각-공간적 64
시각-공간적 비선형적 사고 67
시각-공간적 학습방식 63
시각-공간적 학습자 66
식역모델 233
신경심리 검사 108, 356
신경학적인 곤란 355
신기함 113
신동 43
실존적 우울 223
실존적 우울증 360
실행 기능 77, 78
실행 기능 결손 246
심리적 자문 345
심층성 난독증 245
쓰기산출 장애 244
쓰기표현 장애 243

아동기 자폐증 척도 358
아동의 급속 순환기 양극성 장애 208
아동의 양극성 장애 208
아동행동 평가척도 103
아미시 360
아스퍼거 장애 159, 169
아스퍼거 장애와 영재 행동 간의 유사성 176
아스퍼거 장애의 주요 진단 기준 175
아스퍼거 장애의 주요 특징 170
아스퍼거 증후군 169, 358
악몽장애 272
악성 나르시시즘 149
알레르기 279
야간 유뇨증 271
야경증 273
야뇨 361
야뇨증 271
약물치료 117
양극성 장애 203, 207, 208
양극성 제1장애 204, 359
양극성 제2장애 204, 359
양립할 수 없거나 모순된 특성들 120, 138, 142, 144, 154, 183, 188, 197, 267, 269
양성 나르시시즘 146
양성성 81
양성애자 309
양성적 81
어휘력 46
언어 기반 245
언어 기반 학습장애 243
언어산출 246
언어성 IQ 점수 239
언어성 IQ와 동작성 IQ 유형의 차이 238
역기능적 완벽주의자 69
영재 45
영재 아동 지도하기 319, 343, 347
영재 아동을 성인처럼 대하기 299
영재 행동 조정하기 303
영재부모모임: SENG 모델 342
영재성 41
영재성의 부인 305
영재와 환경 간의 부적합성 332
영재의 관계성 문제 289
영재의 나르시시즘 149
영재의 정서적 욕구 지지 모임 342, 363
영재의 정의 29
오스트레일리아 아스퍼거 증후군 척도 358
완벽주의 166
우뇌 63
우뇌 반구의 손상 236
우울 일화 205
우울장애 213
우울증의 위험 219
운동 기능의 서투름 173
운율결손 236, 360
웩슬러 아동용 지능검사 353, 354
웩슬러 지능검사 44, 108
웰부트린 119

유뇨증 271
유머감각 46
유명인의 요람: 700명의 유명한 사람들의 아동기 297
유사 반사회적 성격이상자 133
유사 품행장애 143
유아용 웩슬러 지능검사 240
은유법 56
의사처방참고집 362
이상주의 70, 166
이야기 검사 109
이중진단 243, 332, 335
이중특수 아동 243
이차성 야간 유뇨증 272
인지적 둔함 350
인지적 재활 255
일반적인 'g' 45
일차성 야간 유뇨증 272
일차적 불면증 266
일차적 불면증의 진단 기준 267
일탈 피로 131
읽기 지연 244
읽기장애 243, 244

자기애적 상해 153
자기애적 인격장애 146
자기애적 인격장애의 진단 기준 147
작동기억 109, 355
잘못된 교육 배치 84
재능 45
저혈당증과 알레르기 285
적대적 반항장애 135
적대적 반항장애의 진단 기준 135
적대적 행동 136
전두엽 79
전문가의 도움 331
전문적인 서비스 344
정상분포곡선 43, 44
정서발달 수준 이론 354
정서적 과흥분성 57
정신분열증의 전구증상 190
정신운동적 과흥분성 59
정의 42
조증 일화 205
조증-우울증 순환 205
좌뇌 63
주의력 문제 판별 356
주의력 재활 프로그램 256
주의력 지속 356
주의력결핍 우세형 101
증후군 249
지능검사 108, 344
지력에 뒤진 판단력 77
지적 과흥분성 55
지적 존중을 강화한 의사소통 338
직장 관계 문제 314
진단 34, 233
진단 과정 331
진단 기준 100
진단 범주와의 적합성 정도 335
진단의 목적 330
진단의 정확성 35

진보된 관심 82
집중력 55
짧은 수면 264
짧은 수면 양식 263

창의성 83
천식 279
천장효과 240, 241
청각-순차적 63, 64
청각-순차적 선형적 사고 69
청각처리 장애 252
청소년 급속 순환형 양극성 장애 202
청소년기 발병형 140, 141
초급속 순환기 208
초점화 55
출현율 92
충동성 92

카페인 118
커밍아웃 과정 309, 319, 320
코너스 부모와 교사 평정척도-개정판 103
키 큰 양귀비 증후군 131

토큰 강화 130
통합운동장애 246

판단력 78, 356
편재화 253
평균 수면의 양 262
평정척도 103
표준화된 검사 349
표층성 난독증 245
품행장애 139
품행장애의 진단 기준 141
품행장애의 특징 141
프로파일의 패턴 238
피험자 선정 과정 31
피험자를 편향되게 선정 27

하위 점수 분산 240
학습된 무력감 213, 215
학습장애 77, 231, 233, 355
학습장애 진단 237
학업성취 검사 108, 344
행동 특성 45
형제간의 경쟁 307, 308
형제자매 관계 문제 292
확산적 사고 46, 68
환상 놀이 56
활동 수준 99
회피성 인격장애 193, 194
홍미 패턴 79
힘겨루기 62, 129, 293

저자 소개

• James T. Webb, Ph. D., ABPP-Cl

Webb 박사는 영재교육에 가장 영향을 끼친 25인의 심리학자 중 한 사람으로서 전국적으로 인정받고 있다. 전문가 자격 임상심리학자인 그는 1982년부터 영재와 재능 아동 및 성인의 사회적 · 정서적 욕구에 초점을 맞추어 왔다. 임상심리학 전문 학위를 받은 자격위원이자 미국심리학회의 특별회원으로, 행정기관 대표위원회에서 3년 동안 일하였으며, 소아심리학회와 성격평가회의 특별회원으로도 선발되었다. NAGC의 이사회(Board of Directors)와 미국영재아동학회(American Association for Gifted Children)의 회장을 역임하였다. 또한 미국심리학회가 수여하는 '주창자를 위한 하이저 회장상(Heiser Presidential Award for Advocacy)' 과 멘사 교육과 연구 재단(Mensa Education and Research Foundation)으로부터 '수석연구자 부문 국가우수상(National Award for Excellence, Senior Investigator Division)' 을 받았다.

Webb 박사는 오하이오 심리학회 전직 회장이었으며, 7년 동안 재단이사회 임원으로 일하였다. 여러 클리닉과 병원에서 자문의 위치에 있을 뿐만 아니라 개인 상담기관에서도 근무하고 있다. 그는 미국 오하이오 주 데이튼에 있는 라이트 주립대학교 전문심리대학의 설립자 중 한 사람으로, 교수와 부학장을 역임하였다. 그 전에는 라이트 주립대학교 의과대학 소아과 및 정신과에서 임상 부교수를 지냈고, 데이튼에 있는 아동의학센터에서 심리학과를 이끌어 갔으며, 오하이오 대학교에서 심리학대학원 교수를 역임하기도 하였다.

1981년, Webb 박사는 SENG를 설립하였다. 이곳은 국가 비영리단체로서, 영재 아동과 영재 성인에 관한 정보를 제공하고 훈련을 하며 회의와 워크숍을 개최한다. 그는 이사회에 남아 있으며, 데이비슨 재능발달 연구소(Davidson Institute for Talent Development)의 자문위원으로 있다.

Webb 박사는 『영재 아동 지도하기: 부모와 교사를 위한 실질적인 자료(Guiding the Gifted Child: A Practical Source for Parents and Teachers)』의 저자 중 한 사람이다. 이 책은 '특수아동의 독특하고 민감한 정서적 욕구를 이해하는 데 뛰어난 공헌'을 한 점을 들어 미국심리학회로부터 국가미디어상(National Media Award)을 수상하였다. 십만 권 이상 판매된 이 책은 세계 여러 나라의 언어로 번역, 출판되었다. 『영재부모집단: The SENG 모델(Gifted Parent Groups: The SENG-MODEL)』이라는 책도 널리 채택되었으며, 미국과 세계 여러 나라에서 성공적으로 출판되고 있다. 또한 60개 이상의 전문 출판물, 10권 이상의 책 그리고 영재와 재능 아동에 관한 심리학 회의와 학회에서 많은 연구물을 집필해 오고 있다.

Webb 박사는 테네시 주의 멤피스에서 출생하였고, 로도스 대학을 졸업하여 앨라배마 대학교에서 박사학위를 받았다.

• Edward R. Amend, Psy. D.

Amend 박사는 켄터키 주 렉싱턴의 개인 상담기관과 Amend 심리학 서비스, PSC에서 영재와 재능 청소년 및 그 가족들의 사회적, 정서적, 교육적 욕구에 초점을 두고 임상심리학자로 활동하고 있다. 그는 켄터키 주와 오하이오 주에서 심리 서비스를 제공할 수 있는 자격을 갖추었고, 개인 상담기관과 공동체 정신건강센터에서 근무해 오고 있으며, 클리닉과 병원에서 자문위원으로 활동해 오고 있다.

Amend 박사는 영재 아동과 청소년, 학습장애, 주의력 장애 및 이중 특수아동을 포함하여 다양한 집단의 특별한 욕구를 평가하고 치료를 제공하고 있다. 그는 아동과 부모 토론 및 교육 집단을 이끌어 가고 있으며, 학교 관계자들을 훈련하고 자문하고 있다. 또한 틈틈이 주 회의와 국가 회의에서 발표자로 활약하면서 주로 미성취, 완벽주의, 교육계획과 영재의 사회정서적 욕구 및 ADHD, 아스퍼거 장애와 다른 흔한 오진단들에 관한 쟁점들을 언급하고 있다.

Amend 박사는 SENG의 이사로 5년간 일하고 있으며, 그 기관의 회계비서관 일도 맡고 있다. 그는 켄터키 영재교육학회(KAGE)의 이사회 지역대표자로 6년 동안 일했으며, 현재는 KAGE의 회장으로 선출되었다. 또한 NAGC의 상담과 지도 분과 의장이면서, 현재는 전직 의장 역할을 담당하고 있다. 그는 미국심리학회 위원이자, 분과 제53번인 아동 임상심리학 분과 위원 및 켄터키 심리학회 위원이며, 데이비슨 재능발달 연구소의 자문위원으로 있다. 2000년 4월부터 2003년 12월까지는 영재교육 전문잡지인 *Roeper Review*의 기고 편집자로 일하기도 했다.

Amend 박사는 펜실베이니아 주의 유니온타운에서 출생하여, 펜실베이니아 주 라트로브에 있는 세인트빈센트 대학교에서 최우수 학생으로 졸업하였다. 오하이오 주 데이톤에 있는 라이트 주립대학교 전문심리대학에서 박사과정을 이수하였으며, 그곳에서 Webb 박사에게 슈퍼비전을 받았다. 그는 노스이스턴 오하이오 대학교 의과대학에서 수련의 과정과 전문의 과정을 마쳤으며, 그곳에서 수석 수련의로 근무하였다.

• Nadia E. Webb, Psy. D.

Webb 박사는 버지니아 주 해리슨버그에 있는 제임스매디슨 대학교의 임상 신경심리학자이자 임상전문의로서, 사춘기 직전에 있는 두 자녀의 새엄마다. 그녀는 개인 상담기관에서 학습장애나 뚜렷한 비동시적 발달을 지닌 영재 아동과 정서적 어려움을 지닌 영재 아동을 평가하고 있다. 현재 SENG의 이사회에 속해 있으며, 고도 영재 청소년을 다루는 데이비슨 재능발달 연구소에서 자문을 하고 있다.

Webb 박사는 대학교에서 강의를 하고 있고, 현직연수훈련 프로그램을 만들었으며, 여러 기관을 연결하는 코디네이팅 관리체계를 고안하였다. 또한 아동의 욕구를 다루는 여러 개의 주 위원회와 국가 위원회를 담당하고 있다. 그녀는 미국 의학회와 국방부로부터 명예상을 받았으며, 애리조나 주지사인 Jane Hull로부터는 개인 표창을 받았다.

Webb 박사는 러트거스 대학교에서 석사와 박사 학위를 받았으며, 그 전에 이미 캘리포니아의 뉴 컬리지에서 임상심리학 전공으로 석사학위를 받았다. 그녀는 미국 전문심리대학에서 교수요원으로, 피닉스 대학교와 러트거스 대학교에서 부교수로 근무하였다. 그리고 공인 결혼 및 가족치료사이며, 스포츠심리학 학위를 갖고 있다.

• Jean Goerss, M. D.

Goerss 박사는 학회 공인 소아과 의사다. 메이요 클리닉에서 소아과 전문의 과정과 유전의학 펠로우십 과정을 이수하였으며, 그곳에서 유행병 연구를 수행하였다. 그녀는 자신이 애리조나 주 피닉스에 설립한 고도 영재 아동을 위한 학교를 운영할 비영리단체인 보브 연구소(Bove Institute)의 소장이다. 또한 오리건 주에 있는 포틀랜드 대학교에서 학사학위를, 일리노이 주 메이우드에 있는 로욜라 대학교 스트리치 의과대학에서 의학석사를, 그리고 미니애폴리스에 있는 미네소타 대학교에서 유행병학으로 의학박사학위를 받았다.

Goerss 박사는 연구 결과를 발표한 3개 의학논문의 주 저자이며, 이스터 실즈(Easter Seals) 연구기금의 공동 수혜자다. 그녀는 Phi Kappa Phi와 Delta Epsilon Sigma National Scholastic Honor Society와 같은 영예학생단체의 회원이기도 하다.

두 명의 영재 아들을 둔 부모로서, Goerss 박사는 영재교육에 매우 적극적이다. 그녀는 미네소타 주 로체스터에서 영재교육 특별대책본부 팀에 있고, 애리조나 주 스코츠데일에 있는 스코츠데일 영재지원 팀의 초대 멤버였으며, 애리조나 주의 디어밸리 통합교육구에서 영재 학생을 위한 교과과정을 재집필하는 일에 참여하였다.

• Paul Beljan, Psy. D., ABPdN

Beljan 박사는 애리조나 주 피닉스에 있는 개인 상담기관에서 임상신경심리학자로 일하고 있다. 그는 라이트 주립대학교의 전문심리대학에서 박사학위를 받았으며, 오리건 건강과학대학교 아동발달재활센터에서 소아심리학 및 소아신경심리학으로 박사전 인턴 과정을 마쳤다. 또한 미시간 주립대학교 인간의학부 소아심리학 및 소아신경심리학에서 박사후 펠로우십을 이수하였다. 그는 학회 공인 전문의사로서, 미국 소아신경심리학 이사회의 집행위원을 담당하고 있고 재무부장 및 회장으로 선출되었다.

Beljan 박사는 소아신경심리학 중에서 외상성 뇌손상, 알코올/약물 관련 신경발달장애, 외상, 화상, 학습장애, 영재의 지능, 실행기능 그리고 주의력/결핍장애를 전문적으로 다루고 있다. 최근에 학습심화센터를 열어서 난독증, ADD/ADHD, 경미한 외상성 뇌손상 그리고 비동시적 발달을 위한 생리-신경훈련 프로그램을 실시하고 있다. 또한 아고시 전문심리대학 소아신경심리학과 부교수이자, 애리조나 주립대학교에서 영재의 지적 능력에 관한 신경심리학을 가르치고 있다.

• Rick Olenchak, Ph. D.

Olenchak 박사는 교수이자 심리학자이며, 휴스턴 대학교의 도시재능연구소(Urban Talent Research Institute)의 소장이다. 그 전에는 앨라배마 대학교의 특수교육학과장과 교원교육학과 소장을 역임하였다. 버지니아 출신으로 미

시간 대학교를 졸업하였고, 후에 이스턴미시간 대학교에서 교육 리더십으로, 애리조나 주립대학교에서 심리학 및 교육심리학으로 석사학위를 받았다. 그는 코네티컷 대학교에서 영재교육 및 교육심리학으로 박사학위를 받았으며, 안전 의학시설에서 심리학자로 박사후 인턴과정을 밟았다. 권위 있는 여러 편의 연구 논문을 썼으며, 특히 영재와 재능인의 심리사회적 발달의 여러 측면에 관한 경험적 증거를 보도하는 여러 편의 논문에서 영재의 사회적 · 정서적 욕구에 대한 특별한 관심을 드러내고 있다. 한편, 2005년에 Prufrock Press에서 『내 아이가 영재예요: 이제 어떻게 해야 하나요?(They Say My Kid's Gifted: Now What?)』라는 책의 세 번째 판을 출판하였다. 이 책은 자녀의 인지 및 정서 발달을 위해 부모가 효과적으로 변호할 수 있는 방법에 주로 초점을 두고 있다. 또한 전국적인 규모와 세계적인 규모의 많은 세미나를 개최하여 영재의 사회적 · 정서적 측면에 관하여 발표해 왔다. 그는 엘리릴리(Eli Lily) 장학생이었으며, 2005년에는 러시아에서 풀브라이트(Fullbright) 장학생으로 있었다.

Olenchak 박사는 SENG의 이사회 회원이자 NAGC의 회장으로, AEGUS(미성취영재학생 교육학회)의 전 회장이었다. 또한 NAGC의 연구 편집자로, TAGT(텍사스 영재학회)의 연구분과 회장으로도 활약하고 있다. 현재 그는 영재 학생의 사회적 · 정서적 욕구를 수용하기 위해 교사가 사용 가능한 특별한 전략을 다루는 새로운 교재를 편집 중에 있다.

역자 소개

• 윤여홍

이화여자대학교를 졸업하고 서울대학교에서 임상심리로 석사학위를 받았으며, 미국 Texas A&M 대학교에서 교육심리학을 전공, 철학박사학위를 받았다. KAGE 영재교육학술원 소장을 역임했으며, 현재는 KAGE 영재교육학술원 심리교육상담연구소장과 아주대학교 교육대학원 겸임교수로 재직 중이다. 또한 대학에서는 과학자-임상가로서 영재교육 및 임상 관련 강의와 연구를 수행하고, 연구소에서는 한국심리학회 공인 임상심리전문가 및 정신보건 1급 임상심리전문가로서 영재 판별, 영재의 정서 사회성 발달 프로그램 개발과 교육, 심리검사와 상담을 실시하고 있다. 한국 영재학회 부회장직을 맡고 있으며, 우리나라의 이중특수 영재 아동인 주의력결핍, 학습 문제, 아스퍼거, 정서 및 사회성 문제를 지닌 영재에 관한 연구와 개입에 힘쓰고 있다.

주요 저 · 역서 및 논문

『영재교육학원론』(공저, 교육과학사, 2000)

『지금 키워야 할 우리 아이 숨은 재능』(명진출판, 2003)

『영재상담 자료집(중등, 초등)』(공저, 강원도 교육청, 2005, 2006)

『이중특수 학생을 위한 성공 전략』(역, 아카데미프레스, 2008)

『특수아 상담의 이해(개정판)』(공저, 교육과학사, 2009)

「영재의 심리적 특성과 정서발달을 위한 상담」(한국심리학회: 일반, 2000)

이메일 yeuhong@ajou.ac.kr

영재와 정신건강
-오진단과 이중진단-
Misdiagnosis and Dual Diagnoses of Gifted Children and Adults

2009년 9월 25일 1판 1쇄 인쇄
2009년 9월 30일 1판 1쇄 발행

지은이 • J. T. Webb · E. R. Amend · N. E. Webb · J. Goerss · P. Beljan · F. R. Olenchak
옮긴이 • 윤여홍
펴낸이 • 김진환
펴낸곳 • (주) 학지사
121-837 서울시 마포구 서교동 352-29 마인드월드빌딩 5층
대표전화 • 02-330-5114 팩스 • 02-324-2345
등록번호 • 제313-2006-000265호

홈페이지 • http://www.hakjisa.co.kr
커뮤니티 • http://cafe.naver.com/hakjisa

ISBN 978-89-6330-224-9 93180
정가 15,000원